高等学校应用型本科金融学

"十二五"规划教材

货币银行学原理

主　编　才凤玲　曹　艺
副主编　杨　帆　李　娟

中国金融出版社

责任编辑：张　铁
责任校对：张志文
责任印制：陈晓川

图书在版编目（CIP）数据

货币银行学原理（Huobi Yinhangxue Yuanli）/才凤玲，曹艺主编．—北京：
中国金融出版社，2013.2
高等学校应用型本科金融学"十二五"规划教材
ISBN 978 – 7 – 5049 – 6739 – 8

Ⅰ.①货…　　Ⅱ.①才…②曹…　　Ⅲ.①货币银行学—高等学校—教材
Ⅳ.①F820

中国版本图书馆 CIP 数据核字（2013）第 005700 号

出版
发行　中国金融出版社

社址　北京市丰台区益泽路 2 号
市场开发部　（010）63266347，63805472，63439533（传真）
网 上 书 店　http://www.chinafph.com
　　　　　　　（010）63286832，63365686（传真）
读者服务部　（010）66070833，62568380
邮编　100071
经销　新华书店
印刷　利兴印刷有限公司
尺寸　185 毫米×260 毫米
印张　21.25
字数　468 千
版次　2013 年 2 月第 1 版
印次　2013 年 12 月第 2 次印刷
定价　36.00 元
ISBN 978 – 7 – 5049 – 6739 – 8/F. 6299
如出现印装错误本社负责调换　联系电话（010）63263947

内容简介

我们编写《货币银行学原理》，力求满足读者掌握货币、信用、金融机构的基本理论和基本规律的要求，在内容上尽量反映最新的金融实践发展，力求突出实用性，使应用型本科学生能真正理解和运用。

本书主要概述货币银行与金融体系的基础知识和基本理论，讨论货币与货币制度、信用与信用工具、利息与利率、金融市场、金融机构体系、商业银行、中央银行、货币需求与供给、通货膨胀与通货紧缩、货币政策、金融与经济发展、金融风险与金融监管等问题，内容紧跟当前国际国内经济动态，紧密联系银行业和证券业资格考试，不仅内容丰富，而且理论密切联系实际，包括大量生动的相关例子，极具代表性。

《货币银行学原理》内容丰富、重点突出、条理清晰、深入浅出、通俗易懂，注重理论与实践相结合，具有一定的前瞻性和可操作性。尤其在结构设计上，通过每章的案例分析，使学生在学习的过程中可以做到理论联系实际，加深理解，便于掌握。以利于提高学生综合运用知识的能力，并及时了解国内外金融问题的现状，掌握观察和分析金融问题的正确方法，培养辨析金融理论和解决金融实际问题的能力。

前　言

　　货币银行学是研究金融领域基本知识、基本理论、基本规律的理论基础课程。货币银行学也是财经类院校的核心课程和金融专业的主干课程，在新的金融发展形势之下，其内容所涵盖的范围也不断发生变化。为及时反映金融理论与实务变化，内容上尽量体现时代发展的脉搏，适应应用型本科院校学生学习，我们编写了《货币银行学原理》，在尊重该学科作为财经类专业传统的基础理论课长期以来已经形成的理论体系基础上，以前沿金融理论为指导，积极吸纳国内外同类教材合理成分，力求教材体系、结构、内容等方面与时俱进，本版作了大量的修改，内容更加务实，体系更加完善。

　　本教材的编写着重体现以下几个特点：第一，体系更加完整。本书涵盖了金融领域各方面或金融学问题的基本方面，将重点放在学生对基础知识、基本原理、基本技能的掌握上；在内容上尽量反映最新的金融实践发展。第二，适应性广。根据金融发展大趋势的需要，教材中将国际金融内容与国内金融理论实践融合在一起。第三，实践性强。将银行业和证券业从业人员资格考试教材内容有机地融入到本教材中。

　　本教材不仅适合作为高等学校经济管理专业教材，同时为教师提供了一本合适的研究、教学参考书，而且适合金融部门的工作者和研究者阅读。

　　本教材由哈尔滨金融学院多年从事货币金融领域教学与科研工作的第一线教师共同完成，才凤玲、曹艺任主编，杨帆、李娟任副主编。第一章、第二章、第四章由才凤玲教授编写，第三章、第十一章由李娟讲师编写，第五章、第六章、第七章、第九章由杨帆讲师编写，第八章、第十章由曹艺教授编写。

　　全书由才凤玲负责修改、总纂并定稿。

　　在编写过程中，我们研究、参考和借鉴了大量有关金融理论、业务与管理方面的文献资料以及相关的法律法规，并吸收了部分有关的研究成果，在此不一一列举，特表示谢忱。

　　由于作者水平有限，书中难免会有一些纰漏和不足之处，竭诚希望专家和广大读者批评指正。

目　　录

货币银行学原理

第一章

货币与货币制度

货币是商品生产和商品交换发展到一定历史阶段的必然产物。在现代社会中，货币以其特有的渗透力，影响到社会经济生活的方方面面。但什么是货币；它是怎样产生的；具有哪些职能；为什么货币可以使一国的经济腾飞，也可以使一国的经济陷入崩溃；这都是我们深入研究的问题。本章通过学习货币的产生和发展，认识货币的职能和作用，深入学习货币制度的基本知识，从而掌握货币运行的基本规律和基本理论。

第一节　货币的起源与发展

货币是与商品相伴生的经济范畴，解开货币之谜，必须从分析商品入手。

一、货币起源于商品

在人类社会的初期，并不存在商品交换，当然也不存在货币。在原始的氏族共同体中，由于生产力水平极其低下，人们尽其所能，集体劳作，方能维持生存。整个劳动是在氏族共同体的需要下统一进行，劳动产品归氏族共同体所有，统一分配。伴随着生产力水平的提高，剩余产品的出现，氏族开始分化瓦解，社会分工和私有制开始形成，这时情况发生了巨大变化，这就是商品生产和商品交换的出现。

商品是用来交换的劳动产品，具有价值和使用价值两个基本属性，二者既相互统一又相互矛盾，商品是使用价值和价值的统一体。价值与使用价值的矛盾称为商品的内在矛盾，即同一个商品的价值和使用价值不能由同一个人占有，商品的内在矛盾必须通过商品交换解决，商品交换由低级向高级发展才产生了货币，也可以说货币就是为商品交换简单、方便而产生的。

二、价值形式的发展必然产生货币

一种商品价值通过另一种商品来表现，这就是商品价值表现形式，简称价值形式。货币就是价值形式演变的结果，它主要经历了以下几个发展阶段。

（一）简单的偶然的价值形式

一种商品的价值偶然地、简单地表现在与它相交换的另一个商品上。人类历史上，最早的交换活动发生在原始社会末期的部落之间。当时生产力低下，剩余产品很少，商品交换行为只是个别的、偶然的。简单价值形式的商品的价值表现是：

$$1 只羊 = 2 把石斧$$

在这个等式中，羊的价值通过与石斧交换而表现出来：1只羊值2把石斧，羊处于主动地位，是相对价值形式，石斧处于等价形式，成为羊的等价物。虽然商品

1

交换具有偶然性，商品价值表现不完善、不成熟、不充分，但已经具备了商品交换的基本内容。

处于等价形式的等价物的使用价值成了价值的表现形式，等价物的具体劳动成了抽象劳动的表现形式，等价物的私人劳动成了社会劳动的表现形式。

原始社会后期，随着生产力的不断发展，出现了第一次社会大分工，价值表现形式也就由偶然的、简单的价值形式过渡到扩大的价值形式。

（二）扩大的价值形式

在第一次社会大分工后，畜牧业从农业中分离出来，劳动生产率得到了提高，剩余产品逐渐增多，产生了私有制，各种商品进行规则、频繁地交换并逐渐趋向经常化。

扩大的价值形式指一个商品的价值有一系列商品的使用价值来表现的价值形式，价值表现如下：

$$1 只绵羊 = \begin{cases} 2 把斧子 \\ 1 袋谷物 \\ 2 张兽皮 \\ 10 尺布 \end{cases}$$

当商品交换有目的、可以进行选择的时候，扩大价值形式产生了，这时商品的价值较简单价值形式完善、充分，但随着剩余产品的增加，商品价值表现种类繁多，扩大价值形式使商品交换困难了。为了商品交换简单、方便，人们渐渐就开始自发地用自己生产的商品先换成一种大家都普遍接受的商品，然后再去交换自己所需要的其他商品，其结果是使某种商品从大量的商品中分离出来，成为表现其他各种商品价值的媒介，该商品就成了一般等价物。

（三）一般价值形式

一切商品的价值由一种商品的使用价值表现的价值形式。一般价值形式表现为：

$$\begin{cases} 2 把斧子 \\ 1 袋谷物 \\ 2 张兽皮 \\ 10 尺布 \end{cases} = 1 只绵羊（一般等价物）$$

虽然从等式来看，一般价值形式和扩大的价值形式只是等式两边的移位，实质是人类历史上价值形式的发展出现了质的飞跃，由简单的物物交换发展为以一般等价物为媒介的商品交换，商品的价值表现统一了、固定了，商品交换由于一般等价物的出现变得简单了、方便了。这个阶段在世界不同地区的一般等价物还是由不同的实物商品充当，但已经形成了货币的雏形，它距货币的诞生只有一步之遥。

（四）货币价值形式

随着商品交换的不断扩大人们发现，许多充当一般等价物的商品本身又存在着"不易分割、质地不均匀、不便于携带、难以保存"等缺点，而这些难以克服的缺点阻碍了商品交换规模的扩大，干扰了商品交换的正常秩序，这在客观上要求一种能弥补一般等价物的上述缺陷，并能固定充当一般等价物的商品的出现，而这种商品就是金银贵金属。

金银贵金属具有质地均匀、价值含量高、易于分割、体积小、便于携带、不易变质、便于储藏等优点，而贵金属的自然属性决定了它适宜充当货币，正如马克思所说"金银天然不是货币，但货币天然是金银"。因此，当人们选择用贵金属作一般等价物时，一般等价物就相对稳定了，货币也就诞生了。货币价值形式的价值表现表示为：

$$\left.\begin{array}{l} 2\ 把斧子 \\ 1\ 袋谷物 \\ 2\ 张兽皮 \\ 1\ 只绵羊 \end{array}\right\} = 2\ 分黄金$$

三、货币形态的发展

货币作为一般等价物，从商品世界分离出来以后，仍然伴随着商品交换和信用制度的发展而不断演进。货币币材和形制经历了实物货币到电子货币的发展过程。这种形式的变化，是在不断地适应社会生产的发展，同时也消除了前一种货币形式无法克服的缺点。

（一）实物货币

在早期简单商品交换时代，生产力不发达，交换的目的是以满足某种生活和生产的需要为主，因而要求作为交换媒介的货币必须具有价值和使用价值，货币主要由自然物来充当。

1. 早期的实物货币，一般近海地区多用海贝和盐，游牧民族多用牲畜、皮革，农业地区多用农具、布帛，等等。中国古代商、周时期，牲畜、粮食、布帛、珠玉、贝壳等都充当过货币，而以贝壳最为流行。这种货币文化也渗透到了中国的汉字中。

2. 此时的货币，刚脱胎于普通商品，主要特征是能代表财富，是普遍的供求对象，而并非理想的货币币材，如牲畜充当货币，当其被分割之后，它的价值便大大降低。当然，由于生产力水平较低，交易规模尚小，这种矛盾并不十分突出，仍可维持这类商品的货币地位。

（二）金属货币

随着生产水平的提高，交易规模的扩大，实物货币充当货币的矛盾越来越突出，金属在执行货币职能方面的优越性越来越明显。如价值比较稳定、易于分割、易于保存、便于携带等。于是金属货币在交换中逐渐占据主导地位，最终成为通行的货币。金属货币的演化沿着两个方向进行：

一方面，随着交易规模的不断扩大，经历了由贱金属到贵金属的演变。货币金属最初是贱金属，多数国家和地区使用的是铜。随着生产力的提高，参加交换的商品数量增加，需要包含价值量大的贵金属充当货币，货币材料由铜向银和金过渡。

另一方面，金属货币经历了从称量货币到铸币的演变。金属货币最初是以块状流通的，交易时要称其重量，估其成色，这时的货币称为称量货币。从货币单位名称如英镑的"镑"，五件铢的"铢"都是重量单位，可以看出称量货币留下的踪迹。

称量货币在交易中很不方便，难以适应商品生产和交换发展的需要，随着社会第三次大分工——商人阶层的出现，一些富裕的有信誉的商人就在货币金属块上打上印记，标明其重量和成色，于是出现了最初的铸币。当商品交换进一步发展并突破区域市场的范围后，金属块的重量和成色就要求更具权威的证明，而最具权威的机关便是国家。

铸币是国家铸造的具有一定重量、一定成色、一定形状并标明计价单位的金属铸块。铸币产生后，方便了商品交换，促进了经济的发展。

（三）代用货币

代用货币是指能够代替金属货币执行一般等价物职能的纸制的信用凭证。

随着生产和流通的进一步扩大，贵金属币材的数量不能满足商品流通的需要。而且远距离的大宗贸易携带金属货币多有不便。由于货币作为商品交换的媒介，在流通中只起转瞬即逝的媒介作用，人们更多关心的是用货币能否买到价值相当的商品，而不是货币实体的价值量。事实上，流通中被磨损的铸币被人们照常接受，并不影响商品交易，这就表明货币可以用象征的货币符号来执行流通手段的职能，这时代替金属货币流通的纸制的信用凭证代用货币产生了。世界最早出现的纸制货币是中国北宋年间的"交子"。当时四川用铁钱，分量重，流通不便，一些富商联合发行了"交子"，代替铁钱流通，并负责兑现。19世纪下半期，各国可兑换金币的银行券广泛流通。但此时的银行券，仍是金的符号，以金为后盾，代替金币进行流通，流通中仍有大量的金币充当货币。银行券的出现是货币币材的一大转折，它为其后不兑现纸币的产生奠定了基础。

（四）信用货币

信用货币是由政府或银行，通过信用程序发行和创造的，能行使货币全部职能或部分职能的信用工具。政府纸币是典型的信用货币，同银行券相比，政府纸币以国家信用为基础，表现出强制流通的、不可兑现的特征。信用货币包括纸币和存款货币。

纸币是国家发行并强制流通的货币符号，以纸张为币材，印制成一定形状，表明一定面额的货币。国家纸币作为不兑现信用货币，由于其与财政赤字的密切联系，容易导致货币流通的混乱。而在20世纪30年代，中央银行垄断纸币发行，并在了解货币与经济关系的基础上，控制纸币发行数量，控制货币供应，纸币突破了货币商品形态对经济发展的制约，提供了政府调控经济的一个手段，所以说纸币是货币发展历程中的重大飞跃。

存款货币是指不用提出现金就能媒介商品交换发挥一般等价物作用的银行活期存款。存款货币包括支票、本票和汇票。

20世纪50年代以来，由于信用制度发达，银行结算手段改进，现金流通（纸币和硬币）逐渐减少，货币主要采取存款形式，通过支票转账实现存款的债权债务转移，成为购买商品支付劳务的主要手段，货币概念得以扩张，货币不仅包括硬币和纸币，而且包括了可转账的活期存款。存款货币的出现，打破了实体货币的观念，将货币由有形货币引向无形货币。

（五）电子货币

在微电子技术迅速发展的今天，货币形态又发生了巨大变化。电子货币是采用电子技术和通信手段在市场上流通的以法定货币单位反映商品价值的信用货币。也就是说，电子货币是一种以电子脉冲代替纸张进行资金传输和储存的信用货币。

电子货币的种类有：

1. 银行卡。银行卡是银行发行的具有转账结算、存取现金和透支消费部分或全部功能的电子卡片。它可以采用联网设备在线刷卡记账、POS 结账、ATM 提取现金等方式进行支付，可以在商场、饭店及其他场所中使用。

2. IC 卡或智能卡。IC 卡是一种功能比较单一的储值卡，通常称为智能卡、智慧卡或电子钱包。

3. 电子支票。电子支票是运用银行系统的自动化或专业网络、设备、软件及一套完整的用户识别、数据验证等规范化协议完成数据传输。

电子货币的出现，是现代商品经济高度发达和银行转账清算技术不断进步的产物，在实际经济活动中运用起来较传统货币更为快捷、便利和准确。随着金融电子化的发展，电子货币的应用范围和规模将进一步扩大。但电子货币还有安全等问题有待解决，这些问题影响着电子货币前进的步伐，因而电子货币的发展会是一个渐进的过程。

第二节　货币的本质与职能

一、货币的本质

货币是固定的充当一般等价物的特殊商品，并体现一定的生产关系。

1. 货币是商品，具有商品的基本属性，即具有商品的价值和使用价值。如果货币失去了商品的基本属性，它就失去了与其他商品相交换的基础，也就不可能在交换中被分离出来充当一般等价物。

2. 货币是特殊的商品，具有特殊的使用价值，充当商品交换的一般等价物，具有两个特殊的功能：

一是货币能够表现一切商品的价值。人类历史上在商品交换中产生货币之后，普通商品进入交换领域，首先是与货币交换，一种商品只要能交换到货币，商品的价值就得到了实现，因而，货币就成为商品世界唯一的核算社会劳动的工具。

二是具有同一切商品直接交换的能力。普通商品只能以其特定的使用价值来满足人类的需要，而货币是人们普遍接受的商品，是社会财富的一般代表，拥有它就意味着能够随时换取任何商品，从而获得各种商品的使用价值。货币成了每个商品生产者追求的对象，也就具有了直接同一切商品交换的能力。

二、货币的职能

货币的职能是由货币本质所决定的货币内在功能。马克思在《资本论》第一卷中曾经作过精辟的分析，认为货币依次有价值尺度、流通手段、贮藏手段、支付手段和世界货币的职能。

（一）价值尺度职能

货币在衡量并表现商品价值量的大小时，执行价值尺度的职能。商品价值的衡量尺度有外在尺度和内在尺度，货币的价值尺度只能是衡量商品价值的外在尺度，它是通过货币把商品的内在价值表现为外在的价格，商品价值的货币表现是价格。商品价格同商品本身物质形态不同，它是一种观念形态，不必用相应数量的货币摆在商品旁。因此，充当价值尺度的货币的特点是观念形态的。

商品的价格与商品价值成正比，与货币价值成反比。

为了比较各种不同商品的价格，货币必须有一定的单位。货币单位包括货币单位的名称和单位货币的价值两方面的内容。

各国法律规定的货币名称都是以习惯形成的名称为基础。一国货币单位名称往往就是该国货币的名称，如几个国家同用一个单位名称，则在前面加上国家名。如用"元"作货币名称的国家目前世界上共有 52 个，如美元、日元等，我国有些特别：货币名称是人民币，货币单位是元；再如，用"镑"作货币名称的国家共有 12 个，如英镑、苏丹镑等。

在金属货币条件下，单位货币的价值就是确定单位货币所包含的货币金属重量、成色及其等分，称为货币的价格标准。在金属货币制度下，价格标准即货币含金属量，而在纸币制度下，价格标准主要通过货币的购买力来表现。

例如：英国的货币单位定名为"镑"，按照 1870 年的《铸币条例》的规定，其含金量为 123.274 格令；美国的货币单位定名为"元"，根据 1934 年 1 月的法令规定，1 美元的含金量为 13.714 格令；旧中国在 1914 年《国币条例》中规定的货币单位名称为"圆"，每圆银币的含纯银量 6 钱 7 分 9 厘。

价值尺度职能的发挥依赖于价格标准，价格标准是为货币发挥价值尺度职能作出的技术性规定，所以，价值尺度职能是通过价格标准来实现的。然而，二者又有明显的区别：一是货币发挥价值尺度职能是自发的，不依赖于人们的主观意志，而价格标准是国家用法律规定的，是相对稳定的；二是货币拥有价值尺度职能时反映商品价值与货币价值之间的对等关系，而价格标准的作用是衡量货币量的单位，是反映货币与货币之间的关系，它与商品的价值无关。

货币充当价值尺度职能，可以是本身有价值的特殊商品，也可以是本身没有价值的信用货币。信用货币执行价值尺度职能的典型特征是价值尺度的可变性，它反映在货币购买力的变化上，这种价值尺度的可变性有损于货币价值尺度职能的发挥，因此，必须保持信用货币价值尺度的相对稳定性。

（二）流通手段职能

在商品交换中，当货币作为交换的媒介实现商品的价值时就执行流通手段的职能。这种以货币为媒介的商品交换，叫做"商品流通"。

充当流通手段的货币不能是观念的货币，而必须是现实存在的货币。因为货币作为商品交换的媒介，它是代表一定的价值量来同商品相交换，交易双方必须一手交钱，一手交货，等价交换，买卖行为才能完成。当然，我们所说的现实存在的货币，并不单指有形的货币，它也可以是无形的存款货币、电子货币。

充当流通手段货币的另一特点是它不一定是具有十足价值。因为货币作为流通手段时只是一种交易的媒介，商品所有者出售商品，换取货币，其目的是为了用货币去购买自己所需要的商品，只要货币能购得自己所需要的商品，货币本身的价值对商品所有者而言并不重要。

也正是因为这一职能特点，才可以发展为现今的纸币，纸币作为一种货币符号才可以在我们当今的商品流通中发挥着巨大的作用。

但是，在货币执行流通手段职能时，把商品交换分为买和卖两个独立的行为，这样，买与卖在时间与空间上分开了，这就蕴藏着只买不卖或只卖不买，商品买卖可能脱节的危机，货币流通手段的产生，蕴藏了经济危机的可能性。

（三）贮藏手段职能

当货币被当作社会财富的独立代表，被人们储藏起来退出流通界处于静止状态的时候，它就执行贮藏手段的职能。由于货币是价值的化身，可以用它换取自己需要的任何商品，使人们感到它就是财富的代表，人们为了积累和保存社会财富，便产生了保存货币的要求。对商品生产者来说，货币的价值积累和保存手段，还是保证其再生产持续不断进行的必要条件。

马克思认为充当贮藏手段的货币应该是具有十足价值的金属货币，拥有贮藏手段职能的货币必须是现实的而且是足值的。这是因为人们贮藏货币的目的是贮藏财富，是为了保值，这就决定了作为财富的代表的货币不能是虚幻的和无价值的。拥有贮藏手段职能的货币主要是金属货币，如金、银贵金属。

在金属货币制度下，货币贮藏或者价值保存手段职能，具有自发地调节货币流通的作用，当流通中需要的货币量减少时，多余的金属货币就会退出流通界被贮藏起来，当流通中所需要的货币量增加时，贮藏的金属货币又会重新进入流通界而成为流通手段。这样，贮藏货币就像蓄水池一样，自发地调节着流通中的货币数量，使货币流通数量与商品流通的需要相适应。

纸币本身没有价值，不能执行贮藏手段职能。在现实生活中，在物价相对稳定的情况下，人们经常采取储蓄存款的方式来积累财富，这时的货币不拥有贮藏手段职能的基本特点。

（四）支付手段职能

货币作为交换价值的独立存在而进行单方面转移时就执行支付手段的职能。如偿还赊购商品的欠款、交税款、银行借贷、发放工资、捐款、赠与，等等。

货币充当支付手段职能，不一定是足值的货币，但必须是现实的，可以用纸币、信用货币及电子货币来执行，只有稳定的货币才可以执行货币的支付手段职能。

货币执行支付手段职能比执行流通手段范围广，可以服务于金融、财政税务领域，不仅促进了商品生产和流通的发展，降低了商品交易成本，而且支付手段职能可以实现货币借贷，从而扩大商品生产者的资本，促进国民经济发展和进行必要的宏观调节。

但是另一方面也扩大了商品经济的矛盾。在赊销交易出现以后，货币和商品不再在买卖过程中同时出现，购买者取得了商品，不同时支付货币。商品的转移和商品价值的实现在时间上分开了，使商品生产者之间形成错综复杂的债权、债务关系，形成债务链，容易造成连锁反应，引起支付危机和信用危机。

（五）世界货币

随着国际贸易的发展，货币会越出国界，在世界市场上发挥一般等价物作用，就会在国际范围内执行价值尺区、流通手段、贮藏手段和支付手段的职能，这就是世界货币。

在世界市场上，最初货币不采取铸币形态，而直接以贵金属的形态出现，是直接以重量计算的贵金属，即黄金和白银。但是到了近代，由于国际经济交往的频繁，世界市场的形成，各国在经济交往中使用各国的金铸币，这时各国货币都要脱下国别"制服"，以金平价决定相互比价。

在当代不兑现信用货币条件下，执行世界货币职能的货币，除了少量的黄金，大多数是被世界认同的纸币，自从金本位制度崩溃后，不是世界任何一个国家的信用货币都可以执行世界货币职能，只是少数综合国力很强的国家的货币才能够被大多数国家认可，充当世界货币，如美元、欧元、日元等。

货币的五个职能是相互联系的。货币的价值尺度职能和流通手段职能是与货币一同产生的，是货币的两个基本职能。由于货币能表现一切商品的价值，因而它具有价值尺度职能；由于它能与一切商品相交换，因而它具有流通手段职能。价值尺度与流通手段二者缺少其中任何一种职能，货币就不能成其为货币。因此，马克思说，"货币价值尺度和流通手段的统一是货币"。

货币其他三个职能是随着经济的发展，在两个基本职能的基础上派生出来的，正由于货币能执行流通手段和支付手段职能，人们才愿意保存货币，货币才有贮藏手段职能。货币的支付手段职能是由商品信用交易产生的，货币的价值尺度、流通手段、贮藏手段、支付手段在世界市场上发挥作用时，就执行世界货币职能。

第三节　货币制度

货币制度是国家法律确定的货币流通的结构和组织形式，它使货币流通的各因素结合为一个统一体。完善的货币制度是随着资本主义制度建立而建立的。

一、货币制度的产生

货币制度是伴随着金属铸币的出现而开始形成的，只是由于当时的商品经济不发达，简单商品经济处于自然经济的之中，早期的货币与货币流通便呈现出极其分散、极其紊乱的特点。这些特点表现如下。

1. 币材用贱金属较多，如铜、银，并且不止一种金属充当币材。

2. 铸币分散，流通混乱。在欧洲，每个城邦都设厂铸币，古希腊，有1 500～2 000所造币局。

3. 铸币不断贬值，即重量减轻，成色降低。各地铸币成色悬殊，各种货币的折合极为复杂。铸币的贬值常常影响到商品的正常交易，严重阻碍经济的发展。

由于早期铸币在形制、重量、成色等方面都有较大的差异，加上民间私铸、盗铸，货币流通比较混乱，要求国家对此加以管理。随着资本主义制度的确立，这种不严密的、混乱的货币制度很难适应资本主义经济发展对货币流通的要求，迫切期望国家通过法律程序，建立统一的货币制度。

二、货币制度的构成

（一）规定货币金属

规定货币金属就是规定货币材料，确定何种材料制造货币，是一个国家建立货币制度的首要步骤，也是货币制度的基础。选用哪种材料制作货币是由国家法律制定的，但不是人为任意规定的，而是由各国的生产力发展水平和客观经济条件所决定的。

不同的货币材料就构成不同的货币制度，各国只有选定了不同的货币材料才能决定各国的货币怎样铸造、怎样发行、怎样调节和为保证货币稳定用哪种金属或财富作货币的准备。

（二）确定货币单位名称和价格标准

货币材料一经确定，为了商品交换的方便和简捷，就要规定货币单位，即规定货币单位的名称和每一单位货币所含的价值，价格标准是由国家法律确定的单位货币所包含的货币金属重量及其等分。在金属货币制度下，价格标准即货币含金属量，而在纸币制度下，价格标准主要通过货币的购买力来表现。

（三）规定各种通货的铸造、发行及流通程序

通货就是流通中的货币，包括本位币和辅币。

1. 本位币：又称主币，是用国家确定的本位货币金属，按照国家规定的货币单位所铸成的铸币，是一个国家的计价标准单位，它是一国的基本通货。本位货币包括完全本位币和不完全本位币。

（1）完全本位币：有两个基本特点，即可以自由铸造、自由熔毁和无限法偿的能力。

可以自由铸造、自由熔毁是指每个公民都有权把经国家确定的货币金属送到国家造币厂代为铸成铸币，在数量上不受限制，国家不收或收取很低的费用，同时公民也有权把铸币熔化为条块状。

只有足值的金属货币才能自由铸造、自由熔毁，才能够自发的调节货币流通，保证货币流通的稳定。因此，各国为了保证本位货币的名义价值与实际价值相一致，保证货币的足值和稳定，各国对铸币都规定了"磨损公差"，即法定的铸造误差或法律允许的磨损程度。如英国在1870年规定：英镑标准质量123.27447格令，最轻质量不得低于122.5格令，其公差为0.77447格令，如果本位币质量低于122.5格令，可以请求政府兑换足值货币。

本位货币具有无限法偿的能力。无限法偿是指国家规定本位货币具有无限制的支付能力，不论每次支付数额如何巨大，如用本位货币，收款人都不能拒绝接受。

（2）不完全本位币：也具有两个基本特点，即限制铸造和无限法偿的能力。

限制铸造是指国家收回了本位币的造币权，只有国家铸造的货币是合法的，不足值的金属货币和纸币，国家为了保证货币流通的稳定，都是限制铸造的。

不完全本位币虽然不足值或没有价值，但它是国家法定的主币，在商品交换中仍然具有无限法偿的能力。

2. 辅币：辅币是本位货币以下的小额通货，它是货币单位的等分，供日常零星

交易和找零之用。

为了商品交换的顺利和通畅，国家铸造辅币。辅币面值大多为本位货币的1/10或1/100。如美元的辅币是美分，1美元＝100美分；1971年2月，英镑取消先令，实行十进位制，1英镑＝100新便士，中国的辅币是角和分，1元＝10角，1角＝10分。

（1）辅币一般用贱金属铸造，因为辅币的面积小和流通频繁、磨损大。

（2）辅币是不足值货币，国家为了保证本位币和辅币之间合理的比例，防止辅币的名义价值高于实际价值，各国的辅币是不足值的。

（3）辅币具有限制铸造和有限法偿的特点，辅币因为不足值只能由国家来铸造；辅币在世界各国多为有限法偿，即在一次支付行为中只可用一定金额的辅币支付，超过法定数量，收款者可以拒收，但在向国家纳税和向银行兑换时可不受此限制；法律规定辅币可以与本位货币自由兑换，使辅币可按照固定的比例兑换成本位货币，提高货币流通的效率。

（四）金准备制度

为了保证货币发行和流通稳定，需用货币金属或某种资产作准备的制度。

金币制度下货币发行的准备为金准备，又称黄金储备，它是一国货币稳定的基础。金准备的用途有三：（1）作为时而扩大、时而收缩的国内金属货币流通的准备金；（2）作为支付存款和兑换银行券的准备金；（3）作为国际支付的准备金。在纸币制度下，准备金制度的主要作用只是作为世界货币的准备金，其他两个作用已经消失了。

在不兑现纸币制度下，国家为了本国货币的稳定，除了黄金储备以外，还有外汇储备一起发挥货币准备的作用。

三、货币制度的发展

从完善的货币制度建立到现在，货币制度按照货币材料的不同，经历了银本位制、金银复本位制、金本位制、不兑现纸币流通四个货币制度。

（一）银本位制

银本位制是以白银作为本位货币币材的一种货币制度。规定银铸币的重量、成色、形状及货币单位。它是资本主义制度建立初期采用的货币制度，16世纪初开始发展起来。其基本特征如下。

1. 银币可以自由铸造，自由熔毁。

2. 银币具有无限法偿的能力。

3. 银行券可以自由兑换成银币。

4. 银币可以自由输出、输入国境。

银本位制主要适用于商品生产不够发达的资本主义社会初期。从16世纪后半叶起，英国发生了资本主义工业革命，随后席卷欧洲，商品生产迅速发展，商品交易日益频繁，规模不断扩大，增加了货币需要量，白银供应虽然有了大幅度增加，但白银的价格不很稳定，仍不能满足商品生产和交换对货币材料的需求。同时大宗交易急剧增加，价值较低的货币在交易中呈现出不便利性。而此时在巴西发现了丰富的金砂，黄金开采量也随之增加，从美洲流入欧洲。为适应经济发展的需要，黄金进入流通领域，和白银一起共同充当货币材料，从而出现了金银复本位制。

（二）金银复本位制度

金银复本位制是国家法律规定金银两种金属同时作为本位货币的币材。1663 年始于英国，在 16—18 世纪流行于西欧各国。它是资本主义制度发展初期比较典型、西方各国使用时间比较长的货币制度。但金银复本位是不稳定的货币制度。

1. 金银复本位制度的特点

（1）金币和银币都可以自由铸造，自由熔毁。

（2）金币和银币都具有无限法偿的能力。

（3）银行券都可以自由兑换成金币和银币。

（4）金币和银币可以自由输出、输入国境。

2. 金银复本位制度的发展

（1）平行本位：金银复本位首先表行为平行本位，是两种金属货币均按其所含金属的实际价值流通，国家对这两种货币的交换比率不加规定，由市场去决定。因为违背了货币的独占性，使国内的信用发展不起来，也造成国际市场上黄金和白银的大量流动，为了使货币制度稳定下来，从而推动资本主义经济的发展，资本主义国家就通过法律将金币和银币的比价固定下来，平行本位发展为双本位。

（2）双本位：即金币和银币是按国家法定比价流通，与市场上黄金和白银比价的变化无关。例如，法国曾规定：1 金法郎 = 15.5 银法郎。这样做虽然可以避免由于金银实际价值波动带来的金币和银币交换比例波动的情况，能克服平行本位制下商品具有金银“双重价格”的弊病，但双本位违背了价值规律的要求，当金银的法定比价与市场比价不一致时，就产生了“劣币驱逐良币”的现象。

由于这一现象是由 16 世纪英国伊丽莎白女王一世财政大臣托马斯·格雷欣（Thomas Gresham）发现并提出的，所以又将这一现象发生的规律称为“格雷欣法则”。“格雷欣法则”即“劣币驱逐良币”规律。在金属货币流通条件下，当一个国家同时流通两种实际价值不同，但法定比价不变的货币时，实际价值高于名义价值的货币（亦称良币）必然被人们熔化、储藏或输出而退出流通领域，而实际价值低于名义价值的货币（亦称劣币）反而充斥市场，媒介商品的交换。

（3）跛行本位制：为了解决“劣币驱逐良币”现象所带来的问题，西方国家取消了银币的自由铸造，即跛行本位制度是指金银币都是本位币，但国家规定金币能自由铸造，而银币不能自由铸造，已发行的银币照样流通，但停止自由铸造，并限制每次支付银币的最高额度。金币和银币按法定比价交换。这种货币制度中的银币实际上已成了辅币。

（三）金本位制度

金本位制是以黄金为本位货币的一种货币制度，在金属货币制度中占有重要地位。金本位有金币本位、金块本位、金汇兑本位三种形式，金币本位是典型的金本位。

1. 金币本位制

金币本位制是典型的金本位制。19世纪初英国首先过渡到金币本位制，到第一次世界大战前结束，其基本特点如下。

（1）金币可以自由铸造，自由熔毁。

（2）金币具有无限法偿能力。

（3）银行券可以自由兑换成金币。

（4）黄金可以自由输出输入国境。

由于黄金价值相对稳定，促进了资本主义经济的发展。首先，由于货币稳定，便于企业精确地计算成本、价格和利润，从而为促进生产发展创造了有利条件，同时稳定的流通手段，增强了人们对通货的信任，又为资本主义商品流通的扩大创造了有利条件；其次，金币币值稳定，使债权人和债务人的利益均不受损，从而保证了信用事业的正常发展，同时也加速了金融资本的形成和壮大，随着金融资本的形成和壮大，信用工具、信用形式日趋多样化，金融市场的活跃，又促进工商业的更大发展；最后，金币的自由输出输入，保证了各国货币比价的稳定，从而促进了国际贸易的发展。这是一种较为稳定的货币制度，所以在实行金币本位制的约100年时间里，资本主义经济有了较快的发展。

第一次世界大战前，由于资本主义政治经济发展的不平衡性，世界黄金的60%被英国、法国、德国、美国和俄国占有，黄金的自由流通，银行券的自由兑换和黄金自由输出入遭到破坏，各国为阻止黄金外流，先后放弃了金币本位制。1924—1928年，为整顿币制，则实行了金块本位制和金汇兑本位制。

2. 金块本位制（又称生金本位制）

金块本位制又称生金本位制，是指国家规定黄金是本位货币，但在国内不铸造、不流通金币，而流通代表一定重量黄金的银行券，黄金集中存储于政府，银行券只能按一定条件向发行银行兑换金块的一种货币制度。英国于1925年率先实行此制度，规定银行券兑换金块的最低限是1 700英镑，法国1928年规定至少21.5万法郎才能兑换金块，这种兑换能力显然不是一般公众所具备的。

3. 金汇兑本位制（又称虚金本位制）

金汇兑本位制是指国家规定黄金为本位货币，但国家不铸造金币且金币不参与流通，只发行流通具有含金量的银行券，并且银行券在国内不能兑换黄金，只能兑换成外汇，然后用外汇到国外才能兑换黄金的制度。实行这种制度的国家必须把外汇和黄金存于国外作为外汇基金，然后以固定价买卖外汇以稳定币值和汇价。实际上是使一国的本币依附于一些经济实力雄厚的外国货币，从而使该国在经济上受这些强国的影响和控制。实行金汇兑本位制的多为殖民地、半殖民地国家。我国国民党时期的法币制度就是典型的金汇兑本位制。

金块本位制和金汇兑本位制是残缺不全的金本位制，是不稳定的货币制度。一是因为二者都没有金币流通，金币本位制所具备的自发地调节货币流通量、保持币值相对稳定的机制不复存在。二是因为银行券不能自由兑换黄金，削弱了货币制度的基础。三是发行基金和外汇基金存放他国，加剧了国际金融市场的动荡，一旦他国币制不稳定，必然连带本国金融随之动摇。

金块本位制和金汇兑本位制也没有维持几年，经过 1929—1933 年世界经济大危机后，各国的金本位制事实上已经不存在了。世界经济危机的风暴迅速摧毁了这种残缺不全的金本位制，使金本位制彻底崩溃，随后，资本主义各国先后实行了不兑现信用货币制度。

（四）不兑现信用货币制度

信用货币制度是以纸币为本位货币，纸币不能兑换黄金也不以黄金作担保的货币制度，它是当今世界各国普遍实行的一种货币制度。

不兑现信用货币取代黄金本位制度，是货币制度演进的质的飞跃，它突破了商品形态的桎梏，而以本身没有价值的信用货币为流通中的一般等价物。当然，透过历史演变的表现，也能看到其深刻的历史必然性。

从黄金充当本位货币来看，它在第一次世界大战及 20 世纪 30 年代的经济大危机中受到了巨大的冲击。第一，随着社会生产力的发展，生产规模不断扩大，商品交换的规模也相应扩大，迫切要求有一个灵活的有弹性的货币供给制度。但这种货币需求受到黄金开采能力的制约，从而限制了生产能力的扩张。第二，黄金充当货币，执行一般等价物职能，是社会财富的极大浪费，特别是在黄金广泛应用于高科技工业时代，问题更为突出，正如马克思所说：金币和银币本身也有价值，但是这些价值充当流通手段，就是对现有财富的扣除。第三，由于资本主义政治经济发展的不平衡，在第一次世界大战的冲击下，黄金分配极不平衡，黄金大部分集中于美国，多数国家黄金不足，使其难于维持黄金对内的自由铸造、自由熔化以满足流通的需要，也难以维持黄金的自由输出入，无法维持固定汇率制。金本位制逐步地走到了自己的尽头，货币实体非黄金化成为现代社会的必然要求。

信用货币制度具有如下特点。

1. 国家授权中央银行垄断发行纸币，且具有无限法偿能力。

2. 货币由现钞与银行存款构成。

3. 货币主要通过银行信贷渠道投放。

4. 货币供应量不受贵金属量的约束，具有一定的伸缩弹性，货币的稳定要求国家有强有力的货币调节与管理能力，通过货币供应管理，可以使货币流通数量与经济发展需要相适应。

纸币本身成本低廉，可大大节约流通费用。在信用货币制度下，广泛实行非现金结算方法，以提高结算和支付的准确性，并节约现金流通费用。然而，正是由于纸币发行的人为性，也使得货币供给量存在着超过经济发展需要的可能，从而引发通货膨胀或通货紧缩这一特有的经济现象。

第四节　我国的货币制度

我国现行的货币制度较为特殊。由于我国目前实行"一国两制"的方针，1997年、1999 年香港和澳门回归祖国以后，继续维持原有的货币金融体制，从而形成了"一国多币"的特殊货币制度。目前不同地区各有自己的法定货币：人民币是中国的法定货币；港元是香港地区的法定货币、澳门元是澳门地区的法定货币，新台币是台湾地区的法定货币。各种货币各限于本地区流通，人民币与港元、澳门元之间按以市场供求为基础决定的汇价进行兑换，澳门元与港元直接挂钩，新台币主要与美元挂钩。

一、我国货币制度的历史沿革

我国使用货币已经有几千年的历史。原始货币主要有海贝、布帛、农具等。商周开始使用金属货币，秦始皇统一中国就统一了币制，规定黄金为上币、铜钱为下币，统一铸造内方外圆的金属货币。

唐王朝经济以自然经济为主，商品经济处于复苏阶段，水平很低，实行了"钱帛兼行"的货币制度——钱即铜钱，帛则是丝织物的总称，包括锦、绣、绫、罗、绢、绮、缣等，实际上是一种以实物货币和金属货币兼而行之的多元的货币制度。在这种情况下，钱帛兼行的货币制度既有多种实物货币，又有单位价值较小的铜钱，从而较好地适应了小额商品交易的需要。宋、辽、夏、金时期，我国的经济有了较高发展，两宋的货币制度，是以钱为主，绢帛等实物成了普通商品。白银日渐重要，纸币也已出现和流通。北宋真宗年间，由当时四川的富商首创"交子"，交子是世界上最早的纸币。

我国用白银作为货币的时间很长，唐宋时期白银已普遍流通，宋仁宗景佑年间（1034—1037 年）银锭正式取得货币地位。金、元、明时期确立了银两制度，白银是法定的主币。清宣统二年（1910 年）4 月政府颁布了《币制则例》，宣布实行银本位制，实际是银圆和银两并行。1933 年 4 月国民党政府"废两改元"，颁布《银本位铸造条例》，同年 11 月实行法币改革，在我国废止了银本位制。

中华民国时期国民政府发行的货币。1935 年 11 月 4 日，规定以中央银行、中国银行、交通银行三家银行（后增加中国农民银行）发行的钞票为法币，禁止白银流通，发行国家信用法定货币，取代银本位的银圆。规定法币汇价为 1 元等于英镑 1 先令 2.5 便士，1936 年法币改为与美元挂钩，100 法币 = 35 美元。由中央、中国、交通三行无限制买卖外汇，是一种金汇兑本位制。

在抗日战争和解放战争期间，国民党政府采取通货膨胀政策，法币急剧贬值。1937 年抗战前夕，法币发行总额不过 14 亿余元，到日本投降前夕，法币发行额已达 5 000 亿元。到 1947 年 4 月，发行额又增至 16 万亿元以上。1948 年，法币发行额竟达到 660 万亿元以上，等于抗日战争前的 47 万倍，物价上涨 3 492 万倍，法币彻底崩溃。1948 年 8 月 19 日国民党发行金圆券，1 金圆券 = 300 万法币，法币被金圆券取代，1949 年 5 月，国民党政府由发行了银圆券，随着解放战争的不断胜利，旧中国的货币制度彻底崩溃。

中国人民银行于 1948 年 12 月 1 日在河北省石家庄市成立，并于同一天发行人民币，这是新中国货币制度的开端。人民币制度是通过统一各解放区货币、禁止金银外币流通、收兑国民党政府发行的各种货币而确立下来的。

第一版人民币是在恶性通货膨胀的背景下发行的，1950 年流通的钞票最小面额是 50 元券，最大面额是 50 万元券。随着新中国经济建设的恢复发展和物价的稳定，为了便利商品流通和货币流通，1955 年 3 月 1 日发行了第二版人民币，按 1 : 10 000

的比例无限制、无差别地收兑了第一版人民币，并同时建立了主辅币制度，这个格局一直保持到现在，1962 年 4 月 20 日发行了第三版人民币，1987 年 4 月 27 日发行了第四版人民币，增发 50 元和 100 元面额的币种，1999 年 10 月 1 日，为纪念建国 50 周年，发行了第五版人民币。

目前人民币已经发行至第五套。其中第一套、第二套（角币及圆币）、第三套（纸币）已经停止使用。流通中的人民币主币有 1 元、2 元、5 元、10 元、20 元、50 元、100 元七种券别，辅币为 1 分、2 分、5 分和 1 角、2 角、5 角六种券别，1 分、2 分和 5 分面额的纸币已经于 2007 年 3 月 25 日退出流通。人民币的符号为 "￥"，取人民币单位 "元" 字的汉语拼音 "YUAN" 的第一字母 Y 加两横，读音同 "元"。

二、我国人民币的货币制度内容

（一）人民币是我国法定货币

人民币是我国的法定货币，国家规定，人民币不规定含金量，是不兑现的信用货币。人民币以现金和存款货币两种形式存在，现金由中国人民银行统一发行，存款货币由银行体系通过业务活动进入流通，中国人民银行依法实施货币政策，对人民币总量和结构进行管理和调控。中国人民银行集中统一管理国家金银、外汇储备，作为国际支付的准备金，负有保持人民币对内和对外价值稳定的艰巨任务。

（二）人民币单位

人民币主币的 "元" 是我国经济生活中法定计价、结算的货币单位，具有无限法偿能力；人民币辅币的货币单位有 "角" 和 "分" 两种，分、角、元均为 10 进制，辅币与主币一样具有无限法偿能力。人民币由国家授权中国人民银行统一发行与管理。

（三）人民币的发行与流通

1. 人民币的发行原则

我国的人民币是信用货币，为保证人民币的稳定，我国主要坚持集中统一和经济发行的原则。

（1）人民币的发行实行高度集中统一原则。人民币的发行权属于国家，中国人民银行是我国唯一的货币发行机关。除中国人民银行外，任何地区、部门和单位都不准发行货币、变相货币和货币代用品。

（2）经济发行是根据中国人民银行发行人民币数量由经济发展水平、社会生产和商品流通的客观需要决定，人民币流通数量随生产和流通规模而增减，从而保证人民币的稳定。

（3）计划发行原则。中国人民银行根据国家批准的货币发行量，编制人民币发行计划，按计划发行货币，调节货币流通。

由上述可知，我国的人民币制度具有独立自主、集中统一、计划管理和适应经济发展需要的特点，这些特点正是人民币币值相对稳定的基础和条件。

2. 人民币的发行渠道

中国人民银行发行人民币有两个渠道，即直接发行渠道和间接发行渠道。

（1）直接发行渠道是指中国人民银行到金融市场上购买黄金、外汇和国债，向社会直接投放货币，中央银行购买国债，也是调控金融稳定的重要手段。

（2）间接发行渠道中国人民银行向商业银行以及其他金融机构发放贷款，再通过商业银行体系派生货币，这是中央银行的主要发行渠道。

（四）金准备制度

为保证我国货币的稳定，国家需用充足的商品、金银、外汇等储备，保持人民币对内和对外价值稳定。

三、香港、澳门和台湾的货币制度

人民币在中国香港和澳门不是法定货币。香港和澳门有按基本法自行决定发行的港元和澳门元。但是现在港澳地区有些商店接受使用人民币交易。台湾地区银行大都接受人民币的兑换，一般商家不接受人民币，而使用新台币来买卖交易。

（一）香港的港元

港元，或称港币，是中华人民共和国香港特别行政区的法定流通货币。按照香港基本法和中英联合声明，香港的自治权包括自行发行货币的权力。其正式的简称为 HKD（Hong Kong Dollar），标志为 HK＄。

港元的纸币绝大部分是在香港金融管理局监管下由三家发钞银行发行的。三家发钞银行包括汇丰银行、渣打银行和中国银行，另有少部分新款 10 元钞票，由香港金融管理局自行发行。硬币则由金融管理局负责发行。1997 年回归前香港流通的硬币曾一度成为收藏对象。1993 年起，政府逐渐收回旧硬币，但旧硬币仍为合法货币，与新硬币同时流通。

自 1983 年起，香港建立了港元发行与美元挂钩的联系汇率制度。发钞银行在发行任何数量的港币时，必须按当时的美元与港元的兑换汇率兑换美元，向金管局交出美元，记入外汇基金账目，领取了负债证明书后才可印钞。这样，外汇基金所持的美元就为港元纸币的稳定提供了支持。

虽然港元只在香港有法定地位，但中国内地和澳门等很多地方也接受港元。而且，在澳门的赌场，港元是澳门元以外唯一接受的货币。

（二）澳门的澳门元

澳门元，或称澳门币，是中华人民共和国澳门特别行政区的法定流通货币，常用缩写 MOP＄，其正式的简称为 MOP（Macao Pataca）。澳门的货币政策由澳门金融管理局制定。

现在，澳门币的纸币由澳门金融管理局授权大西洋银行与中国银行澳门分行发行，硬币则由澳门金融管理局负责发行。澳门元与港元之间实行联系汇率制度，澳门元与港元挂钩。由于港元与美元实行联系汇率制度，所以澳门元也间接与美元挂钩。澳门现时对澳门元与外币的进出境都没有管制，游客可以在澳门的酒店、银行、兑换店等地自由兑换货币。

（三）台湾的新台币

新台币的前身为台币，又称为旧台币，在 1945 年 5 月 22 日开始发行。当初台币被定位为一种过渡时期的货币，日据政府的台币与国民政府的台币一比一兑换。

由于当时中国大陆战后金融状况不稳定，因此台湾未使用当时通行于中国大陆的法币、金圆券，另外再发行台币。但由于 1948 年上海爆发金融危机，连带也使旧台币币值大幅贬值，造成台湾物价水平急剧上扬。

1949 年 6 月 15 日台湾发行新台币，明确规定 40 000 元旧台币兑换 1 元新台币，成为今日台湾的法定货币。另外为因应金门、马祖等战地的特殊需要，也曾经发行限定流通这些地区的新台币金门、马祖流通券，目前已经取消。

2000 年发行的 1 000 元之前，新台币都是中国台湾的"中央银行"委托台湾银行发行。2000 年后改由中国台湾的"中央银行"发行。

附：人民币、港元、澳门元与新台币的比较表

	人民币	港元	澳门元	新台币
发行主体	中国人民银行	汇丰银行、中国银行、标准渣打银行	大西洋银行、中国银行	中国台湾的"中央银行"或由其委托公营银行代理发行
流通领域	全国范围内（边贸地区和口岸）	全世界	澳门、香港、葡萄牙	台湾地区、金门、马祖
发行准备	商品物资（无法定发行准备金的要求）	100% 美元准备金（硬币除外）	100% 外币准备金	100% 外币准备金
兑换性	向自由兑换过渡	自由兑换	向自由兑换过渡	向自由兑换过渡
面额	主币：1、2、5、10、20、50、100 元	1、2、5、10、50、100、500、1 000 元	1、5、10、50、100、500、1 000 元	1、5、10、50、100、500、1 000 元

本章小结

1. 货币在人类社会产生并发挥作用已经几千年了，对货币起源的研究在很长一段时期内吸引了众多的学者，也产生了种种不同的货币起源学说。马克思用劳动价值理论科学地阐明了货币产生的客观必然性，马克思认为货币是商品生产和商品交换发展的必然产物，是商品经济内在矛盾发展的必然产物，是价值形式发展的必然产物。

2. 货币有两大基本功能：交换媒介和价值储藏。货币发挥交换媒介功能主要是通过交换手段、计价单位和延期支付等三种方式进行的；货币作为价值储藏形式之一，为人们提供了最具流动性的储藏形式。但是货币能否稳定地发挥这些基本功能取决于客观经济环境。

3. 货币制度是指国家以法律形式确定的货币流通的结构和组织形式，简称币制。其目的是保证货币和货币流通的稳定，使之能够正常地发挥各种职能。货币制度的内容主要有：规定货币材料、规定货币单位、规定流通中的货币种类、对货币法定支付偿还能力的规定、规定货币铸造发行的流通程序和货币发行准备制度的规定。

4. 不兑现的信用货币制度有三个特点：（1）现实经济中的货币都是信用货币，

主要由现金和银行存款构成。（2）现实中的货币都是通过金融机构的业务投入到流通中去的。（3）国家对信用货币的管理调控成为经济正常发展的必要条件。

5. 我国的货币制度，由于我国目前实行"一国两制"的方针，1997 年、1999 年香港和澳门回归祖国以后，继续维持原有的货币金融体制，从而形成了"一国多币"的特殊货币制度。目前不同地区各有自己的法定货币：人民币是中国的法定货币；港元是香港地区的法定货币；澳门元是澳门地区的法定货币；新台币是台湾地区的法定货币。各种货币各限于本地区流通，人民币与港元、澳门元之间按以市场供求为基础决定的汇价进行兑换，澳门元与港元直接挂钩，新台币主要与美元挂钩。

关键词汇

货币　币材　价格标准　存款货币　铸币　电子货币　货币制度　货币单位　无限法偿　格雷欣法则　金本位制

复习思考题

1. 简述货币的起源与产生。
2. 为什么说价值尺度与流通手段的统一是货币？
3. 什么是货币制度，它主要包括哪些基本内容？
4. 我国现行的货币制度是怎样的？
5. 你是如何看待电子货币的，你对未来货币形式的演变有何看法？

案例分析题

全球金融危机后，世界各国都在讨论国际货币体系改革，要求改革过去以美元为中心和基本储备货币的货币体系。提出的改革方案有以下几种：

第一种方案是追求"超主权货币"，即统一货币，统一中央银行，以消除现在单一货币作为国际货币所带来的各种弊端，减少一个国家大量发债所导致的各种危险，但这是相当遥远的事情。我们可以把它作为参照系，这可能是未来的追求，需要政治、经济、社会发展的统一才可能实现。

第二种方案是进一步改革和发展，加强对特别提款权（SDR）的利用。SDR 本身已经是存在的机制，但在过去几十年中，一直没有真正被利用。一般使用 SDR 时，往往危机已经爆发，所以它更像是危机应对机制，而不是日常货币体系。同时，SDR 最终还是要落实到各国货币上，其现实性和真正的功能还有待研究。

第三种方案是货币多元化。这种趋势现在正在发生，只是要努力使它进展更快，作用更普遍。多元化可以减少对个别国家货币和债权的依赖，也使得货币市场上有更多竞争，更加平衡。现在欧元、英镑、日元等货币，在一定程度上也起着储备货币的作用，如果更多国家货币参与进来，就可以更大程度地减少对美元的依赖。

我们提出加快各国货币成为储备货币的设想，即货币互持。从已有的机制出发，目前亚洲已经存在"货币互换"机制，再往前一步，从互换到互持，各国互相持有对方的政府债券，就像我们现在用人民币到国际市场上购买美国债券一样，我们也购买韩元债券、日元债券、马来西亚债券等，并且形成机制。持有数量可以根据各国的贸易量，特别是互相的进口量。储备货币从最原始的意义来讲，就是为了在贸易上互相给予一定的信用。邻国之间互相持有对方债券，就能使对方货币在比较小的比例上成为储备货币，从而减少对其他货币，特别是对美元的依赖。这一日常机制可以成为在现实中加以利用的储备机制。这样做的好处有以下几点。

第一，减少对美元的依赖，由此对世界货币体系的改革作出贡献，同时促进亚洲债券市场的形成和发展。现在，亚洲有很多货币机制，包括储备基金、互换机制、"清迈协议"，但是亚洲债券市场的形成和发展一直比较滞后，亚洲各国相互间发行本地债券，债券市场就能够形成。债券市场一旦发展起来，除了政府持有之外，很多私人部门也会参与进来，可以推动定价机制的形成。

第二，可以促进各国对相互间宏观经济状况和发展政策的关心，从而促进政策的相互协调和配合。现在各国的利益相互隔开，当各国互持对方债券时，各国对债券的价值，对各国的风险特别是对主权债的风险就会更多关心，各国就愿意做更多的政策协调，全球化进程也会进一步加快。

第三，可以让各国的货币一定程度上成为主权货币。我们可能很长时间还不能成为超级大国，但是我们可以参与到货币体系改革中。亚洲将来在国际市场上会发挥非常大的作用。我们需要全球的思考，也需要从现在的事情做起，为亚洲、世界的金融体制、货币体制改革作出贡献。

为此，一项最重要的工作，就是政府推动，特别是最初形成债券市场、货币互持的过程，需要有政治意愿，各国加以配合，形成协议。现在一些国家表示愿意持有人民币债券作为储备货币的一部分。但是，中国仍然是发展中国家，中国往前走，也需要大家共同往前走，彼此分享市场繁荣的成果。而且，各国联合起来，对世界金融体系的改革可以作出更大贡献。就像亚洲一些国家在讨论是不是要共同推选亚洲候选人参与 IMF 总裁竞选一样，联合起来会有更大声音。吸引更多货币参与进来，才能更多地减少对美元的依赖，从而对现在货币体系的改革作出贡献。

思考：试分析国际货币发展趋势及人民币所发挥的作用。

第二章
信用与利率

现代经济从某种意义上讲就是信用经济，信用通过分配闲置资金、创造信用流通工具、利率等职能，实行社会资源的合理分配，保证社会经济正常运行。本章主要介绍信用的形式、信用工具和利息与利率等。

第一节　信用概述

一、信用的含义和特征

信用是一种借贷行为，是以偿还本金和支付利息为条件的价值运动特殊形式。

经济学领域中的信用是从属于商品货币的一个经济范畴，也就是说，它不同于人们在道德伦理方面所使用的信用概念，而是人们在经济活动中发生的一种借贷行为。所谓借贷行为，是指商品或货币的所有者，把商品或货币暂时让渡出去，根据约定的时间，到期由商品或货币的借入者如数归还并附带一定数额的利息。价值运动的特殊形式是指商品价值的单方面转移。

（一）信用的特征

1. 信用的偿还性，信用是借贷行为，商品货币的所有者把以一定数量的商品或货币贷放出去，借者在一定时期内使用这些商品或货币，并按约定的期限偿还本金。

2. 信用的付息性，即信用是以取得利息为条件的贷出，借贷行为是以借者支付利息为条件的，偿还本金和支付利息是信用的最基本的特征。

3. 时间的间隔性，与其他交易行为最大的不同是，信用行为是在一定的时间间隔下进行的，借贷在前，偿还在后，只有经过一定的时间间隔，受信人归还本金并支付利息后，信用行为才完结。也正因为这种时间间隔，使信用具有天然的风险性。

（二）信用的基本要素

信用行为必然存在主体、客体等相关内容，这些内容构成了信用的基本要素。

1. 信用主体。即信用行为的双方当事人，包括法人和自然人。其中，转移资产的一方为债权人，接受资产的一方为债务人。

2. 信用客体。即信用行为的交易对象，它或以货币的形式存在，或以商品的形式出现；既可以是有形的，也可以是无形的（如服务）。

3. 信用的内容。即信用活动的主体通过直接信用和间接信用建立起来的债权债务关系。在信用行为中，债权人取得在一定时间内向债务人收回本金和利息的权利，而债务人则有按期偿还本金和利息的义务。

4. 信用载体。信用载体即信用工具，是记载信用内容或关系的凭证，如商业票据、股票及债券等。

二、信用的产生与发展

信用是商品货币关系发展的必然产物，信用是伴随商品货币关系的发展和货币的支付手段职能的产生而产生的。信用产生于原始社会末期，经历了奴隶社会、封建社会、资本主义社会和社会主义社会，信用的发展经历了高利贷信用、资本主义信用和社会主义信用三个信用制度。

（一）高利贷信用

高利贷信用是人类历史上最古老的信用，所谓高利贷信用，就是以取得高额利息为特征的借贷活动，是生息资本的古老形态，它产生于原始社会末期，在奴隶社会和封建社会得到了广泛发展，成为占统治地位的信用形态。

高利贷信用债权人主要是商人（特别是专门从事货币兑换的商人），寺院、教堂和修道院等宗教机构及奴隶社会和封建社会的统治者，如职业军人、官吏、奴隶主和地主等；高利贷信用的债务人主要是封建社会的小生产者、农民和没落的奴隶主和地主。

奴隶社会、封建社会自然经济占优势，货币关系不发达，高利贷以实物形式为主，比如借粮还粮。随着商品货币经济的发展，高利贷的实物形式逐渐为货币形式和货币实物混合形式所代替，但高利贷以实物形式比较普遍。

高利贷资本具有利息率高、非生产性和保守性的特点。在整个资本主义生产关系建立和发展过程中，充满了与高利贷斗争的历史，因为高利贷信用不仅不能满足新兴资产阶级的需要，而且极高的利息也使资本主义再生产难以正常进行。直到现代银行业的产生，才瓦解了高利贷的生存基础。但在现代资本主义经济中，高利贷并未被彻底消灭，在一些落后的部门或在小生产经济和个人中，高利贷还依然存在或重新出现。

（二）资本主义信用

资本主义信用是借贷资本的运动。所谓借贷资本，是货币资本家为了获取剩余价值而暂时贷给职能资本家使用的货币资本，它是生息资本的一种形式。贷者把闲置的货币作为资本贷放出去，借者借入货币则用以扩大资本规模，生产更多的剩余价值，贷者和借者共同瓜分剩余价值。资本主义信用实质是银行信用，它是信用的基本形式。

资本主义生产关系确立以后，为了发展资本主义经济，以资本主义再生产为基础的资本主义信用便取代了高利贷信用，取得了垄断的地位。

1. 借贷资本的形成

借贷资本来源于社会的闲置资本，是适应资本主义经济发展的需要而产生和发展起来的，它适应了资本主义社会大生产的需要，社会暂时闲置资本主要有：

（1）暂时闲置的固定资本折旧基金；

（2）暂时闲置的流动资本；

（3）用于积累的剩余价值；

（4）食利者阶层拥有的货币资本以及社会各阶层拥有的暂时闲置的货币存款。

这些闲置的货币资本，必须设法寻找增值价值的出路。另一方面，有一些工商业资本家，又确实需要补充货币资本。例如，产品还未销售出去，又要大量购买原材料或支付工资；急需扩大生产规模，但资本积累的数量还不够；固定资本要提前更新，等等。于是，持有闲置货币的资本家就将它贷放出去，供急需货币的资本家使用，从而形成了资本家之间的借贷关系。

2. 借贷资本的特点

（1）借贷资本是一种商品的资本

借贷资本具有商品的基本属性，对于借贷资本家来说，借贷资本的使用价值是借贷资本家把货币作为资本贷给职能资本家使用，可以为借贷资本家带来剩余价值；借贷资本是货币资本，虽然没有内在的价值，但借贷资本有相对的价格——利率，利率的高低受借贷资本供求关系的制约。

（2）借贷资本是一种所有权的资本。在这里，同一借贷资本取得了双重的身份：对它的所有者来说，是财产资本，他只对它拥有所有权；对使用它的经营者来说，它是职能资本，他只对它拥有使用权。在借贷资本运动过程中，货币资本家依靠借贷资本的所有权获取剩余价值。

（3）借贷资本有特殊的运动形式，表面看来，既不经过生产过程，又不经过流通过程，它只是货币和资本的贷放，经过一定时期后带着增值了的价值回到它的所有者手中，直接采取 G—G′ 的形式。这就造成一种假象，似乎货币可以自己生出更多的货币，借贷资本能够自行增值。

借贷资本的运动过程是双重支付双重回流规律，即 G—G—W—P—W′—G′—G″，第一重支付是银行贷款给企业，第二重支付是企业购买生产要素，第一重回流是企业实现销售收入，第二重回流是企业给银行还本付息。

研究这个规律的意义在于，注重银行的资金流向，它可以调节经济结构，保证经济结构协调发展，也启示银行的接待对象要选择优秀的企业或有潜力的企业，这样才可能收回银行的贷款本金和利息，银行的利息来源于企业的利润，它是企业利润的一部分。

（三）社会主义信用

社会主义信用是社会主义国家的银行信贷资金的运动。它与资本主义信用一样，也是借贷行为，是价值运动的特殊形式，具有资本主义信用的基本特征。

第二节　信用形式

借贷活动的表现方式，也就是信用形式，它是信用活动的外在表现。随着商品货币经济的发展，信用形式也呈现多样化、复杂化，按不同的标准可以对信用进行不同的划分：以信用接受的主体来划分，有公共部门信用、私人部门信用和金融部门信用；按交易的内容不同，划分为实物交易信用、货币交易信用、票据交易信用、债券信用；以信用授受的期限来划分，有长期信用、中期信用、短期信用和不定期信用；以用途来划分，有生产信用和消费信用；按信用双方联系方式的不同，有直接信用和间接信用；等等。

1. 直接信用又称"直接金融"或"直接融资"，是指不经中介机构作媒介而由信用需求者和供给者双方直接协商所进行的资金融通。直接信用的典型特征如下。

（1）信用的供求双方自己协商融通资金或直接通过发行信用工具进行融资，中间人仅仅牵线搭桥，收取佣金。

（2）交易活动不以客户关系为限，任何人、任何机构都可以自由地在某个场所进行交易，交易价格是公开的，由市场供求决定，适合于频繁转让。

在这种方式下，公司、企业在金融市场上从资金所有者那里直接融通货币资金。其方式是发行股票或债券。包括预付或赊销商品形式的商业信用、发行及买卖有价债券形式的公司信用、国家信用等。

2. 间接信用又称"间接金融"或"间接融资"，资金供求双方通过金融中介机构间接实现资金融资的活动，经过金融中介机构参与的资金融通，由金融机构先进行筹资，再将资金加以运用。间接信用的典型特征是：金融中介机构作中介进行信用供需双方的资金融通，借贷双方不发生直接的联系，如银行的存、贷款业务等。

这里讲的信用形式，主要是按信用的主体划分，根据信用债权人和债务人的不同分为商业信用、银行信用、国家信用、消费信用、民间信用和国际信用等。

一、商业信用

商业信用，就是企业在商品交易过程中相互之间以赊销商品和预付货款的方式提供的、与商品交易直接相联系的信用，是信用制度的基础。其主要表现形式有两种：一是提供商品的商业信用，如企业间的商品赊销、分期付款等；二是提供货币的商业信用，如在商品交易基础上发生的预付定金、预付货款等。

（一）商业信用的特点

1. 商业信用的主体是都是生产经营的企业。商业信用的债权人和债务人都是企业，因此，商业信用是直接信用。

2. 商业信用的客体是处于再生产过程中的商品资本。商业信用是由一个企业以商品形态提供给另一个企业，贷出的资本是处于产业资本循环过程的最后阶段（W—G）的商品资本，而不是产业闲置资本，它是产业资本的一部分。

3. 商业信用既融资也融物。商业信用是企业之间以商品资本的形态提供的，在融通商品的同时也融通了购买商品的资金。

4. 商业信用的规模与产业的周转动态相一致。经济繁荣时期，生产规模扩大了，生产的商品增多了，对商业信用的需求增加了，以商业信用出售的商品也会相应的增加，在经济危机时期，商品滞销，市场疲软，生产缩减，商品减少，对商业信用的需求减少，使整个商业信用规模都大大地缩减。

5. 商业信用一般不付息，商业信用是企业之间以赊销商品或预付货款的方式提供的，因此，企业之间是不支付利息的。

（二）商业信用的局限性

由于商业信用直接以商品生产和流通为基础，并为商品生产和流通服务，所以商业信用对加速资本的循环和周转，最大限度地利用产业资本和节约商业资本，促进生产和流通的发展具有重大的促进作用，由于商业信用受其自身特点的影响，因而又具有一定的局限性，主要表现为以下几点。

1. 商业信用的规模小，受企业生产规模的制约。商业信用是企业之间互相提供的，因此它的规模只能局限于提供这种商业信用企业所拥有的资本额限制，企业能够用于商业信用的只能是其商品资本的一部分或者是全部。

2. 商业信用的期限短，受企业生产周期的制约。商业信用的借贷双方都是企业，都要进行生产和经营，商业信用的期限不能过长，一般不超过6个月。

3. 商业信用的范围窄，受企业商品买卖关系的制约。商品生产的上下游企业之间可能发生商业信用，而没有商品买卖关系的企业之间很难发生商业信用。

4. 商业信用具有自发性和分散性。由于商业信用发生在众多的企业之间，何时发生、与谁发生及在何处发生很难按计划进行，往往是随机的，不利于国家计划管理。

（三）商业信用的作用

1. 商业信用对经济的促进作用。在市场经济条件下，商业信用广泛地存在于工商企业之间，无论是商品的供给方还是需求方，都可能面临资金短缺，商业信用的存在，使经营者有可能根据需要随时发生信用联系，彼此间补充到必要的资金，使整个生产和流通得以顺利进行。

2. 商业信用的阻碍作用。由于商业信用是在众多的企业之间发生的，经常形成一条债务链，如果某一企业到期不能支付所欠款项，就会引起连锁反应，触发信用危机。而国家经济调节机制对商业信用的控制能力又十分微弱，商业信用甚至对中央银行调节措施的反应完全相反，如中央银行紧缩银根，使银行信用的获得较为困难时，恰恰为商业信用活动提供了条件。只有当中央银行放松银根，银行信用的获得较为容易时，商业信用才可能相对减少。因此，正确有效地对其进行引导和管理，可以防范信用危机的发生。

商业信用的合同化、票据化使分散的商业信用统一起来。商业信用的票据化是用法律来约束商业信用，能保证商业信用健康发展。而且，通过票据的承兑和贴现，银行参与到商业信用中来，提高了商业信用的信用度，使之更易于被接受和使用。可见，只要正确引导，商业信用对经济增长和经济秩序都有促进的作用。

（四）我国的商业信用

我国的商业信用经历了"发展—取缔—发展"的过程。中华人民共和国成立初期商业信用曾普遍存在，通过经销代销、代购代销等具体形式对资本主义工商业进行社会主义改造，支持农村供销合作社的发展。从第一个"五年计划"开始，由于实行高度集中的计划管理体制，商业信用被明文取消，采取一切信用集中于银行的政策，只有纳入国家银行信贷收支计划的"农副产品预购定金"是国务院批准的合法的商业信用。

20世纪70年代末实施改革开放的方针政策后，才开始恢复商业信用，由于缺乏票据方面的规范，商业信用行为大多采用"挂账"等方法，造成债务拖欠，一度影响了商业信用的发展。1995年5月，我国颁布了《中华人民共和国票据法》，该法明确了票据当事人的权利和义务，对票据的要式性进行了规定，有效地保护了商业信用活动中票据当事人的权益，对我国商业信用的规范化发展起到了积极的推动作用。

二、银行信用

银行信用是指银行及各类金融机构以货币形式向企业提供的信用，银行信用是信用的基本形式。这种信用是银行通过信用方式，将再生产过程中游离出来的暂时闲置的货币资金以及社会上的其他游离资金集中起来，以货币形式贷给需要补充资金的企业，以保证社会再生产过程的顺利进行。银行信用是在商业信用基础上发展起来的一种更高层次的信用形式，它和商业信用一起成为经济社会信用体系的基本成分。银行信用有如下特点：

1. 银行信用的主体一方是企业，一方是银行和其他金融机构，银行信用是一种间接信用。在银行信用活动中，银行和其他金融机构充当信用的中介。对存款方来讲，银行是债务人；对借款方来说，银行又是债权人，资金的供需双方通过银行解决了各自所需，但本身并不发生直接的联系。银行是货币资金提供者和需求者之间的桥梁，起联系和沟通的作用。

2. 银行信用的客体是社会闲置的货币资本，所贷出的资本是从产业资本循环过程中独立出来的货币资金。它可以不受个别企业资金数量的限制，聚集小额的可贷资金满足大额资金借贷的需求。同时也可把短期的借贷资本转换为长期的借贷资本，满足较长时期的货币需求，不再受资金流转方向的约束，从而在规模、范围、期限和资金使用方向上都大大优越于商业信用。

3. 银行信用只融资不融物。银行信用是间接信用，提供的是货币资本，它只融通购买商品的资金。

4. 银行信用的动态与产业资本的动态不一致。银行信用所需资本是生产过程中暂时闲置的货币资本，是与商业资本相对应的，其动态与产业资本动态刚好相反。如经济繁荣时期，生产发展，商品流通扩大，但银行信用由于需求增加，逐年提高，资本供应反而紧张。

5. 银行信用支付利息。这是银行和其他金融机构生存和发展的前提和基础。

由于银行信用克服了商业信用的局限性，大大扩大了信用的范围、数量和期限，可以在更大程度上满足资本主义银行发展需要，所以银行信用成了资本主义信用的主要形式。20 世纪末，银行信用不断发展，越来越多的借贷资本集中在大银行手中，大量的借贷资本为垄断组织所利用，同时贷款数额的增大和贷款期限的延长，又促进了银行资本与产业资本的结合，使银行信用更占优势，发展更加迅速。

但银行信用代替不了商业信用，在现代市场经济中，银行信用是信用的基本形式，商业信用是银行信用的必要补充。

三、国家信用

国家信用是指国家（政府）以债务人身份，借助于债券筹集资金的一种信用形式，包括国内国家信用和国外国家信用。

国内国家信用是国家以债务人的身份向国内居民、企业、团体等主要以发行公债券或国库券方式所取得的信用。国外国家信用是国家以债务人的身份向国外居民、企业、团体和政府所取得的信用，统称"外债"，或者国家以债权人的身份向外国政府提供贷款所形成的信用。这里的国家信用是指国内国家信用。

（一）国家信用的特点

1. 国家信用的主体，国家信用的债务人是国家（政府），债权人是购买债券的金融机构、企业和居民个人。

2. 国家信用的客体是货币资金。

3. 国家信用风险小，利率低。国家信用关系中，国家财政作为政府的代表成为债务人，是以国家（政府）的信用作担保，信誉度极高，相对于其他信用工具，国家债券的持有者几乎不承担任何风险，在国外，政府债券有"金边债券"之称。

4. 用途具有专一性。利用国家信用筹集资金，都是为了特定的财政支出需要，或为国家和地方的重点建设项目举债，或为了社会公益事业建设借款，是取之于民，用之于民，因此必须专款专用，不能随意用于其他开支。

（二）国家信用的基本形式

1. 国家公债。这是一种长期负债，一般时限为1年以上、10年或10年以上。发行这种公债筹来的资金一般用来进行国家大型建设项目的建设。

2. 国家重点建设债券。这是一种在发行时指明用途并将筹集来的资金专项使用的债券。

3. 国库券。国际上的国库券一般是短期负债，多在1年期以下，以1个月、3个月、6个月的居多，也有超过1年的。

（三）国家信用的作用

1. 国家信用是弥补财政赤字的重要手段。财政支出主要是提供国防、交通、保健及社会福利等公共开支，这些支出是刚性的，由于各种因素，经常出现较大的财政赤字，弥补赤字的最好方法是举借内债。通过政府举债，财政收入因债务收入而增加，国内的投资和消费将减少，在不改变国内货币供应量的前提下，解决了财政赤字问题。

2. 国家信用是调节经济的重要手段。国家信用通过改变投资总额影响经济的增长，政府举债的收入用于投资，全社会的投资总量就会增加，而且，政府的投资往往具有示范效应，会拉动银行贷款和民间投资的增加，有效地刺激经济的增长。

3. 国家信用是中央银行调节货币稳定的重要手段。随着国家信用的发展，各国中央银行靠买进或卖出国家债券来调节货币供应，影响金融市场资金供求关系，从而达到调节经济的目的，这便是通常所说的中央银行公开市场业务的主要内容。

（四）我国的国家信用

中华人民共和国成立后，我国的国家信用经历了"发展—取缔—发展"的过程。

建国初期和国民经济恢复时期。为克服严重的通货膨胀、稳定市场物价、恢复国民经济，我国中央政府在1950年发行了3.02亿元的"人民胜利折实公债"。1953年我国进入第一个五年计划期，为满足经济建设的资金需要，从1954年到1958年，连续五年发行了"国家经济建设公债"。在1950年到1955年期间，我国向苏联借入了相当于5 167亿元人民币的外债。到1968年，基本还清了所有的债务，成为"既无内债，又无外债"的国家。此后十几年的时间里，国家没有再举债。

改革开放后，为实现财政收支平衡和稳定物价，1981年国务院颁布了《中华人民共和国国库券条例》，决定发行国库券。随着国债在我国经济生活中的作用越来越大，国债发行的规模越来越高。

四、消费信用

消费信用是指商业银行、其他金融机构及企业向消费者提供的用于满足其消费需求的信用形式。其实质是通过赊销或消费贷款等方式，为消费者提供超前消费的条件，促进商品的销售和刺激人们的消费。

消费信用有两种类型：第一，企业向消费者直接以商品形式提供的消费信用，即指企业通过赊销商品的形式，主要以分期付款方式向消费者个人提供房屋或高档消费品；第二，商业银行或其他金融机构对消费者个人发放的、用于购买耐用消费品或支付其他费用的贷款方式，它以刺激消费、扩大商品销售和加速资金周转为目的。

现代经济中消费信用以商业银行或其他金融机构向消费者提供消费贷款为主要的形式。

（一）消费信用的特点

1. 消费信用的主体，债权人是商业银行、其他金融机构和企业，债务人是消费者。

2. 消费信用的客体，商业银行或其他金融机构以货币的形式向消费者提供消费信用贷款，企业以赊销的方式向消费者提供消费商品。

3. 消费信用的风险低，成本高。

4. 消费信用对于商业银行来讲有稳定的资金回流。

（二）消费信用的类型

从各国消费信用的构成来看，消费信用主要包括住房消费信贷、汽车消费信贷、信用卡和助学贷款。

1. 住房消费信贷

通常称之为居民住宅抵押贷款，是消费信贷的一个主要品种，在促进住宅消费发展方面发挥了重要作用。在一些发达国家，房地产贷款占银行全部贷款余额的30%～50%，对个人发放的住宅贷款占房地产贷款的60%左右。

居民住宅抵押贷款通常称为按揭贷款。所谓按揭贷款，是指商业银行为解决开发商售房难和用户购房难的问题。借款人首先交付购房的首付款，然后商业银行向借款人提供购房剩余资金的一种融资方式，这种贷款实质是要求开发商为购房者（借款人）作担保，或以借款人所（将要或已经）购置的住房产权为抵押的担保抵押贷款。住宅贷款期限较长，通常在10～30年，以住房本身作抵押，采取分期付款的方式。

2. 汽车消费信贷

汽车消费信贷，即对申请购买汽车借款人发放的担保贷款，借款人首先交付购车的首付款，然后银行或汽车销售商向购车者支付剩余车款的融资方式，并联合保险、公证机构为购车者提供保险和公证。

汽车消费信贷在商业银行的消费信贷业务中也占有重要地位。但由于汽车消费信贷市场的竞争，商业银行在汽车消费信贷市场上的份额日趋下降。在主要发达国家的汽车消费信贷市场，竞争者主要有三类：银行和其他金融机构、专做汽车贷款的财务公司以及汽车制造商。

由于汽车属于高折旧率的耐用品，汽车贷款的期限必须符合汽车加速折旧的要求，所以汽车贷款属于中短期贷款，一般最长不超过 5 年，比较常见的是 3~5 年期的贷款。

3. 信用卡贷款

信用卡由银行或非银行信用卡公司发行，持卡人因各自资信状况不同而获得不同资信级别的授信额度。在此授信额度内，持卡人可以通过信用卡所代表的账户在任何接受此卡的零售商处购买商品或劳务及进行转账支付等。

通过信用卡获得的贷款是当今最流行的消费信贷方式之一。信用卡属于无担保贷款，贷款额度的确定主要根据持卡人以往的信用记录，因而面临较高的信用风险，由信用卡引发的犯罪也正成为一个全球性的问题。

4. 助学贷款

助学贷款是商业银行为全日制普通高等学校中经济困难的本专科生（含高职生）、研究生和第二学士学位学生完成学业而发放的贷款，目的是用于帮助他们支付在校期间的学费和日常生活费。包括商业助学贷款和国家助学贷款，主要形式是国家助学贷款。

国家助学贷款是由政府主导、财政贴息、财政和高校共同给予银行一定风险补偿金，银行、教育行政部门与高校共同操作的专门帮助高校贫困家庭学生的银行贷款。借款学生不需要办理贷款担保或抵押，但需要承诺按期还款，并承担相关法律责任。借款学生通过学校向银行申请贷款，用于弥补在校学习期间学费、住宿费和生活费的不足，毕业后分期偿还。

（三）消费信用的作用

1. 消费信贷的发展扩大了消费需求，刺激了经济发展。首先，利用消费信贷，可以使消费者提前享受当前无能力购买的消费品，如住房、汽车等，这种消费信用惊人地扩大了需求，据统计：西方年汽车消费量中，有 1/3 是与消费信贷有关的。同时它也带动了钢铁、橡胶、铝等工业的发展。

其次，利用消费信贷，促进了技术的应用，新产品的摊销以及新产品的更新换代，都促进了经济的发展。

2. 消费信贷的发展为社会经济增加了不稳定因素。消费信贷的发展，使许多人陷入沉重的债务负担中，通常是借新债还旧债。在经济繁荣时期，由于消费信用的稳定与发展，使产品过剩问题被掩盖起来，但在经济萧条时期，贷者和借者都会降低消费信用的意向，减少消费信用的额度，从而使商品销售的困难突然加大，导致经济更加恶化。

五、民间信用

民间信用又称民间借贷。西方国家指国家信用之外的一切信用形式，包括商业信用和银行信用。《中华人民共和国银行管理暂行条例》规定个人不得经营金融业务，因此，在中国，民间信用指个人之间以货币或实物形式所提供的直接信贷，故又称个人信用。

民间信用的发展在我国由来已久，在广大农村中普遍存在。过去民间信用主要用于解决生活费用的短缺，近年来，随着城乡个体经济的发展，民间信用日益活跃，个人之间、家庭之间也通过民间信用来解决生产经营资金不足的问题。

（一）民间信用的特点

1. 利率高。决定民间信用的因素主要是资金供求关系，银行利率只能起指导作用。从实际情况看，民间信用利率普遍高于银行利率。

2. 风险大，手续不全容易发生违约现象。民间信用是私人间的借贷，具有一定程度的隐蔽性、随意性和自发性，国家法规难以规范其行为，加上当事人多采取口头信用，因而违约现象盛行，风险较大。

3. 民间信用期限短。民间信用的需求者由于生产和生活的急需，在民间求借，以解决燃眉之急，所以期限短。

4. 民间信用既借贷货币也借贷商品，我国目前民间信用以借贷货币为主。

（二）民间信用的作用

1. 积极作用

（1）通过民间资金的调剂，进一步发挥分散在个人手中资金的作用，加速资金运转，促进国民经济进一步繁荣。

（2）民间信用一般是在国家银行信用和信用社信用涉足不到和力不能及的领域发展起来的，特别是在个体商业、手工业、旅游和运输等行业，可起到拾遗补缺的作用。

2. 消极作用

民间信用毕竟是一种自发的、盲目的、分散的信用活动，是一种较为落后的信用形式，因此，在充分发挥民间信用积极作用的同时，也应防止其消极的一面。

（1）风险大，具有为追求高盈利而冒险、投机的盲目性。

（2）利率高，有干扰银行和信用社正常信用活动、扰乱资金市场的可能性。

（3）借贷手续不严，容易发生违约，造成经济纠纷，影响社会安定。

由于民间信用具有上述消极作用，这就要求在承认并利用其积极作用的同时，对这种信用活动适当地加以管理，采取积极措施，对其加以引导，使其逐步合法化、规范化。

六、国际信用

国际信用，也叫国际信贷，是指国际间的借贷关系。国际信用是国际经济关系的重要组成部分，并对国际经济贸易关系有着重要的影响。国际信用包括国际商业信用、国际银行信用、政府间信用和国际金融机构信用等方式。

（一）国际商业信用

国际商业信用是指出口商以延期付款的方式向进口方提供的信用。但这种方式往往需要借助国际银行信用实现，因为出口商出口商品时，要取得银行贷款支持，才能提供延期付款的条件。国际间流行的来料加工和补偿贸易也属此种方式。来料加工，是出口商提供原材料、零部件和其他散件，由进口企业加工装配，产品全部归出口商，进口商仅赚取加工费。补偿贸易，是由出口商向进口国企业提供资金、技术和设备等，进口国企业以投产后生产的产品偿还出口商。

（二）国际银行信用

国际银行信用是指进口国和出口国双方银行为进出口商提供的信用。主要是以出口信贷的方式出现，就是以出口国政府的金融支持为后盾，通过银行对出口商或进口商提供低于市场利率的贷款并提供信贷担保的一种融资方式。它有卖方信贷和买方信贷之分，卖方信贷是出口方所在地银行向出口商（卖方）提供的信贷，出口商由于从本国银行获得了贷款，因此可以对国外进口商提供延期付款便利。买方信贷是指出口方所在地银行或金融机构向进口商或通过进口方所在地银行向进口商提供贷款。

（三）国际政府信用

国际政府信用是指国与国之间相互提供的信用。一般由政府和财政部出面进行借贷，这种借贷一般利率较低，期限较长，条件较优惠，具有援助性质，但一般均附带限制性的条件，如要求受信国必须将贷款用于购买提供贷款的国家的商品等。

国际金融机构信用是指世界性或地区性国际金融机构为其成员国所提供的信用。世界性国际金融机构主要有国际货币基金组织和世界银行集团。地区性金融组织较多，比如亚洲地区的亚洲开发银行等。这些国际金融机构的贷款一般期限较长，利率较低，条件优惠，但审查较严格，一般用于受信国的经济开发和基础设施建设。

第三节　信用工具

信用工具也称金融工具，是证明债权债务关系的合法凭证，信用工具是表明某种权利义务关系的信用契约，是不同类型信用的主要表现形式。

一、信用工具的基本特征

1. 偿还性。是指信用工具的发行者或债务人在到期时要承担偿还责任的特征，或者说债权人或投资人可按信用凭证所记载的应偿还债务的时间，到时收回债权金额。

2. 收益性。信用工具的收益可分为两种：一种为固定收益，即投资者按事先规定的利息所获得的收入，到期领取约定利息获取固定收益；另一种为即期收益，又称当期收益，即按市场价格出卖时所获得的收益，如股票出卖价格之差就是一种即期收益。

3. 风险性。信用工具的风险是指投入的本金和利息收入遭到损失的可能性。任何信用工具都有风险，只是程度不同而已。信用风险主要有违约风险、市场风险、政治风险和流动性风险等。

4. 流动性。信用工具可以买卖交易，可以换得货币，这就是信用的变现力或流通性。在短期内不遭受损失的情况下，能够迅速卖出并换回货币，称为流动性强，反之则称为流动性弱。

二、信用工具的分类

信用工具可以从不同的角度进行划分。

1. 按信用形式划分，可分为商业信用工具，如各种商业票据等；银行信用工具，如银行券和银行票据等；国家信用工具，如国库券等各种政府债券；消费信用工具，如信用卡等。

2. 按期限划分，可分为短期信用工具和长期信用工具。长期与短期的划分没有一个绝对的标准，一般以 1 年为界，信用工具的有效期在 1 年以上的为长期信用工具，1 年以下（含 1 年）则为短期信用工具。

（1）短期信用工具主要是指国库券、各种商业票据，包括汇票、本票、支票等。西方国家一般把短期信用工具称为"准货币"，这是由于其偿还期短，流动性强，可以变现，近似于货币。

（2）长期信用工具通常是指有价证券，主要有长期企业债券、长期国家债券和股票等。

3. 按融资方式划分，可分为直接融资工具和间接融资工具。

直接融资工具包括政府发行的国家债券、地方政府债券，企业发行的企业债券、股票和商业票据。

间接信用工具包括银行债券、银行承兑汇票、可转让大额存单、人寿保险单等。

4. 按投资者所拥有的权利划分，可分为债券工具、股权工具和混合工具。

债权工具的代表是债券，股权工具的代表是股票，混合工具的代表是可转换公司债券和证券投资基金。

三、短期信用工具

短期信用工具是指融通资金期限在 1 年以内（含 1 年）的信用工具，包括票据、国库券、大额可转让存单、回购协议、同业拆借、银行短期信贷等。

（一）票据

票据是指具有一定格式并载明金额和日期，出票人承诺或通知他人在一定时间内无条件支付一定款项给持票人的书面凭证，票据包括本票和汇票。票据有效期最长不超过 6 个月。

本票是债务人对债权人签发的在一定时期内无条件支付款项的债务凭证。本票当事人只有两个，即出票人和收款人；汇票是债权人发给债务人，命令他支付一定金额给持票人或第三者的无条件支付命令书。

1. 商业票据：商业信用的基础上产生的票据是商业票据。商业票据包括商业本票和商业汇票。在商业信用的信用工具主要是商业汇票。

由于商业汇票是由债权人发出的，这就必须在债务人承认兑付后才能生效。所谓承兑是商业汇票上的付款人在商业汇票上签字，承诺在到期日支付汇票金额的票据行为。

根据承兑人的不同商业汇票分为商业承兑汇票和银行承兑汇票，承兑如果由企业做出，就叫商业承兑汇票，如果由银行或金融机构做出，就叫银行承兑汇票。银行承兑汇票大大提高了商业票据的信用能力，因为如果债务人不能按期如数付款，将由银行直接付款。

2. 银行票据：银行信用基础上产生的票据是银行票据，包括银行本票、银行汇票和支票。

（1）银行本票。银行本票是申请人将款项交存银行，由银行签发的承诺自己在见票时无条件支付确定的金额给收款人或者持票人的票据。银行本票见票即付，当场抵用，付款保证程度高。

银行本票按照其金额是否固定可分为不定额和定额两种。不定额银行本票是指凭证上金额栏是空白的，签发时根据实际需要填写金额，并用压数机压印金额的银行本票；定额银行本票是指凭证上预先印有定固定面额的银行本票。定额银行本票面额为 1 000 元、5 000 元、10 000 元和 50 000 元，定额银行本票由中国人民银行发行，各大国有商业银行代理签发。其提示付款期限自出票日起最长不得超过 2 个月，在同一票据交换区域内使用。

我国现行的银行本票使用方便灵活。单位、个体经济户和个人不管其是否在银行开户，他们之间在同城范围内的所有商品交易、劳务供应以及其他款项的结算都可以使用银行本票。收款单位和个人持银行本票可以办理转账结算，也可以支取现金，同样也可以背书转让。银行本票见票即付，结算迅速。

（2）银行汇票。银行汇票是指汇款单位或个人将款项交存银行，由银行签发汇票给收款单位或个人持往外地办理转账或支取现金的结算凭证。

票随人走，钱货两清。实行银行汇票结算，购货单位交款，银行开票，票随人走；购货单位购货给票，销售单位验票发货，一手交票，一手交钱；银行见票付款，余款自动退回，可背书转让，这样可以减少结算环节，缩短结算资金在途时间，方便购销活动。

单位和个人各种款项结算均可使用银行汇票，特别适用于异地采购的结算，银行汇票的提示付款期限自出票日起 1 个月。

（3）支票。《中华人民共和国票据法》对支票的定义是："支票是出票人签发的，委托办理支票存款业务的银行或者其他金融机构在见票时无条件支付确定的金额给收款人或者持票人的票据。"或者说银行支票是银行的活期存款人通知银行在其存款额度内，无条件支付一定金额给持票人或指定人的书面凭证。支票有三个当事人，即出票人、付款人和收款人。支票一般有记名支票、不记名支票、现金支票、转账支票、保付支票、划线支票、旅行支票等。

（二）国库券

国库券是国家财政当局为弥补国库收支不平衡而发行的一种政府债券。它是国家为了弥补年度内先支后收或短期收支不平衡，由财政部发行的以国家为债务人的信用凭证。国库券由中央银行具体办理发行和还本付息事宜。因国库券的债务人是国家，其还款保证是国家财政收入，所以它几乎不存在信用违约风险，是金融市场风险最小的信用工具。国库券是国库直接发行的用以解决短期财政收支失衡的一种债券，由于期限短、流动性强、安全性高，被视为零风险债券或"金边债券"（Gilt - Edged Bond）。

国库券是 1877 年由英国的经济学家和作家沃尔特·巴佐特发明的，并首次在英国发行。后来许多国家都依照英国的做法，以发行国库券的方式来满足政府对短期资金的需要。在美国，国库券已成为货币市场上最重要的信用工具。

我国国库券的期限最短的为 1 年，国库券有 3 年、5 年和 10 年的，是一种中长期政府债券。而西方国家国库券品种较多，一般可分为 3 个月、6 个月、9 个月、1 年期四种，其面额起点各国不一。国库券采用不记名形式，无须经过背书就可以转让流通。发行国库券的主要目的在于筹措短期资金，解决财政困难。当中央政府的年度预算在执行过程中发生赤字时，国库券筹资是一种经常性的弥补手段。

（三）大额可转让定期存单（简称 CD 存单）

大额可转让存单是银行或银团发行的一种可以在金融市场上转让流通的银行定期存款凭证。存单期限固定，最短一般为 30 天，最长可达 1 年或 1 年以上。存单按票面额发行，以票面额额为基础计算利息，一般是在期满时一次还本付息，但 1 年以上的长期存单通常是半年或 1 年付息一次。存单面额依发行国家的不同而有所不同。利率有固定利率和浮动利率之分。与其他存款一样，大额存单享受存款保险，但保险额有限，美国存单保险额最高不超过 10 万美元。

与传统定期存款单比较，可转让大额定期存款单具有如下特点。

1. 传统定期存款单记名，且不可流通转让；大额定期存款单不记名且可流通转让。

2. 传统定期存款单金额是不固定的，由存款人自己决定；大额定期存款单一般面额固定且较大，美国为 10 万美元起点，期限不超过 1 年。

3. 传统定期存款单可提前支取，利息收入会受损一点；大额定期存款单不可提前支取，只能在二级市场流转。

4. 传统定期存款单依期限长短具有不同的固定利率；大额定期存款单的利率有各种形式：固定的、浮动的，一般高于同期的传统定期存款单利率。

可转让大额定期存单最早产生于美国，是由美国花旗银行于 1961 年创造的。美国的"Q 条例"规定商业银行对活期存款不能支付利息，定期存款不能突破一定限额。20 世纪 60 年代，美国市场利率上涨，高于"Q 条例"规定的上限，资金从商业银行流入金融市场。为了吸引客户，商业银行推出可转让大额定期存单，购买存单的客户随时可以将存单在市场上变现出售。这样，客户实际上以短期存款取得了按长期存款利率计算的利息收入，也提高了商业银行的竞争力。

我国第一张大额可转让存单于 1986 年面世，最初由交通银行发行，1989 年经中国人民银行审批其他商业银行也陆续开办了此项业务。存单的投资者主要是个人，企业为数不多。

基于各商业银行在发行大额可转让定期存单时出现的由于利率过高引发的存款"大搬家"，增加商业银行资金成本的弊病，中国人民银行曾一度限制大额定期存单的利率，加之我国还未形成完整的二级流通市场，20世纪80年代大量发行的大额可转让定期存单到1996年以后在整个市场停滞，几近消失。

（四）回购协议

证券回购协议是指在出售证券的同时，与证券的购买商达成协议，约定在一定期限后按原定价格购回所卖证券，从而获取即时可用资金的一种交易行为。

1. 回购协议是由借贷双方签订协议，规定借款方通过向贷款方暂时售出一笔特定的金融资产而换取相应的即时可用资金，并承诺在一定期限后按预定价格购回这笔金融资产的安排。其中的回购价格为售价另加利息，这样就在事实上偿付融资本息。

2. 回购协议实质上是一种短期抵押融资方式，那笔被借款方先售出后又购回的金融资产即是融资抵押品或担保品，是比较安全、回报高且快的融资方式。

3. 回购协议的期限一般很短，最常见的是隔夜拆借，但也有期限长的，一般不超过一年。

4. 回购协议有两种：一种是正回购协议，是指在出售证券的同时和证券的购买商签订协议，协议在一定得期限后按照约定价格回购所出售的证券，从而及时获取资金的行为；另一种是逆回购协议，是指买入证券一方同意按照约定期限和价格再卖出证券的协议。

此外，还有一种"连续合同"的形式，这种形式的回购协议没有固定期限，只在双方都没有表示终止的意图时，合同每天自动展期，直至一方提出终止为止。

我国证券回购的交易主体主要有商业银行、城市信用社以及信托投资公司、证券公司等非银行金融机构，回购交易品种主要是国库券、国家重点建设债券和金融债券，回购期限一般在一年以下。我国证券回购交易业务的主要场所是沪、深证券交易所及经国务院和中国人民银行批准的全国银行间同业市场。

（五）银行卡

银行卡是由商业银行（或者发卡机构）发行的具有支付结算、汇兑转账、存取储蓄、循环信贷等全部或部分功能的支付工具。

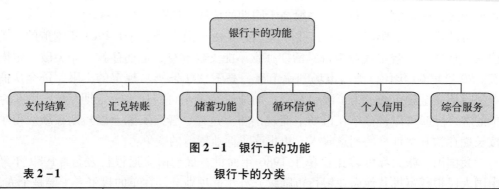

图2-1　银行卡的功能

表2-1　　　　　　　　　　　　　　银行卡的分类

分类标准	银行卡种类
清偿方式	信用卡、借记卡
结算币种	人民币卡、外币卡、双（多）币卡

分类标准	银行卡种类
发行对象	单位卡（商务卡）、个人卡
信息载体	磁条卡、芯片卡（智能卡、IC 卡）
资信等级	白金卡、金卡、普通卡等
流通范围	国际卡、地区卡
持卡人地位和责任	主卡、附属卡

1. 信用卡：是指由商业银行或非银行发卡机构向其客户提供具有消费信贷、转账结算、存取现金等功能的信用支付工具（我国目前尚不允许非银行发卡机构发行信用卡）。持卡人可依据发卡机构给予的消费信贷额度，凭卡在特约商户直接消费或在其指定的机构、地点存取款及转账，在规定的时间内向发卡机构偿还消费贷款本息。

信用卡按是否向发卡银行交存备用金分为贷记卡、准贷记卡两类。贷记卡是指发卡银行给予持卡人一定的信用额度，持卡人可在信用额度内先消费、后还款的信用卡。准贷记卡是指持卡人须先按发卡银行要求交存一定金额的备用金，当备用金账户余额不足支付时，可在发卡银行规定的信用额度内透支的信用卡。准贷记卡是一种具有中国特色的信用卡种类，国外并没有这种类型的信用卡。

2. 借记卡：是指银行发行的一种要求先存款后使用的银行卡。借记卡与储户的活期储蓄存款账户相连接，卡内消费、转账、ATM 取款等都直接从存款账户扣划，不具备透支功能。

（六）信用证

1. 信用证的概念

信用证（Letter of Credit，L/C）是指由银行依照申请人的要求或指示，在符合信用证条款的条件下，凭规定单据向第三者或其指定方进行付款的书面文件。即信用证是一种银行开立的有条件的承诺付款的书面文件。信用证是国际贸易中最主要、最常用的支付方式。

2. 信用证的特点

（1）信用证是一项自足文件。信用证不依附于买卖合同，银行在审单时强调的是信用证与基础贸易相分离的书面形式上的认证。

（2）信用证方式是纯单据业务。信用证是凭单付款，不以货物为准。只要单据相符，开证行就应无条件付款。

（3）开证银行负首要付款责任。信用证是一种银行信用，它是银行的一种担保文件，开证银行对支付有首要付款的责任。

3. 信用证的分类

（1）以信用证项下的汇票是否附有货运单据划分为跟单信用证及光票信用证。

①跟单信用证是凭跟单汇票或仅凭单据付款的信用证。单据指代表货物所有权的单据或证明货物已交运的单据。

②光票信用证是凭不随附货运单据的光票付款的信用证。银行凭光票信用证付

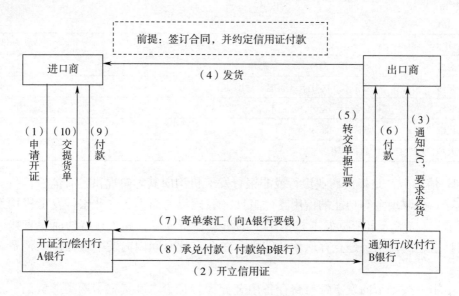

图 2－2　信用证业务示意图

款，也可要求受益人附交一些非货运单据，如发票、垫款清单等。

在国际贸易的货款结算中，绝大部分使用跟单信用证。

（2）以开证行所负的责任为标准可以分为不可撤销信用证和可撤销信用证。

①不可撤销信用证：指信用证一经开出，在有效期内，未经受益人及有关当事人的同意，开证行不能片面修改和撤销，只要受益人提供的单据符合信用证规定，开证行必须履行付款义务。

②可撤销信用证：开证行不必征得受益人或有关当事人同意有权随时撤销的信用证，应在信用证上注明"可撤销"字样。

现在常用的都是不可撤销信用证。

（3）以有无另一银行加以保证兑付为依据，可以分为保兑信用证和不保兑信用证。

①保兑信用证：指开证行开出的信用证，由另一银行保证对符合信用证条款规定的单据履行付款义务。对信用证加以保兑的银行，称为保兑行。

②不保兑信用证：开证行开出的信用证没有经另一家银行保兑。

（4）根据付款时间不同，可以分为即期信用证和远期信用证。

①即期信用证：指开证行或付款行收到符合信用证条款的跟单汇票或装运单据后，立即履行付款义务的信用证。

②远期信用证：指开证行或付款行收到信用证的单据时，在规定期限内履行付款义务的信用证。

（5）根据受益人对信用证的权利可否转让，可分为可转让信用证和不可转让信用证。

①可转让信用证：指信用证的受益人（第一受益人）可以要求授权付款、承担延期付款责任，承兑或议付的银行或当信用证是自由议付时，可以要求信用证中特别授权的转让银行，将信用证全部或部分转让给一个或数个受益人（第二受益人）

使用的信用证。开证行在信用证中要明确注明"可转让",且只能转让一次。

②不可转让信用证:指受益人不能将信用证的权利转让给他人的信用证。凡信用证中未注明"不可转让",即是不可转让信用证。

(6)根据信用证是否可以循环使用,可分为循环信用证和不可循环信用证。

四、长期信用工具

长期信用工具是指融通中长期资金(1 年以上)的信用工具,包括股票、债券以及证券投资基金。

(一)股票

1. 股票的概念

股票是一种有价证券,它是股份有限公司签发的证明股东所持有股份的凭证。股票持有人依据所持有的股份享有权益和承担义务。《中华人民共和国公司法》规定,股票采用纸面形式或国务院证券监督管理机构规定的其他形式。股票应载明的事项主要有:公司名称、公司成立的日期、股票种类、票面金额及代表的股份数、股票的编号。股票由法定代表人签名,公司盖章。发起人的股票,应当标明"发起人股票"字样。

股票是一种所有权证券,持有者作为该公司的所有者享有股东的权益和责任。股票也是一种永久性证券,承担公司的风险和责任,股东有权定期收取股息或红利,但不能退股或撤资,可以转让流通或抵押。

2. 股票的特点

(1)收益性。收益性是股票最基本的特征。持有股票的目的在于获取收益。股票的收益来源可分成两类:一是来自于股份公司。二是来自于股票流通。

(2)风险性。股票风险的内涵是预期收益的不确定性。公司发生亏损时股东以其认购的股份为限对公司承担责任;公司破产时可能血本无归。

(3)流动性。流动性是指股票可以在依法设立的证券交易所上市交易或在经批准设立的其他证券交易场所转让的特性。股票是流动性很强的证券。

(4)永久性。永久性是指股票所载有权利的有效性是始终不变的,因为它是一种无期限的法律凭证。股票代表着股东的永久性投资。对于股份公司来说,由于股东不能要求退股,所以通过发行股票募集到的资金,在公司存续期间是一笔稳定的自有资本。

(5)参与性。参与性是指股票持有人有权参与公司重大决策的特性。股票持有人作为股份公司的股东,有权出席股东大会,体现对公司经营决策的参与权。股东参与公司重大决策权利的大小取决于其持有股份数量的多少。

3. 股票的分类

(1)股票按照股东的权利可以分为普通股和优先股。

普通股:是股份有限公司的最重要最基本的一种股份,它是构成股份公司股东的基础,普通股有以下几个特征。

①经营参与权。普通股股东可以参与公司经营管理,拥有选举表决的权利。

②收益分配权。普通股股东有权凭其所持有的股份参加公司盈利分配,其收益

与公司经营状况直接相关，具有不确定性，且普通股的盈利分配顺序后于优先股。

③认股优先权。如果股份公司增发普通股股票，原有普通股股东有权优先认购新发行的股票，以保证其对股份公司的持股比例保持不变。

④剩余资产分配权。股份公司破产清盘时，在其清偿债务和分配给优先股股东之后，剩余资产可按普通股股东所持有股份进行分配。

⑤检查监督权。为保证公司资本的安全和增值，普通股的持有人拥有检查监督权。他们有权查阅公司章程、股东会议纪要和会计报告，监督公司的经营，提出建议和质询。

优先股：优先股是指股份有限公司在筹集资本时给予认购者某些优先条件的股票，优先股有以下几个特征。

①约定股息率。优先股股东的收益先于普通股股东支付，事先确定固定的股息率，其收益与公司经营状况无关。

②优先清偿剩余资产。股份公司破产清盘时，其分配优先于普通股股东。

③表决权受限制。优先股股东无经营参与权和选举权。

④一般不能上市交易。即优先股的流通性受到一定限制。

目前在我国沪深两市上市的A、B股均为普通股，未上市流通的国家股、法人股基本上都属于普通股，我国优先股的数量已经比较少，且大多属于历史遗留问题。

（2）按投资主体的性质股票可发分国家股、法人股、社会公众股和外资股。

国家股是指有权代表国家投资的部门或机构以国有资产向公司投资形成的股份，包括以公司现有国有资产折算成的股份。

法人股是指企业法人或具有法人资格的事业单位和社会团体以其依法可支配的资产投入公司所形成的股份。

我国2005年后国家股和法人股逐渐减持，转为流通股。

社会公众股是指社会公众依法以其拥有的财产投入到公司所形成的可上市流通的股份。《中华人民共和国证券法》规定，社会募集公司申请股票上市的条件之一是，向社会公开发行的股份总数的25%以上。

外资股是股份公司向外国和我国香港、澳门、台湾地区投资者发行的股票，包括B股、H股、N股等。

（3）按照是否记名，分为记名股票和不记名股票。

记名股票是在股票上记载股东的姓名的股票，这种股票如果转让必须经股份公司办理过户手续，即办理变更股东名册的手续。

不记名股票，是不在股票及股东名册上记载股东姓名的股票，这种股票的转让是通过交付而生效的。现在的股票交易虽然都是记名股票，但是人们并没有感觉需要到股份公司办理过户手续，这是因为在证券集中保管和无纸化交易的前提下，过户手续由电脑集中完成，股东无需专门办理过户手续。

我国发行的股票均为记名股票。

（4）按股票交易场所不同，我国上市公司股票又可分为A股、B股、H股、N股、S股等等。

①A股，即人民币普通股，是由我国境内公司发行，供境内机构、组织或个人

（不含台、港、澳投资者）以人民币认购和交易的普通股股票。

②B股，即人民币特种股票。它是以人民币标明面值，以外币认购和买卖，在中国境内（上海、深圳）证券交易所上市交易的外资股。B股公司的注册地和上市地都在境内，2001年前投资者限制为境外人士，2001年之后，开放境内个人居民投资B股。目前我国B股股票共有110余只。

③H股，即在内地注册，以港元计价在香港发行并上市的境内企业的股票。

香港的英文是Hong Kong，取其字首，即为H股，依此类推，在纽约上市的股票为N股，在新加坡上市的股票为S股，日本上市为T股。

（二）债券

1. 债券的含义

债券是一种有价证券，是社会各类经济主体为筹集资金而向债券投资者出具的、承诺按规定利率支付利息并按约定条件偿还本金的债权债务凭证。债券本质是一种借款的证明书，具有法律效力，债券购买人与发行人之间是一种债权债务关系。

2. 债券特征

债券是一种常见的有价证券，其自身具有明显的特征以区别于其他证券。

（1）安全性。安全性是指债券投资人的收益相对稳定，不会因发行人经营收益的变动而变化，而且可按期收回本金。与股票相比，债券的风险比较小。债券通常规定有固定的利率，与债券发行人利益无关，收益比较可靠。此外，在企业破产时，债券的持有人享有优先与股票持有人对企业剩余资产的索取。

（2）收益性。收益性是指债券能为投资人带来一定的利息收益。在实际情况下，债券的收益性主要表现在两个方面：一方面是投资债券可以给投资人带来定期和不定期的利息收入；另一方面投资人可以利用债券价格的涨跌，买卖债券赚取差额。

（3）偿还性。偿还性是指债务人必须按规定的时间向债权人支付利息和偿还本金。债券一般都有规定的到期日，发行人必须按约定条件偿还本金并支付利息，筹资人不能无限期地占用债券投资人的资金。

（4）流动性。流动性是指债券持有人可按自己的需要和市场的实际情况，灵活地转让债券，提前收回本金。债券作为有价证券，大部分可在证券市场上作为投资品种自由买卖，债券持有人可在到期之前在流通市场上进行交易。很明显，债券的流动性要远远高于银行定期存款，定期存款提前变现，要遭受利息损失。一般来说，债券的流动性越强安全性越高。

3. 债券的分类

（1）按发行主体的不同，债券可分为政府债券、金融债券和公司债券。

①政府债券的发行主体是政府，中央政府发行的债券也可以成为国债，其主要目的是解决由政府投资的公共设施或重点建设项目的资金需要和弥补国家财政赤字。

②金融债券的发行主体是银行或非银行金融机构，发行目的有两个：一是筹集资金用于某种特殊用途；二是改变本身资产负债结构金融机构。金融机构一般有雄厚的资金实力，信誉度较高，因此金融债券往往也有良好的信誉。

③在国外，没有企业债券和公司债券的区别，统称为公司债券。我国根据发行

主体的不同，分为企业债券和公司债券。

我国企业债券是按照《企业债券管理条例》规定发行和交易、由国家发展和改革委员会监督管理的债券，其发行主体为中央政府部门所属机构、国有独资企业或国有控股企业，因此，它在很大程度上体现了政府信用。

公司债券管理机构为中国证券监督管理委员会，发债主体为按照《中华人民共和国公司法》设立的公司法人，其信用保障是发债公司的资产质量、经营状况、盈利水平和持续盈利能力等。公司债券在证券登记结算公司统一登记托管，可申请在证券交易所上市交易，其信用风险一般高于企业债券。

（2）按债券计息方式的不同，债券可分单利债券、复利债券、贴现债券和累进利率债券等。

①单利债券是指在计算债券利息时，不论期限长短，仅按本金计息，所产生利息不再加入本金计算下期利息的债券。

②复利债券是指计算利息时，按一定期限将所生利息加入本金再计算利息，逐期滚算的债券。

③贴现债券是指在票面上不规定利率，发行时按规定的某一折扣率，以低于票面金额的价格发行，到期时按票面金额偿还本金的债券。

④累进利率债券是指以利率逐年累进方法计息的债券，即债券的利率随着时间的推移，后期利率比前期利率来得高，成累进状态，期限越长，利率越高，这种债券的期限往往是浮动的，但一般会规定最短持有期和最长持有期。

（3）按债券形态划分，可分为实物债券、凭证式债券和记账式债券。

①实物债券是具有标准格式实物券面的债券。在其券面上，一般印制了债券面额、债券利率、债券期限、债券发行人全称、还本付息方式等到各种债券票面要素。不记名、不挂失、可上市流通。

②凭证式债券是债权人认购债券的收款凭证，而不是债券发行人制定的标准格式的债券。票面上不印制票面金额，而是根据认购者的认购金额填写实际的缴款金额，是国家储蓄债，可记名、挂失，不可上市流通。持有期提前支取，按持有天数支付利息，经办机构按兑付本金的2‰收取手续费，我国1994年开始发行凭证式国债，通过银行储蓄网点和财政国债服务部面向社会发行。

③记账式债券是无实物形态的票券，利用账户通过电脑系统完成债券发行、交易及兑付的全过程。我国1994年开始发行。记账式债券可记名、挂失，可上市流通、成本低、安全性好。

（4）按偿还期限的长短债券可分为短期债券、中期债券和长期债券。

①短期债券是指期限在1年以内的债券为短期债券。企业发行短期债券大多是为了筹集临时性周转资金。在我国，此种短期债券的期限分为3个月、6个月和9个月。政府发行短期债券多是为了平衡预算开支，我国政府发行的短期债券较少。短期债券属于货币市场工具。

②中期债券是指期限在1年以上5年以下的债券。也有些国家将中期债券的期限规定在1年以上10年以下。中期债券的发行者主要是政府、金融机构和企业。我国政府发行的债券主要是中期债券。中期债券属于资本市场工具。

③长期债券是指期限在 10 年以上的债券为长期债券。发行长期债券的目的是为了获得长期稳定的资金。长期债券由于期限较长，利率风险较大，可能带来利率浮动或可赎回之类的条款，也可能采取分次支付利率的方式。一般情况下，期限越长的债券，其利率水平越高。长期债券也属于资本市场工具。

（5）按债券利率是否固定债券可分为固定利率债券和浮动利率债券。

①固定利率债券是指债券利率在偿还期内不会发生改变的债券。由于利率水平不能改变，在偿还期内，当出现较高通货膨胀时，会有市场利率上调的风险。

②浮动利率债券是指发行时规定债券利率随市场利率定期调整的债券。这种债券利率通常根据市场基准利率加上一定的利差来确定。采用浮动利率形式可减少持有人的利率风险，同时也有利债券发行人按短期利率筹集中长期的资金，降低筹资成本。

（6）按有无抵押担保分为信用债券和担保债券。

①信用债券也称无担保债券，指不提供任何形式的担保，仅凭筹资人信用发行的债券。政府债券属于此类债券。这种债券由于其发行人的绝对信用而具有坚实的可靠性。除此之外，一些公司也可发行这种债券，即信用公司债券。但为了保护投资者利益，发行这种债券的公司往往受到种种限制，只有那些信誉卓著的大公司才有资格发行。

②担保债券是指以抵押、质押或保证等形式作为担保而发行的债券。因担保形式不同，担保债券又可分为抵押债权、质押债券、保证债券等多种形式。

抵押债权是指债券发行人在发行一笔债券时，通过法律上的适当手续将债券发行人的部分财产作为抵押，一旦债券发行人出现偿债困难，则出卖这部分财产以清偿债务。抵押债券具体来说又可分为优先抵押债券和一般抵押债券。

质押债券也叫抵押信托债券，是指公司的其他有价证券作为担保所发行的公司债券。

保证债券是指由第三者担保偿还本息的债券。保证人一般是政府、银行及资信高的大公司等。保证债券主要有：政府保证债券和背书公司债券。政府保证债券是指由政府所属企业或与政府有关的部门发行，并由政府担保的债券。

（7）按是否可以转换为公司的普通股可分为可转换债券和不可转换债券。

①可转换债券是指发行人依据法定程序和约定条件，在一定时期内可以转换成公司股份的公司债券。它是一种可以在特定时间、按特定条件转换为普通股股票的企业债券。作为一种典型的混合金融产品，可转换债券兼具了债券、股票和期权的某些特征。

②不可转换债券就是在任何情况下都不能转换成公司债券或转换成普通股的债券。

（三）债券与股票的区别

1. 股票和债券代表的权利不同，债券是债权凭证，代表债权；股票是所有权凭证，表示对公司财产的所有权。

2. 股票和债券还本付息方式不同，债券的利息是固定的，到期还本付息，而股息收入是随着企业经营状况而定的，是不固定的，股票只能转让流通，不能退股，本金是不返还的。

3. 股票和债券的责任不同，债券持有人无权参与公司的经营管理，也不承担公司亏损的责任；而股票的持有人，有权参与公司的经营管理决策。

4. 债券的还本付息是由法律保护的，如果举债公司不能按期支付利息和偿还本金，债券的持有人有权对举债公司提起诉讼，使其承担法律责任；而股票的派发则由募股公司的董事会和公司利润状况决定，派发多少和派与不派，不受法律制约。

五、混合信用工具

（一）证券投资基金

1. 证券投资基金的含义

证券投资基金是指一种利益共享、风险共担的集合证券投资方式，即通过发行基金份额募集投资者的资金，由基金托管人（一般是信誉卓著的银行）托管，由基金管理人（基金管理公司）管理和运用资金，为基金份额持有人的利益，以资产组合的方式进行证券投资活动的基金。

2. 证券投资基金的性质

（1）证券投资基金是一种集合投资制度。证券投资基金是一种积少成多的整体组合投资方式，它从广大的投资者那里聚集巨额资金，组建投资管理公司进行专业化管理和经营。在这种制度下，资金的运作受到多重监督。

（2）证券投资基金是一种信托投资方式。它与一般金融信托关系一样，主要有委托人、受托人、受益人三个关系人，其中受托人与委托人之间订有信托契约。但证券基金作为金融信托业务的一种形式，又有自己的特点。如从事有价证券投资主要当事人中还有一个不可缺少的托管机构，它不能与受托人（基金管理公司）由同一机构担任，而且基金托管人一般是法人；基金管理人并不对每个投资者的资金都分别加以运用，而是将其集合起来，形成一笔巨额资金再加以运作。

（3）证券投资基金是一种金融中介机构。它存在于投资者与投资对象之间，起着把投资者的资金转换成金融资产，通过专门机构在金融市场上再投资，从而使货币资产得到增值的作用。证券投资基金的管理者对投资者所投入的资金负有经营、管理的职责，而且必须按照合同（或契约）的要求确定资金投向，保证投资者的资金安全和收益最大化。

（4）证券投资基金是一种证券投资工具。它发行的凭证即基金券（或受益凭证、基金单位、基金股份）与股票、债券一起构成有价证券的三大品种。投资者通过购买基金券完成投资行为，并凭之分享证券投资基金的投资收益，承担证券投资基金的投资风险。

3. 证券投资基金的特征

基金作为一种现代化的投资工具，主要具有以下四个特征。

（1）集合投资。基金是这样一种投资方式，它将零散的资金巧妙地汇集起来，交给专业机构投资于各种金融工具，以谋取资产的增值。

基金对投资的最低限额要求不高，投资者可以根据自己的经济能力决定购买数量，有些基金甚至不限制投资额大小，完全按份额计算收益的分配，因此，基金可以最广泛地吸收社会闲散资金，集腋成裘，汇成规模巨大的投资资金。在参与证券投资时，资本越雄厚，优势越明显，而且可能享有大额投资在降低成本上的相对优势，从而获得规模效益的好处。

（2）分散风险。以科学的投资组合降低风险、提高收益是基金的另一大特点。在投资活动中，风险和收益总是并存的，因此，"不能将所有的鸡蛋都放在一个篮子里"，这是证券投资的箴言。但是，要实现投资资产的多样化，需要一定的资金实力，对小额投资者而言，由于资金有限，很难做到这一点，而基金则可以帮助中小投资者解决这个困难。基金可以凭借其雄厚的资金，在法律规定的投资范围内进行科学的组合，分散投资于多种证券，借助于资金庞大和投资者众多的公有制使每个投资者面临的投资风险变小，另一方面又利用不同的投资对象之间的互补性，达到分散投资风险的目的。

（3）规模效益。证券买卖平均成本是随着证券交易数量的增大而递减的。由于投资基金证券交易数额庞大，因此可以实现规模经济、降低交易成本。与此同时，证券投资基金由于资金规模庞大还可以享受到券商交易佣金的优惠和国家税收政策的优惠。

（4）专业理财。基金实行专家管理制度，这些专业管理人员都经过专门训练，具有丰富的证券投资和其他项目投资经验。他们善于利用基金与金融市场的密切联系，运用先进的技术手段分析各种信息资料，能对金融市场上各种品种的价格变动趋势作出比较正确的预测，最大限度地避免投资决策的失误，提高投资成功率。对于那些没有时间，或者对市场不太熟悉，没有能力专门研究投资决策的中小投资者来说，投资于基金，实际上就可以获得专家们在市场信息、投资经验、金融知识和操作技术等方面所拥有的优势，从而尽可能地避免盲目投资带来的失败。

4. 证券投资基金的分类

（1）按证券投资基金的组织形式分为公司型基金和契约型基金。

① 公司型基金是依据公司法设立的、其组织方式与股份公司相类似也是发行基金股份筹集资金，只是募集所得的资金不是用来投入实业，而是用来再投资。投资者通过购买基金公司股票而成为股东，享有基金收益的索取权。股东大会仍为最高权力机构。日常工作运行由总经理、董事长组织实施，股东或受益人按基金券持有份额参与管理。

② 契约型基金是依照信托契约的原则组织起来的行为总和。投资关系人有投资委托人、受托人和受益人。委托人为基金发起人，负责组织发行基金，作为委托人的基金管理公司通过发行受益凭证筹集资金，组成信托财产交由受托人（基金保管公司）保管，委托人根据信托契约进行基金资产的投资和运作，受托人负责办理证券现金的管理，代理业务和会计核算业务，监督委托人的投资活动；受益人就是购买基金的投资人，根据信托契约规定自由进行受益凭证的买卖，并根据持有受益凭证的份额多少参加收益的分配。两种基金主要是在组织结构上和法律依据上有所不同，对投资者没有多大差别。

（2）按证券投资基金的流通方式，分为封闭式基金和开放式基金。

开放式基金的基金单位的总数不固定，可根据发展要求追加发行，而投资者也可以赎回，赎回价格等于现期净资产价值扣除手续费。由于投资者可以自由地加入或退出这种开放式投资基金，而且对投资者人数也没有限制，所以又将这类基金称为共同基金。大多数的投资基金都属于开放式的。

封闭式基金发行总额有限制，一旦完成发行计划，就不再追加发行。投资者也不可以进行赎回，但基金单位可以在证券交易所或者柜台市场公开转让，其转让价格由市场供求决定，两者的区别如下。

①基金规模、期限的可变性不同。开放式基金发行的基金单位是可赎回的，而且投资者可随时申购基金单位，所以基金的规模、期限不固定；封闭式基金规模、期限是固定不变的。

②基金单位的交易价格不同。开放式基金的基金单位的买卖价格是以基金单位对应的资产净值为基础，不会出现折价现象。封闭式基金单位的价格更多地会受到市场供求关系的影响，价格波动较大。

③基金单位的买卖途径不同。开放式基金的投资者可随时直接向基金管理公司购买或赎回基金，手续费较低。封闭式基金的买卖类似于股票交易，可在证券市场买卖，需要缴手续费和证券交易税。一般而言，费用高于开放式基金。

④所要求的市场条件不同。开放式基金的灵活性较大，资金规模伸缩比较容易，所以适用于开放程度较高、规模较大的金融市场；而封闭式基金正好相反，适用于金融制度尚不完善、开放程度较低且规模较小的金融市场。

（3）根据资金募集方式的不同，将证券投资基金分为公募基金和私募基金两种。

①公募基金是指受政府主管部门监管的，向不特定投资者公开发行受益凭证的证券投资基金。

②私募基金是指非公开发行，只面向特定投资者募集发行受益凭证的证券投资基金。私募基金并非是地下的非法的不受监管的基金，它是相对于公募基金而言的，指不是面向所有的投资者，而是通过非公开方式面向少数机构投资者和富有的个人投资者募集资金而设立的基金，它的销售和赎回都是基金管理人通过私下与投资者协商进行的，一般以投资意向书（非公开的招股说明书）等形式募集的基金。

（4）按证券投资基金的投资对象不同可分为股票基金、债券基金、货币市场基金、期货基金、期权基金、指数基金和认股权证基金等。

股票基金是指以股票为投资对象的投资基金；债券基金是指以债券为投资对象的投资基金；货币市场基金是指以国库券、大额银行可转让存单、商业票据、公司债券等货币市场短期有价证券为投资对象的投资基金；期货基金是指以各类期货品种为投资对象的投资基金；期权基金是指以能分配股利的股票期权为投资对象的投资基金；指数基金是指以某种证券市场的价格指数为投资对象的投资基金；认股权证基金是指以认股权证为对象的投资基金。

（5）按证券投资基金的风险程度与收益不同，投资基金可分为成长型基金、收入型基金和平衡型基金。

成长型基金主要将基金放在具有高成长潜力的股票和股权上，而收入型基金则主要指能为投资者带来高水平的当期收入的投资基金，平衡型投资基金是指以支付当期收入和追求资本的长期成长为目的的投资基金。

（6）按证券投资基金的投资货币种类不同，投资基金可分为美元基金、日元基金和欧元基金等。

美元基金是指投资于美元市场的投资基金，日元基金是指投资于日元市场的投资基金，欧元基金是投资于欧元市场的投资基金。

此外，根据资本来源和运用地域的不同投资基金又可分为国际基金、国内基金、国家基金和区域基金等。国际基金是指资本来源于国内，投资于国外市场的投资基金；国内基金是指资本来源于国内，并投资于国内市场的投资基金；国家基金是指资本来源于国外，并投资于某一特定国家的投资基金；区域基金是指投资于某一特定地区的投资基金。

（二）可转换公司债券

1. 可转换公司债券的含义

可转换公司债券的全称为可转换为股票的公司债券，是指发行人依照法定程序发行，在一定期限内依照约定的条件可以转换为股票的公司债券。

可转换公司债券一般要经过公司股东大会或董事会的决议通过才能发行，而且在发行时，应在发行条款中规定转换期限和转换价格。从狭义上来看，可转换证券主要包括可转换公司债券和可转换优先股。

2. 可转换公司债券的性质

（1）可转换债券是一种公司债券，具有普通公司债券的一般特征，具有确定的利率和期限，投资人可以选择持有债券到期，收取本息。

（2）它又具有股票属性，通常被视为"准股票"，因为可转换债券的持有人到期有权利按事先约定的条件将它转换成股票，从而使原债券持有人变成了公司的股东，可参与企业的经营决策和红利分配。

（3）可转换债券具有期权性质，为投资人或发行人提供了形式多样的选择权。如果债券持有人不想转换，则可以继续持有债券，直到偿还期满时收取本金和利息，或者在流通市场出售变现；如果持有人看好发债公司股票增值潜力，在宽限期之后可以行使转换权，按照预定转换价格将债券转换成为股票，发债公司不得拒绝。可转换债券利率一般低于普通公司债券利率，企业发行可转换债券可以降低筹资成本。

3. 可转换公司债券的特点

（1）具有债券、股票双重性质；

（2）利息固定；

（3）换股溢价（一般为5%～20%）；

（4）发行人具有期前赎回权；

（5）投资者具有期前回售权。

4. 可转换债券的种类

（1）国内可转换债券。这是一种境内发行，以本币定值的债券。如深圳宝安股份有限公司1993年发行的可转换债券便属此类。

（2）外国可转换债券。指本国发行人在境内或境外发行，以某外币标明面值，或外国发行人在本国境内发行，以本币或外币表示的一种债券。如上海中纺机可转换债券就属此类，它以瑞士法郎为面值，供海外投资者（主要是瑞士投资者）购买。

（3）欧洲可转换债券。指由国际辛迪加同时在一个以上国家发行的以欧洲货币定值的可转换债券。分记名与不记名两种。此类债券每年支付一次利息，而且其利息可免征所得税。

六、金融衍生工具

（一）金融衍生工具的含义

金融衍生工具，又称金融衍生产品，是指建立在基础金融工具或基础金融变量之上，其价格取决于基础金融工具或基础金融变量（即原生产品）价格变化的派生产品。这里的原生产品可以是股票、债券等金融工具、指数或其他投资工具。比如股指期货的价格建立在股票指数的变动上，而股票期权也是金融衍生产品，其价值依赖于标的股票的价格变化上。

（二）金融衍生工具的基本特征

1. 金融衍生工具的联动性，金融衍生工具价格取决于原生金融工具的价格。

2. 金融衍生工具的产生以合约为基础。合约双方的权利和义务在签订合约之日起便基本确定，不需要或只需要少量初始净投资。

3. 金融衍生工具具有跨期性，交易过程是在现在完成，而交割却要在将来某一时刻才能履行或完成。

4. 金融衍生工具的收益具有较高的不确定性。金融衍生工具所产生的收益，来自于标的物价值的变动，即约定价格与实际价格的差额，将随着未来利率、证券价格、商品价格、汇率或相应的指数变动而变动。

5. 金融衍生工具具有强有力的财务杠杆作用和高度的金融风险相对应。在运用金融衍生工具进行交易时，只需按规定交纳较低的佣金或保证金，就可从事大宗交易，投资者只需动用少量的资金便能控制大量的资源。一旦实际的变动趋势与交易者预测的相一致，即可获得丰厚的收益；但是，一旦预测有误，就可能使投资者遭受严重损失。

（三）金融衍生工具的分类

1. 根据原生工具大致可以分为股票衍生工具、利率衍生工具、货币或汇率衍生工具。

货币或汇率衍生工具包括远期外汇合约、外汇期货、外汇期权、货币互换等；利率衍生工具包括短期利率期货、债券期货、债券期权、利率互换、互换期权、远期利率协议等；股票衍生工具包括股票期权、股票价格指数期权、股票价格指数期货、认股权证、可转换债券、与股权相关的债券等。

2. 交易形式，即合约类型可以分为远期、期货、期权和互换四大类。

（1）期货合约。期货合约是指由期货交易所统一制定的、规定在将来某一特定时间和地点交割一定数量和质量实物商品或金融商品的标准化合约。

（2）期权合约。期权合约是指合同的买方支付一定金额的款项后即可获得的一种选择权合同。目前，我们证券市场上推出的认股权证，属于看涨期权，认沽权证则属于看跌期权。

（3）远期合同。远期合同是指合同双方约定在未来某一日期以约定价值，由买方向卖方购买某一数量的标的项目的合同。

（4）互换合同。互换合同是指合同双方在未来某一期间内交换一系列现金流量的合同。按合同标的项目不同，互换可以分为利率互换、货币互换、商品互换、权益互换等。其中，利率互换和货币互换比较常见。

3. 根据交易方法，即是否在交易所上市，可分为场内工具和场外工具。

（1）场内交易，又称交易所交易，指所有的供求方集中在交易所进行竞价交易的交易方式。在场内交易的金融衍生工具主要有期货合约和期权合约。

（2）场外交易指交易双方直接成为交易对手的交易方式。这种交易方式有许多形态，可以根据每个使用者的不同需求设计出不同内容的产品。同时，为了满足客户的具体要求，出售衍生产品的金融机构需要有高超的金融技术和风险管理能力。但是，由于每次交易的清算是由交易双方相互负责进行的，场外交易参与者仅限于信用程度高的客户。在场外交易的金融衍生工具主要有远期、期权和互换。互换交易和远期交易是具有代表性的柜台交易的衍生产品。

（四）金融衍生工具的功能

1. 转移风险。金融衍生品交易活动创造出转移风险的合理机制。套期保值是衍生金融市场的主流交易方式，交易主体通过衍生金融工具的交易实现对持有资产头寸的风险对冲，将风险转移给愿意且有能力承担风险的投资者，同时也将潜在的利润转移了出去。

2. 价格发现。在衍生金融工具交易中，市场主体根据市场信号和对金融资产的价格走势进行预测，进行金融衍生品的交易。大量的交易，形成了衍生金融产品基础的金融产品的价格。

3. 提高交易效率。在很多金融交易中，衍生品的交易成本通常低于直接投资标的资产，其流动性（由于可以卖空）也比标的资产相对强得多，而交易成本和流动性正是提高市场交易效率不可缺少的重要因素。所以，许多投资者以衍生品取代直接投资标的资产，在金融市场开展交易活动。

4. 优化资源配置。金融衍生工具市场扩大了金融市场的广度和深度，从而扩大了金融服务的范围和基础金融市场的资源配置作用。一方面，衍生金融产品以基础金融资产为标的物，达到了为金融资产避险增值的目的；另一方面，衍生金融市场是从基础金融市场中派生出来的，衍生金融工具的价格，在很大程度上取决于对基础金融资产价格的预期，有利于基础金融工具市场价格的稳定和金融工具的流动性。

第四节　利息与利息率

利息与利息率是信用的基本要素，利息与利息率是社会信用活动的基础，利率是调节社会总需求的重要经济杠杆，也是调控金融稳定的重要手段。

一、利息与利息率的含义

（一）利息

利息是在借贷关系中借入者支付给贷出者的报酬，是货币借贷关系中，债务人支付给债权人超过本金的部分，是伴随借贷行为而产生的，是信用存在和发展的条件。

（二）利息率

简称利率，指借贷期内所形成的利息额与所贷资金额的比率，是利息的相对数，是借贷资本的"价格"。计算公式为

$$r = I/P \times 100\%$$

式中：r 为利息率；I 为利息额；P 为资本额。

（三）利息与利息率的本质

马克思指出：生息资本的增值大小，也只有通过利息额，即总利润中生息资本的部分和预付资本的价值作比较，才可以计量，利息额与预付借贷资本价值之间的比就是利息率。

马克思认为，利息的本质只能是利润的一部分，是剩余价值的特殊转化形式，是一部分利润的特殊名称、特别项目。马克思通过对利息来源的分析，说明了利息的本质。

当今，利息仍然是来自于生产者使用借贷资金进行生产而获取的生产利润的一部分，所以，没有借贷，便没有利息。

二、决定和影响利息率的因素

确定合理的利率水平是运用利率杠杆调节经济的关键环节。然而，利率水平的确定并不是人们的单纯主观行为，必须遵循客观经济规律的要求，综合考虑决定和影响利率水平的各种因素，并根据经济发展战略和资金供求状况灵活调整。决定和影响利率的因素非常复杂，制定和调整利率水平时应考虑的因素有：社会平均利润率、资金供求状况、国家经济政策、银行成本、物价水平以及国际利率水平等。

（一）社会平均利润率

利息是利润的一部分，平均利润率是决定利率的基本因素。平均利润率是社会利润总额与社会实体投资总额的比率。在制定利率时，要考虑企业的中等利润率水平，不能因少数企业利润低而降低利率，也不能按照少数高利润企业的水平而提高利率，而要根据平均利润率来制定利率。平均利润率越高，利率也就越高，但平均利润率是利率的最高限。利息率不能高于平均利润率。只能低于平均利润率，但是无论如何不能低于零。因为如果这样，银行就不愿贷出资本。所以利息率总是在平均利润率和零之间上下波动。

（二）资金供求状况

利率是借贷资本的"价格"。在成熟的市场经济条件下，利率水平主要由资金的供求状况决定。当资金供不应求时，利率会上升，反之，当资金供过于求时，利率会下降。利率水平的高低反映资金供求关系，同时也调节资金供求关系，利率政

策是调节资金供求的重要手段。中国是一个资金资源比较缺乏的发展中国家，金融机构的资金供给能力有限，企业的资金需求又缺乏自我约束，资金严重供不应求。在这种情况下，如果完全放开利率，必然导致利率较大幅度的增长，所以，目前中国的利率水平不能完全由资金供求状况决定，但在制定利率时必须考虑资金供求状况。随着中国经济体制改革的深入和利率市场化进程的推进，利率受资金供求状况的影响越来越大，利率对资金供求关系的调节作用也越来越明显。

（三）国家经济政策

利息率作为一个金融变量，它既是一个决定于某些经济因素的经济过程的内生变量，又是一个受国家经济政策和中央银行货币政策影响的外生变量。随着国家对社会经济过程干预的不断加强，国家的经济政策，特别是中央银行的货币政策对利息率的影响越来越大。银行的利率政策与国家的经济政策方向是一致的，效应也是一致的。制定利率必须以国家经济政策和经济发展战略作为重要依据。国家在一定时期制定的经济发展战略、速度和方向，决定了资金的需求状况以及对资金流向的要求。为了更好地促进我国经济的快速协调发展，有必要将利率控制在较低的水平上，对一些行业、项目实行优惠利率，在一定时期还可以对不同的行业实行差别利率，以贯彻"区别对待，择优扶植"的原则。

（四）银行成本

银行作为企业法人，必须以利润为经营目标。银行吸收存款需要支付利息，银行发放贷款所取得的利息收入要能足够抵偿其利息支出及其他业务费用，并有盈余。所以，只有贷款利率高于存款利率，保证合理的利差，扣除银行其他经营费用，银行才会有利润。当然银行的全部成本不一定完全靠贷款利息收入弥补，因为银行还有中间业务的手续费收入等。在中国目前非利息收入占的比重还很小的情况下，银行成本主要靠贷款利息收入来补偿。随着银行改革的深入，实现加入世界贸易组织承诺后，新的竞争局面的到来，银行业务将发生重大变化，中间业务收入的比重将进一步上升。商业银行业务中存贷利差的问题就不是很重要了。

（五）物价水平

物价水平也是影响利息率的重要因素。因为在物价不断上涨的条件下，货币会相应贬值，如果银行存款利率低于物价上涨率，实际利率就会出现负值，人们在银行的存款不但不会增值，而且会使本金遭受损失，从而引起人们的提存抢购风。所以，银行存款利率必须高于物价上涨率。物价上涨对银行贷款利率的影响也是显而易见的。如果贷款利率低于物价上涨率，则银行的实际收益将不断减少，甚至造成银行实际自有资本金减少，不利于银行正常的经济核算；而贷款企业却可因此减轻债务负担，在物价不断上涨中获得额外收益，使企业产生贷款扩张的冲动，对缓解资金供求紧张的矛盾是十分不利的。所以，银行贷款也应高于物价上涨率。

（六）国际利率水平

国际利率水平的高低对一国利息水平有重要的影响。目前，国际资本流动不断加强，随着对外开放程度不断提高，对外经济活动越来越频繁。在利率市场化的国家，如国际资本流入过多，会导致流入国银行体系流动性增强，促进银行信用扩张利率下降，反之则相反。国际利率对国内的影响是不可低估的。

三、利息率的种类

由于利率确定的主体不同，利率形成的条件不同，制定利率的依据不同，研究问题的角度不同等，形成了现实经济生活中种类繁多、结构复杂的利率种类。

（一）年利率、月利率和日利率

年利率、月利率和日利率是按计算利息的期限单位划分的。年利率是以年为单位计算利息；月利率是以月为单位计算利息；日利率习惯叫"拆息"，是以日为单位计算。

年利率：以百分号表示；月利率：以千分号表示；日利率：以万分号表示。

$$月利 = 年利/12，日利 = 月利/30 = 年利/360$$

（二）单利和复利

1. 单利是指在存款或贷款期内仅对借贷本金计息，而对本金所生的利息不再计息的计息方式，其计算公式如下。

利息的计算公式为

$$I = P \cdot r \cdot n$$

本利和的计算公式为

$$S = P(1 + r \cdot n)$$

式中：I 为利息额；P 为本金；r 为利息率；n 为借贷期限；S 为本金与利息之和，简称本利和。

例如，一笔为期为 5 年，年利率为 6%，本金 10 万元贷款，求利息额与本利和。

$$利息总额为 100\ 000 \times 6\% \times 5 = 30\ 000(元)$$

$$本利和为 100\ 000 \times (1 + 6\% \times 5) = 130\ 000(元)$$

2. 复利是指在存款或贷款期内不但借贷本金计息，对这期间本金产生的利息也计息的计息方式。

中国对这种复利计息方法通俗地称为息上加息。其计算公式如下。

本利和的计算公式为

$$S = P(1 + r)^n$$

利息的计算公式为

$$I = S - P$$

若将上述实例按复利计算，

$$S = 100\ 000 \times (1 + 6\%)^5 = 133\ 822.56(元)$$

$$I = 133\ 822.56 - 100\ 000 = 33\ 822.56(元)$$

即按复利计息，可多得利息 33 822.56 - 30 000 = 3 822.56（元）。

因为复利计息方法过于麻烦，现代各国商业银行都按单利计息，但考虑到复利的因素，所以商业银行的利息期限越长，利率越高。我国现在商业银行的活期存款和保险公司的储蓄型、养老型险种按复利计息。

3. 终值和现值。

终值：根据利率计算出一笔资金在未来的某一时点上的金额。这个金额就是前面说的本利和，也通称为"终值"。

现值：根据未来某一时点上一定金额的货币（本利和），按现行利率计算出要能取得这样金额的本利和在现在所必须具有的本金。现值的计算公式如下。

单利现值公式为

$$P = S/(1 + r \cdot n)$$

复利现值公式为

$$P = S/(1 + r)^n$$

设 5 年后有一笔 100 000 元的货币，假如利率 6%，按复利计算现在应有的本金是

$$P = \frac{S}{(1 + r)^n} = \frac{100\ 000}{(1 + 6\%)^5} = 74\ 725.82(元)$$

（三）官定利率、公定利率与市场利率

1. 官定利率是指由国家货币管理当局（中央银行）规定的利率，根据国家经济发展和金融市场需要所确定和调整的利率。由货币管理当局统一制定的官定利率，要求国内所有金融机构必须严格执行，不能随意变动和自主调整。在实行利率市场化的国家，官定利率是指由中央银行直接制定的基准利率（在市场经济国家主要指再贴现利率）。

基准利率有两重含义：

（1）基准利率决定着一个国家的金融市场利率水平，是金融机构系统制定存款利率、贷款利率、有价证券利率的依据；

（2）基准利率表明中央银行对于当期金融市场货币供求关系的总体判断，基准利率的变化趋势引导着一个国家利率的总体变化方向。

2. 公定利率是指非政府的民间金融组织，如银行业协会等所确定的利率。

3. 市场利率是指借贷双方在金融市场上通过竞争，由金融市场资本供求关系所决定的利率，能及时反映金融市场动态，是经济的"晴雨表"。

市场利率包括两方面的含义：

（1）市场利率受中央银行基准利率的左右，基准利率的调整幅度影响市场利率的总体水平；

（2）市场利率是借贷双方商定的利率，在金融市场上的表现，是借贷资金供求状况变化的指示器。由于影响资金供求状况的因素比较复杂，因而，市场利率的变化十分频繁和灵敏。

我国目前同业拆借市场利率、贴现利率和债券利率的水平基本由市场资金供求决定，可称为市场利率。

（四）固定利率与浮动利率

固定利率是指在借贷合同期内，利率不因市场资金供求状况或其他因素变化而进行调整。浮动利率是指银行借贷合同期内，利率根据市场资金供求状况或其他因素变化而进行调整。

固定利率便于计算成本和收益，但有一定的风险，在期限较长、市场利率变化较多的情况下，借贷双方中会有一方受损；浮动利率可以减少市场变化的风险，对于借贷双方都比较合理，一般不会出现一方的明显损失，但不便于计算与预测成本

和收益。

我国目前允许商业银行贷款利率在官定贷款利率的基础上，有一定的浮动范围，农村信用社的贷款利率浮动范围更大一些，我国的短期贷款和定期存款采用固定利率利息，长期贷款采用浮动利率利息。

（五）名义利率与实际利率

名义利率是由政府和银行及其他金融机构对社会公布的"挂牌"利率，是可操作利率。如 2012 年 2 月 10 日，我国 1 年期存款利率为 3.5%。实际利率是名义利率扣除当期货币升值或贬值因素影响的真实利率，也可以说是名义利率扣除通货膨胀或通货紧缩影响的利率，是隐性利率。用公式表示，即

$$实际利率 = 名义利率 - 物价变动率$$

在现实经济生活都是纸币流通，一般商品的物价水平总是处于不断变动的状态。物价变了，意味着货币购买力在不同物价水平下会出现差异。名义利率在不同的价格水平下代表的实际价值是不同的。

（六）存款利率与贷款利率

存款利率是金融机构吸收存款所付给存款人的利息与存款额的比率。存款利率的高低直接决定了存款者的利息收益和银行等金融机构的融资成本，包括中央银行存款利率和商业银行存款利率。

贷款利率是金融机构对客户发放贷款所收取的利息与贷款本金的比率。贷款利率的高低直接决定着企业利润在银行与企业之间的分配比例。包括中央银行向商业银行和其他金融机构贷款利率和商业银行向社会贷款利率。

四、利息率的作用

（一）利率能够融通社会资金

银行通过利率向存款者支付利息扩大了集中借贷资本的能力，银行调整存款利息率对借贷资本的积累规模有很大的影响。调高银行存款利率能增加存款者的收益，从而能把再生产过程中暂时闲置的各种货币资本和社会各阶层的货币收入集中起来，转化为借贷资本，形成巨大的社会资金满足经济发展的需要。当然，企业存款增加的根本原因在于生产的发展和积累的增加，个人储蓄增长的根本原因在于收入水平的提高。但不能否认，提高银行存款利率对聚集社会资金有重要作用。

（二）利率能够调节投资规模

贷款利率的高低影响着贷款企业的经营成本，从而影响企业的经济利益。利息是企业利润的一部分，提高利率必然使贷款企业的利润有所降低，使贷款企业的投资规模缩小。当利率提高到一定程度，贷款企业不仅会减少它们的借款数量、缩小投资规模，甚至还要收缩现有生产规模，把资本从再生产中抽出，使生产资本转化为借贷资本以获取最高利息。因此，贷款利率水平的高低同借贷资本总量呈反方向变化。中央银行可以通过调整基准利率影响金融市场利率水平，调节信贷总规模，中央银行通过差别再贴现利率引导不同产业部门的发展，促使产业结构合理化，实现经济协调发展。

（三）利率能够提高资金使用效益

商业银行总是把贷款目光聚焦于生产数量大、市场销售好的企业，这样的企业能够确保贷款的顺利回收和贷款利息收益。高效益企业的利润来自市场销售，受到市场欢迎的产品说明了其质量和性能满足了消费者需要，是企业管理、生产技术和营销策略在市场中的反映，是企业效益和社会效益的统一体。商业银行对低效益的企业贷款十分谨慎，在数量和期限上都加以限制。对那些经营管理不善、资金周转缓慢、贷款逾期不还的企业，商业银行实行利率罚息，甚至停止贷款和强制收回贷款等。对经营管理好、资金使用效益高、信用状况好的企业往往实行优惠利率，使银行、企业和社会多方面受益，提高了全社会的资金效益。

（四）利率能够稳定货币流通

存款利率的高低影响银行的存款规模，对实现社会购买力与商品可供量的平衡有调节作用。同时，影响银行的贷款规模，对币值的稳定有重要作用。贷款利率的差别对贷款结构和产业结构有重要影响，产业结构的合理化直接关系到货币正常流通的基础。利率的高低还直接影响企业的生产，从而影响社会商品供给总量和结构，对货币正常流通有重要作用。国内与国际金融市场的利率水平，对于货币在不同国家和地区之间的流动，发挥着"引水渠"和"排水沟"的作用。当国际金融市场的利率水平高于国内金融市场的利率水平时，国内一部分资金通过各种渠道逐渐流向国际金融市场，同时，资金外流适当抬高了国内金融市场的利率水平，实现了货币流通的相对均衡。当国际金融市场的利率水平低于国内金融市场的利率水平时，货币流动的方向相反。

五、利率决定理论

（一）马克思的利率决定理论

马克思的利率决定理论是建立在剩余价值论的基础之上的，并以剩余价值在不同资本家之间的分割作为出发点的。利息是贷出资本的资本家从借入资本的资本家那里分割来的一部分剩余价值。剩余价值表现为利润，因此利息只是利润的一部分。利润本身就构成了利息的最高界限，社会平均利润率就构成了利息率的最高界限。因为如果利息率达到平均利润率水平，借入资本的职能资本家将无利可图，但利息率也不可能低到零，否则借贷资本家不愿意贷出资本。因此，利息率应该在零和平均利润率之间波动。

利息率取决于平均利润率，使得利息率有以下的特点：（1）随着技术的发展和社会资本有机构成提高，平均利润率有下降的趋势，因此，利息率也有下降的趋势。（2）平均利润率虽有下降的趋势，但这是一个非常缓慢的过程，在某一特定的阶段，它往往是一个稳定的量。（3）由于利息率的高低是两类资本家分割利润的结果，因此利息率的决定具有很大的偶然性，往往习惯、法律效应、竞争等因素都会直接影响利率的水平。

（二）西方利率决定理论

1．古典利率理论

19 世纪 80 年代以前，西方古典经济学家对利率的决定问题进行了大量研究，其中利率由资本供求关系决定的思想已广为接受。但究竟资本的供给和需求是由哪些因素决定的，还未取得较为一致的意见。19 世纪八九十年代，奥地利经济学家庞巴维克、英国经济学家马歇尔、瑞典经济学家魏克赛尔和美国经济学家费雪等人对决定资供给、需求的因素进行了研究，认为资本供给来源于储蓄，资本的需求来源于投资，从而建立了利率由储蓄、投资共同决定的理论。因为该理论严格秉承古典学派重视实物因素的传统，从而被称为"古典利率理论"。

古典的利率理论认为，利率取决于边际储蓄曲线与边际投资曲线的均衡点。投资是利率的递减函数，投资流量随利率的提高而减少，即利率提高，投资额下降；利率降低，投资额上升。储蓄是利率的递增函数，储蓄流量随利率的提高而增加，即利率越高，储蓄额越大；利率越低，储蓄额越少，储蓄额与利率呈正相关关系。古典的利率理论可以用图 2-3 来表示。

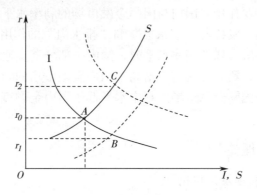

图 2-3　古典利率理论

在图 2-3 中，I 曲线是投资曲线，向下倾斜，表示投资与利率负相关。S 是储蓄曲线，向上倾斜，表示储蓄与利率正相关。I 曲线与 S 曲线的相交点 A 点对应的利率 r_0，表示均衡利率。若边际投资倾向不变，边际储蓄倾向提高，S 曲线向右平移，与 I 曲线形成新的均衡利率 r_1，$r_1 < r_0$，说明在投资不变的前提下，储蓄提高导致利率下降。若边际储蓄倾向不变，边际投资倾向提高，I 曲线向右平移，与 S 曲线形成新的均衡利率 r_2，$r_2 > r_0$，说明在储蓄不变的前提下，投资的增加导致利率上升。

古典利率理论具有以下几个特点：（1）古典利率理论是一种局部均衡理论。该理论认为储蓄与投资数量都是利率的函数，而与收入无关。当储蓄与投资相等时就决定了利率水平。利率的功能仅仅是促使储蓄与投资达到均衡，并不影响其他变量。（2）古典利率理论是非货币性理论。这一理论认为储蓄是由"时间偏好"、"节欲"、"等待"等因素决定的，投资则是由资本边际生产力等因素决定的。储蓄与投资相等时的均衡利率不受任何货币数量变动的影响，储蓄与投资都是实物性的。当均衡利率形成时，社会的资本供给正好等于社会的资本需求，此时，企业家既不会增加生产，也不会减少生产，整个经济就达到了均衡状态，这时的均衡利率实际上就是魏克赛尔所说的"自然利率"。（3）古典利率理论采用的是流量分析方法。这是因为该理论是对某一时间内的储蓄量与投资量的变动进行分析的。

2. 流动偏好利率理论

20 世纪 30 年代大危机后，以利率自动调节为核心的古典利率理论因不能对大萧条作出令人信服的解释而受到了严重打击。而后，凯恩斯在 1936 年出版的《就业、利息和货币通论》中论述的"流动性偏好"利率理论占据了主流地位。

凯恩斯认为，利息是在一定时期内放弃货币、牺牲流动性所得的报酬，而不是古典利率理论所认为的利息是对节欲、等待或推迟消费的补偿。利率是一种纯货币现象，它与实物因素、忍受及生产效率无关，因此，利率不是由借贷资本的供求关系决定的，而是由货币市场的货币供求关系来决定，利率的变动是货币供给与货币需求变动的结果。凯恩斯认为，尽管储蓄与投资有着密切的联系，但古典利率理论把它们看成是两个可以决定利率水平的相互独立的变量的观点是根本错误的。因为储蓄主要取决于收入水平，而收入水平又决定于投资，储蓄与投资应是两个相互依赖的变量，二者只要有一个因素变动，收入就会发生变动。只有在充分就业条件下，当投资的增加不会再引起实际收入的增加时，投资的进行才会减少人们的当前消费，形成所谓的"强迫储蓄"，此时的利息才能被看成是对节欲、等待或推迟消费的报酬。

（1）流动性偏好。凯恩斯认为，利率决定于货币供求关系，其中，货币供给为外生变量，由中央银行直接控制；而货币需求则是一个内生变量，它由人们的流动性偏好决定。所谓"流动性偏好"是指，由于货币具有使用上的灵活性，人们宁肯以牺牲利息收入而储存不生息的货币来保持财富的心理倾向。在现代货币经济体系中，人们可以以多种形式来持有自己的财富，如持有股票、债券等。当人们持有非货币资产时，虽然可以获得一定的收益，但由于经济运行中充满了不确定性，持有这些资产也可能因各种原因遭受损失。而货币作为一种特殊的资产，是财富的真正代表，为整个社会所认可和接受，并能随时转化为其他形式的资产或商品，因为货币具有完全的流动性和最小的风险性。所以，人们在选择其财富的持有形式时，大多倾向于选择货币形式。

（2）货币需求动机。凯恩斯认为，人们的流动性偏好有三个动机：交易动机、预防动机（或谨慎动机）和投机动机，这三个动机分别决定了交易性货币需求、预防性货币需求和投机性货币需求。交易动机，指个人和企业需要货币是为了进行正常的交易活动。出于交易动机的货币需求量主要决定于收入，收入越高，交易数量越大，为应付日常开支所需的货币量就越大。预防动机（谨慎动机）是指为预防意外支出而持有一部分货币的动机，如个人或企业应付事故、失业、疾病等意外事件而需要事先持有一定数量货币。这一货币需求量大体也和收入成正比。因此，如果用 L_1 表示交易动机和预防性动机所产生的全部实际货币需求量，用 Y 表示实际收入，则这种货币需求量和收入的关系可以表示为：$L_1 = L_1 (Y)$。投机动机，指人们为了抓住有利的购买有价证券的机会而持有一部分货币的动机。假定人们一时不用的财富只能用货币形式或债券形式来保存。通常情况下，债券价格与利率成反比。

利率越高，即债券价格越低，人们若认为债券价格已降低到正常水平以下，预计很快会回升，就会抓住机会及时买进债券，于是，人们手中出于投机动机而持有的货币量就会减少。相反，利率越低，即债券价格越高，人们若认为债券价格已涨到正常水平，预计就要回跌，于是，他们就会抓住时机卖出有价证券。这样，人们手中出于投机动机而持有的货币量就会增加。因此，对货币的投机性需求取决于利率，并且与利率成反比。如果用 L_2 表示货币的投机需求，用 r 表示利率，则这一货币需求量与利率的关系可以表示为：$L_2 = L_2(r)$。于是货币的总需求 $L = L_1(Y) + L_2(r) = L(Y, r)$。再用 M_1 表示满足 L_1 的货币供应量，用 M_2 表示满足 L_2 的货币供应量，则货币供应量 $M_s = M_1 + M_2$。当货币供求均衡时，即有

$$M_s = M_1 + M_2 = L_1(Y) + L_2(r) = L(Y, r)$$

（3）流动偏好陷阱。凯恩斯认为，均衡利率决定于货币需求与货币供应的相互作用。如果人们的流动性偏好加强，货币需求就会大于货币供应，利率上升；反之则相反。当流动性偏好所决定的货币需求量 L 与货币当局（中央银行）所决定的货币供给量 M_s 相等时，利率便达到了均衡水平。这种利率的决定过程可用图 2 − 4 表示。

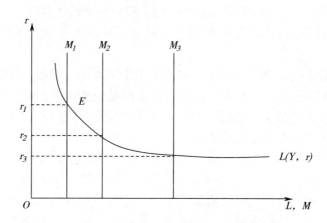

图 2 − 4　流动性偏好利率理论

在图 2 −4 中，货币需求曲线向右下方倾斜，表示随着利率的降低，投机性货币需求增加，而交易性和预防性货币需求保持不变（因为收入不变），总货币需求随之增加。但当利率降低到一定限度时，货币需求曲线呈水平状，表明此时的货币需求无限大，即使货币供给不断增加，利率也不会再降低，这是因为人们认为利率已经下降到非常低的水平，预期利率一定会上升，于是纷纷抛出债券而持有货币，使得流动性偏好无限大，凯恩斯称之为"流动性陷阱"，即人们不管有多少货币都愿意持有手中的情况。图 2 −4 中的货币供应曲线是垂直的，表示利率弹性为零，即由中央银行外生决定货币供应量。市场利率决定于 M_s 与 L 的均衡点 E。当中央银行将货币供应量从 M_1 增加到 M_2 时，利率就会从 r_1 下降到 r_2。但如果进入流动性陷阱区域，中央银行无论怎样增加货币供应量，市场利率 r_3 也不会发生变化。这时中央银行的货币政策是失效的。

凯恩斯的流动性偏好利率理论具有以下特点：（1）这一理论完全是"货币的"

利率理论。凯恩斯主要从货币供给和货币需求的均衡来分析利率水平的决定或变动，认为利率纯粹是货币现象。（2）由于该理论认为利率是由某一时点的货币供求量所决定的，而货币量是存量。因此，这一理论是一种存量分析理论。（3）如果货币供应曲线与货币需求曲线的水平部分相交，货币供应将不会影响利率水平。

（三）可贷资金利率理论

凯恩斯的流动性偏好理论将利率完全视为一种货币现象，其大小由货币供求关系决定，而完全忽视了储蓄、投资等实际因素对利率的影响。这一理论一经提出就遭到了许多经济学家的批评。1937年，凯恩斯的学生罗宾逊（J. Robinson）在古典利率理论的基础上提出了所谓的可贷资金利率理论（也称为新古典利率理论）。这一理论得到瑞典学派的重要代表人物俄林（B. G. Ohlin）和米尔达尔（G. Myrdal），以及后来的集大成者英国经济学家勒那（A. P. Lerner）等人的支持，并成为一种较为流行的利率理论。在某种程度上，可贷资金利率理论可以看成是古典利率理论和流动性偏好理论的一种综合，它一方面批评古典利率理论完全忽视货币因素和存量分析，另一方面也不同意凯恩斯完全否定资本边际生产力等实际因素和忽视流量分析的观点。可贷资金理论回避了一些理论争论，直接对可贷资金的供给和需求进行分析，是试图将货币因素与实际因素、存量分析与流量分析相结合的一种新的理论体系。

可贷资金利率理论的基本思想是"可贷资金"的供给与需求决定均衡利率。所谓可贷资金，基本上是指现实的和潜在的可用于信用活动的资金和货币扩张手段。从信贷活动的发生过程来看，对可贷资金的需求并不一定完全来自于投资，还可能来自于窖藏，因为货币不只是交易媒介，也是贮藏手段，储蓄者可能窖藏一部分资金而不出借。这样，就会有一部分储蓄不能用于投资。从信贷需求方来看，借款者也可能窖藏一部分资金而不用于投资。因此，可贷资金的需求包括投资和净窖藏两个部分。其中，投资部分为利率的递减函数，即 $I = I(r)$，$dI/dr < 0$；净窖藏部分 ΔH 也是利率的递减函数，即 $\Delta H = \Delta H(r)$，$d\Delta H/dr < 0$，这是因为窖藏货币会牺牲利息收入，利率越高，窖藏货币的利息损失即机会成本就越多，因此窖藏的货币数量越少，反之则相反。总之，可贷资金的需求为 $I(r) + \Delta H(r)$。

可贷资金的供应也不仅局限于储蓄，除了储蓄之外，中央银行和商业银行可以通过增加货币供给和创造信用来提供可贷资金。储蓄是利率的递增函数，即 $S = S(r)$，$dS/dr > 0$；而货币供应增量 ΔM 一般与利率无关，它主要取决于中央银行的准备金政策等因素。因此，可贷资金的供应为 $S(r) + \Delta M$。可贷资金理论认为利率取决于可贷资金的供应与需求的均衡点，可用公式表示为

$$S(r) + \Delta M = I(r) + \Delta H(r)$$

在上式中，除 ΔM 外，其他因素均为利率的函数，市场均衡利率将由此式决定（见图 2-5）。由可贷资金的供应曲线和需求曲线的交点 E 所决定的利率 r_E 即为均衡利率。可贷资金中的任何一个因素的变动都会导致市场利率的变动。如储蓄或货币供应量增加，而其他因素不变，利率就会下跌；若投资或窖藏增加就会导致利率上升。

可贷资金利率理论的主要特点在于它企图同时兼顾货币因素和实际因素以及存

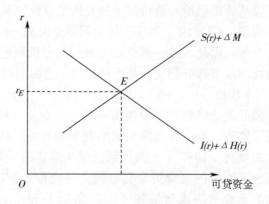

图 2 - 5　可贷资金利率理论

量分析和流量分析，但是这种兼顾明显带有生硬和机械的弊病，是古典利率理论和凯恩斯流动性偏好理论的一种简单结合，因此也就不可避免地带有二者的固有缺陷，即还是没能体现出利率和收入之间的相互关系。

（四）IS—LM 分析的利率理论

古典利率理论和流动性偏好利率理论分别从商品市场和货币市场的均衡来说明利率的决定，可贷资金利率理论则试图把两者结合起来。但是，英国著名经济学家希克斯（J. R. Hicks）等人则认为，以上这三种利率决定理论都没有考虑收入的因素，因而无法确定利率水平。为弥补上述三种利率理论的缺陷，希克斯于 1937 年发表了一篇著名的论文《凯恩斯与古典学派》，提出了一般均衡理论基础上的 IS—LM 模型，后经美国经济学家汉森（A. H. Hansen）加以说明和解释，从而建立了一种在储蓄和投资、货币供应和货币需求四个因素的相互作用之下的利率与收入同时决定的理论，这就是用 IS—LM 分析所表述的利率理论。希克斯认为，在现代社会中，收入水平和利率水平必然是同时决定的，这就意味着商品市场和货币市场必须同时达到均衡。

1. 商品市场的均衡

从商品市场来看，储蓄 S 与收入 Y 正相关，投资 I 与利率 r 负相关，由于商品市场均衡意味着 $Y = S + C = I + C$，即 $S = I$ 是商品市场均衡的必要条件，这里的 C 代表消费。商品市场的均衡可由图 2 - 6 表示。

在图 2 - 6 中，第二象限的曲线表示投资函数 $I = I(r)$，由于 $dI/dr < 0$，所以投资 I 与利率 r 成反比关系，即利率越高，投资越少；利率越低，投资越多。第三象限的 45°线表示商品市场的均衡条件 $I = S$。第四象限的曲线表示储蓄函数 $S = S(Y)$，由于 $dS/dY > 0$，所以储蓄 S 与收入 Y 成正比关系，即收入越高，储蓄越多；收入越低，储蓄越少。第一象限的两个坐标分别为收入 Y 与利率 r，Y 和 r 之间的关系正是需要明确的。如果收入水平 Y_1，由储蓄函数 $S = S(Y)$ 可知储蓄量为 S_1；通过第三象限商品市场的均衡条件 $I = S$ 可得投资量 I_1；再根据第二象限的投资函数 $I = I(r)$ 得到此时的利率水平为 r_1。于是，当收入为 Y_1 时，使储蓄与投资相等的利率必是 r_1。这样便得到一个使储蓄与投资相等的收入和利率的组合点 A（Y_1，r_1）；同理，若收入为 Y_2，则可得到使储蓄与投资相等的另一个收入和利率的组合点

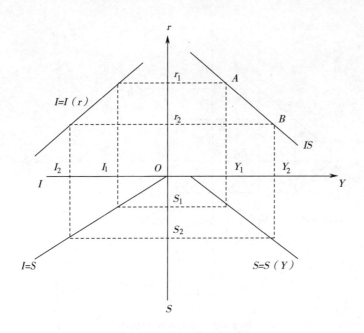

图 2－6　商品市场的均衡

$B\ (Y_2,\ r_2)$ ……如此重复就可在第一象限求出对应于各种收入水平和利率不同组合的点的轨迹，这条轨迹就是 IS 曲线。IS 曲线表现了使储蓄等于投资的收入与利率之间的关系，即表示商品市场的均衡。IS 曲线向右下方倾斜，表示收入与利率负相关。当利率下降时，投资就会增加，于是就会得到较高的收入以及与收入相对应的较多的储蓄。

2. 货币市场的均衡

同样，从货币市场的供求均衡条件出发也可求出收入与利率之间的关系。根据凯恩斯的流动性偏好理论，利率决定于货币供应与货币需求的均衡。货币需求 L 是收入 Y 的增函数，是利率 r 的减函数，L 又可分为满足交易动机和预防动机的货币需求 L_1 以及满足投机动机的货币需求 L_2。货币供应量 M_s 是中央银行所决定的外生变量。所以货币市场均衡的条件为 $Ms = L_1\ (Y)\ + L_2\ (r)$，可用图 2－7 表示。

在图 2－7 中，第二象限描绘了满足投机动机的货币需求曲线 $L_2\ (r)$，因为 L_2 是利率的减函数，故 $L_2\ (r)$ 曲线从右上方向左下方倾斜。第四象限反映了满足交易动机和预防动机的货币需求的曲线 $L_1\ (Y)$，由于 $L_1\ (Y)$ 是收入的增函数，故该曲线从左上方向右下方倾斜。第三象限的横轴代表满足投机动机的货币需求 L_2，向下的纵轴代表满足交易动机和预防动机的货币需求 L_1。由于假设中央银行的货币供应量为 M_s，故 L_1 和 L_2 的最大限度都只能是 M_s，直线 $L_1 + L_2 = M_s$ 上的各点表示货币供应量 M_s 在 L_1 和 L_2 间进行分配的各种不同组合。第一象限同样也表示收入 Y 与利率 r 之间的关系。现在假设收入水平为 Y_1，则由第四象限的 $L_1\ (Y)$ 可知，社会上为满足交易动机和预防性动机的货币需求为 L_{11}。由于货币供应量固定为 M_s，故由第三象限的 $L_1 + L_2 = M_s$ 可以得到满足投机动机的货币需求为 $M_s - L_{11} = L_{21}$。再根据第二象限的 $L_2\ (r)$ 可以得到对应于 L_1 的利率水平必然为 r_1。由此就得到一个使

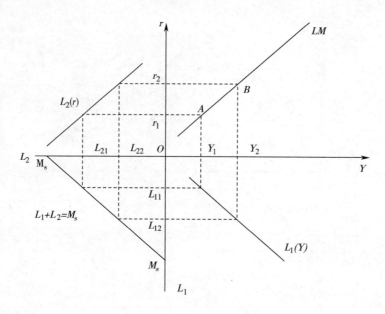

图 2-7 货币市场的均衡

货币供应等于货币需求的收入和利率的组合点为 A（Y_1，r_1）；同理，当收入水平为 Y_2 时，可得到另一个使货币供应等于货币需求的收入和利率的组合点 B（Y_2，r_2）……如此重复就可在第一象限求出所有满足货币供应等于货币需求的各种不同收入和利率组合点的轨迹，这条轨迹就是 LM 曲线。LM 曲线从右上方向左下方倾斜，表示当收入增加时，满足交易动机和预防动机而持有的货币量就会增加，在货币供应量保持不变的条件下，就必须减少为满足投机动机而持有的货币量，这样就要求利率相应提高，以使投机性货币需求降低。

3. 商品市场和货币市场同时均衡时收入和利率的决定

IS 曲线和 LM 曲线只是分别代表了商品市场和货币市场的均衡，它们并不能单独决定商品市场和货币市场同时均衡时的收入水平和利率水平。只有商品市场和货币市场同时实现均衡，即同时满足储蓄等于投资、货币供应等于货币需求时，均衡收入和均衡利率才能确定，这一均衡点就是 IS 曲线与 LM 曲线的焦点 E（见图 2-8）。

在图 2-8 中 IS 曲线的右上方，是商品市场中投资小于储蓄的情况，即 $I < S$。因为对于 IS 曲线上方的任意一点 A，由 A 向横轴作垂直线与 IS 曲线相交于 B 点，在 B 点处有 $I = S$。A 点对应的收入与 B 点对应的收入相等，但 A 点对应的利率却高于 B 点对应的利率，因此，A 点的投资将小于 B 点的投资，即 $I < S$。同理，在 IS 曲线的左下方，有 $I > S$。

在 LM 曲线的右下方，是货币市场上货币需求大于货币供给的情况，即 $L > M_s$。因为对于 LM 曲线右下方的任意一点 C，由 C 向纵轴作水平线与 LM 曲线相交于 D 点，在 D 点有 $L = M_s$。由于 D 点与 C 点所对应的利率水平是一样的，故这两点处的投机性货币需求 L_2 相等；但由于 $Y_D < Y_C$，故交易性和预防性货币需求 $L_{1D} < L_{1C}$，因此有 $L_C > L_D$。又因为有 $M_s = L_D$，所以 $L_C > M_s$，即 LM 曲线的右下方是货币需求大于

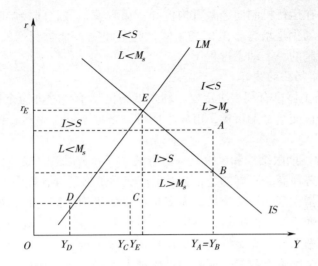

图 2 – 8 IS—LM 模型决定的均衡收入和均衡利率

货币供给的点的组合。同理，在 LM 曲线的左上方，有 $L < M_s$。

从 IS—LM 模型我们可以得到以下结论：利率大小取决于投资函数、储蓄函数、货币需求函数（流动性需求函数）和货币供应量。当资本投资的边际效率提高时，IS 曲线将向右上方移动，利率就会上升；当边际储蓄倾向提高时，IS 曲线将向左下方移动，利率就会下降；当流动性偏好增强时，LM 曲线将向左上方移动，利率就会提高；当货币供应量增加时，LM 曲线将向右下方移动，利率就会下降；当通货膨胀水平提高时，实际货币供应 M_s/P 将下降，LM 曲线向左上方移动，利率也随之提高。

IS—LM 模型采用的是一般均衡分析方法，该理论与可贷资金利率理论的简单拼接不同，它是在比较严密的理论模型下，将古典理论的商品市场均衡和凯恩斯理论的货币市场均衡有机地统一起来。正因为如此，IS—LM 模型一经建立，就在西方主流经济学中取得了奠基地位。

六、利息率市场化

20 世纪 70 年代以后，随着经济国际化发展和金融市场的不断创新，利率管制所带来的弊端日益显现，各国政府越来越认识到应该还利率以市场的本性。1986 年美国首先放开了利率，西欧国家和日本紧跟其后，到了 20 世纪 90 年代中期，市场经济国家相继放弃了利率管制，实行了利率市场化。

（一）利率市场化的含义

所谓利率市场化，是指中央银行只控制基准利率，金融资产的交易利率由金融市场的资金供求关系决定，形成了多样化的利率体系和市场竞争利率机制。实行利率市场化的国家，中央银行放弃了对市场利率的管制，通过调整基准利率间接影响和引导市场利率，由金融市场交易双方直接决定某一项金融资产的利率。简言之，利率市场化是指由金融市场资金供求关系来决定利率水平和结构的机制。

在利率市场化金融体制下，中央银行通过制定货币政策和调整基准利率等，借助货币市场的内在运行机制向金融机构传导货币政策信号，间接影响金融市场的利率水平。利率市场化是培育金融市场主体，健全和完善金融资产的市场交易规则，逐步取消利率管制的一个动态过程。

（二）利率市场化的内容

1. 市场交易主体享有利率决定权。利率市场化赋予金融机构充分的自主权，把存贷款利率决定权交给金融市场，市场主体可以根据不同金融资产的交易，自主决定利率。

2. 利率结构、期限结构和风险结构由市场选择。金融资产交易存在批发与零售的价格差别，与普通商品不同的是，金融资产交易价格还存在期限差别和风险差别。金融资产批发是指大宗的资金交易，大多是在金融机构之间进行，如商业银行之间的资金拆借、金融机构之间的短期融资、发行证券的包销等，利率水平比同期限的单笔金融资产利率低一些；金融资产零售是指金融机构对一般客户的交易，是指交易双方就某一项金融资产数量、期限的具体利率水平达成的协议。市场经济条件下的中央银行，既无必要也不可能对所有金融资产的利率数量、期限结构和风险结构进行准确的测算。

3. 同业拆借利率和短期国债利率是市场的基准利率。从微观金融市场层面上来看，市场利率比管制利率档次更多，结构更复杂，变化更频繁。市场利率是一种或几种金融资产交易的协议，没有统一的尺度和严格标准。但是，金融交易主体的金融资产批发交易价格对于市场利率有决定性作用，同业拆借和短期国债是市场上交易量最大、信息披露最充分的金融资产交易，它们的利率也是最具代表性的市场利率，成为一般金融机构制定利率水平的"参照物"，也是衡量市场利率水平涨跌的基本依据。

4. 中央银行通过间接手段影响金融资产利率。正如市场经济不排斥政府宏观管理一样，利率市场化运行中也有一定程度的国家干预成分。中央银行在放松对利率直接控制的同时，通过调整再贴现率、再贷款率影响商业银行资金成本加强间接调控，反映货币当局的政策意图，影响金融市场利率水平。

本章小结

1. 信用是一种借贷行为，到期偿还时要附带利息。信用的产生同商品生产、货币经济，特别是货币的支付手段职能有着密切的关系。信用经历了高利贷、资本主义信用和现代信用三个发展阶段。

2. 信用付诸实践，就是信用行为。信用行为发生时，必然存在主体客体。内容及时间间隔、载体等相关内容，这些内容构成了信用的基本要素。

3. 信用工具是记载信用内容或关系的凭证，也叫金融工具，是重要的金融资产，是金融市场上的重要交易对象，具有偿还性、流动性、收益性和风险性等特征。

4. 信用形式是借贷活动的表现形式。主要的信用形式有：商业信用、银行信用、国家信用、消费信用、股份信用、民间信用和国际信用。

5. 利息的定义：在商品经济社会，利息是金融机构借出货币，借者在到期还本时支付给金融机构的报酬。利率率的定义：利息额与预付借贷资本价值之比。

6. 利率市场化是指中央银行只控制基准利率，金融资产的交易利率由金融市场资金供求关系决定，形成多样化利率体系和市场竞争利率机制。

7. 关于利率决定理论，马克思认为利息是剩余价值的一部分。

关键词汇

信用　借贷资本　商业信用　银行信用　国家信用　消费信用　票据　国库券　股票　债券　利息　利息率　官定利率　市场利率　名义利率　实际利率　利率市场化

复习思考题

1. 什么是信用，信用的基本特征是什么？
2. 什么是信用工具，有哪些特点及种类？
3. 信用形式有哪些，各种信用形式有哪些特点？
4. 决定和影响利率的因素有哪些？
5. 市场经济中利率有哪些作用？
6. 什么是利率市场化，包括哪些内容？

案例分析题

2012 年 6 月 8 日和 7 月 6 日，我国金融机构人民币存贷款基准利率及其浮动区间经历了两次调整。目前，金融机构人民币 1 年期存款基准利率累计比调息前下降 0.5 个百分点，上浮区间扩大到基准利率的 1.1 倍；1 年期贷款基准利率累计比调息前下降 0.56 个百分点，下浮区间扩大到基准利率的 0.7 倍。这两次利率调整是我国利率市场化的重要步骤。

经过这两次调整，我国贷款利率市场化接近完成。除城乡信用社外的金融机构贷款利率已不设上限管理，在基准利率以下具有 30% 的自主定价空间，实际执行利率由银行根据财务成本、风险状况及盈利目标等与客户议价决定，基本反映了市场资金供求状况。更重要的是，允许存款利率上浮完成了利率市场化改革的"惊险一跃"（马克思曾经把商品售卖形容成整个商品生产过程中的"惊险的跳跃"）。存款是银行最主要的资金来源。一直以来，商业银行吸收存款的竞争都很激烈。存款利率上限的放开可能导致银行恶性竞争、引发风险，因此世界各国利率市场化的完成均以存款利率上限放开为标志。此次存款利率允许上浮至基准利率的 1.1 倍，是改革存款利率上限管理的突破性尝试，是本次利率调整的最大亮点，是我国利率市场化乃至整个金融改革的关键步骤，具有重大意义。

思考：分析了两次利率调整后金融机构的反应，谈谈对我们的启示。

第三章

金融机构体系

金融机构体系是由相互作用和相互依赖的若干个金融机构或单位组合而成的、具有规定功能的整体，一般由中央银行、商业银行、专业银行和非银行金融机构组成。

第一节　金融机构体系概述

一、金融机构体系的含义

（一）金融

金融是货币流通和信用活动以及与之相联系的经济活动的总称，广义的金融泛指一切与信用货币的发行、保管、兑换、结算，融通有关的经济活动，甚至包括金银的买卖；狭义的金融专指信用货币的融通，不包括实物借贷而专指货币资金的融通。

金融的内容可概括为货币的发行与回笼，存款的吸收与付出，贷款的发放与回收，金银、外汇的买卖，有价证券的发行与转让，保险、信托、国内、国际的货币结算等。

（二）金融机构

一般说来，凡专门从事各种金融活动的组织均称为金融机构，既包括在间接融资领域活动的金融机构，也包括在直接融资领域活动的金融机构，是融通资金的中介。

金融机构是金融市场的主导者和重要参与者，在现代金融体系中居于核心地位。主要有中央银行、商业银行、信托投资公司、保险公司、证券公司、投资基金，还有信用合作社、财务公司、金融资产管理公司、邮政储蓄机构、金融租赁公司以及证券、金银、外汇交易所等。

（三）金融机构体系

金融机构体系是指按国家法律或根据市场规律而规定各金融机构的地位、职能及作用所组成的相互联系的统一整体。

在市场经济条件下，各国金融体系大多数是以中央银行为领导来进行组织管理的，因而形成了以中央银行为核心、商业银行为主体、各类银行和非银行金融机构并存的金融机构体系。

二、金融机构的特点

1. 金融机构以金融商品为经营对象，金融机构经营的对象不是普通的商品，而是特殊的商品——货币。

2. 金融机构以融通资金为己任，金融机构是社会融通资金的中介。

3. 金融机构为社会提供各种金融服务。

4. 金融机构具有很强的风险性，需要风险管理，金融机构是经营风险的，如果社会不存在风险，金融机构也就不存在了。

三、金融机构的分类

金融机构是随着商品经济和信用制度的发展而产生、发展起来的。金融机构有狭义和广义之分。狭义的金融机构仅指那些通过参与或服务金融市场交易而获取收益的金融企业；广义的金融机构则指所有从事金融活动的组织，其范围包括金融市场的监管机构，如一国的中央银行等，甚至包括像国际货币基金组织等那样的国际金融机构。

对金融机构的分类采用广义的金融机构概念，根据不同的分类标准，金融机构分类如下。

（一）按照金融机构在金融监管中的地位，分为金融监管机构和金融被监管机构

金融业的安全稳健运行与有序竞争，离不开有效的金融监管。金融监管机构有权对金融被监管机构及其经营活动实施规制和约束。通常，金融监管机构都是官方机构，但也存在民间组织根据法律授权履行金融监管职责的情况。在我国，中国人民银行、中国银行业监督管理委员会、中国证券监督管理委员会、中国保险监督管理委员会以及国家外汇管理局等都属于金融监管机构。

金融被监管机构处于受监管的地位，作为金融中介，其通常是金融市场上资金的供给者和需求者，但有时也不排除以自营为特征而进行投资活动，如商业银行、政策性银行、证券公司、保险公司、信托公司、财务公司、金融租赁公司、汽车金融公司等。金融被监管机构在一国金融体系中占据核心地位，其既可以发行和创造金融工具，也可以在金融市场上购买各种金融工具；其既是金融市场的中介人，也是金融市场的投资者，是货币政策的传递者和承受者。

（二）按照金融机构是否具有经营，分为经营性金融机构和非经营性金融机构

所谓经营性，包括营利性经营和政策性经营两种情况，或者二者兼而有之。从世界范围看，商业性金融机构以营利为目的，而政策性金融机构则不以营利为目的，但二者的共同点在于，其都具有经营性和经济性的特征，因而都属于经营性金融机构。因此，虽然其不以营利为目的，但却要开展具体的连续性的经营活动，因此应归属于经营性金融机构。

非经营性金融机构不具有经济性，属于非经营性组织，如前述金融监管机构，其职责是对金融业实施监督管理。再如《中华人民共和国证券法》规定的证券业协会，该协会是证券业的自律性组织，是社会团体法人。

（三）按照金融机构是否以营利为目的，分为商业性金融机构和政策性金融机构

这是这种分类只适用于经营性金融机构。其中，商业性金融机构不承担国家的政策性融资任务，其经营活动一般以营利为目的，并且受到市场竞争规律的支配，其投资主体不限于国家，如各国的商业银行、证券公司和保险公司等。

政策性金融机构通常由国家投资创办，专门为贯彻和配合国家产业政策、区域发展政策，在特定业务范围内直接或间接地从事政策性融资活动，一般不以营利为目的。它们的目的均以追求社会整体利益和社会效益为依归，其金融业务的开展，考虑的不是银行本身营利与否，而是看是否能够带来巨大的社会效益，因此它们都属于政策性金融机构。政策性金融机构与商业性金融机构在法律地位上是平等的，在业务上构成互补关系。商业性金融机构是一国金融体系的主体，承办绝大多数的金融业务，而政策性金融机构主要承办商业性金融机构不愿办理或不能办理的金融业务，在商业性金融机构业务活动薄弱或遗漏的领域开展融资活动。

（四）按照金融机构是否经营存款业务，分为银行和非银行金融机构

这种分类同样只适用于经营性金融机构。其中，银行是专门经营存款、贷款、汇兑、结算等业务，充当信用中介和支付中介的金融机构。银行一词源于意大利，是随着商品经济的发展最早产生的金融机构，在现代金融体系中居核心地位。银行包括中央银行、商业银行、专业银行和政策性银行等。

除银行以外，凡经营金融业务的金融机构都属于非银行金融机构，非银行金融机构也称为其他金融机构，系指那些名称中未冠以"银行"，主要经营证券承销与经纪、各类保险、信托投资以及融资租赁等金融业务的金融机构，如证券公司、保险公司、信托公司和金融租赁公司等，非银行金融机构虽然与银行一样从事某些融资业务，但其各自在性质、组织形式以及业务范围上与银行有着明显差别，因此在监督管理上也不同于银行。

（五）按照金融机构融资机制的不同，分为直接融资机构和间接融资机构

这种分类只适用于经营性金融机构。直接融资机构是为资金余缺双方牵线搭桥提供联系服务的机构，其主要在直接融资中提供金融服务，包括证券交易所、证券承销商、证券经纪商等。

间接融资机构是为资金余缺双方提供场所，充当媒介的信用服务机构，其主要在间接融资中提供金融服务，包括商业银行、专业银行和信托机构、投资公司、保险公司、金融租赁公司等机构。

四、金融机构体系的功能

金融体系所以在社会经济运行和金融活动中发挥着重要的作用，是由于其自身具有特殊的功能。金融体系的功能与其性质、作用密切相联。一般来说，功能是性质的具体体现，作用是功能发挥的客观效果。

（一）聚集和分配资金的功能

金融体系具有为企业或家庭聚集或筹集资金，对企业或家庭的资源重新有效分配的功能。这是金融体系最基本、最能说明其经营活动的功能。如银行将社会上闲

置的货币资本，以存款形式集中起来，再贷给其他企业，作为货币资本的借者与贷者的中介，银行信用中介职能克服了企业之间直接借贷的局限性。由于企业之间的直接借贷，往往受资本供需双方在数量、期限以及要求条件下一致的限制，使借贷行为有时不能完成。银行的产生从而克服了这些困难。

金融体系的聚集和分配资金的职能对于经济的发展有着重要的意义。它使社会各个方面闲置的货币资本集中起来，投入社会再生产之中，转化为现实的生产性资本，使资本获得最充分有效的利用；实现全社会范围的资本集中和分配，对社会经济的发展起着重要的调节作用。

（二）支付结算的功能

金融体系提供了完成商品、服务和资产交易的清算和支付结算的方法、技术手段和流程设计，为客户之间的货币收付、清偿债权与债务关系提供服务，并实现货币资金的转移。随着经济的发展和社会需求的变化，金融体系支付结算功能与效率，通过支付工具、方式、手段的扩大和创新而不断增强。为了能够安全、快捷、低成本地满足经济发展中支付结算需求，金融体系通过创造汇票、本票、支票、信用卡等多种支付结算工具，通过建立清算机构、电子支付系统等组织形式，拓宽支付结算的渠道，增强现代金融体系的支付结算功能与效率。

（三）降低交易成本的功能

金融体系通过规模经营和不同金融机构的专业化运作，在为投融资双方提供金融服务的同时，降低了交易的单位成本，即资金供求双方交易过程中的费用、资金商品的价格、时间的付出以及机会成本等。通过金融体系的规模经营、合理定价、高效率的网络系统、加速运转、节约费用，最终使交易成本得以降低，从而满足迅速增长的投融资需求。

另外，由于金融体系通过规模经营，向投融资双方提供高效、便捷、低成本的金融服务，进一步促使投融资双方愿意通过金融体系进行投融资活动，最终推动了资金资源的有效配置。

（四）提供信息的功能

由于金融体系在国民经济中的特殊地位，以及分支机构遍布城乡各个角落的优势，能够及时搜集获取比较真实、完整的信息，以便选择合适的借者及其投资项目，避免或减少由于信息不对称产生的投资风险和道德风险。金融体系凭借在信息处理和监督方面的优势通过给客户开立账户，了解客户的个性化信息，掌握客户资金运转动态，对客户的信用状况作出较准确的判断，以便作出投资的决策。因此，金融体系在改善信息不对称中的筛选与监督作用是其重要功能之一。

（五）分散、转移和控制风险的功能

金融体系通过各种业务、技术和管理，分散、转移、控制、减轻金融、经济和社会活动中的各种风险。金融机构转移风险并提供风险管理服务；通过保险和社会保险机制对经济和社会生活中的各种风险进行的补偿、防范或管理；通过基金管理公司的专家理财，为投资者提供证券投资组合服务，为投资者规避、减少投资风险提供专业化服务。

总之，金融体系在社会经济运行中发挥了重要作用。通过促进投融资活动，使储蓄资金大限度地向投资转移，资金资源得到优化配置；通过便利支付结算，使社会正常运转的链条得以维系；通过降低交易成本，进一步促进了资源的有效配置；通过改善不对称信息，降低了信息成本，进一步提高了投融资效率；通过风险管理，对投融资过程中的风险实现了转移、分散和降低，保证了投融资的安全和储蓄向投资转化的顺畅进行。

五、金融机构体系的发展趋势

随着现代商品经济的发展，西方国家金融机构在种类、业务经营、规模及职能作用等方面都在发生日新月异的变化，其发展趋势表现在以下几个方面。

（一）金融机构的种类不断增加

商业银行是最早产生的金融机构，随着资本主义经济的发展，社会对金融机构融资服务的需求急剧增加。在商业银行不断发展的同时，其他金融机构也纷纷涌现和发展起来，形成了金融机构发展的多元化趋势。首先，除商业银行以外，建立了一大批专门经营某一特定范围金融业务和提供专门性金融服务的专业银行，还有本国和外国的合资银行。其次，为满足金融市场和金融业发展的需要，先后成立了种类繁多的非银行金融机构。再次，为加强对金融业的监督和管理，保持金融秩序和货币币值的稳定，世界各国都先后成立了中央银行。因此，世界绝大多数国家已经形成了以中央银行为核心，商业银行为主体，多种金融机构并存的金融机构体系。

（二）金融机构的业务经营不断创新

金融机构在业务上不断创新，并向综合方向发展。西方主要资本主义国家不断推出新业务种类、新金融工具和新服务项目，以满足顾客的需求。同时，商业银行业务与投资银行业务相结合，使银行发展成为全能性商业银行，为客户提供了更全面的金融服务。而非银行金融机构通过业务创新也开始涉足银行业务，在大多数西方国家的金融机构体系中，长期以来商业银行与非银行金融机构有较明确的业务分工。如美国、英国、日本在20世纪30年代后，采用分业经营模式，即以长、短期信用业务分离，一般银行业务与信托业务、证券业务分离为特点的经营模式。自20世纪80年代以来，金融机构业务经营界限逐渐打破，各种金融机构原有的差异日趋缩小，形成由原来分业经营转向多元化综合性发展的趋势。

（三）金融机构的规模不断扩大

进入20世纪90年代以后，银行业面临着如何在激烈的竞争中，求生存、求发展巩固自己的阵地、开发新领域的问题。为此，银行业不断重组，通过兼并小银行，合并大银行，增加分支机构等方式，使其规模不断扩大，不少银行成为巨型跨国银行。如1995年日本三菱银行与东京银行合并为东京三菱银行，总资产高达8 180亿美元，在全球许多国家遍设分支机构及营业网点。1997年，著名的摩根士丹利银行与迪安威特银行合并。1998年花旗银行又与经营保险兼证券业的旅行社者集团合并成为美国最大的金融机构。进入21世纪后，国际金融机构合并之风仍然盛行，甚至拉美许多发展中国家都出现了大合并的浪潮。

（四）金融机构的作用不断增强

随着现代科学技术的发展，电子计算机的广泛应用，银行利用点多面广的优势，成为社会的公共簿记和总监督，掌握着各个经济主体的经营活动。特别是随着中央银行制度的建立和完善，中央银行成为国家干预经济生活的调节中心，成为国民经济的神经中枢。其他银行和非银行金融机构的发展，又强化了中央银行这一作用，从而使整个金融机构体系在保证国民经济正常运行和发展中具有举足轻重的作用。

第二节　西方金融机构体系

西方国家金融机构构成是适应高度发达的市场经济制度的需要，各有一个庞大精细、种类繁多、形式各异的金融机构体系，以中央银行为领导、商业银行为主体、专业银行和其他金融机构并存的比较完善的金融体系，如图 3-1 所示。

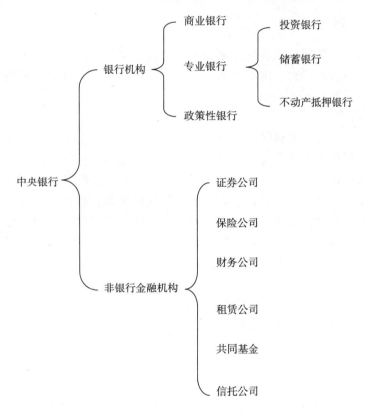

图 3-1　西方国家金融机构体系

一、中央银行

中央银行是金融机构的核心，处于金融机构的主导地位，是专门从事货币发行、办理对银行业务的监督和管理、执行国家经济政策的特殊金融机构。多数国家只有一家中央银行，个别国家如美国有 12 家区域性联邦储备银行，都起到区域性中央银行的作用，但全国性金融货币政策则由联邦储备委员会拟订并统一执行。作为领导与管理全国金融机构的首脑机构——中央银行，其业务不以营利为目的，它有权制定和执行货币政策，对商业银行和其他金融机构的业务活动进行领导、管理和监督。它拥有国家授予的各种特权，如垄断货币发行，代理国库，集中保管商业银行的存款准备金，确定利率水平，管理金融市场等。

二、商业银行

商业银行是金融机构的主体和主要力量，它具有资本雄厚、体系庞大、业务范围广、存贷款数额比重大、货币流通量多、货币创造等特点，是经济影响最大的金融机构。它是最早出现的现代化银行机构，经营对象主要是工商企业及居民个人。现代商业银行的发展趋势是全能性和多样化，其从事各种综合性银行业务，号称"金融百货公司"。它始终居于其他金融机构所不能代替的重要地位，有关商业银行的产生和发展、性质、职能和业务等方面的内容将在商业银行一章中详细讨论。

三、专业银行

专业银行是为特定行业提供金融服务的银行，即指专门经营指定范围业务和提供专门性金融服务的银行。由于特殊行业分工较细，所以专业银行种类繁多，这里介绍其中主要几种。

（一）储蓄银行

储蓄银行是指专门为居民办理储蓄并以吸收储蓄存款为主要资金来源，资金运用主要是为居民提供消费信贷和其他贷款的银行。这类银行的服务对象主要是居民消费者。西方发达国家对储蓄银行有专门的管理体制，主要内容为保护储户的利益；另一方面规定其集聚的大量资金主要用于提供住房贷款，投资于政府、公司股票和债券，有些国家还规定投资于政府债券的比例。储蓄银行的业务受约束，如不得经营支票存款，不得经营一般工商信贷业务，商业银行经营的业务不能经营，但这些年来业务上也有突破。储蓄银行的名称各国有所不同，有的甚至不以银行相称，但功能基本相同。在美国称之为信托储蓄银行、信贷协会、储蓄贷款协会等，英国称之为信托储蓄银行，日本称之为储蓄银行。由于储蓄银行直接服务于广大居民，因而其数量在各国都较多。储蓄银行既有私营的，也有公营的。

（二）投资银行

投资银行是指专门为工商企业办理投资和长期信贷业务的银行，是满足企业对固定资本需要的专业银行。投资银行是美国和欧洲大陆的称呼，与这种银行称呼相同的还有：长期信贷银行、开发银行、实业银行、金融公司、持股公司、投资公司等。投资银行的资金来源主要有发行股票和债券筹资。有些国家的投资银行一般接受定期存款，不接受活期存款和储蓄存款。有的投资银行根本不接受存款，从其他银行取得贷款也是它的来源之一。投资银行的主要业务是为工商企业发行或包销证券、提供中长期贷款；参与企业的创建与改组并购活动；包销本国政府和外国政府的公债券；提供投资和财务咨询服务等。有些银行也专营黄金、外汇买卖及资本设备和耐用商品的租赁。

（三）不动产抵押银行

不动产抵押银行是指专门经营土地、房屋及其他不动产为抵押的长期贷款的专业银行。美国称之为住房信贷体系，与农业信贷体系和进出口银行一样同属于联邦代理机构，具体包括通过发行不动产抵押证券来筹资；资金运用以土地、房屋及其他不动产为抵押，为农业资本家办理长期贷款业务，如法国的房地产信贷银行，德国的私人抵押银行等。实际上，近年来商业银行正大量涉足不动产抵押贷款业务，另外，不少抵押银行除经营抵押放款外，也经营一般信贷业务，向兼营相互融合趋势发展。

（四）住房信贷银行

住房信贷银行是指专门为居民购买住房提供金融服务的金融机构。美国称之为住房信贷体系，与农业信贷体系和进出口银行一样同属于联邦代理机构，具体包括联邦住房贷款银行委员会及其所属银行、联邦住宅抵押贷款公司、联邦住宅管理局、联邦全国抵押贷款协会等机构。

日本称之为住宅金融公库，属政府的金融机构。英国称之为住房协会，其资金来源主要是协会会员交纳的股金和吸收存款（美国和日本的这类金融机构可以发行债券和接受政府资金），住房协会接受的股金和存款一律付息，利率一般高于银行，且有减免税优惠，这就使得住房协会对小额储蓄者具有很大的吸引力；另一方面，住房协会所吸收的存款和股金的利息按日计算，每年付息两次，但有许多利息并不支付现金，而是把应付利息加在原来的投资上，这等于自动增加资金流入。

此外，还有专门为中小企业服务的银行、抵押银行、海外银行等专业银行。

四、政策性银行

政策性银行，是指由政府创立和担保、以贯彻国家产业政策和区域发展政策为目的，具有特殊的融资原则、不以营利为目标的金融机构。

政策性银行与商业银行和其他非银行金融机构相比，有共性的一面，如要对贷款进行严格审查，贷款要还本付息、周转使用等。但是，作为政策性金融机构，其具有如下特征：

首先，政策性银行的资本金多由政府财政拨付。但是，政策性银行的主要资金并不是财政性资金，政策性银行也必须考虑营利问题，坚持银行管理的基本原则，力争保本微利。其次，政策性银行在开展业务时，主要应该考虑国家的整体利益、社会效益，不完全以营利为目标。再次，政策性银行有其特定的资金来源，其主要依靠发行金融债券或向中央银行举债，一般不面向公众吸收存款。最后，政策性银行有特定的业务领域，一般不与商业银行竞争。

（一）国家开发银行

国家开发银行是指那些专门为经济开发提供长期投资贷款的金融机构，开发银行几乎均由政府创立或参与。政府期待开发银行在促进工业化、配合实施经济发展计划、执行产业政策上发挥重要作用。

开发银行可分为国际性和国家性两个类型。国际性开发银行由若干国家出资共同设立，其又可分为全球性和区域性两种，前者如世界银行、国际开发协会；后者如亚洲开发银行、泛美开发银行、非洲开发银行等。国家性开发银行又可分为全国性开发银行和地方性开发银行。前者一般由一国中央政府建立，服务于全国；后者一般由地方政府设立，专为本地区经济开发服务。

国家开发银行的主要任务是：按照国家有关法律、法规和宏观经济政策、产业政策、区域发展政策，筹集和引导境内外资金，重点向国家基础设施、基础产业和支柱产业项目以及重大技术改造和高新技术产业项目发放贷款；从资金来源上对固定资产投资总量和结构进行控制和调节。

（二）农业政策性银行

为贯彻配合政府农业政策，为农业提供特别贷款，主要是低利中长期优惠性贷款，促进和保护农业生产与经营，这种农业金融机构，一般被称为农业政策性银行。

德国是世界上最早建立农业金融制度的国家，至今已有 200 多年的历史。德国农业金融以信用合作为主体，政府设立了一系列政策性金融机构来保护和扶植农业，如土地抵押信用协会、土地信用银行、农业中央银行、地租银行等均由政府控制，不以营利为目的，承担政府扶助农业发展的责任。

农业政策性银行的资金来源呈现多样化，主要包括借入政府资金，发行债券，借入其他金融机构资金，吸收存款和国外借款等。农业政策性银行的资金运用主要包括贷款、担保和发放补贴等。

（三）进出口政策性银行

进出口政策性金融机构是国家为支持和推动进出口，尤其是出口，促进国际收支平衡、带动经济增长而建立的重要金融机构。

进出口银行的建立和发展源于进出口贸易，工业发达国家把进出口作“生命线”，对出口的依赖成为其持久性的使命。发展中国家采取“奖出限入”的政策，在其经济发展战略及政策措施中，出口被放在十分重要甚至首要的位置。

由于出口融资具有风险高、期限长、额度大、条件优惠、利率较低等特殊性，无论是发达国家还是发展中国家，面对竞争激烈的出口市场，若要战胜对手，就要采取措施，鼓励出口，促进商品输出。而设立专门的进出口政策性银行提供融资是重要做法之一。这些政策性进出口金融机构承担着商业性金融机构不愿或无力承担的高风险，弥补商业性金融机构的不足，改善本国的出口融资条件，增强本国商品的出口竞争能力。

1919 年成立的英国出口信贷担保局是最早出现的专门从事进出口融资的金融机构；美国于 1934 年成立美国进出口银行，1945 年确定该行为联邦政策独立机构，办理美国进出口融资、保险、担保业务。第二次世界大战后，各国开始恢复和发展经济，为促进出口，法国、日本、德国、瑞典以及战后纷纷独立的发展中国家，如韩国、泰国、印度等，也先后设立了政策性进出口金融机构。

进出口政策性银行的资金来源有政府拨入资金、借入资金、发行债券和其他渠道等，各国又有所不同。其资金运用主要有贷款、担保与保险等。

五、非银行金融机构

在金融机构体系中除银行之外，还有许多非银行金融机构。这些金融机构虽然不以银行称呼，但却以某种方式吸收社会资金，并以某种方式运用资金，从中获取利润。这些非银行金融机构有以下几种。

（一）保险公司

保险公司是经营保险业务的经济组织。保险是一种经济补偿制度，保险公司是依靠投保户所缴纳的保险费建立保险基金，用以补偿因自然灾害或意外事故所造成的经济损失的金融组织。第二次世界大战以后，各种保险公司有了迅速的发展，保险公司实际上已成为各国最重要的非银行金融机构。保险种类多样，有财产保险、人寿保险、火灾和事故保险等，其中以人寿保险公司的规模最大。保险费收入除去当年赔偿及费用支出外，其余均作为保险基金。这部分资金数量很大，比银行存款更为稳定，运用起来也可靠、安全。这部分资金是西方国家金融机构体系中长期资本的来源，资金运用主要是用在长期有价证券投资上。如投资于公司股票和债券、市政债券、政府公债，或者发放不动产抵押贷款、保单贷款等。西方保险业十分发达，几乎到了无人不保险、无事不保险、无物不保险的地步。

（二）证券公司

证券公司的主要业务包括有价证券自营买卖业务、委托买卖业务、认购业务和销售业务等。证券公司除代理客户买卖外，还办理其他业务。

1. 为客户保管证券。这样，客户交易时就不必每次携带证券实物，证券公司还代理客户收取债券的利息或股票的分红等。

2. 为客户融资和融券。当客户采用信用交易方式，如保证金交易，证券公司给予贷款，贷款利率通常略高于银行优惠贷款利率。如果客户采用卖空方式交易，证券公司可以贷给证券，待客户以后购买证券再归还。

证券公司在金融市场上起着重要的作用。在证券一级市场上，通过承购、代销、助销、包销有价证券，促进发行市场顺畅运行，使发行者能够筹集到所需要的资金，促使投资人将所持资金投向新发行的有价证券。在证券二级市场上，通过代理或自营买卖有价证券，使投资双方利用有价证券达到各自的融资目的。

（三）信托投资公司

信托投资公司是一种以受托人身份，代人理财的非银行金融机构，具有财产管理和运用、融通资金、提供信息及咨询、社会投资等功能。

现代信托业务源于英国，但历史上最早办理信托业务的经营性机构产生于美国。据记载，最早开始正式办理信托业务的机构是1818年核准许可营业的美国"马萨诸塞慈善人寿保险公司"。英国的第一家信托公司"伦敦委托遗嘱执行和证券保险公司"成立于1886年。

一般来说，信托投资公司主要经营资金和财产委托、代理资产保管、金融租赁、经济咨询、证券发行以及投资等。其主要业务是：

1. 受托经营资金信托业务，受托经营动产、不动产及其他财产的信托业务；

2. 受托经营经国家有关法规允许从事的投资基金业务，作为基金管理公司发起人从事投资基金业务；

3. 经营企业资产的重组、并购及项目融资、公司理财、财务顾问等中介业务；

4. 受托经营有关部门批准的国债、企业债券业务，代保管业务；

5. 信用鉴证、资信调查及经济咨询业务，以自有财产为他人提供担保等。

（四）租赁公司

租赁公司主要分为经营性租赁公司和融资性租赁公司，融资性租赁公司又称为金融租赁公司。金融租赁是以商品交易为基础的融资与融物相结合的特殊类型的筹集资本、设备的方式。它既有别于传统租赁，也不同于贷款，是所有权和经营权相分离的一种新的经济活动方式，具有融资、投资、促销和管理的功能。即租赁公司根据企业的要求筹措资金，提供以"融物"代替"融资"的设备租赁。

在租赁期内，作为承租人的企业只有使用租赁物件的权利，没有所有权，并要按租赁合同的规定，定期向租赁公司交付租金。租期期满时，承租人向租赁公司交付少量的租赁物件的名义货价，双方即可办理租赁物件的产权转移手续。双方也可以办理续租手续，继续续租。

美国是最先出现现代租赁的国家。1952年5月，在美国旧金山创立了第一家现代专业租赁公司，现为美国国际租赁公司。这家公司的建立，标志着现代租赁体制的确立和现代租赁业务的真正开始。20世纪60年代，现代租赁业扩展到欧洲和日本，70年代开始向世界各地渗透，进入80年代后期，已发展成为一种国际性设备投资的多功能新型产业。

（五）财务公司

财务公司亦称财务有限公司。由于各国的金融体制不同，财务公司承办的业务范围也有所差别。其中，有的专门经营抵押放款业务，有的依靠吸收大额定期存款作为贷款或投资的资金来源；有的专门经营耐用品的租购或分期付款销货业务。财务公司在18世纪始建于法国，后美、英等国相继开办。

财务公司的短期资金来源主要是在货币市场上发行商业票据，长期资金来源于推销企业股票、发行债券，多数财务公司接受定期存款，向银行借款比重较小。当代西方财务公司的业务几乎与投资银行的业务无异。除上述业务外，大的财务公司还兼营外汇、联合贷款、包销证券、不动产抵押、财务及投资咨询业务等。

（六）金融公司

金融公司也是一类重要的金融机构。它的资金来源主要是在货币市场上发行商业票据，在资本市场上发行股票、债券，也从银行借款，但比重不大。它的资金主要贷放给购买耐用消费品（如汽车）的消费者或小企业。一些金融公司的组建，主要是为了便于推销母公司的产品。比如，福特汽车公司组建的福特汽车信贷公司，就是向购买福特汽车的消费者提供消费信贷。我国各类商业银行一般都办理耐用消费品（如汽车、购房）消费贷款。2003年10月3日经中国银行业监督管理委员会的批准，我国已成立汽车金融公司，是专门为中国境内的汽车购买者及销售者提供贷款的非银行金融企业。

（七）基金管理公司

由于个人投资者的资金有限，不便直接在证券市场上买卖证券，且直接投的风险和成本都很大，于是证券市场上出现了专门从事投资的机构投资者。最重要的机构投资者是证券投资基金和养老基金，从事证券投资基金和养老基金管理的基金管理公司是证券市场上越来越重要的一种金融中介机构。

证券投资基金又称共同基金、投资信托等，它是将个人的资金集中起来，在证券市场上进行分散投资和组合投资的一种集合投资方式。在美国，证券投资基金被称作共同基金，共同基金按公司制进行管理和运营，每个基金管理公司都是一家独立的投资公司。目前，按资产规模来衡量，共同基金已成为美国仅次于商业银行的第二大金融中介。

（八）典当行

典当是指当户将其动产、财产权利作为当物质押或者将其房地产作为当物抵押给典当行，交付一定比例费用，取得当金；并在约定期限内支付当金利息、偿还当金、赎回当物的行为。这种经济行为由典当人和典当行双方参与形成。

典当行为由典当行和当户双方参与构成。典当行是依照公司法等设立的专门从事典当活动的企业法人；当票是典当行与当户之间的借贷契约，是确定双方权利义务关系的主要依据；质押当物的估价金额由双方协商确定，当金数额应当由双方协商确定。

（九）养老或退休基金会

它是一种向参加养老金计划者以年金形式提供退休收入的金融机构。这种机构提供退休年金的资金来源于：

1. 劳资双方的积聚，即顾主的缴纳以及雇员工资中的扣除或雇员的自愿交纳。

2. 运用积聚资金的收益，如投资于公司债券、股票以及政府债券的收益等。这类基金会是第二次世界大战后才迅速发展起来的，目前普遍存在于西方各国。西方国家政府关于要求建立养老金计划的立法以及纳税优惠，对这类基金会的建立和发展起了推动作用。有些国家，如英国养老基金、退休基金业务相当大的部分由保险公司经办。近些年，这类金融机构的发展令人瞩目。

第三节　我国金融机构体系

目前，我国已经形成了以中国人民银行为中央银行，银监会、保监会、证监会分业监管，银行、证券、保险、信托、金融租赁等机构构成的功能齐全、形式多样、分工协作、互为补充的多元化、多层次金融机构体系。同时，还包括香港、澳门特别行政区与外国在华分支机构和代理处。

我国银行业金融机构体系由下列机构构成。

一、金融管理机构

（一）中国人民银行

中国人民银行（The People's Bank of China，PBC）是我国的中央银行。

1. 中国人民银行的历史沿革

（1）1948—1978 年的中国人民银行。1948 年 12 月 1 日，在合并解放区华北银行、北海银行和西北农民银行的基础上，在石家庄成立了中国人民银行。这一时期的中国人民银行，集中了全国农业、工业、商业短期信贷业务和城乡人民储蓄业务，同时，既发行我国唯一合法的人民币，又代理国家财政金库，并管理金融行政，这就是所谓的"大一统"的、"一身二任"的"复合式"中央银行体制。虽然其间偶尔也分设专业银行，如 1954 年 9 月曾成立中国人民建设银行、中国农业银行，也有过"三起三落"，但基本上是中央银行与专业银行捆在一起，是大一统式的独家银

货币银行学原理

行垄断的银行体制。

（2）1979—1983年的中国人民银行。为适应新时期我国以经济建设为中心，扩大改革开放，努力发展社会主义商品经济的需要，各专业银行和其他金融机构相继恢复和建立。1979年2月，中国农业银行恢复营业，中国人民银行、中国农业银行两行再度划分业务范围；同年3月，中国人民银行又扶持中国人民保险公司于次年1月1日恢复办理中断20年之久的国内保险业务。同时还巩固了农村信用合作制度，并建立了一些城市信用合作社。

这种混合式的中央银行制度，虽对过去"大一统"的银行体制有所改良，但从根本上说，在中央银行的独立性、宏观调控能力和政企不分等方面并无实质性进展。同时，随着各专业银行的相继恢复和建立，"群龙无首"的问题也亟待解决。

（3）1984—1998年的中国人民银行。1983年9月17日，国务院决定由中国人民银行专门行使中央银行的职能，不再兼办工商信贷和储蓄业务，专门负责领导和管理全国的金融事业，以强化中央银行的职能。1984年1月1日，中国工商银行正式成立，承办原来由中国人民银行办理的城市工商信贷和储蓄业务，中国人民银行成为专职的中央银行。

1993年，按照国务院《关于金融体制改革的决定》，中国人民银行进一步强化金融调控、金融监管和金融服务职责，划转政策性业务和商业银行业务。

1995年3月18日，第八届全国人民代表大会第三次会议通过《中华人民共和国中国人民银行法》（简称《中国人民银行法》），首次以国家立法形式确立了中国人民银行作为中央银行的地位，标志着中央银行体制走向了法制化、规范化的轨道，是中央银行制度建设的重要里程碑。

1997年全国金融工作会议决定建立全国统一的证券监管体系，中国人民银行不再承担证券业监管职能，但仍然对银行业、信托业、保险业等实行监管职责。1998年11月，中国保险监督管理委员会正式成立，保险业的监管职能从中国人民银行金融监管体系中独立出来。至此，中国人民银行分离了证券、保险监管职能，但保留了银行监管职能。

（4）1998年以后的中国人民银行。1998年，按照1997年11月召开的全国金融工作会议的部署，中国人民银行及其分支机构在全国范围内进行管理体制改革，撤销省级分行，设立9个跨省区分行，见表3-1。

表3-1　　　　　　　中国人民银行九家分行管辖区域

分行行名	分行管辖区（省、自治区、直辖市）
天津分行	天津、河北、山西、内蒙古
沈阳分行	辽宁、吉林、黑龙江
上海分行	上海、浙江、福建
南京分行	江苏、安徽
济南分行	山东、河南
武汉分行	江西、湖北、湖南
广州分行	广东、广西、海南
成都分行	四川、贵州、云南、西藏
西安分行	陕西、甘肃、青海、宁夏、新疆

2003年，中国人民银行对银行、金融资产管理公司、信托投资公司及其他存款

类金融机构的监管职能被分离出来，成立了中国银行业监督管理委员会。2003 年 12 月 27 日，第十届全国人民代表大会常务委员会第六次会议通过《全国人民代表大会常务委员会关于修改〈中华人民共和国中国人民银行法〉的决定》。至此，经过 50 多年的曲折经历，一个以中国人民银行为中央银行，中国银行业监督管理委员会、中国证券监督管理委员会和中国保险监督管理委员会分业监管，商业银行、城乡信用社、证券公司、保险公司等多种金融机构并存，适度竞争、分工协作的具有中国特色的金融体系终于形成，这标志着我国金融体制改革完成了历史性转变和质的飞跃。

2. 中国人民银行的职能与职责

2003 年 12 月 27 日修订后的《中国人民银行法》第二条规定了中国人民银行的职能："中国人民银行是中华人民共和国的中央银行。中国人民银行在国务院领导下，制定和执行货币政策，防范和化解金融风险，维护金融稳定。"

《中国人民银行法》第四条规定了中国人民银行的职责：

（1）发布与履行其职责有关的命令和规章；

（2）依法制定和执行货币政策；

（3）发行人民币，管理人民币流通；

（4）监督管理银行间同业拆借市场和银行间债券市场；

（5）实施外汇管理，监督管理银行间外汇市场；

（6）监督管理黄金市场；

（7）持有、管理、经营国家外汇储备、黄金储备；

（8）经理国库；

（9）维护支付、清算系统的正常运行；

（10）指导、部署金融业反洗钱工作，负责反洗钱的资金监测；

（11）负责金融业的统计、调查、分析和预测；

（12）作为国家的中央银行，从事有关的国际金融活动；

（13）国务院规定的其他职责。

（二）金融监管机构

1. 中国银行业监督管理委员会

中国银行业监督管理委员会（简称银监会）（China Banking Regulatory Commission，CBRC）成立于 2003 年 4 月。2003 年 12 月 27 日通过的《中华人民共和国银行业监督管理法》中规定，银监会负责对全国银行业金融机构及其业务活动监督的工作。银行业金融机构是指在中华人民共和国境内设立的商业银行、城市信用合作社、农村信用合作社等吸收公众存款的金融机构及政策性银行。在中华人民共和国境内设立的金融资产管理公司、信托投资公司、财务公司、金融租赁公司以及经银监会批准设立的其他金融机构也由银监会监管。具体职责包括：

（1）依照法律、行政法规制定并发布对银行业金融机构及其业务活动监督管理的规章、规则；

（2）依照法律、行政法规规定的条件和程序，审查批准银行业金融机构的设立、变更、终止以及业务范围；

（3）对银行业金融机构的董事和高级管理人员实行任职资格管理；

（4）依照法律、行政法规制定银行业金融机构的审慎经营规则；

（5）对银行业金融机构的业务活动及其风险状况进行非现场监管，建立银行业金融机构监督管理信息系统，分析、评价银行业金融机构的风险状况；

（6）对银行业金融机构的业务活动及其风险状况进行现场检查，制定现场检查程序，规范现场检查行为；

（7）对银行业金融机构实行并表监督管理；

（8）会同有关部门建立银行业突发事件处置制度，制定银行业突发事件处置预案，明确处置机构和人员及其职责、处置措施和处置程序，及时、有效地处置银行业突发事件；

（9）负责统一编制全国银行业金融机构的统计数据、报表，并按照国家有关规定予以公布；

（10）对银行业自律组织的活动进行指导和监督；

（11）开展与银行业监督管理有关的国际交流、合作活动；

（12）对已经或者可能发生信用危机，严重影响存款人和其他客户合法权益的银行业金融机构实行接管或者促成机构重组；

（13）对有违法经营、经营管理不善等情形银行业金融机构予以撤销；

（14）对涉嫌金融违法的银行业金融机构及其工作人员以及关联行为人的账户予以查询，对涉嫌转移或者隐匿违法资金的申请司法机关予以冻结；

（15）对擅自设立银行业金融机构或非法从事银行业金融机构业务活动予以取缔；

（16）负责国有重点银行业金融机构监事会的日常管理工作；

（17）承办国务院交办的其他事项。

2. 中国证券监督管理委员会

中国证券监督管理委员会（简称证监会）（China Securities Regulatory Commission，CSRC）成立于1992年10月，是国务院直属事业单位，是全国证券期货市场的主管部门，按照国务院授权履行行政管理职能，依照法律、法规对全国证券、期货业进行集中统一监管，维护证券市场秩序，保障其合法运行。具体职责包括：

（1）研究和拟订证券期货市场的方针政策、发展规划；起草证券期货市场的有关法律、法规，提出制定和修改的建议；制定有关证券期货市场监管的规章、规则和办法。

（2）垂直领导全国证券期货监管机构，对证券期货市场实行集中统一监管；管理有关证券公司的领导班子和领导成员。

（3）监管股票、可转换债券、证券公司债券和国务院确定由证监会负责的债券及其他证券的发行、上市、交易、托管和结算；监管证券投资基金活动；批准企业债券的上市；监管上市国债和企业债券的交易活动。

（4）监管上市公司及其按法律法规必须履行有关义务的股东的证券市场行为。

（5）监管境内期货合约的上市、交易和结算；按规定监管境内机构从事境外期货业务。

（6）管理证券期货交易所；按规定管理证券期货交易所的高级管理人员；归口管理证券业、期货业协会。

（7）监管证券期货经营机构、证券投资基金管理公司、证券登记结算公司、期货结算机构、证券期货投资咨询机构、证券资信评级机构；审批基金托管机构的资格并监管其基金托管业务；制定有关机构高级管理人员任职资格的管理办法并组织实施；指导中国证券业、期货业协会开展证券期货从业人员资格管理工作。

（8）监管境内企业直接或间接到境外发行股票、上市以及在境外上市的公司到境外发行可转换债券；监管境内证券、期货经营机构到境外设立证券、期货机构；监管境外机构到境内设立证券、期货机构、从事证券、期货业务。

（9）监管证券期货信息传播活动，负责证券期货市场的统计与信息资源管理。

（10）会同有关部门审批会计师事务所、资产评估机构及其成员从事证券期货中介业务的资格，并监管律师事务所、律师及有资格的会计师事务所、资产评估机构及其成员从事证券期货相关业务的活动。

（11）依法对证券期货违法违规行为进行调查、处罚。

（12）归口管理证券期货行业的对外交往和国际合作事务。

（13）承办国务院交办的其他事项。

3. 中国保险监督管理委员会

中国保险监督管理委员会（简称保监会）（China Insurance Regulatory Commission，CIRC）成立于1998年11月18日，是国务院直属事业单位。根据国务院授权履行行政管理职能，依照法律、法规统一监督管理全国保险市场，维护保险业的合法、稳健运行。保监会的主要职责包括：

（1）拟定保险业发展的方针政策，制定行业发展战略和规划；起草保险业监管的法律、法规；制定业内规章。

（2）审批保险公司及其分支机构、保险集团公司、保险控股公司的设立；会同有关部门审批保险资产管理公司的设立；审批境外保险机构代表处的设立；审批保险代理公司、保险经纪公司、保险公估公司等保险中介机构及其分支机构的设立；审批境内保险机构和非保险机构在境外设立保险机构；审批保险机构的合并、分立、变更、解散，决定接管和指定接受；参与、组织保险公司的破产、清算。

（3）审查、认定各类保险机构高级管理人员的任职资格；制定保险从业人员的基本资格标准。

（4）审批关系社会公众利益的保险险种、依法实行强制保险的险种和新开发的人寿保险险种等的保险条款和保险费率，对其他保险险种的保险条款和保险费率实施备案管理。

（5）依法监管保险公司的偿付能力和市场行为；负责保险保障基金的管理，监管保险保证金；根据法律和国家对保险资金的运用政策，制定有关规章制度，依法对保险公司的资金运用进行监管。

（6）对政策性保险和强制保险进行业务监管；对专属自保、相互保险等组织形式和业务活动进行监管。归口管理保险行业协会、保险学会等行业社团组织。

（7）依法对保险机构和保险从业人员的不正当竞争等违法、违规行为以及对非保险机构经营或变相经营保险业务进行调查、处罚。

（8）依法对境内保险及非保险机构在境外设立的保险机构进行监管。

（9）制定保险行业信息化标准；建立保险风险评价、预警和监控体系，跟踪分析、监测、预测保险市场运行状况，负责统一编制全国保险业的数据、报表，并按照国家有关规定予以发布。

（10）承办国务院交办的其他事项。

4. 国家外汇管理局

国家外汇管理局（State Administration of Foreign Exchange，SAFE）成立于1979年，主要职责为：

（1）研究提出外汇管理体制改革和防范国际收支风险、促进国际收支平衡的政策建议；研究落实逐步推进人民币资本项目可兑换、培育和发展外汇市场的政策措施，向中国人民银行提供制定人民币汇率政策的建议和依据。

（2）参与起草外汇管理有关法律法规和部门规章草案，发布与履行职责有关的规范性文件。

（3）负责国际收支、对外债权债务的统计和监测，按规定发布相关信息，承担跨境资金流动监测的有关工作。

（4）负责全国外汇市场的监督管理工作；承担结售汇业务监督管理的责任；培育和发展外汇市场。

（5）负责依法监督检查经常项目外汇收支的真实性、合法性；负责依法实施资本项目外汇管理，并根据人民币资本项目可兑换进程不断完善管理工作；规范境内外外汇账户管理。

（6）负责依法实施外汇监督检查，对违反外汇管理的行为进行处罚。

（7）承担国家外汇储备、黄金储备和其他外汇资产经营管理的责任。

（8）拟订外汇管理信息化发展规划和标准、规范并组织实施，依法与相关管理部门实施监管信息共享。

（9）参与有关国际金融活动。

（10）承办国务院及中国人民银行交办的其他事宜。

二、金融业协会

（一）中国银行业协会

中国银行业协会（China Banking Association，CBA）成立于2000年5月，是经中国人民银行和民政部批准成立，并在民政部登记注册的全国性非营利社会团体，是中国银行业自律组织。2003年中国银监会成立后，中国银行业协会主管单位由中国人民银行变更为中国银监会。凡经中国银监会批准设立的、具有独立法人资格的银行业金融机构（含在华外资银行业金融机构）以及经相关监管机构批准、具有独立法人资格、在民政部门登记注册的各省（自治区、直辖市、计划单列市）银行业协会均可申请加入中国银行业协会成为会员单位。经相关监管机构批准设立的、非法人外资银行分行和在华代表处等，承认《中国银行业协会章程》，均可申请加入中国银行业协会成为观察员单位。

截至 2011 年 5 月，中国银行业协会共有 151 家会员单位和 1 家观察员单位。会员单位包括政策性银行、国有商业银行、股份制商业银行、城市商业银行、资产管理公司、中央国债登记结算有限责任公司、中国邮政储蓄银行、农村商业银行、农村合作银行、农村信用社联合社、外资银行、各省（自治区、直辖市、计划单列市）银行业协会、金融租赁公司、货币经纪公司。观察员单位为中国银联股份有限公司。

（二）中国证券业协会

中国证券业协会成立于 1991 年 8 月 28 日，是依据《中华人民共和国证券法》和《社会团体登记管理条例》的有关规定设立的证券业自律性组织，属于非营利性社会团体法人，接受中国证监会和国家民政部的业务指导和监督管理。

（三）中国保险行业协会

中国保险行业协会成立于 2001 年 3 月 12 日，是经中国保险监督管理委员会审查同意并在国家民政部登记注册的中国保险业的全国性自律组织，是自愿结成的非营利性社会团体法人。保险行业协会的基本职责为自律、维权、服务、交流。

三、商业银行

（一）大型全国性商业银行

大型全国性商业银行包括中国工商银行、中国农业银行、中国银行、中国建设银行、交通银行五家。改革开放以后，中国工商银行、中国农业银行、中国银行、中国建设银行逐步得以建立、恢复和发展，曾被称为四大专业银行，其分工是：工商银行专门经营工商信贷和个人储蓄业务，农业银行专门经营农村金融业务，中国银行专门经营外汇业务并管理国家外汇，建设银行专门经营基础设施建设等长期信用业务。随着中国金融改革的不断深入，四大银行的专业色彩越来越少，逐渐演变为综合类的商业银行，并合称四大国有商业银行。随着四家银行改制进程的不断深入，以及交通银行的不断壮大，五家银行并称为国有控股的大型商业银行，或称"五大行"。目前，五大国有控股的商业银行均已在国内公开募股并上市。

表 3 - 2　　　　　　　　　大型商业银行概况

大型商业银行	建立时间	总部所在地	资产合计（万亿元）	上市时间
中国工商银行	1984	北京	13.45	2006 - 10
中国农业银行	1979	北京	10.33	2010 - 07
中国银行	1912	北京	10.46	2006 - 06
中国建设银行	1954	北京	10.81	2005 - 10
交通银行	1987	上海	3.95	2007 - 05

资料来源：各大商业银行网站，资产合计数统计时间为 2010 年 12 月 31 日。

1. 中国工商银行（Industrial and Commercial Bank of China，ICBC）：1984 年 1 月中国工商银行成立，承办原来由中国人民银行办理的城市工商企业存贷款业务和城镇居民储蓄业务。中国工商银行是我国最大的存贷款金融机构，业务日趋综合化，现在仍然以城镇工商业为主要经营对象。1994 年金融体制深入改革，中国工商银行实行政策性和商业性业务相分离，逐步向规范化商业银行转化，一部分业务拨给国家开发银行下设分支机构。2005 年 10 月 28 日，它由国有商业银行整体改制为股份有限公司，2006 年 10 月 27 日在香港和上海两地同时挂牌上市。

2. 中国农业银行（Agricultural Bank of China，ABC）：成立于 1951 年 8 月，几经起落，最初单独组建，后又并入中国人民银行，1979 年恢复，在全国遍设分支机构。其主要经营农村金融业务，统一管理国家支农资金，组织农村存款，对农业部门发放贷款；办理农村咨询、租赁、信托等业务，支持农村经济建设。目前中国农业银行业务正向全面发展，除在农村广泛设立分支机构外，还在全国许多城市增设分支机构并相应开展外汇业务等。1994 年，金融体制改革，将政策性与商业性业务分离，把中国农业银行原政策性业务分出，成立了中国农业发展银行。2009 年 1 月 15 日，它由国有独资商业银行整体改制为股份有限公司。2010 年 7 月 15 日和 16 日，分别在上海和香港两地上市。

3. 中国银行（Bank of China，BOC）：最早成立于 1912 年，其前身是清政府的大清银行。1949 年新中国人民政府接管了旧中国的中国银行并指定其为执行"外汇管理任务及经营外汇业务的机构"，1953 年后并入中国人民银行，1979 年 3 月从中国人民银行分出，国务院决定将其作为主管我国外汇金融业务的银行。1994 年将外汇政策性业务分出，由政策性银行——中国进出口银行承担。随着专业银行的商业化，其专业局限已被淡化，中国银行也从事人民币业务，开始经营综合性的银行业务。2004 年，中国银行完成股份制改造。2006 年 6 月 1 日和 7 月 5 日，先后在香港和上海两地上市。

4. 中国建设银行（China Construction Bank，CCB）：原名为中国人民建设银行。它于 1954 年成立，隶属财政部，供应和管理建设资金；1979 年，中国人民建设银行从财政部分设出来，开始基本建设拨款改贷款的试点。1983 年，中国人民建设银行由事业单位确认为独立经营独立核算的银行，成为既管理国家基本建设投资等财政性建设资金，又办理银行业务的国家专业银行。1994 年中国建设银行向规范性商业银行转化，政策性与商业性分离，将政策性业务剥离分给国家开发银行。2004 年中国建设银行由国有独资商业银行改制为国家控股的股份制商业银行，2005 年 10 月 27 日和 2007 年 9 月 25 日先后在香港和上海两地上市。

5. 交通银行（Bank of Communications，BOCOM）：它是我国历史上最悠久的商业银行之一，始建于 1908 年，1949 年由新中国政府接管，1954 年撤销。1986 年国务院决定重组交通银行，并于 1987 年正式开业，成为我国第一家以公有制为主体的股份制商业银行。2005 年 6 月 23 日和 2007 年 5 月 15 日先后在香港和上海两地上市。

（二）中国邮政储蓄银行

中国邮政储蓄银行于 2007 年 3 月 20 日挂牌成立，是承继原国家邮政局、中国邮政集团公司经营的邮政金融业务而形成的全国性银行机构，存款规模列全国第五。

1. 邮政储蓄银行历史沿革。1986 年 4 月 1 日恢复办理储蓄业务，邮政网点开始办理个人活期、定期储蓄存款，然后缴存人民银行，人民银行支付邮政部门手续费，1990 年 1 月 1 日，邮政储蓄业务由代办改为自办，邮政储蓄资金改为全额转存人民银行，人民银行按双方协商确定的转存款利率计付利息，邮政储蓄业务收入，也由手续费收入改为利差收入；邮政储蓄所需备用金，由人民银行拨付改为从吸收的储蓄存款中按规定限额留存。

2. 邮政储蓄银行的市场定位。充分依托和发挥网络优势，完善城乡金融服务功能，以零售业务和中间业务为主，为城市社区和广大农村地区居民提供基础金融服务，与其他商业银行形成互补关系，支持社会主义新农村建设。

（三）其他全国性股份制商业银行

截至 2010 年，中国通过银监会批准成立的全国性股份制商业银行共有十二家，分别是中信银行、中国光大银行、华夏银行、广东发展银行、深圳发展银行、招商银行、上海浦东发展银行、兴业银行、民生银行、恒丰银行、浙商银行和渤海银行。截至 2011 年 12 月 31 日，除广东发展银行、恒丰银行、浙商银行和渤海银行以外，其他八家股份制商业银行均已上市。

（四）城市商业银行

城市商业银行是在原城市信用合作社（简称城市信用社）的基础上组建起来的，近几年，城市商业银行呈现出三个新的发展趋势：一是引进境外战略投资者。截至 2009 年 10 月，已经有上海、南京、西安、济南、北京、杭州、南充、天津、宁波等 18 家城市商业银行引进了境外战略投资者，在引进资本的同时，引进了先进的银行管理经验和技术。二是跨区域经营（上海银行在宁波开立分行，北京银行在天津开立分行等）。三是联合重组，例如，龙江银行股份有限公司（简称龙江银行）是经银监会于 2009 年 11 月 27 日批准，新设合并原齐齐哈尔市商业银行、牡丹江市商业银行、大庆市商业银行和七台河市城市信用社而设立的股份有限公司。

（五）农村商业银行和村镇银行

随着农村金融体制改革的不断深化和农村经济发展的需要，经中国人民银行批准，2001 年 11 月，在农村信用社基础上改制组建的首批股份制农村商业银行在江苏省的张家港、常熟、江阴成立，之后陆续在全国推广，到 2009 年年底，全国共有 43 家农村商业银行。2006 年，为增加农村金融供给，我国又开始在农村地区设立主要为当地农民、农业和农村经济发展提供金融服务的村镇银行，到 2009 年年底，全国共有 148 家村镇银行。

四、政策性银行

为促进"瓶颈"产业的发展，促进进出口贸易，支持农业生产优化，并促进国家专业银行向商业银行的转化，1994 年，我国成立了国家开发银行、中国进出口银行和中国农业发展银行三家政策性银行，分别承担国家重点建设项目融资、支持进出口贸易融资和农业政策性贷款的任务。

2007 年 1 月召开的全国金融工作会议决定，按照分类指导、"一行一策"的原则，推进政策性银行改革；首先推进国家开发银行改革，全面推行商业化运作，主要从事中长期业务；对政策性业务要实行公开透明的招标制。这为政策性银行的改革指明了方向。

（一）国家开发银行

国家开发银行成立于 1994 年 3 月，成立时的主要任务是：按照国家的法律法规和方针政策，筹集和引导境内外资金，向国家基础设施、基础产业、支柱产业（称为"两基一支")的大中型基本建设和技术改造等政策性项目及配套工程发放贷款，从资金来源上对固定资产总量进行控制和调节，优化投资结构，提高投资效益。国家开发银行办理政策性金融业务，实行独立核算，自主、保本经营。

国家开发银行经营和办理以下业务：管理和运用国家核拨的预算内经营性建设基金和贴息资金；向国内金融机构发行金融债券和向社会发行财政担保建设债券；办理有关外国政府和国际金融机构贷款的转贷，经国家批准在国外发行债券，根据国家利用外资计划筹集国际商业贷款等；向国家基础设施、基础产业、支柱产业的大中型基本建设和技术改造等政策性项目及其配套工程发放政策性贷款；办理建设项目贷款条件评审、担保和咨询等业务；为重点建设项目物色国内外合资伙伴，提供投资机会和投资信息；经批准的其他业务。

国家开发银行于 2008 年 12 月 16 日挂牌成立股份有限公司，并拟在适当时候上市。

（二）中国进出口银行

中国进出口银行成立于 1994 年 4 月，其主要任务是：执行国家产业政策和外贸政策，为扩大我国机电产品和成套设备等资本性货物出口提供政策性金融支持。

中国进出口银行主要的业务包括：办理出口信贷（包括出口卖方信贷和出口买方信贷）；办理对外承包工程和境外投资类贷款；办理中国政府对外优惠贷款；提供对外担保；转贷外国政府和金融机构提供的贷款；办理本行贷款项下的国际国内结算和企业存款业务；在境内外资本市场、货币市场筹集资金；办理国际银行间贷款，组织或参加国际、国内银团贷款；从事人民币同业拆借和债券回购；从事自营外汇资金交易和经批准的代客外汇资金交易；办理与本行业务相关资信调查、咨询、评估和见证业务；经批准或受委托的其他业务。

（三）中国农业发展银行

中国农业发展银行成立于 1994 年 11 月，其主要任务是：按照国家的法律法规和方针政策，以国家信用为基础，筹集农业政策性信贷资金，承担国家规定的农业政策性金融业务，代理财政性支农资金的拨付，为农业和农村经济发展服务。

中国农业发展银行的主要业务是：办理由国务院确定的粮食、油料、棉花收购、储备、调销贷款；办理肉类、食糖、烟叶、羊毛等国家专项储备贷款；办理中央财政对上述主要农产品补贴资金的拨付，为中央和省级政府共同建立的粮食风险基金开立专户并办理拨付；办理粮食、棉花、油料加工企业收购资金贷款；办理粮食、棉花、油料产业化龙头企业收购资金贷款；办理业务范围内开户企事业单位的存款；办理开户企事业单位的结算；发行金融债券；办理保险代理等中间业务；办理粮棉油政策性贷款企业进出口贸易项下得国际结算业务以及与国际业务相配套的外汇存款、外汇汇款、同业外汇拆借、代客外汇买卖和结汇售汇业务；办理经国务院批准的其他业务。

五、非银行金融机构

（一）保险公司

保险公司是指经营保险业的经济组织，销售保险合约、提供风险保障，是指经中国保险监督管理机构批准设立，并依法登记注册的商业保险公司。保险公司分为两大类型——人寿保险公司和财产保险公司。

中国在 1949 年 10 月成立了中国人民保险公司，后停办了国内保险业务。从 1980 年起中国人民保险公司恢复了国内保险业务，1995 年 9 月改制为中保集团。中保集团下设财产、人寿、再保险三个子公司；1998 年，中保集团撤销，其下属的三个子公司成为三家独立的国有保险公司。目前保险业务在中国取得了较快的发展，共有保险集团控股公司 8 家，分别为中国人民保险集团公司、中国人寿保险（集团）公司、中国再保险（集团）股份有限公司、中国太平洋保险（集团）股份有限公司、中国平安保险（集团）股份有限公司、阳光保险集团股份有限公司、中国保险（控股）有限公司、中华联合保险控股股份有限公司。

（二）证券公司

我国证券公司是指依照《中华人民共和国公司法》和《中华人民共和国证券法》的规定设立的并经国务院证券监督管理机构审查批准而成立的专门经营证券业务，具有独立法人地位的有限责任公司或者股份有限公司。

1. 证券公司的业务：经国务院证券监督管理机构批准，证券公司可以经营下列部分或者全部业务：证券经纪；证券投资咨询；与证券交易、证券投资活动有关的财务顾问；证券承销与保荐；证券自营；证券资产管理；其他证券业务。

2. 证券公司经营业务的要求：证券公司经营上述的证券经纪，证券投资咨询，与证券交易、证券投资活动有关的财务顾问业务，注册资本最低限额为人民币 5 000 万元；证券公司经营上述业务之外，还经营证券承销与保荐、证券自营、证券资产管理、其他证券业务之一的，注册资本最低限额为人民币 1 亿元；证券公司经营证券经纪，证券投资咨询，与证券交易、证券投资活动有关的财务顾问业务，经营证券承销与保荐、证券自营、证券资产管理、其他证券业务中两项以上的，注册资本最低限额为人民币 5 亿元。证券公司的注册资本应当是实缴资本。

截至 2010 年 6 月底，我国共有 106 家证券公司，证券投资咨询公司 98 家。其中规模较大的证券公司有银河证券、国泰君安、国信证券、广发证券、海通证券、招商证券、华泰证券、申银万国、中信建投、光大证券等。

（三）信用合作机构

信用合作机构是一种群众性合作制金融组织，典型的组织形式是城市信用合作社和农村信用合作社。城市信用合作社是在城市中按一定社区范围，由城市居民和法人集资入股建立的合作金融组织；农村信用社是由农民或农村的其他个人集资联合组成，以互助为主要宗旨的合作金融组织。信用合作社的本质特征是：由社员入股组成，实行民主管理（即各级合作社的方针和重大事项由社员参与决定，实行"一人一票"制），主要为社员提供信用服务。

1979 年，我国第一家城市信用社在河南成立，之后迅速发展，到 1988 年年末，全国城市信用社达到 3 265 家，存贷款余额分别达到 169 亿元和 156 亿元。但这一时期城市信用社的发展很不规范，恶性竞争，资产质量很差，风险很高，基于此，国家开始对城市信用社进行治理整顿和规范重组。1995 年国务院决定在京、津、沪等 35 个城市开始组建城市合作银行（后更名为城市商业银行），至 1997 年，1 638

家城市信用社纳入了新组建的 71 家城市商业银行。2000 年人民银行又下发专门文件，进一步明确采取保留、改制、合并重组、收购、组建城市商业银行和撤销六种方式整顿城市信用社。截至 2009 年年底，全国城市信用社法人机构只有 11 家，其主要业务是吸收社员及非社员存款，发放贷款，办理结算业务，办理票据贴现业务，办理委托代理业务等。

农村信用社是我国农村金融重要的组织形式，主要为广大农户、个体工商户，农产品产前产后经营的各个环节提供金融服务。截至 2009 年年底，全国农村信用社法人机构共有 3 056 家，业务主要包括：个人储蓄；农户、个体工商户及农村经济组织存款、贷款、结算业务；代理其他金融机构的金融业务；代理收付款项；买卖政府债券以及其他经相关机构批准的业务活动。

（四）信托投资公司

信托投资公司是一种以受托人的身份，代人理财的金融机构。

我国信托投资公司是在 1979 年经济体制改革后开始创办的，以后又陆续设立了一批全国性信托投资公司以及为数众多的地方性信托投资公司与国际信托投资公司。在我国信托业的发展过程中，先后经历了三次全国范围的清理整顿，始终未能从根本上解决信托业长期遗留下来的问题。1998 年中国人民银行对信托投资公司进行了全面的清理整顿，实行信托业与银行业、证券业严格的分业经营、分业管理。

根据国务院的要求，我国信托投资公司的业务范围主要限于信托、投资和其他代理业务，少数确属需要的经中国人民银行批准可以兼营租赁、证券业务和发行一年以内的专项信托受益债券，用于进行有特定对象的贷款和投资，但不准办理银行存款业务。

截至 2010 年 3 月，国内已经或正在开展理财业务信托公司共有 50 余家，信托资产共计 23 745.4 亿元。目前我国信托公司中的中信信托、中融国信、平安信托、交银国信、中诚信托等公司资产管理规模排名靠前。

（五）金融资产管理公司

2000 年 11 月 1 日，我国在《金融资产管理公司条例》第二条中对该类型公司作出明确定义："金融资产管理公司，是指经国务院决定设立的收购国有银行不良贷款，管理和处置因收购国有银行不良贷款形成的资产的国有独资非银行金融机构。"

国家于 1999 年相继设立了四家金融资产管理公司，即中国华融资产管理公司、中国长城资产管理公司、中国信达资产管理公司和中国东方资产管理公司（每家资本金 100 亿元，由财政部出资建立），分别收购、管理和处置中国工商银行、中国农业银行、中国建设银行和中国银行四家国有商业银行和国家开发银行的部分不良资产 1.4 万亿元，以实现提高商业银行资本充足率的目的，为四大国有商业银行股份制改造作准备。

金融资产管理公司通过综合运用出售抵押品、资产置换、资产重组、债权转股权，资产证券化等方法对贷款及抵押品进行处置。对债务人提供管理咨询、收购兼并、包装上市等服务，对确属资不抵债、需要关闭破产的企业申请破产清算。

随着银行不良资产处置经营主业空间的收窄，各家资产管理公司正在探索商业化转型。信达、华融已完成股份制改造，长城、东方已向有关部门提交了各自的股改方案。

（六）企业集团财务公司

依据2004年7月27日修订后实施的《企业集团财务公司管理办法》，企业集团财务公司是指以加强企业集团资金集中管理和提高企业集团的资金使用效率为目的，为企业集团成员单位提供财务管理服务的非银行金融机构。

企业集团财务公司是一种完全属于集团内部的金融机构，它的服务对象限于企业集团成员，不允许从集团外吸收存款，为非成员单位提供服务。母公司有义务在所属财务公司出现支付困难的情况下，负责提供资金，满足支付需要。

（七）金融租赁公司

依据自2007年3月1日起施行的《金融租赁公司管理办法》，金融租赁公司是指经银监会批准，以经营融资租赁业务为主的非银行金融机构。融资租赁是指出租人根据承租人对租赁物和供货人的选择或认可，将其从供货人处取得的租赁物按合同约定出租给承租人占有、使用，向承租人收取租金的交易活动。

（八）汽车金融公司

汽车金融公司是指从事汽车消费信贷业务并提供相关汽车金融服务的专业机构。依据自2003年10月3日起施行的《汽车金融公司管理办法》，中国的汽车金融公司是指经银监会批准设立的，为中国境内的汽车购买者及销售者提供贷款的非银行金融企业法人。

《汽车金融公司管理办法》规定，经银监会批准，汽车金融公司可以从事以下部分或全部的业务：接受境内股东单位3个月以上期限的存款；提供购车贷款业务；办理汽车经销商采购车辆贷款和营运设备贷款；转让和出售汽车贷款应收款业务；向金融机构借款；为贷款购车提供担保；与购车融资活动相关的代理业务；以及经银监会批准的其他信贷业务等。

（九）货币经纪公司

按照自2005年9月1日起施行的《货币经纪公司试点管理办法》，在我国进行试点的货币经纪公司是指经批准在中国境内设立的，通过电子技术或其他手段，专门从事促进金融机构间资金融通和外汇交易等经纪服务，并从中收取佣金的非银行金融机构。它的业务范围仅限于向境内外金融机构提供经纪服务，不得从事任何金融产品的自营业务。

六、在华外资金融机构

在华外资、合资金融机构是指中外合资、侨资、外资银行等金融机构。这些是我国金融体系重要组成部分。

指依照中华人民共和国有关法律、法规的规定，经批准在中国境内设立和营业的下列金融机构：总行在中国境内的外国资本的银行；外国银行在中国境内的分行；外国的金融机构同中国的金融机构在中国境内合资经营的银行；总公司在中国境内的外国资本的财务公司；外国的金融机构同中国的金融机构在中国境内合资经营的财务公司。

截至2007年年底，中英人寿、中意人寿、阳光财险、中信建投、慕尼黑再保险、戴姆勒—克莱斯勒汽车金融（中国）有限公司等 17 家金融企业总部落户北京及周边地区。花旗银行北京分行、苏黎世保险公司北京分公司、瑞士再保险公司北京分公司等 11 家企业成了 CBD 商会的新会员。同时，来自北京金融街商会的最新统计，高盛、瑞士银行、摩根大通等 21 家外资金融机构也已入驻北京金融街。

七、我国港澳地区的金融机构体系

（一）香港金融机构体系

香港银行业自第二次世界大战以来发展迅速，20 世纪 50 年代，香港只有单一的银行，以英资和本地华资为多；60 年代中期，内地银行代表处进驻香港；70 年代后期，外资银行势力迅速扩张。1978 年 3 月以后，香港政府对外资银行在港设行先后开放两次，国际性的大商业银行乘机纷纷进入香港。

与此同时，接受存款公司（财务公司）大量涌现，从而形成一个以商业银行为核心，包括财务公司、保险公司、证券交易所、外国银行代表处等机构的庞大的金融机构体系。

1986 年香港实行新银行业条例，将接受存款的金融机构分为持牌（亦称持照）银行、持牌接受存款公司和注册接受存款公司三大类，从而建立起三级银行体制。1990 年香港政府对上述银行体制进行改革，把持牌接受存款公司改称为"有限制持牌银行"或称"限制性持照银行"，把注册接受存款公司改为"接受存款公司"。

目前，香港特别行政区的三级银行体制由持牌银行、有限制持牌银行和接受存款公司三种正规金融机构组成。这三种机构构成香港金融机构体系的核心和主体。此外，香港还有众多的非银行金融机构和政府金融管理机构。目前香港金融机构体系构成如图 3-2 所示。

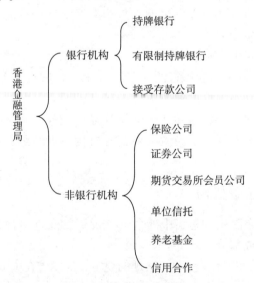

图 3-2 香港金融机构图

1. 香港金融管理局成立于 1992 年 10 月，由外汇基金管理局和银行业管理处合并而成的政府金融管理机构，执行着中央银行的基本职能。

其主要职责是：负责制定及执行金融政策；监管货币及外汇市场的运作，以维持市场的稳定；管理外汇基金的资产，发展香港的金融市场；管理公债市场，监管银行业条例下的认可机构，货币发行业务则授权三家大商业银行（汇丰银行、渣打银行、中国银行）进行。

中国银行于 1994 年 5 月 2 日首次在香港发行港元钞票，成为在香港发行钞票的第三家银行。

2. 持牌银行是经营全面银行业务的商业银行，它由两类银行组成：一类是外资银行和由外国银行持股达 25% 以上的本地银行，另一类是本地华资银行和中银集团。持牌银行可以从事一切商业银行业务，同时它还是香港唯一可以经营企业往来账户和储蓄账户业务（且不受金额限制）的正规银行。

3. 有限制持牌银行具有商人银行的职能，主要从事投资银行及资本市场业务，并可接受期限的公众存款，但存款额不得少于 50 万港元，利率的制定，则不受任何限制。

4. 接受存款公司大多是银行的附属机构，而且很多的公司规模都不大。接受存款公司可办理 10 万港元以上，超过 3 个月期限的存款，利率不受限制，不办理活期储蓄和短期（少于 3 个月）存款业务。从存款规模考虑，这些公司主要从事消费融资和提供住房贷款。

5. 非银行金融机构也很多，主要有保险公司（人寿保险公司、财产及灾害保险公司、政府保险公司）、证券公司、期货交易所会员公司、单位信托、养老基金和信用合作社等。这些非银行金融机构一直为中小企业和个人发挥着重要的作用，目前仍为一些特定的海外华人的商人集团和低收入阶层提供服务。

（二）澳门金融机构体系

葡萄牙海外汇理银行澳门分行是 1902 年在澳门成立的第一家银行，中文名称为大西洋银行。直到 20 世纪 70 年代之前，该行还是澳门唯一的一家商业银行。它是澳门的法定银行，除经营一般银行业务外，还拥有发行和管理澳门货币的特权。其余的金融机构都是找换店或银号。

20 世纪 60 年代后期，澳门金融业有所发展。1970 年 8 月澳葡政府颁布了《管理银行及银号条例》，规定银行及银号的业务范围，规定银号只能经营货币兑换业务。1972—1975 年间，一些有条件的银号或找换店以及内地的澳门南通银行等，都先后注册改为银行，从而打破了由大西洋银行独家垄断的局面，澳门银行业开始进入一个新阶段。1980 年 1 月，澳葡正式成立了一个类似中央银行的"发行机构"——直属经济协调财务司，负责发行货币和管理，监督金融市场活动以及管理黄金、外汇等储备总库；同时，撤销了大西洋银行的货币发行特权，大西洋银行改为发行机构的唯一代理行并向政府提供财务出纳服务。1982 年筹组银行公会。1983 年成立了澳门货币兑换机构，直接委托大西洋银行代理发行货币，直至 1995 年 10 月，中国银行在澳门发行货币，揭开了货币发行史上新的一页。

第四节 国际金融机构体系

国际金融机构，又称国际金融组织，泛指从事国际融资业务，协调国际金融关系，维持国际货币及信用体系正常运作的超国家性质的金融机构。国际金融组织大体分为两种类型：一类是全球性的国际金融组织，如国际货币基金组织、世界银行等；另一类是区域性的国际金融组织，如亚洲开发银行、非洲开发银行等。国际金融组织的主要业务是给其成员国提供用于进行工业、农业等项目建设的优惠性贷款。不同机构的贷款条件是不同的，但都具有援助性质。使用贷款采购物资则多要求采用国际招标方式。本节将主要介绍国际货币基金组织、世界银行集团及区域性国际金融组织。

一、国际货币基金组织

（一）国际货币基金组织的成立

国际货币基金组织（International Monetary Fund，IMF）是根据 1944 年 7 月，44 个国家在美国新罕布什尔州布雷顿森林达成的《国际货币基金协定》，于 1946 年 3 月正式成立的。1980 年 4 月 17 日，IMF 正式决定恢复中国的合法席位。到 2007 年 1 月 18 日为止，基金组织成员国已达 185 个国家。

该组织宗旨是通过一个常设机构来促进国际货币合作，为国际货币问题的磋商和协作提供方法，总部设在华盛顿。IMF 的最高决策机构是理事会，日常行政工作由执行董事会负责。基金组织的份额由特别提款权（SDR）表示，份额的多少同时决定了在 IMF 的投票权。

特别提款权（Special Drawing Right，SDR）是国际货币基金组织创设的一种储备资产和记账单位，亦称"纸黄金"（Paper Gold）。它是基金组织分配给成员国的一种使用资金的权利。成员国在发生国际收支逆差时，可用它向基金组织指定的其他成员国换取外汇，以偿付国际收支逆差或偿还基金组织的贷款，还可与黄金、自由兑换货币一样充当国际储备。但由于其只是一种记账单位，不是真正货币，使用时必须先换成其他货币，不能直接用于贸易或非贸易的支付。因为它是国际货币基金组织原有的普通提款权以外的一种补充，所以称为特别提款权（SDR）。

（二）国际货币基金组织的宗旨

1. 促进成员国在国际货币问题上的磋商与协作。

2. 促进汇率的稳定和有秩序的汇率安排，从而避免竞争性的汇率贬值。

3. 为经常项目收支建立一个多边支付和汇兑制度，消除外汇管制。

4. 提供资金融通，缓解国际收支不平衡；促进国际贸易的发展，实现就业和实际收入水平的提高及生产能力的扩大。

其职能为汇率监督、资金融通、提供国际货币合作与协商的场所。

（三）国际货币基金组织的资金来源

IMF 的资金主要来源于成员国缴纳的份额、借款、捐款、出售黄金所得的信托基金以及有关项目的经营收入。

1. 份额：是指成员国参加 IMF 时所要认缴的一定数额的款项。份额是根据成员国的国民收入、黄金和外汇储备、进出口贸易及其他经济指标来决定，按一套较为复杂的方法计算出的。

份额犹如股份，一旦认缴就成为 IMF 的财产。IMF 以份额作为其资金的基本来源，并用于对成员国的资金融通。份额也是决定成员国国投票权、借款权的最主要因素。IMF 的一切活动都与成员国交纳的份额相联系，重大问题要有 80% 以上的票数通过，甚至要求 85% 以上的票数。

IMF 规定，每一成员国有 250 份基本票，这部分代表国家的主权。然后按成员国所认缴份额的量，每 10 万特别提款权折合一票，成员国认缴的份额越多，所获票数也就越多，表决权也就越大。目前，从总体上看发达国家认缴的份额最多，尤其美国拥有 16.74% 的投票权，在 IMF 的各项活动中始终起决定性作用。发展中国家在 IMF 中的发言权仍受到制约。

中国人民银行宣布，国际货币基金组织（IMF）执行董事会于北京时间 2010 年 11 月 6 日就份额和治理改革一揽子方案达成一致。根据该方案，我国份额占比将从目前的 3.72% 升至 6.39%，排名从并列第六跃居第三。该方案要求各成员国尽最大努力，加快各项审批程序，争取 2012 年基金组织年会前使本轮份额改革方案正式生效。

2. 借款：借款是 IMF 的另一个主要的资金来源。这种借款是在 IMF 与成员国协议前提下实现的，主要形式有：

借款总安排，1962 年与"七国集团"签订，总额 60 亿美元，以应付成员国临时性困难；

补充资金贷款借款安排，1979 年与 13 个成员国签订；

扩大资金贷款借款安排，1981 年 5 月与一些官方机构签订。

此外，IMF 还与成员国签订双边借款协议，以扩大资金来源。

3. 出售黄金：1976 年 1 月，IMF 决定将其所持有的黄金的 1/6 即 2 500 万盎司，分 4 年按市价出售，以所得的收益中的一部分，作为建立信托基金的一个资金来源，用以向最贫穷的成员国提供信贷。

（四）国际货币基金组织的主要业务

1. 汇率监督：为了保证有秩序的汇兑安排和汇率体系的稳定，取消不利于国际贸易的外汇管制，防止成员国操纵汇率或采取歧视性的汇率政策以谋求竞争利益，IMF 对成员国的汇率政策进行监督。

2. 磋商与协调：为了能够履行监督成员国汇率政策的责任，了解成员国的经济发展状况和政策措施，迅速处理成员国申请贷款的要求，IMF 按基金协定规定，每年原则上应与成员国进行一次磋商，对成员国的经济、金融形势和政策作出评价。这种磋商在 IMF 专家小组与成员国政府官员之间进行。

3. 金融贷款：金融贷款是 IMF 的一个主要业务活动，其形式多种多样，条件很严格，特点十分明显。根据基金协定的规定，当成员国发生国际收支不平衡时，IMF 对成员国提供短期信贷。

（1）国际货币基金组织贷款原则

国际货币基金组织贷款的对象仅限为成员国政府；贷款用途只限于解决短期性的国际收支不平衡；贷款额度是按各成员国的份额及规定的各类贷款的最高可贷比例，确定其最高贷款总额；贷款方式是根据经磋商同意的计划，由借款成员国使用本国货币向基金组织购买其他成员国的等值货币（或特别提款权）。贷款条件优惠，年利率仅为 0.5% ~ 1%，期限一般为 10 年，且有 5 年宽限期，贷款最高限额为份额的 70%。成员国要获取该贷款，必须有详细的经济调整计划，并且由 IMF 或世界银行工作人员参与计划的制定，最后由 IMF 核定批准。

（2）国际货币基金组织贷款的种类

普通贷款：亦称普通提款权，是 IMF 最基本的贷款，期限不超过 5 年，主要用于成员国弥补国际收支逆差。

中期贷款：亦称扩展贷款。这是 1974 年设立的，用于成员国因在生产、贸易等方面存在结构性问题而进行较长期调整的一项专用贷款。其最高贷款额度为借款成员国份额的 140%，备用期 3 年，提款后第 4 年开始偿还，10 年内还清。

出口波动补偿贷款：设立于 1963 年 2 月，最初规定，当成员国因自然灾害等无法控制的客观原因造成初级产品出口收入下降，从而发生国际收支困难时，在原有的普通贷款以外，可另行申请此项专用贷款。

缓冲库存贷款：设立于 1969 年 6 月，是一种为帮助初级产品出口国家维持库存从而稳定物价而发放的贷款。贷款的额度最高为成员国份额的 50%，期限 3 至 5 年。

石油贷款：是 1974 年 6 月至 1976 年 5 月期间，专门为解决因中东战争后石油涨价而引起的国际收支困难的资金需要而设立的一种临时性贷款。

信托基金贷款：设立于 1976 年 1 月，用于援助低收入的发展中国家。低收入发展中国家的标准是 1973 年人均国民收入不足 300 特别提款权单位。此项贷款现已结束。

补充贷款：设立于 1977 年 4 月，目的是为了帮助成员国解决庞大的、持续的国际收支逆差。贷款期限 3 年半至 7 年，最高借款额为成员国份额的 140%。1981 年 4 月，该贷款全部承诺完毕。1985 年 5 月，IMF 实施扩张借款政策，提供扩大贷款，其目的和内容与补充贷款相似。该政策规定，贷款额度最高为一年不超过份额的 95% ~ 115%，或 3 年不超过份额的 280% ~ 345%。

结构调整贷款：该贷款于 1986 年 3 月设立，旨在帮助低收入发展中国家通过宏观经济调整，解决国际收支长期失衡的问题。

制度转型贷款：该贷款于 1993 年 4 月设立，主要目的是为了帮助前苏联和东欧国家克服从计划经济向市场经济转变过程中出现的国际收支困难。

上述各项贷款，成员国不能同时获准借取，这是因为 IMF 对一个成员国在一定时间内的全部贷款设定限额。IMF 在此问题上遵循着这样一个原则：成员国每年借款额一般不超过份额的 102%；3 年累计借款净额不超过份额的 306%；全部累计借款上限为份额的 600%。IMF 在提供上述各项贷款时，要收取手续费或利息。

二、世界银行

世界银行也称国际复兴开发银行，世界银行集团则包括国际复兴开发银行和国际开发协会、国际金融公司、多边投资担保机构和解决投资争端国际中心五个机构。

1944 年 7 月，在美国布雷顿森林举行的联合国货币金融会议上通过了《国际复兴开发银行协定》，1945 年 12 月 27 日，国际复兴开发银行正式成立。1947 年 11 月

5 日起成为联合国专门机构之一，总部设在美国首都华盛顿，并在巴黎、纽约、伦敦、东京、日内瓦等地设有办事处，此外还在 20 多个发展中成员国设立了办事处。

（一）世界银行的宗旨

1. 对生产性投资提供便利，协助成员国的经济复兴以及生产和资源的开发。

2. 促进私人对外贷款和投资。

3. 鼓励国际投资，开发成员国的生产资源，促进国际贸易长期、均衡发展，维持国际收支平衡。

4. 配合国际信贷，提供信贷保证。

（二）世界银行的组织机构

世界银行的会员必须是 IMF 的成员国。世界银行的成员国有权随时退出世界银行，世界银行接到书面通知后，退出即生效。如成员国失去了 IMF 的资格 3 个月后，即自动丧失作为世界银行成员国的资格。截至 2010 年 4 月，世界银行拥有 186 个成员国。

世界银行设有理事会、执行董事会和以行长、若干副行长、局长、处长、工作人员组成的办事机构，并在许多国家设有办事处，以办理贷款事宜。世界银行的重大问题都要由成员国通过投票表决的方式作出决定。同 IMF 相似，采取按入股份额计算投票权的原则。每一成员国不论国家大小和认股多少，都拥有基本票数 250 票，每认购 1 股的股份（1 股为 10 万美元）即增加 1 票的投票权。

（三）世界银行的资金来源

世界银行的资金来源主要来自五个方面：成员国缴纳的银行股份、借款、转让债权、业务净收益和贷款资金回流，其中借款是世界银行的主要来源。

1. 成员国缴纳的银行股份。世界银行同 IMF 一样，也是采用由成员国入股方式组成的企业性金融机构。凡世界银行的成员国都要认缴一定数额的银行股份，每个成员国认缴额的多少取决于该国的经济和财政力量，同时参照该国在 IMF 中所缴纳的份额，由世界银行与有关国家协商确定，并由世界银行董事会批准。成员国所认缴的银行股份分两部分缴纳。

实缴资本：是成员国在加入世界银行时必须缴纳的股份，约占 20%；实缴部分也为两部分，其中 2% 要用黄金或美元缴纳，这部分资金世界银行可以自由使用；18% 用成员国本国的货币缴纳，世界银行必须在征得成员国同意的情况下，才能将这笔资金用于贷款。

待缴股金：余下的 80% 股份，由成员国保存，当世界银行遇到资金困难或其他危机时，可要求成员国以黄金、美元或所需要的货币支付。

2. 借款。由于世界银行不像商业银行那样吸收短期存款，因此发行债券是世界银行筹资的主要来源之一，世界银行对外贷款的 70% 是靠发行债券筹措的资金。世界银行发行债券取得借款的方式主要有两种：直接同成员国政府、政府机构或中央银行出售中、短期债券；通过投资银行、商业银行等中间包销商向私人投资市场出售债券。

通过这种方式筹措的资金期限较长。在这两种方式中，采用后一种方式发行债券的比例不断提高，近年来已超过世界银行借款总额的 2/3，有时甚至接近 3/4。

3. 业务净收益。世界银行的业务收益主要有投资收益和贷款收益（利息和承诺费）两部分，收益扣除支出即是业务净收益。世界银行历年来的业务净收益不分配给股东，除赠与国际开发协会和撒哈拉以南非洲地区特别基金款项外，都留作准备金，作为世界银行发放贷款的资金来源之一。

4. 转让债权。世界银行为了扩大贷款能力，还把贷出款项的债权转让给私人投资者，主要是国际商业银行等金融机构，这样可以迅速收回一部分资金，提高世界银行贷款资金的周转能力。

5. 贷款资金回流。世界银行将按期收回的贷款资金供周转使用。

（四）世界银行的主要业务

按照世界银行协定的有关规定，世界银行的主要业务是发放贷款。世界银行的贷款由于贷款条件严格、贷款利率相对较高，因此又称硬贷款。国际开发协会所发放的优惠贷款则被称为软贷款。

1. 世界银行贷款原则

只贷给成员国政府或由成员国政府、中央银行担保的机构；世界银行只对无法以合理的条件从其他方面取得贷款的成员国发放贷款，不与其他贷款机构竞争；贷款必须用于世界银行审定批准的工程项目，即项目贷款，只有在特定情况下，才发放非项目贷款，用以解决进口物资、设备，支持生产发展和克服自然灾害发展经济的资金需要；贷款必须专款专用，并接受世界银行的监督；因为贷款的资金来源主要是国际金融市场上的借款，必须确保贷款能如期收回，所以，贷款只贷给有偿还能力的会员国。

2. 世界银行贷款的主要特点

贷款用途广，国际货币基金组织发放的借款只限于弥补会员国国际收支暂时不平衡和经常项目支付，而世界银行发放的贷款包括工业、农业、能源、交通、运输、教育、旅游等各个领域。

贷款期限长，最多可达到 30 年，并有 5 年宽限期。

贷款数额不受借款国认缴股份的限制，主要考虑是否有偿还能力。

借款国要承担汇率变动风险。

贷款手续严密，程序严格。世界银行的贷款有 90% 以上是项目贷款，从申请借款、确定项目、方案论证、贷款谈判、审议批准、项目招标，直到签订贷款协议一般要一年半到两年时间。

世界银行发放的贷款一律以美元入账，借款国可按其需要的货币支取款项。

3. 世界银行贷款的种类

世界银行的贷款分为项目贷款、部门贷款、结构调整贷款、联合贷款和第三窗口贷款等几种类型，其中项目贷款是世界银行贷款业务的主要组成部分。

项目贷款又称特定投资贷款，用于资助成员国某个具体的发展项目。世界银行对农业和农村发展、教育、能源、工业、交通、城市发展等方面的大部分贷款都属于此类贷款。

世界银行除了发放贷款以外，其业务活动还包括对非商业性的风险提供担保，为提高贷款的经济效益而提供技术援助、人员培训和进行社会经济调查等。

三、国际开发协会

世界银行通过决议，1960 年 9 月 24 日国际开发协会正式成立，同年 11 月正式营业，总部设在华盛顿。凡世界银行的成员国均可成为国际开发协会的成员国。

（一）国际开发协会的宗旨

作为世界银行的一个附属机构，国际开发协会是为了补充世界银行对发展中国家的贷款活动而专门设立的。其宗旨是：向发展中国家提供比世界银行的贷款条件更为宽厚的长期信贷，以减轻其国际收支负担，促进它们的经济发展，提高其居民的生活水平，从而补充世界银行的作用，推动世界银行目标的实现。

（二）国际开发协会的资金来源

1. 成员国认缴的股金。成员国认缴股本数额，根据其在世界银行认购股份比例确定。

2. 成员国和其他资助国的补充资金和特别捐款。

3. 世界银行的赠款。世界银行从其净收益中划出一部分款项作为对协会的赠款。

4. 协会本身业务经营的净收入。协会本身业务经营的净收入，是指协会经营业务所获得的净收益。但这部分款项为数甚少。

5. 基金收入。国际开发协会于 1982 年 10 月设立了特别基金，1985 年 5 月又设立了一项非洲基金。这两项基金均由该成员国及世界银行及其他国家的捐款组成，用以解决特殊贷款的资金需要。

（三）国际开发协会的业务

国际开发协会的主要业务，是向低收入的发展中国家提供长期优惠性贷款，具有明显的援助性质。因国际开发协会提供的贷款优惠而宽松，故被称为软贷款，又称开发信贷。

1. 按 1989 年新标准的规定，只有人均国民生产总值在 580 美元以下的成员国，才能获得此种贷款。接受贷款较多的国家是印度、孟加拉、巴基斯坦等。

2. 贷款用于农业和农村发展、能源、工业，教育、人口保健、营养、电信、旅游、运输等部门项目。

3. 贷款期限为 50 年，前 10 年为宽限期，不必还本，从第二个 10 年起每年还本 1%，其余 30 年还本 3%。

4. 在整个贷款期限中免收利息，只对已拨付的部分贷款每年收取 0.75% 的手续费。

四、国际金融公司

国际金融公司是专门向经济不发达会员国的私人企业提供贷款和投资的国际性金融组织。国际金融公司成立于 1956 年 7 月 24 日，它也是世界银行的一个附属机构。其总部设在华盛顿。

（一）国际金融公司的宗旨

为发展中国家成员国私人企业的新建、扩建、改建提供没有政府机构担保的贷款，促进发展中国家的私人经济增长和资本市场的发展。

（二）国际金融公司的组织机构

国际金融公司的组织形式与国际开发协会相同。与国际开发协会不同的是国际金融公司有独立的办事机构。公司办事机构的日常工作由一名执行副总裁主持，几名副总裁协助，下设若干局，如专业业务局和职能局。国际金融公司的成员国必须是世界银行的成员国，而世界银行的成员国并不一定都要加入国际金融公司。

（三）国际金融公司的资金来源

1. 成员国认缴的股金。成员国认缴的股金是国际金融公司的重要资金来源。

2. 从世界银行及其他国家得到的贷款。

3. 公司收益。

4. 转让投资股本。与世界银行相类似，公司通过转让投资股本取得周转资金。

（四）国际金融公司的业务

国际金融公司的资金主要用于向成员国的私人企业提供贷款或直接投资。

1. 直接投资的对象是不发达国家的私营（包括公私合营）企业，一般投资额不超过总股份的 25%（最低的只有 2%），但收益率要在 10% 以上。

2. 贷款不需要成员国政府提供担保，公司常与私人商业银行等联合提供。

3. 贷款期限一般为 7 至 15 年，每笔贷款限于 200 万～400 万美元。

4. 利率一般高于世界银行利率而稍低于市场利率，未提用部分每年收 1% 的承担费。

5. 贷款使用范围较为广泛，可用于发展中国家的采掘、加工、制造、公用事业、旅游等行业。

6. 还款条件较严，必须以原借款的货币偿还。

在进行投资的同时，还向项目主办企业提供必要的技术援助，并且还向会员国政府提供政策咨询服务，以协助创造良好的投资环境，从而达到促进私人投资的目的。

五、国际清算银行

（一）国际清算银行（Bank for International Settlements，BIS）的建立

于 1930 年 5 月根据海牙国际协定，由英国、法国、意大利、德国、比利时、日本的中央银行以及美国的三大金融机构（摩根保证信托公司、纽约花旗银行、芝加哥花旗银行）共同组建，行址设在瑞士的巴塞尔。

（二）国际清算银行的宗旨

促进中央银行之间的合作，并向它们提供更多的国际金融业务的便利，在国际金融清算业务方面充当受托人或代理人。

国际清算银行刚建立时只有 7 个成员国，现在已发展到 30 多个。我国于 1996 年加入该行。国际清算银行是与各国中央银行进行业务往来的国际性金融机构，但它与国际货币基金组织等其他金融机构在性质、业务和体制上均不相同。它不是政府的金融决策机构，也不是发展援外机构，实际上只是西方国家中央银行的中央银行。

（三）国际清算银行的组织机构

国际清算银行的最高权力机构是股东大会。股东大会每年举行一次，由认购该行股票的各国中央银行派代表参加，实际权力则由董事会掌握。董事会由董事长、副董事长各 1 名及 11 名董事组成。董事会下设经理部，有总经理和副总经理及正、副经理 10 余人组成，下设四个机构：银行部，主管具体银行业务；货币经济部，负责研究和调查工作；秘书处；法律处。该行雇员约 300 余人。

（四）国际清算银行的资金来源

1. 成员国认缴的股金。国际清算银行的股份资本不仅可由各个国家的中央银行认购，而且私人银行和个人也可以认购，不过认购了该行股份的私人银行或个人没有投票权。

2. 国际清算银行接受各中央银行的存款。目前全世界约有 80 多家中央银行将其大约 10% 的外汇储备和 3 000 多吨黄金储备存于该行。存款在该行的资金来源中占有很重要的地位。

3. 向成员国中央银行的借款。国际清算银行为补充资金的不足，向各国的中央银行借款。

（五）国际清算银行的业务

国际清算银行主要是和各国的中央银行往来，包括成员国和非成员国的中央银行，与各国的中央银行进行国际金融业务合作。

1. 与有关国家中央银行签订特别协议，代办国际清算业务；

2. 代中央银行买卖黄金、外汇和发行债券；

3. 为各国政府间贷款可充当执行人或受托人；

4. 国际清算银行还是各国中央银行进行合作的理想场所，各国央行行长在该行年会上定期会面及在日常业务中频繁接触，对探讨全球金融形势、协调各国的货币金融政策、稳定国际金融市场具有重要作用。

六、其他区域性国际金融机构

（一）亚洲开发银行

亚洲开发银行（Asian Development Bank，ADB）简称亚行，是西方国家和亚洲及太平洋地区发展中国家联合创办的面向亚太地区的区域性政府间金融机构。

亚洲开发银行是根据联合国亚洲及太平洋经济与社会委员会的决议，并经 1963 年 12 月在马尼拉举行的第一次亚洲经济合作部长级会议决定，在 1966 年 11 月正式建立，并于同年 12 月开始营业的。亚行总部设在菲律宾首都马尼拉。亚行的成员国由初建时的 31 个，扩展到 67 个，分别来自亚太地区、西欧和北美地区，包括美国、英国、德国、法国、加拿大、意大利工业发达国家。所以，亚行既是一个区域性的国际金融组织，又带有明显的国际性。

亚行创建时，中国的台湾以中国名义参加。1986 年 2 月 17 日，亚行理事会通过决议，接纳我国加入该行。同年 3 月 10 日，我国成为亚行正式成员国，台湾以"中国台北"名义留在该行。

1. 亚洲开发银行的宗旨：向其成员国与地区成员提供贷款与技术援助，帮助协调成员国在经济、贸易和发展方面的政策，同联合国及其专门机构进行合作，以促进亚太地区经济的发展。同时，鼓励各国政府及私人资本向亚太地区投资，以促进该地区发展中国家的经济发展。

2. 亚洲开发银行的资金来源。

普通资金。亚行建立时的法定资本为 10 亿美元，分为 10 万股，每股 1 万美元，普通资金是亚行开展业务最主要的资金来源，具体包括以下几个方面：亚太地区成员国应缴纳的股金，按特定公式用人口、税收和出口额进行加权调整后的国内生产总值来计算；非亚太地区成员国认缴的股金主要根据各自的对外援助政策和各自对多边开发机构资助预算的分配，经协商谈判确定；新接纳成员国认缴的股金由亚行理事会确定。首批股金分为实缴和待缴股本，各占 50%。实缴股本分 5 次缴纳，每次缴 20%。每次缴纳金额的一半以黄金或自由兑换货币支付，另一半以本国货币支付。待缴部分当亚行催缴时，应以黄金、自由兑换货币或亚行指定的货币缴付。

借款。亚行主要向国际金融市场借款，多数依赖在国际资本市场发行长期债券筹集，也向有关成员国政府、中央银行及其他金融机构直接安排债券销售，同时还直接从商业银行借款。亚行的业务净收益。从放款的利息、承诺费和其他收入中，扣除利息支出、行政管理费和成员的服务费以后的所得。

特别基金和开发基金。技术援助特别基金，该项基金是亚行于 1967 年为提高发展中成员国的人力资源素质并加强其执行机构的建设而建立的基金；亚洲开发基金，亚洲开发基金始建于 1974 年 6 月 28 日，是专门用于亚太地区贫困成员国的优惠贷款。该项基金来源于发达成员国的捐赠。最大认捐国是日本，第二是美国；日本特别基金，1987 年在日本大阪举行亚行第 20 届年会期间，日本政府表示愿意出资建立一个特别基金，用于加速亚行发展中成员国的经济增长。

亚行董事会于 1988 年 3 月 10 日作出决定，由亚行与日本政府正式签署设立日本特别基金协议。该项基金以赠款形式对成员国的公营、私营部门进行技术援助，或者通过单独或联合的股本投资，支持私营部门的开发项目，或者以单独或联合赠款的形式，对亚行向公营部门开发项目贷款的技术援助部分给予资助。

3. 亚洲开发银行的业务有三个方面：贷款、股本投资和技术援助。

贷款。亚行贷款是亚行最主要的业务，按贷款条件可分为硬贷款、软贷款或赠款三种形式。硬贷款，即相对来讲贷款条件比较严格的贷款，其利率为浮动利率，按国际金融市场状况每半年调整一次，期限一般为 10 至 30 年，含 2 至 7 年的宽限期。硬贷款资金来自普通资金，特别是来自国际资本市场的借款。软贷款，即贷款条件相对优惠的贷款。仅提供给人均 GNP 低于 650 美元（1983 年标准）的贫困成员，贷款期限 40 年，不收利息，仅收取 1% 的手续费。软贷款资金来源于亚洲开发基金。亚行每年向本区域发展中成员国提供约 60 亿美元的发展援助。赠款用于技术援助，资金来自技术援助特别基金和日本特别基金，其金额有限。

股本投资。股本投资是指亚行通过购买私人企业股票或私人开发金融机构股票等形式，用于对发展中国家私人企业融资。

技术援助。亚行对会员国提供技术援助，主要包括咨询服务、派遣长期或短期专家顾问团指导、协助拟订和执行开发计划等。

（二）非洲开发银行

非洲开发银行（African Development Bank，AFDB）简称非行，是非洲国家在联合国非洲经济委员会的帮助下，于 1964 年 11 月成立的一个面向非洲的区域性政府间金融组织。1966 年 7 月开始正式营业，该行总部设在科特迪瓦（象牙海岸）首都阿比让。

按成立时的规定，参加该行的只能是非洲独立国家，随着形势的发展，在 1979 年 5 月的总裁理事会年会上通过决定，美国、日本、原联邦德国、法国等一批非地区性的国家首先成为该行的非地区成员国，1985 年，中国也成为其成员国。现在，非行的成员国除 50 个区内国家外，还有 25 个区外国家。

1. 非洲开发银行的宗旨：向非洲成员国提供投资和贷款或给予技术援助，充分利用本地区的人力和资源，以促进各国经济发展和社会进步，帮助非洲大陆制定经济和社会发展的总体规划，协调区内各成员国的发展计划，从而达到非洲经济一体化。

2. 非洲开发银行的机构：非行的最高决策机构是理事会，由各成员国指派 1 名理事组成。理事一般为成员国的财政部长或中央银行行长。理事会每年开一次，每个理事的表决权按成员国股本的多少来计算。理事会选出 18 名成员（其中非洲国家占 12 名）组成董事会，负责非行全部业务。董事会选举行长（即董事长）。行长在董事会指导下组织银行的日常业务工作。

3. 非洲开发银行的业务：非行经营的业务分普通贷款业务和特别贷款业务。普通贷款业务是该行用普通股本资金提供的贷款和担保；特别贷款业务是用非洲开发银行规定专门用途的特别基金开展的优惠贷款业务。非行的货款主要用于农业、教育、卫生、交通运输、公用事业、工业和金融部。

（三）泛美开发银行

泛美开发银行（Inter - American Development Bank，IDB）是由美洲及美洲以外的国家联合建立，向拉丁美洲国家提供贷款的半区域性国际金融机构。泛美开发银行成立于 1959 年 4 月，1960 年 10 月开始营业，行址设在美国华盛顿，创办时由美国和 19 个拉丁美洲国家组成。

1. 泛美开发银行的宗旨：集中动员洲内外的力量，对需要资金的拉丁美洲国家或地区的经济和社会发展计划提供资金和技术援助，从而促进拉丁美洲国家的经济发展与经济合作。

2. 泛美开发银行的主要业务：提供普通贷款和特别业务基金贷款。普通贷款是对成员国政府、公私团体的经济项目所的贷款。特别业务基金贷款是对以公共工程为主的特别经济项目的贷款。前者期限为 10 至 25 年，后者期限为 10 至 30 年，而且利率较低。

本章小结

1. 凡是从事金融活动的组织统称为金融机构。各类金融机构构成金融机构体系，金融机构体系又是金融体系重要的组成部分，在国民经济中发挥着重要的作用。

2. 银行产生的前期是货币经营业，货币经营业是专门从事货币兑换、保管、出纳等业务的行业。后来发展出"存、放、汇"三大传统业务,当这些信用业务扩大并成为货币经营业的主营业务时,货币经营业就转化为银行。世界第一家股份制商业银行为英国的英格兰银行,它的出现标志着资本主义现代银行制度的开始。在商业银行之后,逐渐从商业银行中分离出一家起主导作用的银行——中央银行。随着金融体系的不断变革,发达的市场经济体制的国家都有一个庞大的金融机构体系,概括起来可分为银行金融机构和非银行金融机构。西方国家金融机构在种类、业务经营、规模及职能作用方面呈不断变革的发展趋势。

3. 西方金融机构体系庞大,形成了以中央银行为核心的,以商业银行为主体的,其他银行和非银行金融机构并存的金融机构体系格局。

4. 中国人民银行是我国的中央银行,处于金融体系的核心地位,是国务院领导和管理下的全国金融管理机关,其具有各国中央银行的一般特征。中国工商银行、中国农业银行、中国建设银行和中国银行四大国有股份制商业银行为金融机构的主体。其他银行及非银行金融机构则为金融机构的必要补充,还有外国在华的金融组织,共同构成了我国金融机构体系格局。

关键词汇

银行　中央银行　商业银行　专业银行　　其他金融机构　证券公司　保险公司

复习思考题

1. 如何理解现代金融体系的内涵及其功能?
2. 专业银行与商业银行有何差异?
3. 试析政策性银行的特点及其职能,我国政策性银行为什么要商业化改革?
4. 怎样理解中外经济学家对现代金融体系竞争力的评价?
5. 结合中国实际分析金融机构体系的发展趋势。

案例分析题

"家庭办公室"

私人银行,是银行等金融机构众多业务中最为高端的理财业务,是为那些财富金字塔顶端的富豪专门服务的。境外学者 LynBicker 于 1996 年把私人银行定义为:私人银行提供财富管理、维护的服务,并提供投资服务与商品,以满足个人的需求。

古老而富贵的大家族,进驻了一群律师、会计师和银行家——他们几乎是作为家族成员被接纳的。这些人一丝不苟、忠心耿耿地为家族打理投资、避税、收藏、继承、遗产直到遗嘱执行。一年又一年,客户从爷爷换成了孙子,私人银行家或许也有过父子甚至爷孙之间的交接。这就是最传统、最典型的私人银行,也被称作"家庭办公室"(Family Office)。

从摇篮到坟墓的服务

私人银行业务是私人财富管理金字塔的"塔尖",也是富人们的"避风港"。有人说,私人银行是"从摇篮到坟墓"的服务,即豪门家孩子从继承遗产开始到接受教育、打理庞大的继承财产,然后协助接管企业、运营企业,一直顾问到他又老又病,辞世前安排自己的遗产。私人银行开户金额的最低限通常是 100 万美元以上,通常每一笔交易的金额都是以几十万美元为单位。在瑞士银行,客户至少要有 100 万美元的银行可接受资产才能在这里开户。在花旗银行,需要 100 万美元,才能在私人银行部开户;美国最大的私人银行摩根大通的开户金额为 500 万美元,汇丰银行私人银行部是 100 万美元;在摩根士丹利私人银行部门,最低净资产限制是 2 500 万美元,客户还必须拥有 1 000 万美元的流动资产,开户的最低限额为 500 万美元。

全球私人银行生意看涨

此外通过私人银行服务,客户也可以接触到许多常人无法购买的股票、债券等。而私人银行服务的客户们往往可以拥有投资一些私人有限公司的机会,并获得许多优先购买 IPO 的机会。私人银行服务最早由几家大型的国际金融公司和银行提供,目前最大的私人银行服务提供者是瑞士银行,瑞士也是世界私人银行服务最发达的国家。此外包括 JP 摩根、摩根士丹利、花旗银行、高盛等著名金融机构也提供此类服务,美林公司是私人银行服务赢利最高的企业。

据一项花旗银行的公开资料显示,已经有 2.6 万个全球最成功家族被花旗揽入囊中。花旗私人银行部门在全球 31 个国家和地区拥有近 4 000 名员工,其中包括 477 名客户经理和 288 位产品专家,并在纽约、伦敦、日内瓦、新加坡、香港、洛杉矶等地设立了投资中心。花旗私人银行服务的客户资产规模在 2010 年近千亿美元。

思考:分析我国私人银行的发展。

第四章

金融市场

金融市场是经济的核心和纽带，如何高效率地合理配置融通资金，是金融市场的宗旨，对经济发展具有重要的推动意义。

第一节　金融市场概述

一、金融市场概念

金融市场的定义可以概括为：货币资金的供求双方借助于各种金融工具，以市场方式进行金融资产交易或提供金融服务，进而实现资金融通的场所或空间，或者简单地说，是资金供求双方以市场方式买卖金融工具的场所。金融市场的定义包括三层含义。

1. 金融市场是金融资产进行交易的一个有形和无形的场所。有形的场所如证券交易所，无形的场所如外汇交易员通过电信网络构成的看不见的市场进行资金的调拨。

2. 金融市场反映了金融资产的供应者和需求者之间所形成的供求关系，揭示了资金从集中到传递的过程。

3. 金融市场包含了金融资产交易过程中所产生的各种运行机制，其中最主要的是价格（包括利率、汇率及各种证券的价格）机制，它揭示了金融资产的定价过程，说明了如何通过这些定价过程在市场的各个参与者之间合理地分配风险和收益。

二、金融市场的构成要素

金融市场与普通商品市场一样，一个完整的金融市场也需要必备的市场要素，包含交易主体、交易客体、交易中介和交易场所。

（一）金融市场的交易主体——参与者

金融市场的交易主体，即金融市场的参加者，它包括资金供求双方，通过它们实现金融交易活动，金融市场的参与者主要有以下几种。

1. 政府及政府机构。政府及政府机构在金融市场上有着双重身份，既是资金的供应者和需求者，又是重要的监管者和调节者。政府收支过程中经常发生资金的临时闲置，将这些资金投资于金融市场，为金融市场供应资金。政府发行债券向金融市场筹措资金，弥补财政赤字或经济建设的资金需要。此外，政府负有金融市场的监管职责。一方面通过授权给监管机构，另一方面通过政策工具对金融市场实施调控。

2. 中央银行。中央银行要根据货币流通状况，在金融市场上进行公开市场业务操作，通过有价证券的买卖，吞吐基础货币，以调节市场上的货币供应量。在参与金融市场运作过程中，中央银行不以盈利为目的，而是以宏观经济运行以及政府的政策需要为己任。

3. 金融机构。金融机构主要指商业银行及其他非银行金融机构。金融机构是金融市场上重要的参加者，尤其是银行金融机构作为资金供应者，它可以通过贷款、贴现等业务或通过购买有价证券，为市场提供货币资金；作为资金需求者，它通过广泛地吸收存款或向市场上出售银行存单、金融债券及再贴现来获取资金。

4. 企业。企业是金融市场运行的基础，是重要的资金供给者和需求者。企业生产经营所需要的短期资金，主要通过银行借款和在票据市场上进行票据贴现等形式筹措；企业固定资产投资所需的长期资金，主要在证券市场通过发行股票和债券等途径来解决，它是金融市场最大的资金需求者。

5. 居民个人。居民是金融市场上重要的资金供给者。个人在金融市场上，既是资金的供给者又是资金的需求者。作为资金供给者，居民个人将现期收入存入银行或买进其他金融工具，如股票债券等。他们便成为金融市场的投资者和投机者；作为资金需求者，他们将手持金融资产在市场上出售或在银行取得消费贷款，便成为资金的需求者。

总之，金融市场交易者分别以投资者与筹资者的身份进入市场，其数量多少决定金融市场的规模大小，一般说，交易者踊跃参与的市场肯定要比交易者寥寥无几的市场繁荣得多；而金融市场细微变化也都会引起大量交易对手介入，从而保持金融市场的繁荣，因此，金融市场的参与者对金融市场具有决定意义。

（二）金融市场的交易客体——交易对象

金融市场的交易客体是指金融市场参与者进行交易的标的物，从本质上说，是货币资金，但由于货币资金需要借助于金融工具这种载体进行交易，所以，交易客体是货币资金以及代表货币资金的信用工具。主要有：

1. 货币资金，主要在商业银行信贷市场和同业拆借市场交易；

2. 信用工具，包括短期信用工具、长期信用工具、混合信用工具和金融衍生工具；

3. 黄金，黄金是特殊的商品，在金融市场上变现能力强，现在应是世界各国的储备资产和世界货币，黄金是金融市场的交易对象；

4. 外汇，包括外国的合法货币和外国货币表示的金融工具。

（三）金融市场的中介机构

金融市场的中介机构是指在金融市场上充当资金融通的媒介，从事资金融通交易或促使资金交易顺利完成的各类组织机构。它们参与市场的目的不是进行筹资和投资，而是为资金交易提供咨询、服务、交易场所和交易设施等，在资金供给者与资金需求者之间起媒介或桥梁作用。金融中介大体分为两类：交易中介和服务中介。

1. 交易中介。交易中介通过市场为买卖双方成交撮合，并从中收取佣金。包括银行、有价证券承销人、证券交易经纪人、证券交易所和证券结算公司等。

2. 服务中介。这类机构本身不是金融机构，但却是金融市场上不可或缺的，如会计师事务所、律师事务所、投资顾问咨询公司和证券评级机构等。

（四）金融市场组织方式（交易场所）

金融市场的组织方式是指将参与者与代表货币资金的金融工具联系起来并组织买卖双方进行交易的方式，主要有三种。

1. 有固定场所的有组织、有制度、集中进行交易的方式，如交易所方式。证券买卖双方在交易所内公开竞争，通过出价与还价的形式来决定证券的成交价格。交易所本身不参加证券的买卖，也不决定证券买卖的价格，而是履行对证券交易的监管职能。

2. 在各金融机构柜台上买卖双方进行面议的、分散交易的方式，如柜台交易方式。与交易所那种以竞价方式确定交易价格不同，柜台交易方式是通过作为交易中介的金融机构如银行、证券公司的柜台来买卖金融工具。

3. 场外交易方式，既没有固定场所，也不直接接触，而主要通过中介机构、借助电讯手段来完成交易的方式。随着金融市场的分工逐渐细化，这种场外中介交易方式将越来越普遍。

三、金融市场与其他商品市场的不同点

1. 交易对象不同：商品市场交易的对象——商品实物是多种多样的，而金融市场的交易对象却是单一的货币及代表货币的金融工具，不涉及任何其他交易对象，表现出明显的单一性特征。

2. 交易价格不同：在商品市场，商品的价格是商品价值的货币表现。而金融市场上特殊商品的价格——利息率，在金融市场上，由于"商品"的单一性，决定了利率的一致性。不论融资目的是什么，在期限一致、金额相同时，利率基本相同。

3. 交易关系不同：在商品市场上，商品随交易活动的结束而退出流通领域转入消费领域，买卖双方只是简单的买卖关系，一旦买卖过程结束，双方则不存在债权债务关系。但是，金融市场上货币等金融工具买卖、转让的不是货币所有权，而是货币的使用权，双方的债权债务关系需要过一段时间才能结束，交易的目的是为了盈利。

4. 交易场所的抽象性：商品市场以有形市场为主，而资金融通主要依靠电讯手段，如电话、电传或网络等进行交易，金融市场以无形为主。

四、金融市场分类

（一）按融资期限分类，金融市场可分为短期金融市场和长期金融市场

1. 短期金融市场：又称货币市场，是指以一年内的票据和有价证券为交易工具进行短期资金融通的市场，资金的临时闲置者和资金的临时需求者是市场的主要交易者，而交易对象则包括商业票据、国库券、可转让大额定期存单、回购协议等金融工具。货币市场又可以进一步分为若干不同的子市场，包括同业拆借市场、回购协议市场、商业票据市场、银行承兑汇票市场、短期政府债券市场、大面额可转让存单市场等。货币市场的主要功能是保持金融资产的流动性，以解决市场参与者短期性的资金余缺问题。

2. 长期金融市场：又称资本市场，是指以一年以上的有价证券为交易工具进行

长期资金融通的市场。资金的长期供应者和需求者是市场的主要交易者，而交易对象则包括中长期债券、股票等金融工具。资本市场又可以进一步分为中长期信贷市场和证券市场，中长期信贷市场是金融机构与工商企业之间的贷款市场；证券市场则是通过证券的发行与交易进行融资的市场，包括债券市场、股票市场、基金市场、保险市场、融资租赁市场等。

资本市场的资金大多参与社会再生产过程，起着"资本"的作用，主要被用于满足扩大固定资产投资规模、技术改造等长期资本的需求。

（二）按所交易金融产品的交割时间分类，金融市场可分为现货市场和期货市场

1. 现货市场：是随着交易协议的达成而立即进行交割的市场，即一手交钱，一手交货，交易与交割同时进行。一般是买者付出现款，收进证券或票据；卖者交付证券或票据，收进现款。从理论上讲，这种交易一般是当天成交当天交割，最多不能超过两天。

2. 期货市场：指交易协议虽然已经达成，但交割却要在某一特定时间进行的市场。由于市场行情会不断地发生变化，而交割时是要按成交时的协议价格进行，因而，证券价格的升降均可能使买卖双方获利或受损，交易者只能根据自己对市场的判断来进行交易，具有较强的投机性。近年来，金融虚拟经济的不断发展助长了期货市场上的投机行为，世界各国都在一定程度上加强了对期货市场的防范监管措施。

（三）按金融市场的功能分类，金融市场可分为初级市场和次级市场

1. 初级市场：是新证券发行的市场，又称一级市场或证券发行市场。初级市场没有固定的发行场所，虽然证券发行人在合法的前提下可以自行向市场直接发行证券，但大多数情况下还是通过商业银行、证券公司、信托公司等金融中介机构发售。发行市场的功能是融资。

2. 次级市场：是旧证券流通、转让的市场，又称二级市场或证券转让市场。次级市场既有固定的、有组织的交易场所，如证券交易所；也有不固定的、无组织的交易场所，如场外交易。随着现代通讯网络技术的发展和电子计算机的广泛应用，世界上越来越多的国家和地区通过电讯网络系统进行场外交易活动。流通市场的功能是投资或投机。

3. 二者关系：发行市场是流通市场的基础和前提，流通市场又是发行市场得以存在和发展的条件。

发行市场的规模决定了流通市场的规模，影响着流通市场的交易价格。没有发行市场，流通市场就成为无源之水、无本之木，在一定时期内，发行市场规模过小，容易使流通市场供需脱节，造成过度投机，股价飙升；发行节奏过快，股票供过于求，对流通市场形成压力，股价低落，市场低迷，反过来影响发行市场的筹资。所以，发行市场和流通市场是相互依存、互为补充的整体。

（四）按成交与定价方式分类，金融市场可分为公开市场、议价市场、店头市场和第四市场

1. 公开市场：是由市场众多的买者与卖者通过公开竞价方式定价的市场，一般是以有组织的和有固定场所的有形市场形式出现，如股票交易所、期货交易所。

2. 议价市场：是指没有固定场所、交易相对分散的市场，买卖双方的活动主要通过直接谈判而自行议价成交（即私下谈判或协商完成交易）。由于这类活动一般多在公开市场外面进行，故又称场外交易。第三市场、第四市场是场外交易的一种延伸。

3. 第三市场：又称店头市场或柜台市场，是指未上市的证券或不足一个成交批量的证券进行交易的市场，有人称之为第三市场。美国的柜台市场就已成为仅次于纽约股票交易所的大市场。尽管店头市场也是场外市场的一种，但和以场外交易为特征的议价市场仍略有区别：店头市场以"柜台"和店内交易为特征，而不像议价市场那样不择场所，不过，"议价"成交的特点倒是共同具备的。

4. 第四市场：是指为机构投资者买卖双方直接联系成交的市场。一般是通过电脑通讯网络如电脑终端机，把会员连接起来，并在办公室内利用该网络报价、寻找买方或卖方，最后直接成交。第四市场的交易一般数额巨大，利用第四市场，可以大大节省手续费等中间费用，筹资成本的降低足可弥补联网的花费，而且不为第三者所知，使交易保密，也不会因交易量大而影响市价，因而第四市场在未来的发展蕴含着极大的潜力。

（五）按金融工具的属性分类，金融市场可分为基础性金融产品市场和衍生性金融产品市场

1. 基础性金融工具是指在实际信用活动中出具的能够证明债权债务关系或所有权关系的合法凭证，基础性金融产品市场就是一切基础性金融工具，如股票、债券等交易的市场，也可以说是货币市场、股票市场、外汇市场和债券市场的总和。

2. 衍生性金融产品市场则指在基础性金融产品上衍生出的新金融工具交易的市场，如期货市场、期权市场等。

（六）按金融市场的地域范围分类，金融市场可分为地方性的、全国性的、区域性的金融市场和国际金融市场

1. 地方性的和全国性的金融市场都同属国内金融市场，其主体都是本国的自然人和法人，融资活动的范围以一国为限。

2. 区域性的金融市场同国际金融市场一样，融资交易活动分属许多国家和地区，交易的主体与客体都比较复杂。

（七）按有无固定场所划分，金融市场可分为有形市场和无形市场

有形市场是指有固定场所，有专门的组织和专门从业人员进行资金融通的场所。无形市场是指没有固定场所，主要依靠电信手段，如电话、电传或网络等进行资金融通的市场。

五、金融市场功能

1. 融通资金功能：融通资金功能是金融市场的最基本功能。金融市场能利用自身的独特形式，通过各种金融工具的买卖，为融资双方提供一个理想的融资场所，提供各种可选择的融资机会。使大量的闲置分散资金，能在期限构成、规模数量、收益和流动性等方面，满足资金供需双方的需求。使闲置资金得到充分运用，缺乏资金的得到较好的满足，这就是金融市场融通资金的功能。

2. 优化资源配置功能：金融市场是以利率为机制的资金供求场所。它可以根据利率的波动，以及证券收益的变化，合理地引导资金的流向与流量，将社会资源由低效部门向高效部门转移。生产效益好、信誉高的企业，在金融市场上筹集资金成本就低，这样的企业若通过发行股票和债券的方式筹集资金，就会吸引广大投资者踊跃认购；反之生产效益不好，信誉度差的企业筹集资金的成本就高，筹资渠道狭窄。因此，一方面可以引导资金向效益好的产业和行业流动，加快该行业的发展；另一方面也可以克服投资的盲目性和资源的积压与浪费。资金的合理流动，实质上是生产要素在国民经济各部门的合理分配，金融市场的这种功能实现资源的优化配置，使商品有效地运转，生产稳定发展。

3. 资金期限转化功能：金融市场提供多种金融工具，在期限转化上比较灵活，收益与风险也可以比较。二级市场的流动性又保证了资金的可转换性，企业和个人在金融市场上可以根据自己的不同需要，将短期证券转换为长期证券，或把长期证券转换成短期证券。金融市场的出现，突破了地区和部门的界限，为资金使用效益的最大化，提供合理的空间。

4. 调节经济的功能：在现代商品经济中，对经济的调节功能，主要是通过各种财政金融政策来实现的。而金融市场的存在和发展，则为国家调节和控制经济，提供了一个极好的空间和途径。因为金融市场是国家货币政策传导的必要中间环节，当中央银行实施某项金融政策时，首先要影响到金融市场的各种变量。如存款准备金利率的变动，从而传递、影响到整个国民经济。另外，各国宏观调控经济的一个重要手段——公开市场业务，更是离不开金融市场，必须通过金融市场来实施。在公开市场上买进或卖出各种有价证券，以实现对货币供应量的调节，从而达到对国民经济宏观调控的作用。

第二节　货币市场

货币市场是一年期以内的短期金融工具交易所形成的供求关系及其运行机制的总和。货币市场的活动主要是为了保持资金的流动性，以便随时可以获得现实的货币。在货币市场上交易的短期金融工具，一般期限较短，最短的只有一天，最长的也不超过一年，较为普遍的是 3 至 6 个月。正因为这些工具期限短，可随时变现，有较强的货币性，因此短期金融工具又有"准货币"之称。

货币市场就其结构而言，可分为同业拆借市场、票据市场、证券回购市场、大额可转让定期存单市场、国库券市场等若干个子市场。

一、同业拆借市场

（一）同业拆借市场的含义

同业拆借市场，也可以称为同业拆放市场，是指金融机构之间以货币借贷方式进行短期资金融通活动的市场。同业拆借的资金主要用于弥补短期资金的不足、票据清算的差额以及解决临时性的资金短缺需要。同业拆借市场交易量大，能敏感地反映资金供求关系和货币政策意图，影响货币市场利率，因此，它是货币市场体系的重要组成部分。

同业拆借业务起源于存款准备金制度的实施。英国于18世纪首先制定存款准备金制度，美国于1913年在《联邦储备法》中正式加以规定，多数国家则在20世纪30年代经济大危机后开始实行。

（二）同业拆借的特点

1. 融资期限短。一般在一天、两天或一周时间内，最短为几个小时或隔夜，故有"日拆"之称。有的期限也较长，有一个月、两个月、一季度或九个月，最多不超过一年。

2. 同业拆借主体单一。参与者必须是具有法人资格的金融机构及经法人授权的金融分支机构。严禁非金融机构和个人参与同业拆借活动。

3. 拆借金额大，无须担保。由于是金融机构之间进行拆借，故资金交易金额大，每笔交易在百万元以上。同业拆借基本上是信用拆借，严格的市场准入条件使金融机构凭其信誉参与拆借活动。

4. 市场利率、拆息灵活。明显反映市场上资金供求状况。同业拆借利率由拆借双方商定，自主谈判、逐笔成交。同业拆借利率基本代表了市场资金的价格，是确定其他资金价格的参照利率。由于拆借双方都是商业银行或其他金融机构，其信誉比一般工商企业要高，拆借风险较小，加之拆借期限较短，因而利率水平较低。

（三）同业拆借市场的重要作用

1. 增强了金融机构的流动性。同业拆借市场使金融机构在不用保持大量超额准备金的前提下，满足存款支付及汇兑、清算的需要。在现代金融制度体系中，金融机构为了实现较高利润和收益，必然要扩大资产规模，但同时会面临准备金减少、可用资金不足的问题，甚至出现暂时性支付困难。但准备金过多、可用资金闲置过多又使金融机构利润减少，收益降低。金融机构需要在不影响支付的前提下，尽可能地降低准备金水平，以扩大能获取高收益的资产规模，使利润最大化。

2. 同业拆借市场还是中央银行实施货币政策，进行金融宏观调控的重要场所。同业拆借市场的交易价格即同业拆借市场利率，是资金市场上短期资金供求状况的反映。中央银行根据其利率水平，了解市场资金的松紧状况，运用货币政策工具进行金融宏观调控，调节银根松紧和货币供应量，实现货币政策目标。

（四）我国的同业拆借市场

1996年1月中国人民银行建立了全国统一的银行间同业拆借市场，同年6月放开了对同业拆借利率的管制，拆借利率由拆借双方根据市场资金供求状况自行决定，初步形成了全国统一的同业拆借市场利率。全国银行间同业拆借市场，包括金融机构通过全国银行间同业拆借中心提供的交易系统进行的同业拆借（称一级网），以及通过各地融资中心进行的同业拆借（称二级网）。

我国金融机构间同业拆借是由中国人民银行统一负责管理、组织、监督和稽核。

二、票据市场

（一）票据市场的含义

票据市场是指在商品交易和资金往来过程中产生的以汇票、本票和支票的发行、担保、承兑、贴现、转贴现、再贴现来实现短期资金融通的市场。这里主要指商业票据的流通及转让市场，融资期限最长 6 个月。

票据市场是短期资金融通的主要场所，是直接联系产业资本和金融资本的枢纽，作为货币市场的一个子市场，在整个货币体系中票据市场是最基础、交易主体中最广泛的组成部分。票据市场可以把"无形"的信用变为"有形"，把不能流动的挂账信用变为具有高度流动性的票据信用。票据市场的存在与发展不仅为票据的普及推广提供了充分的流动性，还集中了交易信息，极大地降低了交易费用，使得票据更易为人所接受。

（二）票据市场的分类

1. 票据市场按票据发行主体来划分，分为银行票据市场、商业票据市场。

2. 票据市场按级次划分，分为票据发行市场、票据流通市场。

3. 票据市场按交易方式来划分，分为票据发行市场、票据承兑市场和票据贴现市场。

（三）票据流通市场

票据流通市场是指票据的流通和转让市场，票据流通有背书、质押和贴现三种形式。

1. 票据的背书：就是转让人在商业票据的背面进行转让签字的行为，背书后的票据可以发挥货币的一般等价物作用。因转让票据给他人而进行背书者为背书人，背书人一经背书即为票据的债务人，背书人与出票人同样要对票据的支付负责。若票据的出票人或承兑人不能按期支付款项，票据持有人有权向背书人要求付款。

2. 票据质押：也指票据质押贷款业务，是指持票人将其持有的一张或多张未到期的票据质押给银行，由银行为其发放人民币短期流动资金贷款的业务。质押率一般是票面金额的 60% ~ 70%，质押贷款利率等同商业银行同期的贷款利率。

通过质押方式融通资金的票据一般是信用不高票据，如商业本票、商业承兑汇票等。

3. 票据的贴现：是持票人以未到期的票据向银行兑取现款，银行扣除自贴现日至到期日的利息后，给付现款以融资的行为。从银行的角度看，贴现是贷款的一种。通过贴现，银行参与到商业信用中，提高了商业信用的信用度。

（1）票据贴现的计算公式为

$$贴现利息 = 票据面额 \times 年贴现率 \times 贴现期限$$

$$贴现付款额 = 票据面额 - 贴现利息$$

例如：某企业持有一张面额为 30 000 元的银行承兑汇票，60 天以后到期，在年贴现率为 6% 的情况下，银行为此贴现应付款多少？

解：贴现利息 = 30 000 × 5% × 60/360 = 250 （元）

$$贴现付款额 = 30\ 000 - 250 = 29\ 750（元）$$

（2）票据贴现的特点

①票据贴现的关系人，有票据的持有人（一般是企业），商业银行，以及专门从事贴现业务的承兑公司、贴现公司。

②票据贴现的风险小，票据贴现市场的交易对象主要有国库券、短期债券、银

行承兑汇票及信誉良好的企业承兑的商业承兑汇票，目前，商业银行办理贴现的票据大多是银行承兑汇票，是商业银行主要的短期贷款业务。

③票据贴现的利率是市场化的，贴现率由中央银行规定的再贴现率加一定的点数形成。

④票据贴现的利率低于同期商业银行贷款利率，因为，贷款利息一般是到期后收取，而贴现利息则是在贴现业务发生时从票据面额中扣除，而且票据贴现比贷款分风险小，因此，贴现率一般要低于贷款利息率。

（3）票据的转贴现和再贴现

当商业银行发生资金周转困难时，可持从企业贴现的还没有到期的票据到其他商业银行、贴现公司办理转贴现，也可以到中央银行申请再贴现，及时融通资金补充资金来源，转贴现和再贴现的操作过程和特点与商业银行为企业办理贴现是一样的，只是关系人不同。

中央银行办理再贴现时，通过中央银行的再贴现率影响市场利率水平，进而影响投资，从而达到调控经济的目的；通过有弹性的贴现政策，控制货币的投放，从而调节货币的供应量；央行可以通过选择性贴现政策进行经济的结构调节。

三、证券回购市场

（一）证券回购市场的含义

证券购回市场是指通过回购协议进行短期资金融通交易的场所，市场活动由正回购与逆回购组成。

证券回购是交易双方进行的以证券为权利质押的短期资金融通业务，是指资金融入方（正回购方）在将证券出质给资金融出方（逆回购方）融入资金的同时，双方约定在将来某一日期由正回购方按约定回购利率计算的资金额向逆回购方返还资金，逆回购方向正回购方返还原出质证券的融资行为。

从本质上看，回购协议是一种质押贷款协议，协议的标的物是有价证券。

（二）证券回购市场的特点

1. 流动性强。协议多以短期为主，一般不超过1年。

2. 安全性高。是以有价证券为质押的融资，交易场所为规范性的场内交易，交易双方的权利、责任和义务都有法律保护。

3. 收益稳定并较银行存款收益为高。回购利率是市场公开竞价的结果，一般可获得平均高于银行同期存款利率的收益。

4. 融入资金免交存款准备金。成为银行扩大筹资规模的重要方式。

（三）证券回购市场分类

1. 按交易场所不同，证券回购可以分为场内回购和场外回购。

场内回购是指在证券交易所、期货交易所、证券交易中心、证券交易报价系统内，由其设计并经主管部门批准的标准化回购业务。如上海证券交易所开展的证券回购业务，它就对回购业务的券种、期限结构、回购合约标的金额、交易竞价方式、清算与结算的相关制度等内容作了较为详细的规定。

场外回购是指在交易所和交易中心之外的证券公司、信托投资公司证券部、国债服务中心、商业银行证券部及同业之间进行的证券回购交易。目前，我国场外真正的证券回购并不多，在西方国家，证券回购通常是一个无形市场，而非中心交易场所交易，即通过电话系统而达成回购协议。从长期趋势来看，我们应当以非中心交易场所开展的证券回购为重点。

2. 按回购期限不同，证券回购可以分为隔日回购和定期回购。

隔日回购是指最初出售者在卖出债券的第二天即将同一债券购回的交易行为。

定期回购是指最初出售者在卖出债券时，与其购买者约定，在两天以后的某一特定日，再将该债券买回的交易行为。在美国，一般为 7 天，最长不超过 1 个月，在我国，最长不得超过 1 年 。

3. 按交易的标的物不同，可分为国债回购、金融债回购和公司债回购。

由于受公司信誉的影响，在美国、日本、英国等资本主义国家，以公司债券为依托的证券回购交易量并不大。至于以股票、权证、法人股、大额定期存单和商业票据为依托的证券回购交易，更为少见。

（四）我国的回购协议市场

1997 年 6 月 6 日，我国建立了全国银行间债券市场。全国银行间债券市场是指依托于中国外汇交易中心暨全国银行间同业拆借中心和中央国债登记结算公司的债券交易市场，经过近几年的迅速发展，银行间债券市场目前已成为我国债券市场的主体部分，也是中国人民银行操作公开市场业务的主要场所。

1. 我国证券回购协议市场的主体。主要有人民银行、商业银行、农村信用联社、保险公司、证券公司等金融机构进行债券买卖和回购。

2. 我国证券回购协议市场的客体。我国银行间债券市场交易的债券是指经中国人民银行批准可用于在全国银行间债券市场进行交易的政府债券、中央银行债券和金融债券等记账式债券。

3. 我国证券回购协议市场的交易方式。债券交易的方式包括债券回购和现券买卖两种。回购期限最长为 365 天，回购期间，交易双方不得动用质押的债券。回购到期应按照合同约定全额返还回购项下的资金，并解除质押关系，不得以任何方式展期。

现券买卖是指交易双方以约定的价格转让债券所有权的交易行为。

四、大额可转让定期存单市场

大额定期存单市场简称"CD 存单市场"，是以具有转让性质的定期存款凭证为交易对象的买卖场所，20 世纪 60 年代初，美国花旗银行率先开始发行这种信用工具。

"CD 存单市场"主要资金需求者是经营各种存款业务的金融机构，资金的供给者极为广泛，包括公司或企业投资者，非银行金融机构以及众多的个人投资者。在金融市场发达的国家里，"CD 存单市场"已经成为货币市场的重要组成部分。对于银行来说，发行"CD 存单"是扩大资金来源的有效途径。同时也为银行提高流动性、管理能力提供一种手段。银行可以通过主动发行可转让存单增加负债，以满足扩大资产业务的需要。对于投资者来说，由于"CD 存单"是由银行发行的，具有较高信誉，而且在到期前可以转让变现并有相应的利息收入，故公司、企业投资者以及非银行金融机构和个人能更多地认购此存单。尤其是一些大企业、大公司，更是存单市场的积极参加者。

目前，我国大额可转让存单市场不发达，主要是存单难以转让。

五、国库券市场

国库券市场是专门办理国库券发行和买卖的场所，也称短期国债市场。国库券市场是货币市场中最重要的组成部分之一，发行量和交易量都非常巨大。国库券市场不仅是投资者的理想场所，是商业银行调节二级准备金的重要渠道，还是政府调整国库收支的重要基地，是中央银行进行公开市场业务操作的重要场所。

国库券发行通常采用贴现方式，即发行价格低于国库券面值，票面不记明利率，国库券到期时，由财政按票面值偿还。发行价格采用招标方法，由投标者公开竞争而定，故国库券利率代表了合理的市场利率，灵敏地反映出货币市场资金供求状况。

在国库券的流通市场上，市场的参与者有商业银行、中央银行、证券交易商、企业和个人投资者。国库券行市的变动，要受景气动向、国库券供求关系、市场利率水平等诸多因素的影响。国库券流通市场也有很大发展，在全国各地的银行柜台以及证券公司、信托公司都可以挂牌买卖，也可以按规定办理贴现和抵押。特别是近几年来，国库券市场还开展了协议卖出和购回国债业务，大大地满足了国库券流动性的需要，促进了国库券流通市场的发展。

第三节　债券市场

债券市场是债券发行和债券流通、转让、买卖的市场，是金融市场的一个重要组成部分。债券市场包括债券发行市场和债券流通两部分。按债券的发行人划分，债券市场应包括国债市场、金融债券市场和公司债券市场，这里只介绍公司债券市场。

一、公司债券的发行市场

债券发行市场，又称债券的一级市场，是发行单位初次出售新债券的市场。债券发行市场的作用是融资人通过向社会发行的债券筹集资金。

（一）公司债券公开发行的条件

2007 年 5 月 30 日，中国证券监督管理委员会第 207 次主席办公会议审议通过《公司债券发行试点办法》，申请发行公司债券，应当符合《中华人民共和国证券法》、《中华人民共和国公司法》和本办法规定的条件，经中国证券监督管理委员会核准。

1. 发行公司债券，应当符合下列规定。

（1）公司的生产经营符合法律、行政法规和公司章程的规定，符合国家产业政策；

（2）公司内部控制制度健全，内部控制制度的完整性、合理性、有效性不存在重大缺陷；

（3）经资信评级机构评级，债券信用级别良好；

（4）公司最近一期期末经审计的净资产额应符合法律、行政法规和中国证监会的有关规定；

（5）最近3个会计年度实现的年均可分配利润不少于公司债券1年的利息；

（6）本次发行后累计公司债券余额不超过最近一期末净资产额的40%，金融类公司的累计公司债券余额按金融企业的有关规定计算。

2. 公司债券发行设计。

（1）公司债券的发行规模。根据《中华人民共和国证券法》第十六条规定，公开发行公司债券，发行人累计债券余额不超过公司净资产的40%，在此限定规模内，具体的发行规模由发行人根据其资金使用计划和财务状况自行确定。

（2）公司债券每份面值为100元，以1 000元人民币为一个认购单位。

（3）公司债券的发行期限。在中华人民共和国境内发行公司债券，是指公司依照法定程序发行、约定在1年以上期限内还本付息的有价证券。

（4）公司债券的利率。公司债券的发行价格由市场询价确定。

（二）公司债券的发行价格

债券发行价格是指投资者认购新发行的债券实际支付的价格，它与债券的面值可能一致，也可能不一致。主要分为平价发行、溢价发行和折价发行。

1. 平价发行：也称"等价发行"、"面额发行"，是以债券面额作为发行价格，到期按债券面额还本并支付息的一种发行方式，此种发行适用于市场利率与票面利率相符的条件下进行。

2. 溢价发行：也称"增价发行"或"超价发行"，是以高于债券票面额的价格发行。只有那些被公众所熟悉而且经营业绩良好的公司才具备溢价发行条件。此债券一旦流通，收回现款可能超过购买者的实际付出。

3. 折价发行：也称"减价发行"或"贴现发行"是以低于债券面值的价格发行，按票面额偿还的一种发行方式。

（三）债券发行的方式

1. 根据债券发行的渠道不同，划分为直接发行和间接发行。

直接发行，指债券发行者不委托专门的证券发行机构，直接向投资者推销债券。可以节约发行费用，集资成本较低，发行数量少，适宜小额发行。

间接发行，是指发行者通过中介机构发行债券，这种发行方式的成本较高，但可以利用中介机构的网络和信誉，扩大债券的发行量，分为包销和代销两种形式。

包销是指将公司债券的发行全部交与证券商承销，承销期结束时，无论公司债券是否发行完毕，证券承销商均应向公司付清全部价款。

代销是指将公司债券的发行委托给证券商承销，代销人只收取代销手续费，并且对未被售出的公司债券不承担责任。

2. 根据发行债券对象不同，可分为公募发行和私募发行。

公募发行也叫公开发行，是发行者没有特定对象，向社会大众公开推销债券的集资方式。

私募发行也叫私下发行，是债券发行者只对特定的投资者发行债券的集资方式。一般把与债券发行者有某种关系的投资者作为发行对象。一类是个人投资者，如使用发行单位产品的用户或发行单位的内部职工；另一类是单位投资，如金融机构，与发行者有密切交往关系的企业等。

公募发行与私募发行的区别如下。

（1）公募发行要求严格，发行者要向管理机关提交发行注册申请，公开企业财务状况，要接受证券评级机构资信评定，审核比准后发行；私募发行不必向管理机关申报、审核，发行程序比较简单。

（2）公募发行一般采取间接发行方式，发行成本高，发行期限长，发行债券量较大；私募发行一般采取直接发行方式，节约发行费用，降低发行成本，发行债券的量较小。

（3）公募发行债券的企业必须定期向社会公布经过社会权威部门评估、审计及公证的财务状况，私募发行债券的企业不必定期向社会公布财务状况。

（4）公募发行的债券通过审核可以在证券市场上市交易，私募发行的债券不可以上市交易。

3. 根据发行条件和投资者的决定方式，可分为招标发行和非招标发行。

招标发行是由发行者先提出发行债券的内容和销售条件，由承销商（中介机构）投标，在规定的开标日期开标，出价最高的获总经销权，又叫"公募招标"。

非招标发行，也叫协商议价发行，指发行者与承销者直接协商发行条件，以适应企业需要和市场状况。

二、公司债券的流通市场

债券流通市场又称债券交易市场或二级市场，指已发行债券买卖转让的市场。债券一经认购，即确立了一定期限的债权债务关系，但通过债券流通市场，投资者可以转让债权把债券变现。

债券流通市场与发行市场有密切的联系，是发行市场的重要保证。因为债券的流动性是人们选择投资的主要衡量指标之一，如果债券不能流通转让，即不能迅速变现，则无人愿意持有债券从而阻碍了债券的发行。

（一）公司债券上市交易的条件

上海证券交易所企业债券上市交易条件：

1. 经国家计委和中国人民银行批准并公开发行；

2. 债券的期限在一年以上（含一年）；

3. 债券的实际发行额在人民币一亿元以上（含一亿元）；

4. 债券信用等级不低于 A 级；

5. 累计发行在外的债券总面额不超过发行人净资产额的 40%；

6. 筹集的资金投向符合国家产业政策及发行审批机关批准的用途，用于本企业的生产经营；

7. 债券的利率不得超过国务院限定的利率水平；

8. 最近三年平均可分配利润足以支付发行人所有债券一年的利息；

9. 债券须有担保人担保；

10. 债券持有人不得少于一万人。

（二）公司债券交易方式

公司债券交易二级市场又分为场内市场和场外市场。其中，场内市场主要采用集中交易方式，标准化较强，适合类投资者；场外市场主要采用分散交易方式，灵活性较强，适合大型机构投资者。

1. 场内交易市场

公司债券交易的场内市场主要是证券交易所市场（上海证券交易所和深圳证券交易所）。场内交易采取竞价撮合交易方式，这种模式下的成交原则为"价格优先、时间优先"。在这种模式下，证券交易所的会员经纪商代表众多买方和卖方进行买卖报价和公开竞价，交易系统按照一定规则和程序撮合买卖报价一致的双方达成交易。

2. 场外交易市场

场外交易市场也称为柜台交易市场或店头交易市场，它是公司债券交易市场的另一个重要部分。场外交易市场通过大量分散的证券经营机构的证券柜台和主要电信设施买卖而形成的市场。

在我国，场外交易市场的主体是机构投资者参与的银行间债券市场，它采取一对一的询价交易制度。在银行间债券交易中，公司债券买卖有公开报价、对话报价、双边报价和小额报价四种方式，前两者种属于询价交易方式的范畴，后两者可通过点击确认、单向撮合的方式成交。

以上市场发展基本规律决定了我国公司债券二级市场必然向场内和场外市场并存，以场外市场为主体，多数交易通过电子交易平台达成的方向发展。

（三）公司债券的交易价格

债券交易价格又称债券市场价格，是指在证券交易市场上买卖转让债券的实际价格。债券转让价格受债券的内部因素和外部因素影响。

1. 影响债券交易价格的内部因素

（1）公司债券的期限。一是指有效期限，二是指待偿期限。前者即从发行日至到期日的期限，后者是指债券进入交易市场后从交易日起到最终偿还日止。一般来说，债券的期限越长，其市场变动的可能性就越大，其价格的易变性也就越大。

（2）公司债券票面利率。债的票面利率越低，债券价格的易变性也就越大。在市场利率提高的时候，票面利率较低的债券的价格下降较快。但是，当市场利率下降时，它们增值的潜力也较大。

（3）税收待遇。一般来说，免税债券的到期收益率比类似的应纳税债券的到期收益率低。此外，税收还以其他方式影响着债券的价格和收益率。

例如，任何一种按折扣方式出售的低利率附息债券提供的收益有两种形式：息票利息和资本收益。在美国，这两种收入都被当作普通收入进行征税，但是对于后者的征税可以迟到债券出售或到期时才进行。这种推迟就表明大额折价债券具有一定的税收利益。在其他条件相同的情况下，这种债券的税前收益率必然略低于高利附息债券，也就是说，低利附息债券比高利附息债券的内在价值要高。

（4）流通性。流通性是指债券可以迅速出售而不会发生实际价格损失的能力。如果某种债券按市价卖出很困难，持有者会因该债券的市场性差而遭受损失，这种损失包括较高的交易成本以及资本损失，这种风险也必须在债券的定价中得到补偿。因此，流通性好的债券与流通性差的债券相比，具有较高的内在价值。

（5）发债主体的信用。发债主体的信用是指债券发行人按期履行合约规定的义务、足额支付利息和本金的可靠性程度，又称信用风险或违约风险。一般来说，除政府债券以外，一般债券都有信用风险，只不过风险大小有所不同而已。信用越低的债券，投资者要求的到期收益率就越高，债券的内在价值也就越低。

2. 影响债券投资价值的外部因素

（1）基础利率。基础利率是债券定价过程中必须考虑的一个重要因素，在证券的投资价值分析中，基础利率一般是指无风险债券利率。政府债券可以看作是现实中的无风险债券，它风险最小，收益率也最低。一般来说，银行利率应用广泛，债券的收益率也可参照银行存款利率来确定。

（2）市场利率。市场利率风险是各种债券都面临的风险。在市场总体利率水平上升时，债券的收益率水平也应上升，从而使债券的内在价值降低；反之，在市场总体利率水平下降时，债券的收益率水平也应下降，从而使债券的内在价值增加。并且，市场利率风险与债券的期限相关，债券的期限越长，其价格的利率敏感度也就越大。

（3）其他因素。影响债券定价的外部因素还有通货膨胀水平以及外汇汇率风险等。通货膨胀的存在可能会使投资者从债券投资中实现的收益不足以抵补由于通货膨胀而造成的购买力损失。当投资者投资于某种外币债券时，汇率的变化会使投资者的未来本币收入受到贬值损失。这些损失的可能性也都必须在债券的定价中得到体现，使其债券的到期收益率增加，债券的内在价值降低。

（四）债券投资的收益

债券投资的收益一般通过债券收益率进行衡量和比较。债券收益率是指在一定时期内，一定数量的债券投资收益与投资额的比率，通常用年率来表示。由于投资者所投资债券的种类和中途是否转让等因素的不同，收益率的概念和计算公式也有所不同。

1. 名义收益率，又称票面收益率，是票面利息与面值的比率，其计算公式是

名义收益率 = 票面利息 / 面值 × 100%

例1：某债券面值为 1 000 元，票面利息为每年 50 元，则名义收益率 = 50/1 000 = 5%。

名义收益率没有考虑债券市场价格对投资者收益产生的影响，衡量的仅是债券发行人每年支付利息的货币金额，一般仅供计算债券应付利息时使用，而无法准确衡量债券投资的实际收益。

2. 即期收益率，也称当期收益率，是指债券的年利息收入与买入债券的实际价格之比。其计算公式为

即期收益率 = 每年利息收益 / 债券购入价格 × 100%

例2：假定某投资者按940 元的价格购买了面额为 1 000 元、票面利率为 10%、

剩余期限为 6 年的债券，那么该投资者的当前收益率 $= \dfrac{1\,000 \times 10\%}{940} \times 100\% =$ 10.64% 。

即期收益率反映的是以现行价格购买债券时，通过按债券票面利率计算的利息收入而能够获得的收益，但并未考虑债券买卖差价所能获得的资本利得收益，因此，也不能全面反映债券投资的收益。

3. 持有期收益率，是指从买入债券到卖出债券期间所获得的年平均收益（包括当期发生的利息收益和资本利得）与买入债券实际价格的比率。其计算公式为

持有期收益率$= \dfrac{每年利息收益 + （债券卖出价格 - 债券买入价格）\div 持有年限}{债券买入价格} \times 100\%$

例3：某公司发行债券面额为 1 000 元，期限为 5 年，票面利率为 10%，单利计息，每满一年付息一次，现以 950 元发行价格向社会公众公开发行，若投资者在认购后持至第 3 年末以 995 元市价出售，求该投资者的持有期收益率。

$$持有期收益率 = \frac{1\,000 \times 10\% + (995 - 950) \times \dfrac{1}{3}}{950} \times 100\% = 12.11\%$$

持有期收益率不仅考虑到了债券所支付的利息收入，而且还考虑到了债券的购买价格和出售价格，从而考虑到了债券的资本损益，因此，比较充分地反映了实际收益率。但是，由于出售价格只有在投资者实际出售债券时才能够确定，是一个事后衡量指标，在事前进行投资决策时只能主观预测出售价格，因此，这个指标在作为投资决策的参考时，具有很强的主观性。

4. 到期收益率，是指以特定价格购买债券并持有至到期日所能获得的收益率。它是使未来现金流量现值等于债券购入价格的折现率。设每年付息，期终还本，还有 n 年到期的国库券，其面值为 P，按票面利率每期支付的利息为 C，当前的市场价格为 P_m，到期收益率为 y，则 y 可根据公式（4-1）和公式（4-2）算出近似值。

$$P_m = \frac{C}{1+y} + \frac{C}{(1+y)^2} + \cdots + \frac{C}{(1+y)^n} + \frac{P}{(1+y)^n} \qquad (4-1)$$

公式（4-1）可简化为

$$P_m = C \cdot \frac{1 - (1+y)^{-n}}{y} + \frac{P}{(1+y)^n} \qquad (4-2)$$

到期收益率相当于投资人按照当前市场价格购买债券并且一直持有到期满时可以获得的年平均收益。它的存在使不同期限从而有不同现金流状态的债券收益具有可比性。

到期收益率取决于债券面额、债券的市场价格、票面利率和债券期限。不过，在债券偿还期内，面额、票面利率和期限是不会变化的（除非是浮动利率债券的票面利率可变）。因此，影响到期收益率变化的基本因素就是债券的市场价格。有太多的事情会影响债券价格波动：中央银行的再贴现率的调整、债券发行人的资质状况、通货膨胀预期、债券剩余期限、股票市场价格波动，乃至政局、战争，等等。由于债券价格变化直接引起债券到期收益率的变化，因此，债券到期收益率几乎就

是债券价格的另一副面孔。有不少债券市场直接用到期收益率对债券标价，交易人员则按照到期收益率而不是债券价格进行交易。

第四节　股票市场

股票市场是股票发行和进行转让、买卖和流通的市场，包括股票发行市场和流通市场两部分。

一、股票发行市场

股票发行市场是指发生股票从规划到销售的全过程，是资金需求者直接获得资金的市场。

（一）股票发行的条件

根据《中华人民共和国公司法》、《中华人民共和国证券法》和《上市公司证券发行管理办法》的规定，股票发行人必须是具有股票发行资格的股份有限公司。股份有限公司包括已经成立的股份有限公司和经批准拟成立的股份有限公司。

1. 股票公开发行的条件

（1）公司的生产经营符合国家产业政策。

（2）公司发行的普通股只限一种，同股同权。

（3）发起人认购的股本数额不少于公司拟发行的股本总额的35%。

（4）在公司拟发行的股本总额中，发起人认购的部分不少于3 000万元人民币，但是国家另有规定的除外。

（5）向社会公众发行的部分不少于公司拟发行的股本总额的25%，其中公司职工认购的股本数额不得超过拟向社会公众发行的股本总额的10%；公司拟发行的股本总额超过4亿元人民币的，证监会按照规定可酌情降低向社会公众发行的部分的比例，但是，最低不少于公司拟发行的股本总额的15%。

（6）发行人在近3年内没有重大违法行为。

（7）证券委规定的其他条件。

2. 创业板股票公开发行的条件

2009年1月21日中国证券监督管理委员会通过的《首次公开发行股票并在创业板上市管理暂行办法》规定的主要内容：

（1）发行人的注册资本已足额缴纳，发起人或者股东用作出资的资产的财产权转移手续已办理完毕。发行人的主要资产不存在重大权属纠纷。

（2）发行人应当主要经营一种业务，其生产经营活动符合法律、行政法规和公司章程的规定，符合国家产业政策及环境保护政策。

（3）发行人最近两年内主营业务和董事、高级管理人员均没有发生重大变化，实际控制人没有发生变更。

（4）最近两年连续盈利，最近两年净利润累计不少于1 000万元，且持续增长；或者最近一年盈利，且净利润不少于500万元，最近一年营业收入不少于5 000万元，最近两年营业收入增长率均不低于30%，净利润以扣除非经常性损益前后孰低者为计算依据。

（5）最近一期末净资产不少于 2 000 万元，且不存在未弥补亏损。

（6）发行后股本总额不少于 3 000 万元。

（二）股票发行的原则

股票的发行、交易活动，必须实行公开、公平、公正的原则。这就是通常说的"三公原则"。

1. 公开原则：是指股票的发行、交易的信息要公开披露。股票发行人发行证券时要披露发行人的基本信息，经营、财务、管理等情况，让投资者在了解真实情况的基础上作出决策。发行后，还要按规定定时或及时公开信息。公开信息必须真实、准确、完整，不得有虚假陈述、重大遗漏或者误导性陈述。

2. 公平原则：是指股票市场的各个参与者在法律上享有平等地位，不受到歧视，在证券交易中有平等的机会，公平参加竞争。

3. 公正原则：是在监管中，按照统一的规则，监管部门公正对待市场参与者，同样保护他们的合法权益，让他们同等享受权利和承担责任。

（三）股票发行的价格

股票发行价格是指股份有限公司出售新股票的价格。

1. 股票发行价格的种类

当股票发行公司计划发行股票时，就需要根据不同情况，确定一个发行价格以推销股票。

（1）平价发行：也称面值发行，即按股票的票面金额为发行价格。采用股东分摊的发行方式时一般按平价发行，不受股票市场行情的左右。由于市价往往高于面额，因此以面额为发行价格能够使认购者得到因价格差异而带来的收益，使股东乐于认购，又保证了股票公司顺利地实现筹措股金的目的。

（2）溢价发行：也称时价发行，即不是以面额，而是以流通市场上同类股票价格（时价）为基础确定发行价格，这种价格一般都是时价高于票面额，二者的差价称溢价，就是以同样的股份可以筹集到比按票面金额计算的更多的资金，从而增加了公司的资本，因此，以超过票面金额发行股票所得溢价款列入公司资本公积金，表现为公司股东的权益，即所有权归属于投资者。

（3）折价发行：即发行价格低于股票面额，是打了折扣的。折价发行有两种情况。

一种是优惠性的，通过折价使认购者分享权益。例如公司为了充分体现对现有股东优惠而采取搭配增资方式时，新股票的发行价格就为票面价格的某一折扣，折价不足票面额的部分由公司的公积金抵补。

另一种情况是该股票行情不佳，发行有一定困难，发行者与推销者共同议定一个折扣率，以吸引那些预测行情要上浮的投资者认购。由于各国一规定发行价格不得低于票面额，因此，这种折扣发行需经过许可方能实行。

根据《中华人民共和国公司法》和《中华人民共和国证券法》的规定，股票发行价格可以等于票面金额，也可以超过票面金额，但不得低于票面金额。

2. 影响股票发行价格的因素

（1）股份公司净资产：又称"账面价值"，指每股股票所含的实际资产价值，是支撑股票发行价格的物质基础，同时也代表公司解散时股东可分得的权益。是衡量企业股票的含金量高低的指标。

（2）盈利水平：公司的税后利润水平直接反映了一个公司的经营能力和上市时的价值，每股税后利润的高低直接关系着股票发行价格。

（3）发展潜力：公司经营的增长率（特别是盈利的增长率）和盈利预测是关系股票发行价格的又一重要因素。在总股本和税后利润量既定的前提下，公司的发展潜力越大，未来盈利趋势越确定，市场所接受的发行市盈率也就越高，发行价格也就越高。

（4）发行数量：一般情况下，若股票发行的数量较大，为了能保证销售期内顺利地将股票全部出售，取得预定金额的资金，价格应适当定得低一些；若发行量小，考虑到供求关系，价格可定得高一些。

（5）行业特点：发行公司所处行业的发展前景会影响到公众对本公司发展前景的预期，同行业已经上市企业的股票价格水平，剔除不可比因素以后，也可以客观地反映本公司与其他公司相比的优劣程度。

（6）二级市场的环境：二级市场的股票价格水平直接关系到一级市场的发行价格。在制定发行价格时，要考虑到二级市场股票价格水平在发行期内的变动情况。同时，发行价格的确定要有一定的前瞻性，要给二级市场的运作留有适当的余地。

3. 股票发行价格的确定

（1）市盈率法：市盈率又称本益比（P/E），是指股票市场价格与盈利的比率，它是衡量企业股票价格高低的指标。计算公式为

$$市盈率 = 股票市价 / 每股收益$$
$$每股收益 = 税后利润 / 股份总额$$
$$发行价格 = 每股收益 \times 发行市盈率$$

通过市盈率法确定股票发行价格，首先应根据注册会计师审核后的盈利预测计算出发行人的每股收益；然后可根据二级市场的平均市盈率、发行人的行业情况（同类行业公司股票的市盈率）、发行人的经营状况及其成长性等拟定发行市盈率，最后依发行市盈率与每股收益之乘积决定发行价格。

我国主板市场采取这种方法计算股票的发行价格，股票发行市盈率大约 30 倍左右。

（2）竞价确定法：股票发行价格通过上网竞价发行确定。

我国 2005 年 1 月 1 日起，股票发行价格采取询价的方式确定发行价格。询价发行就是首次公开发行股票的公司（以下简称发行人）及其保荐机构应通过向询价对象询价的方式确定股票发行价格。

由于在此种方式下，机构大户易于操纵发行价格，因此，我国股票发行价格的确定还需进一步改革和完善。

（3）净资产倍率法：净资产倍率法又称资产净值法（Net Value of Assets），指通过资产评估（物业评估）和相关会计手段确定发行人拟募股资产的每股净资产值，然后根据证券市场的状况将每股净资产值乘以一定的倍率或一定折扣，以此确

定股票发行价格的方法。其公式是

发行价格 = 每股净资产值 × 溢价倍率(或折扣倍率)

这种发行价格的确定方法在国内一直未曾采用。

（4）现金流量折现法：现金流量折现法通过预测公司未来盈利能力，据此计算出公司净现值，并按一定的折扣率折算，从而确定股票发行价格。该方法首先是用市场接受的会计手段预测公司每个项目未来若干年内每年的净现金流量，再按照市场公允的折现率，分别计算出每个项目未来的净现金流量的净现值。公司的净现值除以公司股份数，即为每股净现值。由于未来收益存在不确定性，发行价格通常要对上述每股净现值折让20% ~ 30%。

国际主要股票市场对新上市公路、港口、桥梁、电厂等基建公司的估值和发行定价一般采用现金流量折现法。这类公司的特点是前期投资大，初期回报不高，上市时的利润一般偏低，如果采用市盈率法发行定价则会低估其真实价值，而对公司未来收益（现金流量）的分析和预测能比较准确地反映公司的整体和长远价值。

4. 股票的发行方式

根据2009年9月17日证监会37号令《证券发行与承销管理办法》，IPO股票发行主要采用网上资金申购定价发行与网下向询价对象询价配售相结合的方式。

（1）网上资金申购定价发行方式：是指主承销商利用证券交易所的交易系统发行所承销的股票，投资者在指定的时间内以确定的发行价格通过与证券交易所联网的各证券营业网点进行委托申购股票的一种发行方式，投资者在进行委托申购时应全额缴纳申购款项。

上海证券交易所申购单位为1 000股，每一证券账户申购委托不少于1 000股，超过1 000股的必须是1 000股的整数倍；深圳证券交易所申购单位为500股，每一证券账户申购委托不少于500股；超过500股的必须是500股的整数倍。

网上资金申购每一个股票账户不得申购超过主承销商在发行公告中确定的申购上限（申购上限原则上不超过网上发行总量的千分之一），且不超过999 999 500股。

（2）网下向询价对象询价配售：是主承销商借助交易所网下发行电子平台和登记结算公司登记结算平台进行的网下发行。

我国规定，发行人向参与累计投标询价的询价对象配售股票，公开发行数量在4亿股以下的，配售数量应不超过本次发行总量的20%；公开发行数量在4亿股以上（含4亿股）的，配售数量应不超过本次发行总量的50%。

二、股票流通市场

流通市场是已发行股票进行转让的市场，又称"二级市场"。流通市场一方面为股票持有者提供随时变现的机会，另一方面又为新的投资者提供投资机会。与发行市场的一次性行为不同，在流通市场上股票可以不断地进行交易。

（一）股票上市的条件

《中华人民共和国证券法》第五十条规定，股份有限公司申请股票上市，应当符合下列条件：

1. 股票经国务院证券监督管理机构核准已公开发行。

2. 公司股本总额不少于人民币 3 000 万元。

3. 公开发行的股份达到公司股份总数的 25% 以上；公司股本总额超过人民币 4 亿元的，公开发行股份的比例为 10% 以上。

4. 公司最近三年无重大违法行为，财务会计报告无虚假记载。

此外，股份有限公司首次股票公开发行上市还应符合《首次公开发行股票并上市管理办法》中的相关规定。

（二）股票交易的方式

1. 场内交易：证券交易所内的集中和有组织股票交易，是股票交易的基本形式。

（1）证券交易所的含义：证券交易所是为股票的集中和有组织交易提供交易场所和设施，并履行相关责任的金融中介机构，是专门进行有价证券集中交易的场所，证券交易采用经纪制，即由投资人委托经纪商或交易商代理买卖证券。

我国 1990 年 11 月建立上海证券交易所，1991 年 7 月建立深圳证券交易所。

（2）证券交易所的组织形式：证券交易所采取两种组织形式。

一是公司制。其交易所按股份制原则设立，以盈利为目的，收取证券商营业保证金、发行企业证券上市费及证券成交佣金。交易所提供场所和服务，由登记注册的证券商进行买卖。

二是会员制。由证券商共同出资设立的，出资者即成为交易所的成员，只有会员才能进行参加交易，交易所由会员自制，是不以营利为目的的事业法人。

目前世界各国的交易所多采用会员制。我国上海证券交易所和深圳证券交易所均为会员制的非营利性的事业法人。会员大会为最高权力机构，理事会为日常事务决策机构，并设有监事会。

2. 场外交易：是相对于证券交易所而言的，凡是在交易所外的交易活动皆称场外交易市场，包括柜台交易市场、第三交易市场、第四交易市场。场外交易市场没有固定集中场所，规模有大有小，由自营商组织交易。

3. 股票交易价格的确定：股票交易价格也称股票行市，是指股票在市场交易中实际成交的价格，股票的交易价格有理论交易价格和实际交易价格之分。

（1）股票的理论交易价格。股票代表的是持有者的股东权。这种股东权的直接经济利益，表现为股息、红利收入。股票的理论价格，就是为获得这种股息、红利收入的请求权而付出的代价，是股息资本化的表现。股票的理论价格公式为

股票理论交易价格 = 预期股利率 × 面值 / 市场利息率 = 预期股利收入 / 市场利率

根据理论公式举例说明：某种股票的票面金额为 1 元，预期股利收入为 0.12 元，当市场利率为 6% 时，该股票理论行市为

$$股票的理论价格 = 0.12/6\% = 2（元）$$

这是股票交易的理论价格，它是在只考虑股利收入和市场利率的条件下得出的，实际的股票交易价格影响的因素是很多的。

（2）股票的实际交易价格。在证券市场上，决定股票交易价格的因素很复杂，在实际交易中股票价格受多种因素的影响。每股税后利润、每股净资产、股票市盈率、股票市净率都是制约股票交易价格的核心因素，国际国内宏观经济、经济周期、

经济政策，甚至一个突发事件、政治、军事等因素都会引起股价的波动。

4. 股票流通市场的基本概念。

（1）股票的票面价值：是股份公司在所发行的股票上标明的票面金额，它以元为单位，其作用是用来表明每一张股票所包含的资本数额，股票面值越小，股票发行的越分散，企业越不容易被控股。

股票的票面价值 = 企业股票发行总额/企业股票发行总数

（2）股票的账面价值：又称股票净值或每股净资产，指每股股票所含的实际资产价值，是支撑股票市场价格的物质基础，同时也代表公司解散时股东可分得的权益，通常被认为是股票价格下跌的底线，是衡量企业股票的含金量高低的指标。

股票净资产 = 企业净资产总额/企业股票发行总数

（3）股票的清算价值：是公司清算时每一股份所代表的实际价值。

（4）股票的内在价值：股票的内在价值即理论价值，也即股票未来收益的现值。股票的内在价值决定股票的市场价格。股票的市场价格总是围绕股票的内在价值波动。

（5）每股股票的税后利润：又称每股盈利 = 企业税后利润总额/企业股票发行总数，例如，一家上市公司当年税后利润是 2 亿元，公司总股数有 10 亿股，那么，该公司的每股税后利润为 0.2 元（即 2 亿元/10 亿股），是衡量企业盈利能力高低的指标。

每股税后利润突出了分摊到每一份股票上的盈利数额，是股票市场上按市盈率定价的基础。如果一家公司的税后利润总额很大，但每股盈利却很小，表明它的经营业绩并不理想，每股价格通常不高；反之，每股盈利数额高，则表明公司经营业绩好，往往可以支持较高的股价。

（6）股票市盈率：市盈率是某种股票每股市价与每股盈利的比率。它是衡量企业股票的二级市场价格高低的指标。

市盈率 = 股票二级市场的价格/股票的每股税后利润

市盈率是估计普通股价值的最基本、最重要的指标之一。一般认为该比率保持在 20～30 之间是正常的，过小说明股价低、风险小，值得购买；过大则说明股价高、风险大，购买时应谨慎。但高市盈率股票多为热门股，低市盈率股票可能为冷门股。

市盈率分为动态市盈率和静态市盈率两种。

①静态市盈率就是简单地将股价除以年报每股收益，这是大家都知道的计算方法。

②动态市盈率的计算方法比较复杂，有两种计算方法：

目前的静态市盈率（不管是季度，还是年末计算）其实对于价值投资者而言作用不太大。如果该股票动态系数非常小，那么当前也可以享受非常高的市盈率。而如果动态系数非常大，那么当前非常低的市盈率也不应该享受。

总之，当年的市盈率不管从第一季度，还是到最终年末，其实都属于"静态市盈率"。而这种静态市盈率并不能帮助我们判断股票价值是否低估，或者高估。最终动态市盈率的得出，需要对企业未来利润增长情况进行预测。

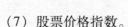

（7）股票价格指数。

①股票价格指数的含义。所谓股票价格指数，是报告期的股票价格与某一基期的股票价格相比较得出的相对数，是由证券交易所或金融服务机构通过对股票市场上一些有代表性的公司发行的股票价格，进行平均计算和动态对比后编制的表明股票行情变动的一种指示数字。它是衡量整个股票市场的股票价格总体水平和市场交易状况的一个指标，帮助投资者掌握股市现状和分析判断股市变动趋势的非常重要的尺度和信号。计算公式为

$$股票价格指数 = \frac{\sum 报告其每种股票的价格 \times 每种股票的数量}{\sum 基期每种股票的价格 \times 每种股票的数量} \times 基期指数$$

股票市场第一天开盘的基期指数由证券交易所制定。

②股票价格指数的作用。

a. 它是反映股市行情指示器。股票价格指数是表明股市变动的重要指标。通过它，人们可以了解不同国家和地区各个时期的股市变动的情况。

b. 它为投资者提供了必不可少的信息。投资者在进行股票投资时，要考虑整个股市的变化情况，股价指数为他们把握投资机会，选择投资对象提供了依据。

c. 它是整个经济的"晴雨表"。股价指数在编制时，一般都选择当地有代表性、实力雄厚的上市公司的股票作为样本，用这些公司的股价变动反映股市的股价水平，而这些公司的经营业绩又反映了该国家或地区的经济状况，故股价指数是观察分析经济的重要参考依据。

③国际主要股票价格指数。

a. 美国道·琼斯股票价格指数，由美国道·琼斯公司编制，历史久，影响大，它以1928年10月1日为基期，开盘基期指数是100点。

b. 英国金融时报指数，是由英国经济界最著名的报纸——《金融时报》编制和公布的，用以反映英国伦敦证券交易所行情变动的一种股票指数。它从伦敦证券交易所挂牌的近万种股票中选取最佳工商业30种股票作为计算对象，1935年7月1日是基期，开盘基期指数是100点。

c. 恒生股票价格指数，由香港恒生银行于1969年11月24日编制并公布，反映香港股票行市变动的股票价格指数，以银行和房地产股票价格指数为主要计算依据，开盘基点指数是100点。

④我国的股票价格指数。

a. 上证综合指数：上海证券交易所股票价钱综合指数是上海证券交易所于1991年7月15日开端编制和颁布的，以1990年12月19日为基期，开盘基期指数为100点，以全部的上市股票为样本，采用派许加权方法，以股票发行量为权数进行加权计算。

上海证券交易所以上证综合指数为标准。

b. 深证综合指数：深证综合指数由深圳证券交易所于1991年4月4日发布。它以1991年4月3日为基期，开盘基期指数为100点，采取基期的总股本为权数计算编制。该指数以所有上市股票为采样股，当有新股上市时，在其上市后第二天纳

入采样股计算。

c. 上证成分股指数指数：上证成分股指数简称 180 指数，是在对上证 30 指数调整的基础上产生的。上证成分股指数采用经调整后的 180 种股票为样本，以样本股调整股本为权数，并采用流通股本占总股本比例分级靠档的方法，采用派许加权综合指数法计算。上证成分股指数基期为 2002 年 6 月 28 日，2007 年 7 月 1 日正式发布。

d. 深证成分股指数：深证成分股指数由深圳证券交易所从 1995 年 1 月 3 日开端编制，并于同年 2 月 20 日实时对外宣布。成分股指数以 40 家公司为样本，以流通股数为权数，以 1994 年 7 月 20 日为基期，开盘基期指数为 1 000 点。

深圳证券交易所以深证成分指数为标准。

e. 沪深 300 指数：沪深 300 指数是由上海证券交易所和深圳证券交易所联合出资设立的中证指数有限公司负责编制和发布的，该指数是从上海和深圳证券市场中选取 300 只 A 股作为样本编制而成的成分股指数，其样本覆盖了沪深两市近六成左右的市值，具有良好的市场代表性，同时该指数也是沪深证券交易所首次联合发布的用以反映 A 股市场整体走势的指标，有利于投资者全面把握我国股票市场总体运行状况。

它是我国 2010 年 4 月 16 日开市的股指期货市场操作的目标。

沪深 300 指数是以 2004 年 12 月 31 日为基期，开盘基期指数为 1 000 点，2005 年 4 月 8 日公布，其计算是以调整股本为权重，采用派许加权综合价格指数公式进行计算。

第五节　证券投资基金市场

证券投资基金市场是证券投资基金的发行和进行转让、买卖和流通的市场，包括证券投资基金的发行市场和流通市场两部分。

一、证券投资基金的发行市场

（一）证券投资基金的设立条件

世界上各个国家和地区对基金的发起设立都有一定的资格要求和限制，只有符合一定资格条件的人才能作为发起人，向监管当局申请发起设立基金。

不同的国家对发起人的要求程度也不一样，如在英国，由于基金发展历史较长、法规完善、行业自律组织比较发达，因此对发起人的要求也相对宽松，只要求发起人是基金行业协会的会员。

按照我国 2013 年 6 月 1 日起施行《中华人民共和国证券投资基金法》规定，设立管理公开募集基金的基金管理公司，应当具备下列条件，并经国务院证券监督管理机构批准：

（1）有符合本法和《中华人民共和国公司法》规定的章程；

（2）注册资本不低于一亿元人民币，且必须为实缴货币资本；

（3）主要股东应当具有经营金融业务或者管理金融机构的良好业绩、良好的财务状况和社会信誉，资产规模达到国务院规定的标准，最近三年没有违法记录；

（4）取得基金从业资格的人员达到法定人数；

（5）董事、监事、高级管理人员具备相应的任职条件；

（6）有符合要求的营业场所、安全防范设施和与基金管理业务有关的其他设施；

（7）有良好的内部治理结构、完善的内部稽核监控制度、风险控制制度；

（8）法律、行政法规规定的和经国务院批准的国务院证券监督管理机构规定的其他条件。

（二）封闭式投资基金的发行

1. 封闭式基金的发行方式

采用封闭式运作方式的基金，是指基金份额总额在基金合同期限内固定不变，基金份额持有人不得申请赎回的基金。按照发行对象和发行范围的不同，基金的发行方式可以分为公募和私募两种形式。

公募发行是指以公开的形式向广大的社会公众发行基金的方式。发行的对象包括个人投资者和机构投资者。

私募发行是指基金发起人面向少数特定的投资者发行基金的方式。由于私募发行的对象特定，发行的费用较低。在这种发行方式中，基金发起人承担全部募集基金的工作。一般来讲，主管机关对私募的监管比较宽松，不必公开招募文件。

2. 封闭式基金的发行价格

证券投资基金的发行价格是指投资者购买基金证券的单价。在我国，封闭式基金的发行主要采用上网定价发行的方式，其发行价格（不包括基金的销售费用）主要由两部分组成。

从证券投资基金发行价格的组成部分来看，其主要是由基金面值、基金的发行与募集费用以及基金的销售费用三部分组成。根据基金的发行价格与基金面值的关系，基金的发行可分为溢价发行、平价发行、折价发行。

3. 封闭式基金的发行费用

封闭式基金的发行费用是指发行基金份额而向投资者收取的费用。按照我国目前的发行方式，有关发行费用的规定内容如下：

上网定价发行手续费由上交所、深交所按实际认购基金成交金额的1%提取。

4. 封闭式基金的发行期限

封闭式基金在发行时，除了规定发行价、发行对象、申购方法、认购手续费、最低认购额外，还需要规定基金的发行总额和发行期限。一旦发行总额认满，不管是否到期，基金就地进行封闭，不能再接受认购申请。

按照我国2013年6月1日起施行《中华人民共和国证券投资基金法》第五十九条规定：基金管理人应当自收到准予注册文件之日起六个月内进行基金募集。基金募集期限届满，封闭式基金募集的基金份额总额达到准予注册规模的百分之八十以上，开放式基金募集的基金份额总额超过准予注册的最低募集份额总额，并且基金份额持有人人数符合国务院证券监督管理机构规定的，基金管理人应当自募集期限届满之日起十日内聘请法定验资机构验资，自收到验资报告之日起十日内，向国务院证券监督管理机构提交验资报告，办理基金备案手续，并予以公告。

（三）开放式投资基金的发行

1. 开放式投资基金的发行方式

开放式证券投资基金的发行有柜台发行和网上两种途径。

（1）代销网点柜台发行是指投资者通过代销机构购买基金单位。代销机构由商业银行、保险公司、证券公司及金融咨询机构等担任。一般来说，大多数基金会选择一家机构作为代理承销商，由其通过不同渠道销售基金单位。

（2）网上发行。包括银行网上发行、基金公司网上发行、证券公司网上发行和证券公司网上交易系统发行。

2. 开放式投资基金的发行价格

投资者在开放式基金募集期间，基金尚未成立时购买基金单位的过程称为认购。通常认购价为基金单位面值（1元）加上一定的销售费用。基金初次发行时一般会对投资者有费率上的优惠。投资者在认购基金时，应在基金销售点填写认购申请书，交付认购款项，注册登记机构办现有关手续并确认认购。

3. 开放式投资基金的发行期限

开放式证券投资基金也有发行期的限定，在限定期限内不能完成募集到成立基金的最低规模要求，则该基金不得成立，基金发起人必须承担发行费用并退回投资者认购的资金和相应利息。

新《中华人民共和国证券投资基金法》第五十八条规定：基金管理人应当自收到准予注册文件之日起六个月内进行基金募集。超过六个月开始募集，原注册的事项未发生实质性变化的，应当报国务院证券监督管理机构备案；发生实质性变化的，应当向国务院证券监督管理机构重新提交注册申请。

基金募集不得超过国务院证券监督管理机构准予注册的基金募集期限。基金募集期限自基金份额发售之日起计算。

二、证券投资基金的流通市场

（一）基金份额上市交易的条件

新《中华人民共和国证券投资基金法》第六十三条规定，基金上市交易应符合以下条件：

①符合基金法规定；

②基金合同期限为五年以上；

③基金募集金额不低于2亿元人民币；

④基金份额持有人不少于1 000人；

⑤基金份额上市交易规则规定的其他条件。

（二）封闭式投资基金的流通市场

封闭式证券投资基金成功发行并完成资金募集后，经国务院证券监督管理机构核准，即可宣告成立并上市交易。在我国，同买卖股票一样，投资者可通过证券营业部委托申报或通过无形报盘、电话委托申报买卖基金单位。

（三）开放式投资基金的流通市场

1. 开放式投资基金的交易方式。投资者在进行开放式证券投资基金交易中的行为可分为五种：认购、申购、赎回、转换和变更。

认购主要是指开放式基金募集发行时，投资者的购买行为；

申购主要是指基金上市后的购买行为；

赎回是基金上市后的卖出行为；

转换是指不同基金之间基金单位的转变，如投资者在伞形结构下进行基金之间的转换或在不同系列基金之间的转换；

变更是指投资者的非交易过户行为，如继承、捐赠、司法执行等原因导致受益人的改变等。其中，申购与赎回是最基本的交易行为。

2. 开放式投资基金的交易价格。开放式基金的定价主要由其单位净值决定，因此开放式投资基金估值技术或是原则就会对开放式基金的定价产生很大的影响。

（1）单位基金资产净值。

$$单位基金资产净值 = （总资产 - 总负债）/ 基金单位总数$$

（2）基金申购价格和赎回金额的确定。开放式基金的报价一般分为申购价或卖出价和赎回价或买入价。

基金申购价格均高于赎回价，因为基金申购价格中要在单位基金净资产的基础上加上一定的手续费，而基金赎回价格则要在单位基金净资产基础上减去一定的手续费。

三、证券投资基金管理人的管理费

（一）基金管理费含义

基金管理费是支付给基金管理人的管理报酬，其数额一般按照基金净资产值的一定比例，从基金资产中提取。

基金管理人是基金资产的管理者和运用者，对基金资产的保值和增值起着决定性的作用。因此，基金管理费收取的比例比其他费用要高。基金管理费是基金管理人的主要收入来源，基金管理人的各项开支不能另外向基金或基金公司摊销，更不能另外向投资者收取。

（二）基金管理费费率及提取

1. 计提标准

基金管理费费率通常与基金规模成反比，与风险成正比。基金规模越大，基金管理费费率越低；基金风险程度越高，基金管理费费率越高。

目前我国封闭式基金都是股票基金，均按照 1.5% 的比例计提基金管理费；开放式基金分为股票基金和债券基金，股票基金的管理费费率为 1% ~ 1.5% ，债券基金的管理费费率通常低于 1% 。

2. 计提方法和支付方式

基金管理费通常按照基金资产净值的一定比例逐日计提。在我国，基金管理费是按前一日基金资产净值的一定比例逐日计提，定期支付。

目前，我国基金管理人的管理费每日计提并累计，按月支付。由基金托管人于次月数个工作日内从基金资产中一次性支付给基金管理人，若遇法定节假日、休息日等，支付日期顺延。具体支付的时间要求在基金契约中列明。计算方法如下：

$$H = \frac{E \cdot R}{365}$$

式中：H 为每日计提的管理费；E 为前一日的基金资产净值；R 为管理费提取比例。

按照我国有关规定，基金成立三个月后，如基金持有现金比例高于基金资产净值的20%，超过部分不计提管理费。

四、证券投资基金的扩募或续期、终止与清算

（一）封闭式基金的扩募或续期

封闭式基金只要具备国家证券监管部门规定或基金契约规定的条件，则可以进行扩募或续期。新《中华人民共和国证券投资基金法》第八十条规定，封闭式基金扩募或者延长基金合同期限，应当符合下列条件：

①基金运营业绩良好；

②基金管理人最近二年内没有因违法违规行为受到行政处罚或者刑事处罚；

③基金份额持有人大会决议通过；

④本法规定的其他条件。

（二）封闭式基金的终止

出现下列情形之一时，基金合同终止：

（1）基金封闭期满，未被批准续期的；

（2）基金持有人大会决定终止的；

（3）基金管理人、基金托管人职责终止，在六个月内没有新基金管理人、新基金托管人承接的；

（4）基金合同约定的其他情形。

（三）开放式基金的终止

开放式基金因不具有封闭期，因此导致开放式基金的终止因素也就不尽相同，我国大部分基金在契约中都对基金的终止条件进行了约定。

一般来说，当出现下列情形之一时，开放式基金应当终止：

（1）存续期内，基金持有人数量连续60个工作日达不到100人，或连续60个工作日基金资产净值低于5 000万元人民币，基金管理人将宣布基金终止；

（2）基金经持有人大会表决终止的；

（3）因重大违法、违规行为，基金被中国证监会责令终止的；

（4）基金管理人因解散、破产、撤销等事由，不能继续担任本基金管理人的职务，而无其他适当的基金管理人承担其原有权利及义务；

（5）由于投资方向变更引起的基金合并、撤销；

（6）中国证监会允许的其他情况。

基金终止，应当按法律法规和本基金契约的有关规定对基金进行清算。

（四）证券投资基金清算

基金合同终止时，基金管理人应当组织清算组对基金财产进行清算。不论是封

闭式基金还是开放式基金，在基金终止时，都要组织清算小组，按一定的清算程序，将基金资产进行处置。清算后的剩余基金财产，应当按照基金份额持有人所持份额比例进行分配。

第六节 金融期货市场与期权市场

一、金融期货市场

金融期货合约（Financial Futures Contracts）是指协议双方同意在约定的未来某一时间（交割日）按约定的条件（包括价格、交割地点、交割方式）买入或卖出一定标准数量的某种金融工具的标准化协议。

金融期货交易（Financial Futures Transaction）是集中交易标准化金融期货合约的交易方式。即交易双方在高度组织化的有严格规则的金融期货交易所通过公开竞价方式买卖金融期货合约并根据合约规定的条款约定在未来特定日期或期间内，以事先约定的价格买入或卖出特定数量的某种金融资产的交易行为。金融期货交易的目的不是金融资产所有权，而是通过买卖金融期合约规避现货价格波动的风险。

（一）金融期货交易制度

金融期货交易有一定的交易规则，这些规则是期货交易正常进行的制度保证，也是期货市场运行机制的外在体现。

1. 集中交易制度：金融期货在期货交易所或证券交易所进行集中交易。期货交易所是专门进行期货合约买卖的场所，是期货市场的核心。期货交易所为期货交易提供交易场所和必要的交易设施，制定标准化的期货合约，为期货交易制定规章制度和交易规则，监督交易过程，控制市场风险，保证各项制度和规则的实施，提供期货交易的信息，承担着组织、监督期货交易的重要职能。

期货交易所一般实行会员制度（但近年出现了公司化倾向），只有交易所的会员才能直接进场进行交易，而非会员交易者只能委托属于交易所会员的期货经纪商参与交易。

2. 保证金制度：在金融期货交易中，买卖双方都有可能在最后结算时发生亏损，所以任何交易者必须按照其所买卖期货合约价值的一定比例（由交易所规定）缴纳资金，作为其履行期货合约的财力担保，然后才能参与期货合约的买卖，并视价格变动情况确定是否追加资金。这种制度就是保证金制度，所交的资金就是保证金（Margin，称之为"垫头"）。

保证金制度既体现了期货交易特有的"杠杆效应"，同时也成为交易所控制期货交易风险的一种重要手段。

在《沪深 300 股指期货合约》中，沪深 300 股指期货合约最低交易保证金定为合约价值的 12%。中金所有权根据市场风险情况进行调整。

3. 涨跌停板制度：是指期货合约在一个交易日中的成交价格不能高于或低于以该合约上一交易日结算价为基准的某一涨跌幅度，超过该范围的报价将视为无效，不能成交。在涨跌停板制度下，前一交易日结算价加上允许的最大涨幅构成当日价格上涨的上限，称为涨停板；前一交易日结算价减去允许的最大跌幅构成价格下跌的下限，称为跌停板。因此，涨跌停板又叫每日价格最大波动幅度限制。

涨跌停板制度的实施，可以有效地减缓和抑制突发事件和过度投机行为对期货价格的冲击，给市场一定的时间来充分化解这些因素对市场所造成的影响。涨跌停板制度与保证金制度相结合，对于保障期货市场的运转，稳定期货市场的秩序以及发挥期货市场的功能具有十分重要的作用。

我国沪深300股指期货涨跌停板的具体规定为：股指期货合约的涨跌停板幅度为上一交易日结算价的 ±10%，合约最后交易日涨跌停板幅度为上一交易日结算价的 ±20%。

4. 对冲和交割机制：金融期货在到期日时必须平仓，结束其生命周期。交易者建仓之后可以选择两种方式了结金融期货合约。

（1）在最后交易日结束之前择机将买入的金融期货合约卖出，或将卖出的金融期货合约买回。即通过一笔数量相等、交割日期相同、方向相反的金融期货交易来冲销原有的期货合约，以此了结金融期货交易。这种买回已卖出合约，或卖出已买入合约的交易行为就叫对冲交易（Reversing Transactions）。大部分投资者一般都会以对冲的方式平仓。

（2）投资者保留合约至最后交易日并进行交割（Delivery）。交割分为实物交割和现金结算两种形式。实物交割制度是指交易所制定的、当金融期货合约到期时，交易双方将期货合约所载金融工具的所有权按规定进行转移，了结金融期货合约的制度。有些金融合约没有办法进行实物交割，只能采用现金形式交割，如股指期货。

期货合约设计成标准化的合约是为了便于交易双方在合约到期前分别做一笔相反的交易进行对冲，从而避免实物交收。标准化的合约和对冲机制使期货交易对套期保值者和投机者产生强大的吸引力，他们利用期货交易达到为自己的现货商品保值或从中获利的目的。实际上绝大多数的期货合约并不进行实物交割，通常在到期日之前即以对冲平仓的方式了结交易。

5. 结算所和每日无负债结算制度：结算所（Clearing House）是期货交易的专门清算机构，通常附属于交易所，但又以独立的公司形式组建。结算所通常也采取会员制。所有的期货交易都必须通过结算会员由结算机构进行，而不是由交易双方直接交收清算。

多头与空头互相持有对方的合约。相对于多头，结算所是合约的卖方；相对于空头，结算所是合约的买方。结算所有义务交割商品给多头并付钱给空头。这种机制使得结算所同时成为买卖的交易对手。也就成了所有成交合约的履约担保者，并承担了所有的信用风险，这样就可以省去成交双方对交易对手的财力、资信情况的审查，也不必担心对方是否会按时履约。这种结算制度使期货市场不存在潜在的信用风险，提高了期货市场的流动性和安全性。

结算所的职责是确定并公布每日结算价及最后结算价，负责收取和管理保证金，负责对成交的期货合约进行逐日清算，对结算所会员的保证金账户进行调整平衡，监督管理到期合约的实物交割以及公布交易数据等有关信息。

结算所实行无负债的每日结算制度，又称"逐日盯市"制度，结算是指根据交易结果和交易所有关规定对会员交易保证金、盈亏、手续费、交割货款和其他有关款项进行的计算、划拨。由于"逐日盯市"制度以 1 个交易日为最长的结算周期，对所有账户的交易头寸按不同到期日分别计算，并要求所有的交易盈亏都能及时结算，从而能及时调整保证金账户，将违约风险降至最低，最终控制市场风险。

6. 限仓制度和大户报告制度：限仓制度是交易所为了防止市场风险过度集中和防范操纵市场的行为，而对交易者持仓数量加以限制的制度。根据不同的目的，限仓可以采取根据保证金数量规定持仓限额、对会员的持仓量限制和对客户的持仓量限制等几种形式。通常，限仓制度还实行近期月份严于远期月份、对套期保值者与投机者区别对待、对机构与散户区别对待、总量限仓与比例限仓相结合、相反方向头寸不可抵消等原则。

大户报告制度是交易所建立限仓制度后，当会员或客户的持仓量达到交易所规定的数量时，必须向交易所申报有关开户、交易、资金来源、交易动机等情况，以便交易所审查大户是否有过度投机和操纵市场行为，并判断大户的交易风险状况的风险控制制度。通常，交易所规定的大户报告限额小于限仓限额，所以大户报告制度是限仓制度的一道屏障，以防止大户操纵市场的违规行为。

限仓制度和大户报告制度是降低市场风险，防止人为操纵，提供公开、公平、公正市场环境的有效机制。

7. 强行平仓制度：是指当会员或客户的交易保证金不足并未在规定的时间内补足，或者当会员或客户的持仓量超出规定的、有操纵市场嫌疑的限额且未能在规定时限内自行平仓，或者当会员或客户违规、违约时，交易所为了防止风险进一步扩大，根据交易所的紧急措施实行强行平仓的制度。简单地说就是交易所对违规者的有关持仓实行平仓的一种强制措施。强行平仓结果应当符合交易所规定。

实施强行平仓制度时，首先，交易所以"强行平仓通知书"的形式向有关结算会员下达强行平仓要求。开市后，有关结算会员必须首先自行平仓，直至达到平仓要求；超过结算会员自行强行平仓时限而未执行完毕的，剩余部分由交易所直接执行强行平仓。强行平仓的价格通过市场交易形成。由会员执行的强行平仓产生的盈利仍归直接责任人；由交易所执行的强行平仓产生的盈利按国家有关规定执行；因强行平仓发生的亏损由直接责任人承担。

（二）金融期货交易种类

目前，在世界各大金融期货市场，交易活跃的金融期货合约有数十种之多，其影响较大的合约有美国芝加哥期货交易所（CBOT）的美国长期国库券期货合约。东京国际金融期货交易所（TIFFE）的 90 天期欧洲日元期货合约和香港期货交易所（HKFE）的恒生指数期货合约等。根据各种合约标的物的不同性质，可将金融期货分为四大类：外汇期货、利率期货、股票指数期货和股票期货。

1. 外汇期货交易

（1）外汇期货（Currency Futures Contract）：又称货币期货，指以汇率为标的物的期货合约。外汇期货交易双方约定在未来某一时间，依据现在约定的比例，以一种货币交换另一种货币。外汇期货是最早出现的金融期货品种，是适应各国从事对外贸易和金融业务的需要而产生的，目的是借此规避汇率风险。

（2）外汇期货交易：外汇期货交易是指买进和卖出不同交割期限的外汇期货的买卖活动，主要有外汇期货套利交易、投机交易和外汇期货套期保值交易。

目前外汇市场上为避免外汇风险而最常使用的做法则是利用外汇期货市场进行套期保值。有涉外经济业务的经济主体在日常业务经营中经常要持有外币资产，或拥有外币负债，如对国际贸易中的应收款、给国外附属机构贷款等。

这些资产或负债一般以主要的几种自由兑换货币计值，如美元、欧元、日元等。而国际外汇市场上这些主要货币之间的汇价频繁波动，而且方向难以预测，使得以不同货币计值的资产的相对价值不稳定，经常处于升值或贬值的状态中，这便构成这段时期的外汇风险，外汇期货套期保值就是利用外汇期货交易保护外币资产或负债免受汇率变动带来的损失。

例：3月1日我国某进口公司预计9月1日以美元兑付200万欧元的进口货款，由于担心欧元升值带来外汇风险，于是进行外汇期货交易保值。

表4－1 我国某进口公司外汇期货交易保值流程

日期	现货市场	期货市场
3月1日	预计6个月后支付200万欧元 即期汇率为1.1472 价值229.44万美元	买入16份欧元期货合约，每份12.5万欧元 成交率1.1503 合约价值230.06万美元
9月1日	买进欧元200万 即期汇率1.1493 支付229.86万美元	卖出16份欧元期货合约 成交率1.1518 合约价值230.36万美元
盈亏	损失0.42万美元	盈利0.3万美元

该公司利用外汇期货交易，汇率变化带来的亏损由0.42万美元降至0.12万美元。

2. 利率期货

（1）利率期货（Interest Rate Futures）：是一种在期货市场上通过标准化利率期货合约的买卖来规避利率风险的金融工具。利率期货合约是指以利率为标的物的金融期货合约。

利率期货的基础资产是一定数量的与利率相关的某种金融工具，主要是各类固定收益的金融工具。利率期货可以规避由银行利率波动所引起的证券价格变动的风险。利率期货价格与实际利率呈反方向变动，即利率越高，期货价格越低；利率越低，期货价格越高。利率期货主要采取现金交割方式，有时也有现券交割。现金交割是以银行现有利率为转换系数来确定期货合约的交割价格。

（2）利率期货的种类：通常，按照合约标的的期限，利率期货交易主要包括短期的货币期货交易和长期的资本期货交易。其中货币期货主要有短期国库券期货、欧洲美元期货及定期存单期货等；资本期货则主要有中、长期公债期货等。

（3）利率期货主要功能：套期保值交易策略是利率期货交易策略中最基本、最常用的策略之一。

我们举一个简化的例子来说明，在现货市场持有多头（或者空头头寸）的避险者，如何通过卖出（或者买入）相应数量和品种利率期货合约，以避免市场利率的短期波动所带来的影响，从而达到规避利率风险的目的的。

例如：在某年6月15日，某基金经理持有面值为200万元的10年期国债，并打算在7月15日售出。在此期间，该基金经理担心市场利率上升，债券价格下跌。为了避免利率提高的风险，该基金经理在期货市场上卖出20张面值为10万元并将在6月15日到期的10年期国债期货。一个月后，投资者在现货市场上卖出长期国债，并买入期货合约平仓。不出所料，7月15日市场利率上升，投资者在现货交易中受到了损失。但是，由于利率提高，期货合约价格下跌，投资者买进合约所支付的价格，比他在卖出合约时所得到的价格低，因此，在结束期货交易时，他获得了一定的利润。像这种情况，交易者不受利率变动影响的目标达到了，但也无法享受利率变动带来的利益。

3. 股票指数期货交易

（1）股票指数期货（Stock Index Futures）：全称股票价格指数期货，又简称股指期货、期指，指以某一股票价格指数为标的物的期货合约。

股票价格指数期货是金融期货中最晚产生的一个品种，但却是目前金融期货市场最热门和发展最快的期货交易，也是20世纪80年代金融创新中出现的最重要、最成功的金融工具之一。2010年4月8日，我国股指期货正式启动，2010年4月16日，中国金融期货交易所推出我国第一个股指期货——沪深300股指期货，沪深300指数期货合约以沪深300指数为标的物。

表4-2　　　　　　全球主要股指期货合约列表

国家地区	股指期货名称	开设时间	开设交易所
美国	价值线指数期货（VLF）	1982-02	堪萨斯期货交易所（KCBT）
美国	标准普尔500指数期货	1982-04	芝加哥商品交易所（CME）
英国	金融时报100指数期货	1984-05	伦敦国际金融期货交易所（LIFFE）
法国	法国证券商协会40股指期货	1988-06	法国期货交易所（MATIF）
荷兰	阿姆斯特丹股指期货EOE指数	1988-10	阿姆斯特丹金融交易所（FTA）
日本	日经225指数期货	1988-09	大阪证券交易所（OSE）
加拿大	多伦多50指数期货	1987-05	伦敦国际金融期货交易所（LIFFE）
中国香港	恒生指数期货（HIS）	1986-05	香港期货交易所（HKFE）
韩国	韩国200指数期货（KOPSI200）	1996-06	韩国期货交易所（KFE）
中国台湾	台湾综合指数期货（TX）	1998-07	台湾期货交易所（TAIMEX）
中国	沪深300股指期货	2010-04	中国金融期货交易所（CFFE）

（2）股票指数期货交易的特点：具有做空、以点计价、只能现金结算等特征。

①股票指数期货交易引入了做空机制。即预测股市价格将会下跌时可以卖出股票指数期货合约（不论是否持有股票），如果预测准确就可以获得利润。由于股票指数期货可以进行双向操作，故有利于修匀股票市场价格波动的幅度。

②股票指数期货交易的价格是用"点"来表示的。股票价格指数期货不涉及股

票本身的交割，其交易对象是各种股票价格平均水平的无形的指数，其价格是根据股票指数点位进行计算的，其公式为

股价指数期货合约的价格 = 基础指数的数值 × 交易所规定的每点价值

我国刚刚推出的沪深 300 指数期货合约每点价格为 300 元人民币，同样指数每升（降）一个点，则该合约的买者（多头）每份合约就赚（亏）300 元，卖者每份合约就亏（赚）300 元。

③股票指数期货交易的交割方式只能是现金结算。股指期货交易的是一定期限后的股票指数价格水平，不通过交割股票而是通过现金结算差价来进行交割，即到期后，交易双方只需交付或收取到期日股票指数和合约成交指数差额所对应的现金即可。

（3）股价指数期货最重要的功能：就是投资者可以利用它对股票现货投资进行套期保值，规避股票市场风险，尤其是系统风险。投资者希望避免因股票市场的波动，特别是突发事件引起的剧烈波动而导致的损失。股价指数期货交易为投资者提供了一个能够规避市场系统风险的机制。

股票价格指数反映整个股票市场上总体市场价格水平和价格的变动方向，所以大多数股票价格的变动与股价指数是同方向的。因此，在股票现货市场和股票价格指数期货市场作相反的操作，即可抵消股票市场上所面临的风险。

例如：在某年 6 月 3 日时，某基金持有市值为 5 亿元 10 种上市股票。该基金预期银行可能加息和一些大盘股相继要上市，股票可能出现短期深幅下调，但对后市还是看好。为规避风险，决定用沪深 300 指数期货进行保值。

假设 6 月 3 日的沪深 300 指数现货指数为 1 800 点，假设 9 月到期的期货合约为 1 860 点。则该股票的期货套期保值数量为：500 000 000／（1 860 ×300）＝896（份）。

6 月 23 日，股票市场企稳，沪深 300 指数现货指数为 1 760，该基金持有的股票价值为 4.8118 亿元，9 月到期的期货合约为 1 790 点。该基金认为后市继续看涨，决定继续持有股票。具体操作见下表。

表 4 – 3 　　　　　　　　　　某基金持有股票操作流程

日期	现货市场	期货市场
6 月 3 日	股票市值为 5 亿元，沪深 300 现指为 1 800点	以 1 860 点卖出开仓 896 份 9 月到期的沪深 300 指数期货，合约总值为 896 × 1 860 × 300 = 4.9997 亿元
6 月 23 日	沪深 300 现指跌至 1 760 点，该基金持有的股票价值减少 0.1882 亿元（5 亿元 - 4.8118 亿元）	以 1 790 点买入平仓 896 份 9 月到期的沪深 300 指数期货，合约价值为：896 × 1 790 × 300 = 4.8115 亿元
损益	价值损失 0.1882 亿元	盈利 0.1882 亿元
状态	继续持有 5 亿元股票	没有持仓

该基金在期货市场的盈利恰好抵消了现货市场的亏损，较好地实现了套期保值。同样，股指期货也像其他期货品种一样，可以利用买进卖出的差价进行投机交易。

股指期货投机者若预期汇率上涨则买入外汇期货合约；预期汇率下跌则卖出期货合约。若汇率走势与预期方向相同，则获取利润，反之则蒙受损失。

4. 股票期货交易

股票期货（Stock Futures）又称单个股票期货，是以单只股票作为基础工具的期货，买卖双方按照约定的价格在约定的日期买卖规定数量的股票。股票期货和股票指数期货都属于股票衍生品，但股票期货不为是规避股票市场的系统风险，而是为规避单只股票的总体风险而产生的，包括系统风险和与个股相关的非系统风险。

股票期货交易目前已成为发展最快的市场，其交易金额不断增长，同时市场波动性也很大，随之投机性也得到进一步的强化。在股票期货交易里，股票仅仅是一种象征，买卖对象只是期货交易合同而非股票现货。在期货合约的买卖过程中，交易的双方并不需要持有股票或者说股票并不出面，也无需全额的资金，就可以进行股票的买卖。只要交易双方确定了交割日期的价格，签订期货合同就算成交。到了结算日，交易双方只要根据股票行市的变动情况，对照自己预测的结果之间产生的差额以现金方式进行结算即可。由于股票期货交易中买空卖空的投机性，许多国家都在法规中对买空卖空特别是卖空交易进行限制。

二、金融期权市场

金融期权又称选择权，是指赋予期权购买者能在规定的期限内按交易双方商定的价格购买或出售一定数量的金融资产的权利。金融期权的标的资产包括股票、股票指数、外汇、债务工具和期货合约。金融期权交易就是指以金融期权合约为对象进行的流通转让活动。

（一）根据期权的性质划分

根据选择权的性质不同，金融期权可以分为买入期权和卖出期权。

1. 买入期权，指期权的买方具有在约定期限内按协定价格从期权卖方手中买入一定数量金融工具的权利。这种期权是投资者预期标的资产的未来价格涨时购买的期权，因此又称看涨期权（Call Option）。

2. 卖出期权，指期权的买方具有在约定期限内按协定价格向期权卖方卖出一定数量金融工具的权利。这种期权是投资者预期标的资产的未来价下跌时购买的期权，因此又称看跌期权（Put Option）。

（二）按照合约执行方式划分

按照合约所规定的履约时间不同，金融期权可以分为欧式期权和美式期权。

1. 欧式期权（European Options）是指期权的买方只能在到期日行使买入或卖出标的资产的权利。若提前，期权卖方可以拒绝履约；若推迟，则期权将被作废。

2. 美式期权（American Options）指期权的买方可在期权有效期内任何时行使买入或卖出标的资产的权利。买方可在期权到期日这一天行使期权，也可以在期权到期日之前的任何一个营业日执行期权。若推迟，则期权同样被作废。

从定义不难看出，对期权买方而言，美式期权比欧式期权更为有利，可在有效期内根据市场的价格变化和自己的实际需要比较灵活而主动的选择履约时间；相反，对期权卖方而言，美式期权比欧式期权具有更大的风险。因此，美式期权的期权费比欧式期权的期权费要高一些。

另外，所谓的美式期权和欧式期权并不是因为地理位置的差异而命名的，在交易所中交易的大多数期权为美式期权。

（三）按执行价格与标的资产市场价格的关系划分

按执行价格与标的资产市场价格的关系划分，金融期权可分为实值期权、平值期权和虚值期权。

1. 实值期权（In – the Money Options）又称溢价期权，是指执行价格低于标的资产市场价格的看涨期权以及执行价格高于标的资产市场价格的看跌期权。实值期权是买方立即执行获利的期权。

2. 平值期权（At – the Money Options）又称平价期权，是执行价格等于或近似等于标的资产市场价格，买方立即执行不盈不亏的期权。

3. 虚值期权（Out – of – the Money Options）又称折价期权，是指不具有内涵价值的期权，即执行价格高于标的资产市场价格的看涨期权以及执行价格低于标的资产市场价格的看跌期权。

这种分类方式描述的是期权在有效期内的某个时点上的状态。随着时间的变化，同一期权的状态会不断变化。有时是实值期权，有时是平值期权，有时又变成虚值期权。

第七节　外汇市场和黄金市场

外汇市场和黄金市场也是金融市场的重要组成部分。

一、外汇市场

（一）外汇市场

外汇市场是指由银行等金融机构、自营交易商、大型跨国企业参与的，通过中介机构或电信系统联结的，以各种货币和以货币计价的票据为买卖对象的交易市场。它可以是有形的——如外汇交易所，也可以是无形的——如通过电讯系统交易的银行间外汇交易。

国际经贸活动的存在和各国实行不同的货币制度是外汇市场存在的两大前提。外汇市场有广义和狭义两个层次。

1. 狭义的外汇市场：指的是银行同业间的外汇市场，参与者包括中央银行、外汇银行或专门的外汇经纪人，属于批发市场。

2. 广义的外汇市场：指的是除了上述狭义外汇市场之外，还包括外汇银行或外汇经纪人与一般客户之间的外汇交易。市场中的客户既可以是企事业单位，也可以是个人，属于零售市场。

目前，世界上大约有30多个主要的外汇市场，它们遍布于世界各大洲的不同国家和地区。根据传统的地域划分，可分为亚洲、欧洲、北美洲三大部分。其中，最重要的有欧洲的伦敦、法兰克福、苏黎世和巴黎，美洲的纽约和洛杉矶，澳洲的悉尼，亚洲的东京、新加坡和香港等。

每个市场都有其固定和特有的特点，但所有市场都有共性。各市场被距离和时间所隔，它们敏感地相互影响又各自独立。一个中心每天营业结束后，就把订单传递到别的中心，有时就为下一市场的开盘定下了基调。这些外汇市场以其所在的城市为中心，辐射周边的其他国家和地区。由于所处的时区不同，各外汇市场在营业时间上此开彼关，相跟着挂牌营业，它们相互之间通过先进的通讯设备和计算机网络连成一体，市场的参与者可以在世界各地进行交易，外汇资金流动顺畅，市场间的汇率差异极小，形成了全球一体化运作、全天候运行的统一的国际外汇市场。

（二）外汇市场的基本交易种类

外汇市场的交易主要有外汇现货交易、外汇期货交易和掉期交易三种基本类型。

1. 外汇现货交易也称即期外汇或现汇交易，指的是买卖双方成交后于当日或两个工作日内办理交割。即期外汇交易是按买卖外汇当日的汇率成交的，故其汇率称为即期汇率。即期外汇买卖的汇款方式一般分为电汇、信汇和票汇三种形式。

2. 外汇期货交易也称远期外汇或期汇交易，指的是买卖双方成交后，根据合同的规定，按约定的外汇金额、汇率和到期日办理交割。

3. 掉期交易也称时间套汇，是指同时买进和卖出相同金额的某种外汇，但买与卖的交割期限不同的一种外汇交易。进行掉期交易的目的也在于避免汇率变动的风险。

（三）中国的外汇市场

我国的外汇市场分两个层次：银行间外汇批发交易市场和客户与外汇指定银行之间的外汇零售交易市场。

我国银行间外汇市场采取有形市场的组织形式，正式名称为中国外汇交易中心系统，总部位于上海，实行会员制。凡是在中国境内注册、经主管机关批准设立，并允许经营外汇业务机构及其受权代表上述机构在外汇交易中心系统进行交易的分支机构，均可向中国外汇交易中心申请会员资格。中国人民银行的"公开市场操作室"作为会员，对外汇市场进行适时的干预和调控。银行间市场交易以美元对人民币的交易为主。

外汇零售市场在中国被称为银行结售汇市场。在结售汇制度下，办理结售汇业务的银行是外汇指定银行。外汇指定银行根据人民银行公布的基准汇率，在规定的幅度内制定挂牌汇率，办理对企事业单位和个人的结售汇。

银行结售汇包括结汇、售汇和付汇。结汇是指企事业单位和个人通过银行或外汇经纪人卖出外汇换取本币，售汇是指企事业单位和个人通过银行或外汇经纪人用本币买入外汇，付汇是指企事业单位和个人通过银行对外支付外汇。

二、黄金市场

黄金市场具有悠久的历史，19世纪初，世界上最早的国际金融市场首先在伦敦产生。

（一）黄金市场的含义

简单地说，黄金市场就是黄金买卖、交易的市场。目前，国际黄金市场一般分为世界主要黄金市场和地区性黄金市场两大层次。

世界主要黄金市场在世界黄金价格的确定中起主导作用，伦敦、苏黎世、纽约和中国香港被称为四大主要黄金市场。地区性黄金市场是随着黄金交易的扩大和地区性交易的需要而发展起来的分散的、规模不太大的市场。如欧洲的法兰克福、亚洲的东京、非洲的开罗等。

黄金市场也有现货交易、期货交易和期权交易三种。

（二）黄金市场的构成

1. 黄金交易的主体

黄金交易的主体是指黄金市场上的参与者，它包括黄金的买方、卖方和黄金经纪人三部分。

黄金市场的卖方有：产金国的采金企业、藏有黄金待售的私人或集团、做金价看跌"空头"的投机者以及各国的中央银行等。

黄金市场的买方有：各国的中央银行、为保值或投资的购买者、做金价看涨"多头"的投机者及以黄金作为工业原料的工商企业等。黄金市场上的交易活动，一般都通过黄金经纪人成交。

2. 黄金交易的客体

由于在黄金市场上参与交易的目的不同，黄金买卖的意义也就不同。总的来说，用货币购买黄金，无论是作为投机活动、保值的实物，还是作为黄金储备，就金融本质意义而言，这种用货币进行的黄金买卖，属于金融活动范畴。而虽然用货币购买，但用于工业等方面的黄金，因其不再执行货币的部分职能，只充当一般商品，因此不属于金融活动范畴。

3. 黄金市场机制

黄金的买者与卖者自愿结合，自主交易。黄金价格由市场供求关系决定，买卖双方按议定的价格实行交换。

（三）世界主要黄金市场

在世界主要黄金市场中，伦敦黄金市场的历史最为悠久。早在1919年，伦敦就成为一个组织比较健全的世界黄金市场。由于伦敦具有国际金融中心的各种便利条件，加上英国长期掌握西方黄金主要产地南非的黄金产销，因而，伦敦黄金市场发挥着世界黄金产销、转运和调剂的枢纽作用。现在，伦敦黄金市场的交易量不一定是最大的，但其黄金报价一直是具有代表性的世界黄金行市。

苏黎世黄金市场是在第二次世界大战爆发后，英国伦敦黄金市场受战争影响关闭而发展起来的，苏黎世通过给予南非储备银行信贷优惠来同伦敦黄金市场争夺优势地位，是仅次于伦敦的黄金市场。

美国是黄金期货交易的中心。纽约商品交易所和芝加哥国际货币市场都是重要的黄金期货市场。黄金期权交易也是美国黄金市场交易重要的组成部分。

香港黄金市场在20世纪70年代，伴随着香港经济的发展和金融市场的国际化，以本地伦敦黄金市场的开办为标志，由一个地区性的市场发展为国际性金市。目前香港并存着多个各具特色的黄金批发市场，包括金银业贸易市场、本地伦敦金市场和香港期交所的期权市场。

（四）中国黄金市场的发展

上海黄金交易所于 2002 年 10 月 30 日正式开始交易，这是一个全国性的有形市场，实行会员制。交易所会员包括具备一定资格的黄金生产、冶炼、首饰加工、黄金进出口贸易企业及一些商业银行。主要进行黄金现货交易，同时进行白银和铂金交易。

关键词汇

金融市场　货币市场　股票市场　债券市场　股票　债券　证券投资基金　金融衍生产品　金融期货　金融期权　政府债券　金融债券　公司债券　国际债券扬基债券　外国债券　欧洲债券　龙债券　债券现货交易　债券期货交易　债券回购交易

复习思考题

1. 简述金融市场的构成。
2. 简述货币市场的构成。
3. 封闭式基金与开放式基金的交易过程有何不同？
4. 期权交易与期货交易有何不同？
5. 简述股票的交易流程。
6. 简述证券投资基金的交易流程。

案例分析题

创业板退市制度 2012 年 5 月 1 日起实施

深交所 2012 年 4 月 20 日正式发布《深圳证券交易所创业板股票上市规则》（2012 年修订）（以下简称《创业板上市规则》），并自 2012 年 5 月 1 日起施行。

2011 年 11 月 28 日，《关于完善创业板退市制度的方案》（以下简称《方案》）向社会公开征求意见，深交所根据各界反馈意见进行修改完善，《方案》于 2012 年 2 月 24 日正式发布。本次修订《创业板上市规则》，主要是将《方案》内容落实到《创业板上市规则》的具体条款，包括以下六个方面。

一是丰富了创业板退市标准体系。在暂停上市情形的规定中，将原"连续两年净资产为负"改为"最近一个年度的财务会计报告显示当年年末经审计净资产为负"，新增"因财务会计报告存在重要的前期差错或者虚假记载，对以前年度财务会计报告进行追溯调整，导致最近一年年末净资产为负"的情形；在终止上市情形的规定中，新增"公司最近三十六个月内累计受到本所三次公开谴责"、"公司股票出现连续二十个交易日每日收盘价均低于每股面值"和"因财务会计报告存在重要的前期差错或者虚假记载，对以前年度财务会计报告进行追溯调整，导致最近两年年末净资产为负"。

二是完善了恢复上市的审核标准，充分体现不支持通过"借壳"恢复上市。第一，新增一条"暂停上市公司申请恢复上市的条件"，要求公司在暂停上市期间主营业务没有发生重大变化，并具有可持续的盈利能力。第二，针对目前通过"借壳"实现恢复上市的暂停上市公司大多数以补充材料为由，拖延时间维持上市地位并重组的情况，《创业板上市规则》对申请恢复上市过程中公司补充材料的期限作出明确限制，要求公司必须在三十个交易日内提供补充材料，期限届满后，深交所将不再受理新增材料的申请。第三，明确因连续三年亏损或追溯调整导致连续三年亏损而暂停上市的公司，应以扣除非经常性损益前后的净利润孰低作为恢复上市的盈利判断依据，杜绝以非经常收益调节利润规避退市。第四，明确因连续三年亏损和因年末净资产为负而暂停上市的公司，在暂停上市后披露的年度报告必须经注册会计师出具标准无保留意见的审计报告，才可以提出恢复上市的申请。

三是明确了财务报告明显违反会计准则又不予以纠正的公司将快速退市。为杜绝公司通过财务会计报告被出具非标准无保留审计意见来规避暂停或终止上市条件，规定非标意见涉及事项属于明显违反企业会计准则、制度及相关信息披露规范性规定的，应当在规定的期限内披露纠正后的财务会计报告和有关审计报告。在规定期限届满之日起四个月内仍未改正的，将被暂停上市；在规定期限届满之日起六个月内仍未改正的，将被终止上市。

四是强化了退市风险信息披露，删除原规则中不再适用的"退市风险警示处理"章节。在取消"退市风险警示处理"制度的同时，为及时揭示公司的退市风险，《创业板上市规则》全面考虑可能的退市风险出现时点，针对不同的暂停上市和终止上市情形，明确规定首次风险披露时点及后续风险披露的频率，要求公司每五个交易日披露一次风险提示公告，强化退市风险信息披露要求。

五是增加了退市整理期的相关规定。根据《方案》，创业板实施"退市整理期"制度，设立退市整理板。在《创业板上市规则》中，对退市整理期的起始时点、期限、日涨跌幅限制、行情另板揭示及风险提示作出了明确规定。

六是明确了创业板公司退市后统一平移到代办股份转让系统挂牌。为保护投资者权益，给予退市公司股票合适的转让场所，《创业板上市规则》明确规定，创业板公司退市后，统一平移到代办股份转让系统挂牌。

思考：试分析创业板退市制度对我国股票市场的影响。

第五章
商业银行

在各国金融体系中，商业银行是历史最悠久，服务最全面，影响最广泛的金融机构。由于它最初是依靠吸收活期存款作为发放贷款的基本资金来源，这种短期资金来源只适应短期的商业性放款业务，故称商业银行；又由于它创造了绝大多数的存款货币，所以被称为存款货币银行。虽然当今商业银行与其他金融机构的界限已日渐模糊，但在许多方面仍旧是其他金融机构所不能替代的，并正朝着全能化与多样化的方向发展。本章将阐述商业银行的产生与发展、性质和职能、组织制度形式、业务及经营管理等内容。

第一节　商业银行概述

我国《中华人民共和国商业银行法》把商业银行定义为："依法设立的吸收公众存款、发放贷款、办理结算等业务的企业法人。"作为经营货币信用的金融中介机构，商业银行是商品经济发展的产物，并伴随着商品货币经济的发展而不断发展。

一、商业银行的产生与发展

现代商业银行虽然是为适应商品生产扩大和市场经济发展需要而形成的一种金融组织。但从历史上看，其前身则可一直追溯到古代的货币兑换业。

（一）商业银行的产生

1. 商业银行的萌芽

商业银行起源于货币兑换业，货币兑换业早在古希腊、古罗马时期就已经出现了。在封建制度下，货币兑换业有了很大的发展。由于封建割据，货币制度混乱，这给商人们的交易活动带来很多不便，这样在商人中就逐渐分离出一种专门从事铸币兑换的行业，从事这一行业的人们就成了货币兑换商。货币兑换商最初的工作条件非常简陋。在意大利，货币交换商凭借一条长凳便可营业，所以，意大利人把货币兑换商称为"Babco"（意为凳子）。英语中的"Bank"（原意为存放钱的柜子）就是意大利语"Babco"这个词转化而来的。

货币兑换商开始只办理铸币的鉴定和兑换，后来随着商品生产和交换的进一步发展，货币兑换商还为经常往来于各地的商人办理货币保管和汇兑业务。这样，货币兑换商逐渐转变为货币经营商。随着手中集聚的货币越来越多，他们自然而然就开展放款业务，以赚取更多的利润。当他们不仅依靠聚集的货币来放款，而且依靠向货币持有者以支付利息为条件来吸收存款、扩展贷款业务时，则意味着古老的银钱业向着现代银行业演变，而这种质的转化是到资本主义生产方式开始发展之后才完成的。

2. 现代银行的产生

中世纪，欧洲各国国际贸易集中于地中海沿岸各国，意大利处于中心地位，在此期间，意大利的威尼斯和其他几个城市出现了从事存款、贷款和汇兑业务的机构。但它们贷款的大部分是贷给政府的，并具有高利贷的性质。商人很难从它们那里获得贷款，即使获得贷款，也会因为要支付高额利息而使自己的经营无利可图。为了摆脱高利贷的束缚，威尼斯和热亚那的商人曾经创设过信用合作社。16 世纪，西欧开始迈进资本主义时期。1580 年，在当时世界商业中心意大利建立的威尼斯银行成为最早出现的近代银行，也是历史上首先以"银行"为名的信用机构。此后，相继出现的有米兰银行（1593 年）、阿姆斯特丹银行（1609 年）、汉堡银行（1619 年）、纽伦堡银行（1621 年）、鹿特丹银行（1635 年）等。这些银行最初只接受商人存款并为他们办理转账结算，后来开始办理贷款业务。但它们所经营的仍然是那些有高利可图并且主要是以政府为对象的贷款业务。显然，这仍然不能适应资本主义工商企业发展的需要。所以，客观上迫切需要建立起能够服务、支持和推动资本主义扩大再生产的资本主义银行。

资本主义银行体系是通过两条途径产生的：一是旧的高利贷性质的银行业逐渐适应新的经济条件而转变为资本主义银行；二是按资本主义原则组织起来的股份银行。起主导作用的是后一条途径。1694 年，在英国政府支持下由私人创办的英格兰银行是最早出现的股份银行。它的贴现率一开始就规定为 4.5% ~ 6%，大大低于早期银行业的贷款利率。英格兰银行的成立标志着现代银行制度的建立，也意味着高利贷在信用领域的垄断地位已被动摇。至于各资本主义国家纷纷建立起规模巨大的股份银行，则是在 18 世纪末到 19 世纪初这段时间。

（二）商业银行的发展

尽管各国商业银行产生的条件不同，称谓也不一致，但其发展基本上是遵循着两种传统模式。

1. 英国式融通短期资金模式

至今，英美两国的商业银行的贷款仍以短期商业性贷款为主。这一传统在英国形成，有其历史原因。英国是最早建立资本主义制度的国家，也是最早建立股份制的国家，所以英国的资本市场比较发达，企业的资金来源主要依靠资本市场募集。

另外，直到工业革命初期，企业生产设备都比较简单，所需长期占用资本在总资本中占的比重小，这部分资本主要由企业向资本市场筹集，很少向银行贷款。企业向银行要求的贷款主要是用于商品流转过程中的临时性短期贷款。而从银行方面来说，早期的商业银行处在金属货币制度下，银行的资金来源主要是流动性较大的活期存款，银行本身的信用创造能力有限。为了保证银行经营的安全，银行也不愿意提供长期贷款，这种对银行借贷资本的供求状况决定了英国商业银行形成以短期商业性贷款为主的业务模式。这种业务经营模式的优点是能较好地保持银行清偿力，银行经营的安全性较好；缺点是银行业务的发展受到限制。

2. 德国式综合银行模式

按这一模式发展的商业银行，除了提供短期商业性贷款外，还提供长期贷款，甚至直接投资于企业股票与债券，替公司包销证券，参与企业的决策与发展，并向企业提供合并与兼并所需要的财务支持和财务咨询等投资银行服务。至今，不仅德国、瑞士、荷兰、奥地利等少数国家仍一直坚持这一传统模式，而且美国、日本等国的商业银行也在开始向这种综合银行模式发展。这一综合银行模式之所以会在德国形成，也是和德国历史发展有关。德国是一个后起的资本主义国家，它确立资本主义制度的初期，便面临着英、法等老牌资本主义国家的社会化大工业的有力竞争，这就要求德国的企业必须有足够的资本实力与之竞争。但是德国资本主义制度建立比较晚，其国内资本市场落后，德国企业不仅需要银行提供短期流动资金贷款，而且需要银行提供长期固定资产贷款，甚至要求银行参股。而德国银行为了巩固和客户的关系，也积极参与企业经营决策，和企业保持密切的联系。因此，在德国最早形成金融资本、产生金融寡头也就理所当然了。德国综合式综合银行模式的优点是有利于银行展开全方位的业务经营活动，充分发挥商业银行在国民经济活动中的作用；其缺点是可能会加大银行经营风险，对银行经营管理有更高的要求。

二、商业银行的性质

商业银行的性质可以概括为：商业银行是以追求最大利润为经营目标，以多种金融资产和金融负债为经营对象，为客户提供多功能、综合性服务的金融企业。其特征可以归纳为以下几个方面。

（一）商业银行具有一般企业的特征

商业银行与一般企业一样，拥有业务经营所需要的自有资本，依法经营，照章纳税，自负盈亏，具有独立的法人资格，拥有独立的财产、名称、组织机构和场所。商业银行的经营目标是追求利润最大化，获取最大利润既是其经营与发展的基本前提，也是其发展的内在动力。

（二）商业银行是一种特殊的企业

与一般的工商企业相比，商业银行的特殊性表现在以下四个方面：

1. 商业银行经营的内容特殊。一般企业从事的是一般商品的生产和流通，而商业银行是以金融资产和金融负债为经营对象，从事包括货币收付、借贷以及各种与货币有关的或与之相联系的金融服务。

2. 商业银行的负债结构特殊。一般企业的资本金在整个项目投资中所占比重在40%以上，而商业银行则以高负债经营为特点，资本金占资金来源的比重很小，在10%左右。

3. 国家对商业银行的管理特殊。一般工商企业的经营好坏只影响到一个企业的股东和这一企业相关的当事人，而商业银行的经营好坏可能影响到整个社会的稳定。由于商业银行对社会的特殊影响，国家对商业银行的管理要比对一般工商企业的管理严格得多，管理范围也要广泛得多。

（三）商业银行是一种特殊的金融企业

商业银行不仅不同于一般工商企业，而且与其他金融机构相比，也存在很大差异。

1. 与中央银行比较，商业银行面向工商企业、公众、政府以及其他金融机构，商业银行从事的金融业务的主要目的是营利；而中央银行是只向政府和金融机构提供服务的具有银行特征的政府机关。中央银行具有创造基础货币的功能，不从事金融零售业务，从事金融业务的目的也不是为营利。

2. 与其他金融机构相比，商业银行吸收活期存款，具有创造活期存款的能力，这是其他金融机构所不具备的；商业银行提供的金融服务更全面、范围更广，其他金融机构的业务经营范围较为狭窄。因此商业银行被称为"万能银行"或者"金融百货公司"。

三、商业银行的职能

（一）信用中介职能

信用中介职能是指商业银行通过负债业务，将社会上的各种闲散资金集中起来，通过资产业务，将所集中的资金运用到国民经济各部门中去。商业银行充当资金供应者和资金需求者的中介，实现了资金的顺利融通。信用中介职能是商业银行最基本、最能反映其经营活动特征的职能。

商业银行通过负债业务，主要以吸收存款的方式把社会上各种闲散的货币资金集中到银行来，再通过资产业务，主要通过发放贷款的方式把资金投向需要资金的部门，商业银行通过执行信用中介职能，将社会闲置的小额货币资金汇集成巨额资本，将大部分用于消费的货币资本转化为生产建设资本，加速社会生产的增长。

（二）支付中介职能

支付中介职能是指商业银行利用活期存款账户，为客户办理各种货币结算、货币收付、货币兑换和转移存款等业务活动。在执行支付中介职能时，商业银行是以企业、团体或个人的货币保管者、出纳或支付代理人的资格出现的。商业银行支付中介职能形成了以它为中心、经济过程中无始无终的支付链条和债权债务关系。商业银行支付中介职能的发挥，大大减少了现金的使用，节约了社会流通费用，加速了结算过程和货币资金周转，促进了社会再生产的扩大。

（三）信用创造职能

信用创造职能是商业银行的特殊职能，它是在信用中介和支付中介职能的基础上产生的。信用创造是指商业银行利用其吸收活期存款的有利条件，通过发放贷款、从事投资业务而衍生出更多的存款，从而扩大货币供应量。商业银行通过吸收各种存款，并通过资金运用，把款项贷给工商企业，在支票流通和转账的基础上，贷款转化为新的存款；在这种新的存款不提现或不完全提现的条件下，又可用于发放贷款，贷款又会形成新的存款。在整个银行体系中，除了开始吸收的存款为原始存款外，其余都是商业银行贷款创造出来的派生存款。

必须指出的是，整个信用创造过程是中央银行和商业银行共同完成的，中央银行运用创造货币的权力调控货币供应量，而具体经济过程中的货币派生又是在各商业银行体系内形成的。

（四）金融服务职能

金融服务是指商业银行利用在国民经济中联系面广、信息灵通等特殊地位和优势，利用其在发挥信用中介和支付中介职能的过程中所获得的大量信息，借助电子计算机等先进手段和工具，为客户提供财务咨询、融资代理、信托租赁、代收代付等各种金融服务。

通过金融服务功能，商业银行既提高了信息与信息技术的利用价值，加强了银行与社会的联系，扩大了银行的市场份额；同时也获得了不少费用收入，提高了商业银行的盈利水平。在现代经济生活中，金融服务已成为商业银行的重要职能。

四、商业银行的组织制度形式

所谓商业银行组织制度，是指一个国家用法律形式所确定的银行体系结构以及组成这一体系的各类银行、金融机构的职责分工和相互关系。商业银行组织制度的形式有以下几种。

（一）单一银行制

单一银行制又称单元银行制，是指由于法律上禁止或限制商业银行设立分支机构，银行业务只能完全由总行经营的制度。目前，实行这种组织体制的商业银行一般都是地方性商业银行。

美国曾是典型的单一银行制国家。这种单一银行制度是由美国特殊的历史背景和政治制度所决定的。美国作为一个联邦制国家，各州的独立性很大，早期东西部经济发展又有较大差距。为了保护本州信贷资金资源，保护本州的中小银行，一些经济落后的州就通过颁布州银行法，禁止或限制其他州的银行到本州设立分行，以达到保护本州利益不被侵犯的目的。

1. 单一银行制的优点

（1）能够防止银行业的垄断与集中，鼓励银行间公平竞争；

（2）单一制银行与当地经济联系密切，能更好地为本州经济服务；

（3）单一制银行的营业成本比较低，管理层次少，经营效率比较高。

2. 单一银行制的缺点

（1）不利于银行的发展，在采用最新的技术和设备时单位成本较高，不易获得规模经济的好处；

（2）单一银行制资金实力较弱，抵抗风险能力较弱；

（3）单一银行制本身与经济的外向型发展存在矛盾，会人为地造成资本的迂回流动，削弱银行的竞争力。

（二）分支行制

分支行制又称总分行制，是指商业银行可以在其总行所在地区及国内或国外的其他地方设立分支机构的制度。分支行制银行的总行一般设在大城市，分支行的业务及有关内部事务一般统一遵照总行的规章制度和指示办理。分支行制的代表国家是英国，目前世界大多数国家的商业银行都采用这种制度。

分支行制按管理方式不同，可进一步划分为总行制和总管理处制。总行制是指总行除管理、控制各分支行以外，本身也对外营业，办理业务；而在总管理处制度下，总行只负责管理控制各分支行，其本身不对外营业，在总行所在地另设分支行对外营业。例如我国的交通银行就是实行总管理处制度的商业银行。

1. 分支行制的优点

（1）有利于银行扩大经营规模，获得规模经济的好处，便于银行采用现代化管理手段和设备，提高银行的服务质量，加快资金周转速度；

（2）有利于银行广泛吸收存款、调剂资金、转移信用、分散和缓解多种风险；

（3）总行家数少，有利于国家的控制和管理；

（4）由于资金来源广泛，有利于提高银行的竞争实力。

2. 分支行制的缺点

（1）这种制度容易形成金融垄断，大银行往往具有操纵市场的能力和影响，使中小银行在竞争中处于不利地位，不利于充分竞争。

（2）该银行制度要求总行对分支机构具备较强的控制能力，同时要求总行具有完善的信息系统和严密的成本控制手段。

但总的来看，分支行制更能适应现代化经济发展的需要，因而受到各国政府和银行界的青睐，而成为当代商业银行的主要组织形式。

（三）银行控股公司制

银行控股公司也称银行持股公司，一般是指专以控制和收购银行股票为主业的公司。从立法角度看，控股公司拥有银行，但实际上控股公司往往是银行建立并受银行操纵的组织。大银行通过控股公司把许多小银行，甚至一些企业置于自己的控制之下。

银行控股公司制是从 20 世纪初开始发展。但当时规模较小，家数不多。只是在第二次世界大战后，特别是近二三十年，这一组织形式才急剧增长起来，而近年的发展又尤为引人注目。这种银行组织制度在美国最为流行，并有着为数众多的、仅持有一家银行股票的控股公司，也叫单一银行控股公司。目前，美国的银行控股公司可以直接或间接经办诸如各种放款、投资、信托、租赁、保险、咨询和信息服务等多种金融业务，并可获准在其他行业中设立与银行业务有密切关联的子公司，如金融公司、电子计算机服务公司、信用卡公司、证券经纪人贴现公司等。现在，几乎所有的大银行都归属于银行控股公司。

（四）连锁银行制

连锁银行制又称连锁经营制或联合制，是指两家以上商业银行受控于同一个人或同一集团但又不以股权公司的形式出现的制度。连锁银行的成员多是形式上保持独立的小银行，它们环绕在一家主要银行的周围。其中的主要银行为集团确立银行业务模式，并以它为中心，形成集团内部的各种联合。

（五）代理行制度

代理行制度又称往来银行制度，指银行相互间签有代理协议，委托对方银行代办制定业务的制度。被委托的银行为委托行的代理行，相互间的关系则为代理关系。一般地说，银行代理关系是相互的，因此互为对方代理行。在国际上，代理关系非常普遍。至于在各国国内，代理制最发达的是实行单元银行制的美国，可以说，正是这种代理制度解决了不准设分支机构的矛盾。不过，就是在实行总分行制的国家中，银行之间也存在着代理关系。

第二节 商业银行业务

商业银行的业务活动的种类繁多，素有"金融百货公司"之称。商业银行的业务一般包括负债业务、资产业务和表外业务三大类，资产业务和负债业务属于商业银行的信用业务，是商业银行主要的传统业务。因为资产业务和负债业务都能在资产负债表上反映出来，因此也称为表内业务。表5-1对表内业务进行了简单概括。

表5-1　　　　　　　　　　　商业银行的资产负债表

资产	负债
现金资产	存款
库存现金	活期存款
存款准备金	定期存款
同业存款	储蓄存款
在途资金	借款
贷款	同业拆借
工商业贷款	向中央银行借款
消费者贷款	其他借入资金
其他贷款	其他负债
投资	资本金
政府债券	股本
其他有价证券	资本公积
固定资产	盈余公积
其他资产	未分配利润

一、商业银行的负债业务

商业银行的负债是指在商业银行经营活动中所产生的需要用自己的资产或通过提供劳务进行偿还的经济义务。负债业务是形成商业银行资金来源的主要业务，是商业银行资产业务的前提和条件。狭义负债仅指商业银行的外部负债，包括存款和借款，广义负债包括商业银行的资本金、存款和借款。这里我们介绍广义的负债业务。

（一）商业银行的资本金业务

1. 资本金的含义

有关资本金的定义因各国金融制度、会计制度的不同而异，但一般认为资本金是银行股东或债权人为赚取利润而投入银行的货币资金和保留在银行中的利润。从

"资产＝负债＋资本"的角度看，资本金又是银行的净值。

银行资本金的用途有：增强公众信心、降低银行倒闭风险；在银行出现意外损失时，用于消化亏损；用于购置日常所需的各种装备与设施；发挥杠杆作用；在货币当局最低资本限额规定下，限制银行资产无节制膨胀。

2.《巴塞尔协议》关于银行资本构成的规定

1988 年 7 月国际清算银行在瑞士巴塞尔召开了各国中央银行行长会议，通过了《关于统一国际银行的资本计算和资本标准的协议》（即《巴塞尔协议》）。《巴塞尔协议》将商业银行的资本分为两级：核心资本又称一级资本；附属资本又称二级资本（见图 5 – 1）。

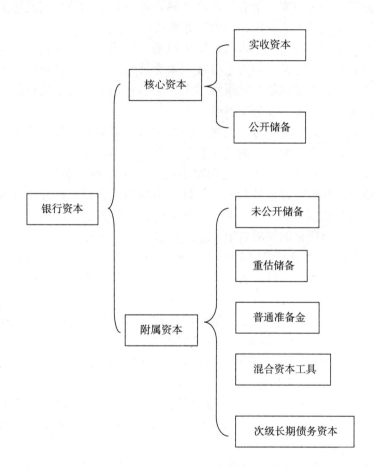

图 5 – 1　《巴塞尔协议》关于银行资本的构成

（1）核心资本（一级资本）。核心资本是银行资本中最重要的组成部分，应占银行全部资本的 50% 以上。这部分资本的价值相对比较稳定，且其对各国银行来说是唯一相同的成分，对银行盈利差别和竞争能力关系极大，是判断资本充足率的基础。主要由以下两部分组成。

①实收资本。实收资本是指已发行并完全缴足的普通股和永久性非累积优先股，这是永久的股东权益。

②公开储备。公开储备是指以公开形式、通过保留盈余或其他盈余，并反映在资产负债表上的储备，包括股票发行溢价、保留利润、普通准备金和法定准备金的增值等。

（2）附属资本（二级资本），具体包括以下五项内容。

①未公开储备，又叫隐蔽储备，是指虽未公开，但已反映在损益账上并为银行监管机构所接受的储备。因其缺乏透明度，许多国家不承认其作为可接受的会计概念，也不承认其为资本的合法成分，所以它不是核心资本的股本成分，在监管机构接受的情况下，它才有资格包括在附属资本之内。

②重估储备，一是包括对记入资产负债表上的银行自身房产的正式重估，称为房产业重估储备；二是指来自于有隐藏价值的资本的名义增值，它是由商业银行持有的有价证券价值上升所造成的，称为证券重估储备。

③普通准备金，是指为防备未来可能出现的一切损失而设立的准备金，在损失一旦出现时可随时用之弥补。因为它可被用来弥补未来的不可确定的任何损失，符合资本的基本特征，故被包括在附属资本中。但不包括那些为已确认的损失或为某项资产价值的明显下降而设立的准备金。

④混合资本工具，是指带有一定股本性质又有一定债务性质的资本工具，包括可转换为普通股的债券、累积性的优先股等。

⑤次级长期债务资本，是指固定期限不低于 5 年（包括 5 年），除非银行倒闭或清算，不用于弥补银行日常经营损失，且该项债务的索偿权排在存款和其他负债之后的商业银行长期债务。其特点为：一是次级，即债务清偿时不能享受优先清偿权；二是长期，即有严格的期限规定。《巴塞尔协议》还规定，其比例最多不能超过核心资本的50%。次级长期债务资本在大多数国家已成为银行附属资本的重要来源，对银行提高流动性、降低融资成本、加强市场约束力等具有重要作用。

3. 《巴塞尔协议》关于商业银行资本金充足性的规定

《巴塞尔协议》根据商业银行资产信用风险的大小，将资产分为 0、20%、50%、100% 四个风险档次，以此计算加权风险资产。

$$资本充足率 = 银行的资本金/风险加权总资产$$
$$核心资本充足率 = 核心资本/风险加权总资产$$

根据 1988 年颁布的《巴塞尔协议》规定，核心资本充足率和总资本充足率应保持4%和8%。2010 年全球 27 个国家中央银行就银行体系资本要求达成最新改革方案，即《巴塞尔协议Ⅲ》。《巴塞尔协议Ⅲ》规定，截至 2015 年 1 月，全球各商业银行的一级资本充足率下限将从现行的 4% 上调至 6%，总资本充足率维持 8% 不变，由普通股构成的核心一级资本占银行风险资产的下限将从现行的 2% 提高至4.5%。此外，各银行还需增设"资本防护缓冲资金"，总额不得低于银行风险加权资产的2.5%，商业银行的核心一级资本充足率将由此被提高至7%。该规定将在2016 年 1 月至 2019 年 1 月间分阶段执行。

（二）商业银行的存款业务

存款是存款人基于对银行的信任而将资金存入银行，并可以随时或按规定时间支取款项的信用行为。存款是银行对存款人的负债，是商业银行最主要的资金来源，一般占负债总额的 70% 左右。

商业银行的存款基本分为人民币存款和外币存款两大类。人民币存款又分为个人存款、单位存款和同业存款。表 5 – 2 简要列示了存款业务的各种分类。

表 5 – 2　　　　　　　　　　　　存款业务分类

存款业务	人民币存款	个人存款	活期存款
			定期存款 — 整存整取
			定期存款 — 零存整取
			定期存款 — 整存零取
			定期存款 — 存本取息
			定活两便存款
			个人通知存款
			教育储蓄存款
			个人保证金存款
		单位存款	单位活期存款 — 基本存款账户
			单位活期存款 — 一般存款账户
			单位活期存款 — 临时存款账户
			单位活期存款 — 专用存款账户
			单位定期存款
			单位通知存款
			单位协议存款
			单位保证金存款
		同业存款	
	外币存款	外汇储蓄存款	按存款客户类型分类
		单位外汇存款	
		活期存款	按存款期限分类
		定期存款	
		经常项目外汇存款	按账户种类分类
		资本项目外汇存款	

1. 个人存款

个人存款又叫储蓄存款，是指居民个人将闲置不用的货币资金存入银行，并可以随时或按约定时间支取款项的一种信用行为，是银行对存款人的负债。

《中华人民共和国商业银行法》（简称《商业银行法》）规定：办理储蓄业务，应当遵循"存款自愿、取款自由、存款有息、为存款人保密"的原则。

根据国务院颁布的《对储蓄存款利息所得征收个人所得税的实施办法》（自1999 年 11 月 1 日起施行）规定，从中华人民共和国境内的储蓄机构取得的人民币、外币储蓄存款利息，应当缴纳储蓄存款利息所得税，由存款银行代扣代缴。自 2007年 8 月 15 日起，利息税税率由 20% 调减为 5%。自 2008 年 10 月 9 日起，对储蓄存款利息所得暂免征收个人所得税。

国务院颁布的《个人存款账户实名制规定》（自 2000 年 4 月 1 日起施行）规定，个人在金融机构开立个人存款账户时，应当出示本人身份证件，使用实名。

（1）活期存款：是指不规定存款期限，客户可以随时存取的存款。

客户凭存折或银行卡及预留密码可在银行营业时间内通过银行柜面或通过银行自助设备随时存取现金。活期存款通常 1 元起存，部分银行的客户可凭存折或银行卡在全国各网点通存通兑。

①计息金额。存款的计息起点为元，元以下角分不计利息。利息金额算至分位，

分以下尾数四舍五入。分段计息算至厘位，合计利息后分以下四舍五入。除活期存款在每季结息日时将利息计入本金作为下季的本金计算复利外，其他存款不论存期多长，一律不计复利。

②计息时间。《中国人民银行关于人民币存贷款计结息问题的通知》（以下简称《通知》）中规定：从2005年9月21日起，我国对活期存款实行按季度结息，每季度末月20日为结息日，次日付息。活期存款在每季度结息日时将利息计入本金作为下季的本金计算复利。

③计息方式。《通知》中规定：除活期存款和定期整存整取两种存款外，国内银行的通知存款、协定存款、定活两便、存本取息、零存整取、整存零取六个存款种类，只要不超过中国人民银行同期限档次存款利率上限，计结息规则由各银行自己把握。银行除仍可沿用普遍使用的每年360天（每月30天）计息期外，也可选择将计息期全部化为实际天数计算利息，即每年为365天（闰年为366天），每月为当月公历的实际天数。

《通知》中提供了两种计息方式的选择：一种是积数计息，另一种是逐笔计息。上述六种存款具体采用何种计息方式由银行决定，储户只能选择银行，不能选择计息方式。

人民币存款计息的通用公式为

利息＝本金×实际天数×日利率

人民币存款利率的换算公式为

日利率（‰）＝年利率（%）÷360，月利率（‰）＝年利率（%）÷12

目前，各家商业银行多使用积数计息法计算活期存款利息，多使用逐笔计息法计算整存整取定期存款利息。

积数计息法是按实际天数每日累计账户余额，以累计积数乘以日利率计算利息。计算公式：利息＝累计计息积数×日利率，其中，累计计息积数＝每日余额合计数。

银行使用年利率除以360天折算出日利率，相对于年利率除以365天（实际计息天数）折算出的日利率要高，实际上提高了储户的利息收益。

④小额账户管理费。人民币个人活期存款小额账户是指统计期内日均存款余额小于300元或500元（不含）的人民币个人活期存款账户。每季度收取小额账户管理费3元，结算时间是每个季度末月20日或21日。

（2）定期存款：是个人事先约定偿还期的存款，其利率视期限长短而定。根据不同的存款方式，定期存款分为四种，如表5－3所示，其中，整存整取最为常见，是定期存款的典型代表。

表5－3　　　　　　　　　　　　定期存款种类

存款种类	存款方式	取款方式	起存金额	存取期类别	特点
整存整取	整笔存入	到期一次支取本息	50元	3个月、6个月、1年、2年、3年、5年	长期闲置资金
零存整取	每月存入固定金额	到期一次支取本息	5元	1年、3年、5年	利率低于整存整取定期存款，高于活期存款

存款种类	存款方式	取款方式	起存金额	存取期类别	特点
整存零取	整笔存入	固定期限分期支取	1 000 元	存款期分为 1 年、3 年、5 年；支取期分为 1 个月、3 个月或半年一次	本金可全部提前支取，不可部分提前支取，利息于期满结清时支取，利率高于活期存款
存本取息	整笔存入	约定取息期，到期一次性支取本金，分期支取利息	5 000 元	存款分为 1 年、3 年、5 年；可以一个月或几个月取息一次	本金可全部提前支取，不可部分提前支取，取息日未到不得提前支取利息，取息日未取息，但不计复利

①计息方式。各家银行多使用逐笔计息法计算整存整取定期存款利息。逐笔计息法是按预先确定的计息公式逐笔计算利息。计算期为整年（月）的，计息公式为利息＝本金×年（月）数×年（月）利率，计息期有整年（月）又有零头天数的，计息公式为利息＝本金×年（月）数×年（月）利率＋本金×零头天数×日利率。

②存期内遇到利率调整，仍按存单开户日挂牌公告的相应定期存款利率计息。

③提前支取定期存款计息，支取部分按支取日挂牌公告的活期存款利率计付利息，提前支取部分的利息同本金一并支取。

④逾期支取的定期存款计息，超过原定存期的部分，除约定自动转存外，按支取日挂牌公告的活期存款利率计付利息。

（3）定活两便储蓄存款：开户不约定存期，一次存入本金，随时可以支取。这种存款的流动性介于定期存款和活期存款之间，具有活期之便，定期之利的特点。

利息计算：按一年以内定期整存整取同档次利率打六折计息。

①存期不足 3 个月的，按支取日挂牌的活期储蓄利率计付利息；

②存期 3 个月以上（含 3 个月），不满半年的，整个存期按支取日定期整存整取 3 个月利率打六折计息；

③存期半年以上（含半年）不满一年的，按支取日定期整存整取半年期利率打六折计息；

④存期在一年以上（含一年），无论存期多长，整个存期一律按支取日定期整存整取一年期利率打六折计息。

（4）个人通知存款：是开户时不约定期限，预先确定品种，支取时只要提前一定时间通知银行，约定支取日期及金额。目前，银行提供一天、七天通知储蓄存款，5 万元起存。

（5）教育储蓄存款：是父母为子女接受非义务教育而办理的存款，分次存入，到期一次支取本金和利息。开户对象为在校小学四年级（含四年级）以上学生。存期分为一年、三年、六年。教育储蓄 50 元起存，每户本金最高限额为 2 万元。

（6）个人保证金存款：主要指个人购汇保证金，即商业银行向居民个人收存一定比例人民币作为居民购汇的取得外汇的保证金，以解决境内居民个人自费出国留学需预交一定比例外汇保证金才能取得前往国家入境签证的特殊需要。

2. 单位存款

单位存款又称对公存款，是机关、团体、部队、企业、事业单位和其他组织以及个体工商户将货币资金存入银行，并可以随时或按约定时间支取款项的信用行为。

按存款的支取方式不同，对公存款一般分为单位活期存款、单位定期存款、单位通知存款、单位协定存款等。

（1）单位活期存款：是指单位类客户在商业银行开立结算账户，办理不规定存期、可随时转账、存取的存款类型。单位活期存款账户又称为单位结算账户，包括基本存款账户、一般存款账户、临时存款账户和专用存款账户。

①基本存款账户，简称基本户，是指存款人因办理日常转账结算和现金收付需要开立的银行结算账户。基本存款账户是存款人的主办账户，企业、事业单位等可以自主选择一家商业银行的营业场所开立一个办理转账结算和现金收付的基本账户，同一存款客户只能在商业银行开立一个基本存款账户。

②一般存款账户，简称一般户，是指存款人因借款或其他结算需要，在基本存款账户开户银行以外的银行营业机构开立的银行结算账户。一般存款账户可以办理现金缴存，但不得办理现金支取。

③专用存款账户，是指存款人对其特定用途的资金进行专项管理和使用而开立的银行结算账户。存款人以下特定用途的资金可以开立专用存款账户：基本建设资金，期货交易保证金，信托基金，金融机构存放同业资金，政策性房地产开发资金，单位银行卡备用金，住房基金，社会保障基金，收入汇缴资金和业务支出资金，党、团、工会设在单位的组织机构经费等。

④临时存款账户，是指存款人因临时需要并在规定期限内使用而开立的银行结算账户。可以开立临时存款账户的情形包括设立临时机构、异地临时经营活动、注册验资。该种账户的有效期最长不得超过二年。

（2）单位定期存款：是指单位类客户在商业银行办理的约定期限、整笔存入，到期一次性支取本息的存款类型。

（3）单位通知存款：是指单位类客户在存入款项时不约定存期，支取时需提前通知银行，并约定支取存款日期和金额方能支取的存款类型。不论实际存期多长，按存款人提前通知的期限长短，可再分为1天通知存款和7天通知存款两个品种。

（4）单位协定存款：是一种单位类客户通过与银行签订合同的形式约定合同期限，确定结算账户需要保留的基本存款额度，对超过基本存款额度的存款按中国人民银行规定的上浮利率计付利息，对基本存款额度按活期存款利率付息的存款类型。

（5）保证金存款：指的是金融机构为客户提供具有结算功能的信用工具、资金融通以及承担第三方担保责任等业务时，按照约定要求客户存入的用作资金保证的存款类型。在客户违约后，商业银行有权直接扣划该账户中的存款，以最大限度地减少银行损失，单位保证金存款按照保证金担保的对象不同，可分为银行承兑汇票保证金、信用证保证金、黄金交易保证金、远期结售汇保证金四类。

3. 人民币同业存款

同业存款，也称同业存放，全称是同业及其他金融机构存入款项，是指因支付清算和业务合作等的需要，由其他金融机构存放于商业银行的款项，同业存放属于商业银行的负债业务，与此相对应的概念是存放同业，即存放在其他商业银行的款项，属于商业银行的资产业务。

4. 外币存款业务

外币存款业务与人民币存款业务除了存款币种和具体管理方式不同之外，有许多共同点：两种存款业务都是存款人将资金存入银行的信用行为，都可按存款期限分为活期存款和定期存款，按客户类型分为个人存款和单位存款等。许多银行提供"本外币一本通"之类的存款产品，实际上已将人民币账户与外币账户的界限淡化。

目前，我国银行开办的外币存款业务币种主要有九种：美元、欧元、日元、港元、英镑、澳大利亚元、加拿大元、瑞士法郎、新加坡元。其他可自由兑换的外币，不能直接存入账户，需由存款人自由选择上述货币中的一种，按存入日的外汇牌价折算存入。

（1）外汇储蓄存款。中国人民银行发布《个人外汇管理办法》（以下简称《办法》，从2007年2月1日起施行）规定："个人外汇账户按主体类别区分为境内个人外汇账户和境外个人外汇账户；按账户性质区分为外汇结算账户、资本项目账户及外汇储蓄账户。"外汇结算账户用于转账汇款等资金清算支付，外汇储蓄账户只能用于外汇存取，不能进行转账。

《办法》对个人外汇管理进行了相应调整和改进，"不再区分现钞和现汇账户，对个人非经营性外汇收付统一通过外汇储蓄账户进行管理"。现钞和现汇管理的界限虽然取消，但由于现钞和现汇的成本费用不一样，各家银行在日常操作上还会有区分，现钞和现汇仍执行两种不同的汇率，进行独立核算。

（2）单位外汇存款。

①单位经常项目外汇账户。境内机构原则上只能开立一个经常项目外汇账户。境内机构经常项目外汇账户的限额统一采用美元核定。

②单位资本外汇账户。包括贷款（外债及转贷款）专户、还贷专户、发行外币股票专户、B股交易专户等。

（三）商业银行借款业务

商业银行的负债除了存款负债外，还通过各种其他负债方式借入资金。借款方式可分为短期借款和长期借款。短期借款是指期限在一年或一年以下的借款，主要包括同业拆借、证券回购协议和向中央银行借款等形式。长期借款是指期限在一年以上的借款，一般采用发行金融债券的形式，具体包括发行普通金融债券、次级金融债券、混合资本债券等。

1. 向同业借款

同业借款是商业银行的一项传统业务，它是指商业银行相互之间的资金融通。同业借款一般包括同业拆借、转贴现、转抵押和债券回购。

（1）同业拆借。同业拆借是银行同业之间发生的短期资金融通行为。拆借的资金主要用于解决日常临时资金周转需要，拆期短，最短的是隔夜拆借，不需要抵押品。由于同业拆借一般是通过商业银行在中央银行的存款账户进行，实际上是商业银行之间超额准备金调剂的借款行为。

（2）转贴现。转贴现是商业银行临时支付准备金不足时，将已贴现的尚未到期的商业票据在二级市场上转售给其他商业银行的借款行为。

（3）转抵押。转抵押是商业银行在准备金头寸不足时，将发放抵押贷款获得的抵押品再次向其他银行申请抵押贷款，以获得资金融通的借款行为。

（4）债券回购。债券回购是商业银行短期借款的重要方式，包括质押式回购与买断式回购两种，与纯粹以信用为基础、没有任何担保的同业拆借相比，债券回购的风险要低得多，对信用等级相同的金融机构来说，债券回购利率一般低于同业拆借利率。因此，债券回购的交易量要远大于同业拆借。

2. 向中央银行借款

商业银行资金不足，必要时可以向中央银行借款。一般来说，其主要的、最直接的目的在于缓解本身资金暂时不足的境况，而非用来盈利。商业银行一般只把向中央银行借款作为融资的最后选择，只有在通过其他方式难以借到足够的资金时，才会求助于中央银行，这也就是中央银行为什么被称为"最后贷款人"的原因。商业银行向中央银行借款有再贴现和贷款两种途径。

3. 发行金融债券

金融债券是商业银行在金融市场上发行的、按约定还本付息的有价证券。以发行债券的方式借入资金与存款负债相比，对商业银行有很多的好处。一是发行债券无须像吸收存款那样提取法定存款准备金，因而发行债券得到的实际可用资金大于同等数额的存款；二是债券融资属于主动型负债，相对于存款这种被动型负债，它更能有效地组织资金来源；三是银行与债券购买人之间是一种金融商品的买卖关系，不像银行与存户之间是一种建立在业务往来基础上的契约关系。因而，银行除了到期必须还本付息外，对债券购买人不承担任何别的责任和义务。当然，发行金融债券也有一定的局限。例如：金融债券发行的数量、期限等都要受到管理机构有关规定的严格限制；金融债券除利率较高以外，还要承担一定的发行费用；债券的流通性受到市场发达程度的制约等。

我国商业银行所发行的金融债券，均是在全国银行间债券市场上发行和交易的。我国商业银行发行金融债券应具备以下条件：具有良好的公司治理机制；核心资本充足率不低于4%；最近三年连续盈利；贷款损失准备金计提充足；风险监管指标符合监管机构的有关规定；最近三年没有重大违法违规行为；中国人民银行要求的其他条件。但是，根据商业银行的申请中国人民银行可以豁免前述个别条件。

4. 欧洲货币市场借款

欧洲货币实际上就是境外货币。欧洲货币市场借款是指商业银行在境外金融市场筹措资金的方式，又称境外借款。境外借款可以直接向境外银行或国际金融机构借入，也可以委托有关金融机构在境外金融市场发行债券。境外借款的期限视所需资金的用途而定，短的只有几天，长的可达20年。欧洲货币市场自形成之日起，就对世界各国商业银行产生了很大吸引力。其主要原因在于它是一个完全自由、开放的富有竞争力的市场。这主要体现在以下几方面：（1）欧洲货币市场不受任何国家政府管制和纳税限制；（2）欧洲货币市场资金调度灵活、手续简便；（3）欧洲货币市场不受存款准备金和存款利率最高额的限制，因而其存款利率相对较高，贷款利率相对较低，这无论对存款人还是借款人都具有吸引力。

（四）商业银行其他负债业务

在为客户办理转账结算等业务过程中银行可以占用客户的资金。以汇兑业务为例，从客户将款项交给汇出银行起，到汇入银行把该款项付给制定的收款人止，在这段时间内，该款项的汇款人和收款人均不能支配这笔款项，而为银行所占用。虽然从每笔汇款看，占用时间很短，但由于周转金额巨大，因而占用的资金数量也就相当客观，但随着资金清算调拨的电子化和自动化水平的不断提高，银行能够占用的资金也就越来越少。

二、商业银行的资产业务

商业银行的资产业务是指将自己通过负债业务所聚集的货币资金加以运用的业务，是其取得收益的主要途径。对于所聚集的资金，除了必须保留一定部分的库存现金和在中央银行的存款以应付客户提存外，其余部分主要是以贴现、贷款和证券投资等方式加以运用。一般而言，商业银行的资产业务主要包括现金资产、贷款以及投资等方面。

（一）现金资产

现金资产是商业银行持有的库存现金以及与现金等同的可随时用于支付的银行资产。现金资产是银行资产业务中最富流动性的部分。它作为银行流动性需要的第一道防线，是非盈利性的资产，从经营的观点出发，银行一般都尽可能地把它降低到法律规定的最低标准。现金资产一般包括在库存现金、在中央银行存款、存放同业存款、在途资金等。

1. 库存现金：是指商业银行保存在金库中的现钞和硬币。库存现金的主要作用是银行用来应付客户提现和银行本身的日常零星开支。因此，任何一家营业性的银行机构，为了保证对客户的支付，都必须保存一定数量的现金。但由于库存现金是一种非盈利性资产，而且保存库存现金还需要花费银行大量的保卫费用，因此从经营的角度讲，库存现金不宜保存太多。库存现金的经营原则就是保持适度的规模。

2. 在中央银行存款：商业银行存放在中央银行的资金，即存款准备金。在中央银行存款由以下两部分构成。

（1）法定存款准备金。法定存款准备金是商业银行按中央银行规定的比率，在其吸收的有关款项总额中应缴存中央银行的存款。这既是为保护存款人利益和银行安全所必需，也是中央银行的货币政策工具之一，缴存法定比率的准备金具有强制性，在正常情况下一般不得动用。中国人民银行支付商业银行法定存款准备金利息的利率是 1.62%。

（2）超额准备金。超额准备金是商业银行等存款货币机构在中央银行的存款中超过法定存款准备金的部分，超额准备金是商业银行的可用资金。它是用来清算债务需要的准备金，一般占金融机构存款总额的 3%~5%，这部分存款中国人民银行支付利息的利率是 0.72%。

3. 存放同业存款：是指商业银行存放在其他银行和非银行金融机构的存款。在其他银行保有存款的目的是在同业之间开展代理业务和结算收付。由于存放同业的存款属于活期存款性质，可以随时支用，因而属于银行现金资产的一部分。

4. 在途资金：又称托收中的现金，是指结算过程中本行需向其他银行收款的支票，支票所载金额在未划入本行收款账户前即称为在途资金。在途资金是一种非盈利性资产，商业银行应尽可能缩短收款时间以提高资金的运用率。

（二）贷款业务

贷款是指经批准可以经营贷款业务的金融机构对借款人提供的并按约定的利率和期限还本付息的货币资金。贷款是银行最主要的资产，是银行最主要的资金运用。贷款业务是指商业银行发放贷款相关的各项业务。

贷款的种类很多，按不同的标准可以进行多种分类。

1. 按照贷款的期限可划分为短期贷款和中长期贷款

短期贷款是指期限在一年以内的各种贷款，其特点是期限短、流动性强、风险性小，是商业银行贷款的主要组成部分。中期贷款一般是指期限在 1 至 5 年的各项贷款。而长期贷款则是指期限在 5 年以上的各项贷款。中长期贷款主要是各种固定资金贷款和开发性贷款，其特点是期限长、流动性差、风险大、利率高。

按期限长短划分贷款种类，首先，有利于商业银行监控贷款的流动性或周转性，使商业银行长短期贷款保持适当比例；其次，有利于商业银行按照资金偿还期限的长短安排贷款顺序，使商业银行贷款的期限结构与存款的期限结构相对称，以保证商业银行拥有足够的流动性和清偿力，保证银行信贷资金的安全性。

2. 按有无担保，可分为信用贷款和担保贷款

（1）信用贷款是指银行完全凭借客户的信誉而无须提供抵押物或第三者责任而发放的贷款。这类风险较大，利率较高。

（2）担保贷款，是指由借款人或第三方依法提供担保而发放的贷款。担保贷款包括保证贷款、抵押贷款、质押贷款。

①保证贷款，是指以第三人承诺在借款人不能偿还贷款时，按约定承担连带责任而发放的贷款。具有代为清偿债务能力的法人、其他组织或者公民，可以作保证人。但是国家机关不得为保证人；学校、幼儿园、医院等以公益为目的的事业单位、社会团体不得为保证人。

②抵押贷款，是指以借款人或第三人的财产作为抵押物发放的贷款。抵押是指债务人或第三人不转移财产的占有，将该财产作为债权的担保。可以作抵押物的是：房屋，机器设备，交通运输工具，抵押人有权处分的国有土地的使用权。不得作抵押物的是：土地所有权，归集体所有的土地使用权，学校、幼儿园、医院等以公益为目的的事业单位、社会团体的教育设施、医疗卫生设施和其他社会公益设施，所有权、使用权不明或者有争议的财产，依法被查封、扣押、监管的财产。

③质押贷款，是指以借款人或第三人的动产或权利作为质物发放的贷款。质押是指债务人或者第三人将其动产（或财产权利）移交债权人占有，将该动产（或财产权利）作为债权的担保。下列动产或权利可以成为质押贷款的质物：汇票、支票、本票、债券、存款单、仓单、提单；依法可以转让的股份、股票；依法可以转让的商标专用权、专利权、著作权中的财产权。

3. 按贷款质量和风险程度划分，可分为正常贷款、关注贷款、次级贷款、可疑贷款和损失贷款

（1）正常贷款：是指借款人能够履行借款合同，有充分把握按时足额偿还贷款本息的贷款，贷款损失的概率为0。

（2）关注贷款：尽管借款人目前有能力偿还贷款本息，但存在一些可能对偿还产生不利影响的因素，如这些因素继续下去，借款人的偿还能力受到影响，贷款损失的概率不会超过5%。

（3）次级贷款：借款人的还款能力出现明显问题，完全依靠其正常营业收入无法足额偿还贷款本息，需要通过处分资产或对外融资乃至执行担保来还款付息。贷款损失的概率在30%～50%。

（4）可疑贷款：借款人无法足额偿还贷款本息，即使执行担保，也肯定要造成一部分损失，只是因为存在借款人重组、兼并、合并、抵押物处理和未决诉讼等待定因素，损失金额的多少还不能确定，贷款损失的概率在50%～75%之间。

（5）损失贷款：指借款人已无偿还本息的可能，无论采取什么措施和履行什么程序，贷款都注定要损失了，或者虽然能收回极少部分，但其价值也是微乎其微。从银行的角度看，也没有意义和必要再将其作为银行资产在账目上保留下来，对于这类贷款在履行了必要的法律程序之后应立即予以注销，其贷款损失的概率在75%～100%。

其中前两类为优良贷款，后三类为不良贷款。

我国自2002年开始全面实施国际银行业普遍认同的"贷款五级分类法"。五级分类法有利于商业银行及时准确地确定当前贷款扣除风险损失后的真实价值，有利于银行及时、准确地识别贷款的内在风险，有效地跟踪贷款质量，以及时采取措施。

4. 按照客户的类型，分为个人贷款和公司贷款

（1）个人贷款是指以自然人为借款人的贷款，虽然部分个人贷款也用于生产经营，但绝大多数个人贷款用于消费。个人贷款主要包括个人住房贷款、个人消费贷款、个人经营贷款和个人信用卡透支。

（2）公司贷款又称企业贷款或对公贷款，是以企事业单位为对象发放的贷款，主要包括票据贴现、流动资金贷款、固定资产贷款、房地产贷款、银团贷款、国际贸易融资、国内贸易融资等。

①票据贴现，是银行贷款的重要方式之一，是指商业汇票的持票人在汇票到期前，为了取得资金，在贴付一定利息后，将票据权利转让给商业银行的票据行为，是商业银行向持票人融通资金的一种方式。因此，票据贴现是一种票据转让行为，通过贴现，票据持有人卖出票据，提前拿到了现金，而银行则买入了一项资产（即票据），相当于发放了一笔贷款，获得了利息收入。

②流动资金贷款，是为了弥补企业流动资产循环中所出现的现金缺口，满足企业在生产经营过程中临时性、季节性的流动资金需求，或者企业在生产经营过程中长期平均占用的流动资金需求，保证生产经营活动的正常进行而发放的贷款。

流动资金贷款按期限可分为临时流动资金贷款、短期流动资金贷款和中期流动资金贷款。按贷款方式可分为流动资金整贷整偿贷款、流动资金整贷零偿贷款、流

动资金循环贷款和法人账户透支贷款四种形式。

③固定资产贷款也成为项目贷款，是为了弥补企业固定资产循环中出现的资金缺口，用于企业新建、扩建、改造、购置固定资产投资项目的贷款。

固定资产贷款一般是中长期贷款，但也有用于项目临时周转用途的短期贷款。按照用途固定资产贷款划分为基本建设贷款、技术改造贷款、科技开发贷款和商业网点贷款四类。

④房地产贷款是指与房产或地产的开发、经营、消费活动有关的贷款，主要包括房地产开发贷款、土地储备贷款、商业用房贷款和个人住房贷款四大类。公司业务中房地产贷款是指前三类贷款。

⑤银团贷款又称辛迪加贷款，是指由两家或两家以上银行基于相同贷款条件，依据同一贷款协议，按约定时间和比例，通过代理行向借款人提供的本外币贷款或授信业务。

参与银团贷款的银行均为银团贷款成员。银团贷款成员按照"信息共享、独立审批、自主决策、风险自担"的原则自主确定各自授信行为，并按实际承诺份额享有银团贷款项下相应的权利、义务。按照在银团贷款中的职能和分工，银团贷款成员通常分为牵头行、代理行和参加行等角色。

⑥贸易融资，商业银行提供的贸易融资可以分为国内贸易融资和国际贸易融资两大类。

国内贸易融资是指对在国内商品交易中产生的存货、预付款、应收账款等资产进行的融资。与一般的流动性贷款相比，贸易融资的客户门槛进入较低，许多达不到流动资金贷款条件的客户可以通过贸易融资来获得资金支持。目前，我国开办的国内贸易融资业务由国内保理、发票融资、国内信用证、国内信用证项下打包贷款、国内信用证项下买方融资等产品。

国际贸易融资按进口方银行提供服务对象的不同可以分为两大类，一类是进口方银行为进口商提供的服务，另一类是出口方银行为出口商提供的服务。国际贸易融资业务主要有信用证、押汇、国际保理、福费廷。

（三）债券投资业务

2003 年 12 月《中华人民共和国商业银行法》第四十三条规定："商业银行在中华人民共和国境内不得从事信托投资和证券经营业务，不得向非自用不动产投资或者向非银行金融机构和企业投资，但国家另有规定的除外。"于是债券投资成为商业银行的一种重要证券投资形式，在我国有些商业银行债券投资在总资产中所占比例已接近贷款所占比例。

1. 债券投资的目标

商业银行债券投资的目标，主要是平衡流动性和盈利性，并降低资产组合的风险、提高资本充足率。相对于贷款来说，债券的流动性要强得多，而相对于现金资产来说，债券的盈利性要高得多。因此，债券投资是平衡银行流动性和盈利性的优良工具。同时，由于债券投资的管理成本比较低，所投资债券中占主要部分的国债一般不需要缴纳所得税。因此，债券投资能够增加银行的收益，实现提高盈利性的目标。由于债券投资容易分散、流动性强，而且银行所投资债券的发行人的信用级别一般较高，因此，商业银行进行债券投资，能够有效地降低银行资产组合的风险。同时，在计算资本充足率时，银行所投资高级别债券的风险权重较低，因此，在其他情况相同的条件下，减少贷款、增加债券投资，能有效提高银行的资本充足率。

2. 债券投资的对象

商业银行债券投资的对象与债券市场的发展密切相关。我国商业银行债券投资的对象主要包括国债、金融债券、中央银行票据、资产支持证券、企业债券和公司债券等。

（1）国债。国债是国家为筹措资金而向投资者出具的书面借款凭证，承诺在一定的时期内按约定的条件，按期支付利息和到期归还本金。国债以国家信用为后盾，通常被认为是没有信用风险，而且国债的二级市场非常发达，交易方便，其利息收入不用缴纳所得税，因此成为商业银行证券投资的主要对象。

我国国债不论期限长短，统称为国库券。国债包括凭证式国债和记账式国债两种，有证券交易所和银行间债券交易市场两个发行及流通渠道。

（2）金融债券。我国的金融债券是指依法在中华人民共和国境内设立的金融机构法人在全国银行间债券市场发行的、按约定还本付息的有价证券。主要包括：政策性金融债券，即由国家开发银行、中国进出口银行、中国农业发展银行三家政策性银行发行的债券；商业银行债券，包括商业银行普通债券、次级债券、混合资本债券等；其他金融债券，即企业集团财务公司及其他金融机构所发行的金融债券。

（3）中央银行票据。中央银行票据简称央行票据或央票，是指中国人民银行面向全国银行间债券市场成员发行的、期限一般在三年以内的中短期债券。中国人民银行于2003年第二季度开始发行中央银行票据。与财政部通过发行国债筹集资金的性质不同，中国人民银行发行票据的目的不是筹资，而是通过公开市场操作调节金融体系的流动性，是一种重要的货币政策手段。央行票据具有无风险、流动性高等特点，从而是商业银行债券投资的重要对象。

（4）资产支持证券。资产支持证券是资产证券化产生的资产。资产证券化是指把缺乏流动性，但具有未来现金流的资产汇集起来，通过结构性重组，将其转变为可以在金融市场上出售和流通的证券，据以融通资金的机制和过程。2005年12月15日，国家开发银行发行的开元信贷资产支持证券（简称开元证券）和中国建设银行发行的建元个人住房抵押贷款支持证券（简称建元证券）在银行间债券市场公开发行，标志着资产证券化业务正式进入中国。我国资产支持证券只在全国银行间债券市场上发行和交易，其投资者仅限于银行间债券市场的参与者，因此，商业银行是其主要投资者。

（5）企业债券和公司债券。在国外，没有企业债和公司债的划分，统称为公司债。在我国，企业债券是按照《企业债券管理条例》规定发行与交易、由国家发展和改革委员会监督管理的债券，在实践中，其发债主体为国有独资企业或国有控股企业。公司债券管理机构为中国证券监督管理委员会，发债主体为按照《中华人民共和国公司法》（简称《公司法》）设立的公司法人，在实践中，其发行主体为上市公司，其信用保障是发债公司的资产质量、经营状况、盈利水平和持续盈利能力等。公司债券在证券登记结算公司统一登记托管，可申请在证券交易所上市交易，其信用风险一般高于企业债券。2008 年 4 月 15 日起施行的《银行间债券市场非金融企业债务融资工具管理办法》进一步促进了企业债券在银行间债券市场的发行，企业债券和公司债券成为我国商业银行越来越重要的投资对象。

三、商业银行的表外业务

顾名思义，表外业务是指没有反映在商业银行资产负债表中，但会影响商业银行的营业收入和利润的业务。表外业务有广义和狭义之分。其中，广义的表外业务包括中间业务和金融创新中产生一些风险的狭义的表外业务。

（一）中间业务

凡银行不需要运用自己的资金而代理客户承办支付和其他委托事项，并以收取手续费的业务统称中间业务，也称为无风险业务。

1. 支付结算业务

支付结算业务，是指由商业银行为客户办理因债权债务关系引起的与货币支付、资金划拨有关的收费业务。支付结算业务借助的主要结算工具包括银行汇票、商业汇票、银行本票和支票。结算方式主要包括同城结算方式和异地结算方式。在银行为国际贸易提供的支付结算及带有贸易融资功能的支付结算方式中，通常是采用汇款、信用证及托收。

（1）汇款，是由付款人委托银行将款项汇给外地某收款人的一种结算业务。汇款结算分为电汇、信汇和票汇三种形式。

（2）托收，指收款人向其账户所在银行（托收行）提交凭以收取款项的金融票据和商业单据，要求托收行通过其联行或代理行向付款人收取款项。托收银行与代收银行对托收的款项能否收到不承担责任。托收业务的流程见图 5 - 2。

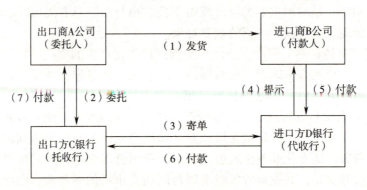

图 5 - 2　托收业务流程

（3）信用证，是指开证银行应申请人的要求并按其指示向第三方开立的载有一定金额的，在一定的期限内凭符合规定的单据付款的书面保证文件。信用证是一项独立于贸易合同之外的契约，信用证业务处理的是单据，而不是与单据有关的货物。

银行在信用证业务中能够提供的服务包括：在出口商按照信用证条款的要求提交合格单证后，开证行承担首要付款责任；为出口商提供打包融资服务；对出口商可凭已装船单据办理押汇融资服务；可以为信用证使用各方提供相关咨询业务。

从信用证和托收又派生出许多带有融资功能的服务，如打包贷款、出口押汇、出口托收融资、出口票据贴现、进口押汇、提货担保等。近年来，又出现了电子汇兑、网上支付等结算方式。

2. 代理业务

代理业务指商业银行接受客户委托、代为办理客户指定的经济事务、提供金融服务并收取一定费用的业务。

（1）代收代付业务。代收代付业务是商业银行利用自身的结算便利，接受客户委托代为办理指定款项收付事宜的业务。代收代付业务主要包括代理各项公用事业收费、代理行政事业性收费和财政性收费、代发工资、代扣住房按揭消费贷款等。目前主要是委托收款和托收承付两类。

（2）代理银行业务。

①代理政策性银行业务。代理政策性银行业务是指商业银行受政策性银行的委托，对其自主发放的贷款代理结算，并对其账户资金进行监管的一种中间业务。主要解决政策性银行因服务网点设置的限制而无法办理业务的问题。目前主要代理中国进出口银行和国家开发银行业务。

代理政策性银行业务主要包括代理资金结算、代理资金支付、代理专项资金管理、代理贷款项目管理等业务。根据政策性银行的需求，现主要提供代理资金结算业务和代理专项资金管理业务。

②代理中央银行业务。代理中央银行业务是指根据政策、法规应由中央银行承担，但由于机构设置、专业优势等方面的原因，由中央银行指定或委托商业银行承担的业务。

代理中央银行业务主要包括代理国库、代理金银等业务。

③代理商业银行业务。代理商业银行业务是商业银行之间相互代理的业务。

代理商业银行业务包括代理结算业务、代理外币清算业务、代理外币现钞业务等。其中主要是代理结算业务，具体包括代理银行汇票业务和汇兑、委托收款、托收承付业务等其他结算业务。代理银行汇票业务最具典型性，其又可分为代理签发银行汇票和代理兑付银行汇票业务。

（3）代理证券业务。代理证券业务是指银行接受委托办理的代理发行、兑付、买卖各类有价证券的业务，还包括接受委托代办债券还本付息、代发股票红利、代理证券资金清算等业务。此处有价证券主要包括国债、公司债券、金融债券、股票、基金等。

（4）代理保险业务。代理保险业务是指代理机构接受保险公司的委托，代其办理保险业务的经营活动。商业银行代理保险业务，可以受托于个人或法人投保各险种的保险事宜，也可以作为保险公司的代表，与保险公司签订代理协议，是保险人委托代理银行办理保险业务的代理行为。代理银行依托自身的结算、网络等优势，结合所拥有的客户群体资源，为保险公司提供代理保险业务的服务。

代理保险业务的种类主要包括：代理人寿保险业务、代理财产保险业务、代理收取保费及支付保险金业务、代理保险公司资金结算业务。

（5）保付代理业务。保付代理业务，简称保理，是指商业银行以购买票据的方式购买借款企业的应收账款，并在账款收回前提供融通资金之外的各项服务，如信用分析、催收账款、代办会计处理手续、承担倒账风险等。

（6）代理融通业务。代理融通又称代收账款，指的是商业银行接受客户委托，以代理人的身份代为收取应收账款，并为委托者提供资金融通的一种代理业务。

（7）委托贷款业务。根据《贷款通则》的定义，委托贷款系指由政府部门、企事业单位及个人等委托人提供资金，由贷款人（受托人）根据委托人确定的贷款对象、用途、金额、期限、利率等代为发放、监督使用并协助收回的贷款。贷款人（受托人）只收取手续费，不承担贷款风险。

3. 银行卡业务

银行卡是指商业银行或其他金融机构向社会发行的具有消费信用、转账结算、存取现金等全部或部分功能的信用支付工具，银行卡的主要形式为信用卡（也称贷记卡）和借记卡，银行从银行卡业务上收取的手续费包括银行卡年费、异地存取手续费、大额转账手续费和挂失手续费等。

4. 理财业务

商业银行理财业务是商业银行将客户关系管理、资金管理和投资组合管理等业务融合在一起，向公司、个人客户提供综合性的定制化金融产品和服务。

与传统的中间业务相比，理财业务涉及信托、基金、证券、保险等领域，需要综合运用境内外货币市场及资本市场金融工具，是一项技术含量高的综合性金融服务。近年来，理财产品不断创新，业务规模不断扩大，成为商业银行吸引高端客户和增加非利息收入的利润增长点。

（1）对公理财业务。对公理财业务是指商业银行在传统的资产业务和负债业务的基础上，利用技术、信息、服务网络、资金、信用等方面的优势，为机构客户提供财务分析、财务规划、投资顾问、资产管理等专业化服务，对公理财业务主要包括金融资信服务、企业咨询服务、财务顾问服务、现金管理服务和投资理财服务等。

（2）个人理财业务。个人理财业务是指商业银行为个人客户提供的财务分析、财务规划、投资顾问、资产管理等专业化服务。

按照管理运作方式不同，个人理财业务可分为理财顾问服务和综合理财服务。

①理财顾问服务，是指商业银行向客户提供财务分析与规划、投资建议，个人投资产品推介等专业化服务。

②综合理财服务，是指商业银行在向客户提供理财顾问服务的基础上，接受客户的委托和授权，按照与客户事先约定的投资计划和方式进行投资和资产管理的业务活动。

综合理财服务又分为私人银行业务和理财计划两类：

a. 私人银行业务，是指向富裕阶层提供的理财业务，它并不限于为客户提供投资理财产品，还包括利用信托、保险、基金等一切金融工具为客户进行个人理财，维护客户资产在收益、风险和流动性之间的平衡，同时还包括与个人理财相关的一系列法律、财务、税务、财产继承等专业顾问服务。

部分国内私人银行业务开户的最低标准为 100 万元人民币，也有部分银行的最低标准为 50 万元人民币，许多国外银行的最低标准为 100 万美元，有的甚至高达上千万美元。

b. 理财计划，是指商业银行在对潜在目标客户群分析研究的基础上，针对特定目标客户群开发设计并销售的资金投资和管理计划。理财计划的产品组合中，可以包括储蓄存款产品和结构性存款产品。按照客户获得收益方式的不同，理财计划可以分为保证收益理财计划和非保证收益理财计划。

银行在提供个人理财服务时，往往需要广泛利用各种金融产品和投资工具，综合分析和权衡各种产品和工具的风险、收益和流动性，实现客户资产的保值增值。具体来说，个人理财工具包括银行产品、证券产品、证券投资基金、金融衍生品、保险产品、信托产品和其他产品。银行将根据客户的经济状况、风险偏好、消费计划及其生命周期特点，为客户选择合适的金融产品和投资工具。

5. 托管业务

（1）资产托管业务。资产托管业务是指具备一定资格的商业银行作为托管人，依据有关法律法规，与委托人签订委托资产托管合同，安全保管委托投资的资产，履行托管人相关职责的业务。银行托管业务的种类很多，包括证券投资基金托管、委托资产托管、社保基金托管、企业年金基金托管、信托资产托管、QFII（合格境外机构投资者）投资托管等。

（2）代保管业务。代保管业务是银行利用自身安全设施齐全等有利条件设置保险箱库，为客户代理保管各种贵重物品和单证并收取手续费的业务。

6. 电子银行业务

电子银行业务是指商业银行等银行业金融机构利用面向社会公众开放的通讯通道或开放型公众网络，以及银行为特定自助服务设施或客户建立的专用网络，向客户提供的银行服务。电子银行渠道主要包括：网上银行、电话银行、手机银行、自助终端（多媒体自动终端、ATM 等）。

（二）狭义的表外业务

狭义的表外业务指那些未列入资产负债表，但同表内资产业务和负债业务关系密切，并在一定条件下会转化为表内资产业务和负债业务的经营活动。通常把这些经营活动称为或有资产和或有负债，它们是有风险的经营活动，应当在会计报表中的附注中予以揭示。

1. 担保业务

我国银行的担保业务分为银行保函业务和备用信用证业务。

（1）银行保函业务。银行保函是指银行应申请人的要求，向受益人作出的书面付款保证承诺，银行将凭受益人提交的与保函条款相符的书面索赔履行担保支付或赔偿的责任。银行保函根据担保银行承担风险不同及管理的需要，可分为融资类保函和非融资类保函两大类。

（2）备用信用证业务。备用信用证是开证行应借款人的要求，以放款人作为信用证的受益人而开具的一种特殊信用证，以保证在借款人不能及时履行义务或破产的情况下，由开证行向受益人及时支付本利。备用信用证主要分为可撤销的备用信用证和不可撤销的备用信用证两类。

备用信用证是在法律限制开立保函的情况下出现的保函业务的替代品，其实质也是银行对借款人的一种担保行为。

备用信用证与其他信用证相比，其特征是在备用信用证业务关系中，开证行通常是第二付款人，即只有借款人发生意外才会发生资金的垫付，而在一般信用证业务中，只要受益人所提供的单据和信用证条款一致，不论申请人是否履行其义务，银行都要承担对受益人的第一付款责任。

2. 承诺业务

承诺业务是指商业银行承诺在未来某一日按照事先约定的条件向客户提供约定的信用业务，包括承兑业务、贷款承诺等。

（1）承兑业务是银行为客户开出的汇票或票据签章承诺，保证到期一定付款的业务。当票据到期前或到期时，客户应将款项送交银行或由自己办理兑付。若到期客户无力支付票据款项，则该承兑银行必须承担付款责任。

（2）贷款承诺指应客户的申请，银行对项目进行评估论证，在项目符合银行信贷投向和贷款条件的前提下，对客户承诺在一定的有效期内，提供一定额度和期限的贷款，用于指定项目建设或企业经营周转。

贷款承诺业务可以分为项目贷款承诺、开立信贷证明、客户授信额度和票据发行便利四大类。

①项目贷款承诺，主要是为客户报批项目可行性研究报告时，向国家有关部门表明银行同意贷款支持项目建设的文件。

②开立信贷证明，是应投标人和招标人或项目业主的要求，在项目投标人资格预审阶段开出的用以证明投标人在中标后可在承诺行获得针对该项目的一定额度信贷支持的守信文件。信贷证明根据银行承诺性质的不同，分为有条件的信贷证明和无条件的信贷证明两类。

③客户授信额度，授信额度是银行确定的在一定期限内对某客户提供短期授信支持的量化控制指标，银行一般要与客户签订授信协议。

授信额度的有效期按照双方协议规定（通常为一年），适用于规定期限内的各类授信业务，主要是用于解决客户短期的流动资金需要。

按照授信形式的不同，可分为贷款额度、开证额度、开立保函额度、开立银行承兑汇票额度、承兑汇票贴现额度、进口保理额度、出口保理额度、进口押汇额度、出口押汇额度等业务品种分项额度。

这些分项额度可以方便的办理短期贷款和其他授信业务。短期贷款额度和其他分享额度的配合使用，是商业银行向企业提供全面高效服务的重要措施。

授信额度项下发生具体授信业务时，商业银行还要按照实际发生业务的不同品种进行具体审查，办理相关手续。由于从授信额度转化为实际授信业务存在一定的不确定性。因此，授信额度可以视为商业银行对客户的一种授信承诺。

④票据发行便利，是一种具有法律约束力的中期周转性票据发行融资的承诺。

根据事先与银行等金融机构签订的一系列协议，借款人可以在一段时期内，以自己的名义周转性发行短期票据，从而以短期融资的方式取得中长期的融资效果。承诺包销的银行依照协议负责承购借款人未能按期售出的全部票据或承担提供备用信贷的责任。包销承诺保障了票据发行人获得资金的连续性。就银行借款者而言，票据通常是短期存款证，而对非银行借款者来说，票据通常采取本票的形式。

3. 交易业务

交易业务是指商业银行为满足客户保值或自身风险管理等方面的需要，利用各种金融工具进行的资金交易活动，主要包括外汇交易业务和金融衍生业务。

（1）外汇交易业务。外汇交易既包括各种外国货币之间的交易，也包括本国货币与外国货币的兑换买卖。外汇交易既可满足企业贸易往来的结汇、售汇需要，也可供市场参与者进行投资或投机的交易活动。根据外汇交易方式的不同，外汇交易可以分为即期外汇交易和远期外汇交易。

①即期外汇交易，又称为现汇交易或外汇现货交易，是指在第二个营业日或成交当日办理实际货币交割的外汇交易。

②远期外汇交易，又称为期汇交易，是指交易双方在成交后并不立即办理交割，而是事先约定币种、金额、汇率、交割时间等交易条件，到期才进行实际交割的外汇交易。远期外汇交易是在即期外汇交易的基础上发展起来的，其最大的优点在于能够对冲汇率在未来上升或者下降的风险，因而可以用来进行套期保值或投机。远期外汇交易除了可按固定交割日交割外，也可由交易的某一方选择在一定期限内的任何一天交割。

（2）金融衍生品交易业务。

①金融衍生品，是一种金融合约，其价值取决于一种或多种基础资产或指数，合约的基本种类包括远期、期货、期权和互换，还包括具有远期、期货、期权和互换中一种或多种特征的结构化金融工具。

②金融衍生品交易业务分类。金融衍生品交易业务可以分为两大类：一类是金融机构为规避自有资产、负债的风险或为获利进行的金融衍生产品交易；第二类是金融机构向客户（包括金融机构）提供金融衍生品交易服务。

第三节　商业银行的存款创造

商业银行的活期存款是现代信用货币经济中最主要的货币形式。存款货币创造在很大程度上反映了现代经济中货币供给量的决定过程。在实行部分准备金制度条件下，商业银行可通过放款、投资和贴现等活动创造数倍于原始存款的派生存款，这一过程叫存款创造过程。

一、存款创造的几个基本概念

（一）原始存款与派生存款

原始存款是指存款户以现金或中央银行支票方式存入银行体系的直接存款。

派生存款是相对于原始存款而言，是指由商业银行以原始存款为基础、运用信用流通工具和转账结算方式开展贷款、投资和贴现等资产业务时所衍生出来的间接存款。

在现代信用货币制度下，现金和存款（尤其是商业银行的活期存款）是货币的两种不同表现形式，因此，原始存款的发生只改变了货币存在的形式，并不改变货币的总量。但派生存款则不同，它的发行意味着货币总量增加，即存款创造。

（二）存款准备金和存款准备金率

存款准备金是指商业银行在吸收存款后，以库存现金或在中央银行存款的形式保留的、用于应付存款人随时提现的那部分流动资产储备，它是银行吸收的存款总量的一部分。

存款准备金率是指存款准备金占银行吸收存款总量的比例。在现代市场经济中存款准备金比率是中央银行控制货币供应量的重要手段。商业银行必须按中央银行规定的比率保有存款准备金，这一部分准备金也叫法定存款准备金。除法定存款准备金外，商业银行保留多少超额准备金和库存现金则完全由商业银行自主决定。

二、存款创造的条件

商业银行在原始存款的基础上创造派生存款，必须具备以下两个条件，即部分存款准备金制度和转账结算制度。

1. 部分准备金制度，又称法定存款准备金制度。是指商业银行吸收的存款中保有一定的现金资产用于正常经营的准备金，其余部分用于发放贷款赚取利润。对于一定数量的存款来说，准备比例越大，银行可用于贷款的资金越少；准备比例越少，银行用于贷款的资金越大，因此，部分准备金制度是商业银行创造信用的基本条件。如果实行全部存款准备金制度，银行就不能利用存款发放贷款，也就不能创造派生存款。

2. 转账结算制度，又称非现金结算制度。是指客户通过开出支票由银行代为办理转账结算支付货款，不提取现金的制度。在这种制度下，银行用客户的存款去发放贷款，贷款以转账的方式变为存款，从而实现货币的创造。

总之，正是部分准备金制度和转账结算制度，银行才可以利用扣除法定存款准备金以外的存款进行贷款或证券投资，这为派生存款创造提供了可能，为派生存款的创造提供了根本保障条件。

三、存款货币的多倍扩张过程

虽然存款创造的基本原理适用于各类存款，但通过活期存款的创造说明这一原理却更为简单明了。为了简化分析起见，首先作以下假设：

1. 假设整个银行体系由一个中央银行和至少两家商业银行组成。因为存款货币的多倍扩张和收缩一般是就整个银行体系，而不是个别银行而言的。而在现实经济中，这一假设也完全符合实际。

2. 假定中央银行规定的法定存款准备金率为20%，且商业银行不保留超额准备金，即商业银行吸收存款除按中央银行规定的存款准备金率保有足够的法定存款准备金外，将全部剩余准备金用于贷款或投资。

3. 假定没有现金从银行系统漏出。即客户不从他们的存款账户上提取现金，或者提取现金支付以后，收款的另一方又立即将它存入银行。

4. 假定商业银行只有活期存款，没有定期存款和储蓄存款（两者合称为非交易存款），当然也没有活期存款向非交易存款的转化。

存款货币多倍扩张的过程，实际上是商业银行通过贷款、贴现和投资行为引起成倍派生存款的过程。就整个银行体系而言，在上述假定条件下，一家银行发放贷款将使另一家银行获得存款，而另一家银行也因此可以发放贷款，从而第三家银行也获得存款。这些因其他银行发放贷款而引起的存款，就是派生存款。于是，通过整个银行体系的连锁反应，一笔原始存款通过贷款、贴现、投资等多种途径将创造出成倍的派生存款。

假设 A 银行的客户甲收到一张中央银行的支票，金额为 1 000 元，客户甲委托 A 银行收款。从而 A 银行在中央银行的准备存款增加 1 000 元，而甲在 A 银行账户上的存款等额增加 1 000 元。这时 A 银行的资产负债状况如下：

A 银行的资产负债状况①

资产	负债
在中央银行的准备存款　1 000 元	甲客户存款　1 000 元

A 银行吸收了存款，从而有条件贷款。按 20% 的法定准备率，则 A 银行针对吸收的这笔 1 000 元存款的法定准备金不得低于 200 元（1 000 × 20%）。如果 A 银行向请求贷款的客户乙提供贷款，其最高可贷数额不得超过 800 元（1 000 − 200）。如果对乙贷出 800 元，则 A 银行的资产负债状况如下：

A 银行的资产负债状况②

资产	负债
在中央银行的准备存款　1 000 元	甲客户存款　1 000 元
贷款　800 元	乙客户存款　800 元

当乙向 B 银行的客户丙用支票支付 800 元的应付款，而丙委托 B 银行收款后，A 银行、B 银行的资产负债状况如下：

A 银行的资产负债状况③

资产	负债
在中央银行的准备存款　200 元	甲客户存款　1 000 元
贷款　800 元	

B 银行的资产负债状况①

资产	负债
在中央银行的准备存款　800 元	丙客户存款　800 元

B 银行在中央银行有了 800 元的准备金存款，按照 20% 的法定准备率，则它的最高可贷数额不得超过 800 × （1 − 20%） = 640 元，向客户丁贷出 640 元后，则 B 银行的资产负债状况如下：

B 银行的资产负债状况②

资产	负债
在中央银行的准备存款　800 元	丙客户存款　800 元
贷款　640 元	丁客户存款　640 元

当 B 银行的客户丁向 C 银行的客户戊用支票支付 640 元的应付款，而客户戊委托 C 银行收款后，B 银行、C 银行的资产负债状况如下：

B 银行的资产负债状况③

资产	负债
在中央银行的准备存款　160 元	丙客户存款　800 元
贷款　640 元	

C 银行的资产负债表①

资产	负债
在中央银行的准备存款　640 元	戊客户存款　640 元

C 银行在中央银行有了 640 元的准备存款，按照 20% 的法定准备率，则它的最高可贷数额不得超过 $640 \times (1 - 20\%) = 512$ 元。向客户已贷出 512 元后，则 C 银行的资产负债状况如下：

C 银行的资产负债表②

资产	负债
在中央银行的准备存款　640 元	丙客户存款　640 元
贷款　512 元	己客户存款　512 元

当 C 银行的客户已向 D 银行的客户庚用支票支付 512 元应付款，则客户庚委托 D 银行收款后，C 银行的资产负债状况如下：

C 银行的资产负债表③

资产	负债
在中央银行的准备存款　128 元	丙客户存款　640 元
贷款　512 元	

如此往复一直到没有超额准备金存在，为了更清楚表明过程，我们将用表 5 - 4 说明。

表 5 - 4　　　　　　　　　　存款创造　　　　　　　　　单位：元

银行	活期存款	准备金	贷款
A	1 000	200	800
B	800	160	640
C	640	128	512
⋮	⋮	⋮	⋮
	5 000	1 000	4 000

显然，各银行的活期存款增加额构成一个无穷递减的等比数列，即 1 000，1 000 × （1 − 20%），1 000 × （1 − 20%）²……根据无穷递减等比数列的求和公式，各银行活期存款增加总额为

$$各银行活期存款增加总额 = 1\,000 + 800 + 640 + \cdots\cdots$$
$$= 1\,000 + 1\,000 × (1 − 20\%) + 1\,000 × (1 − 20\%)^2 + \cdots\cdots$$
$$= \frac{1\,000}{20\%} = 5\,000 \text{元}$$

其中 5 000 − 1 000 = 4 000 元为派生存款。

一般地，假定活期存款的法定存款准备金率为 r，银行初始准备金（本例中来源于原始存款）增加为 R，在前面四个假设条件下，活期存款增加总额为 D，派生存款为 L。

$$D = R/r$$
$$L = D − R$$

式中：$\frac{1}{r}$ 称为简单存款乘数，它表示在前面假设条件下每 1 元原始存款变动所引起银行系统总存款的变动，用 K 表示：

$$K = \frac{1}{r} = \frac{D}{R}$$

上式还可变为 $R = D × r$，它表示由于贷款与存款间的相互转化，某个银行新增的准备金（原始存款）将最终被全部转化为整个银行系统的法定存款准备金。

本例中，$D = 1\,000 × \frac{1}{20\%} = 5\,000$ 元表示通过银行的贷款活动，1 000 元的原始存款创造了 5 000 元的活期存款总额，其中 4 000 元是派生存款。简单存款乘数 $K = \frac{1}{r} = 5$，表示每 1 元原始存款变动所引起银行系统活期存款总额变动为 5 元。

四、存款货币的多倍收缩过程

商业银行体系派生存款倍数创造原理在相反方向上也适用，即派生存款的紧缩也呈倍数紧缩过程。

仍以最简单的情况——没有定期存款、没有提现、没有超额准备金为例。设整个商业银行体系里派生存款的紧缩过程是从银行体系中的 A 银行减少了 100 元准备金开始。至于准备存款是怎样减少的，那会有种种情况，不影响这里的分析。比如，A 银行的客户用自己在 A 银行的存款向国库——在中央银行开立账户的国库履行财政支付义务。

这样其资产负债状况变动是：

A 银行的资产负债状况①

资产	负债
在中央银行的准备存款 −100 元	客户的存款 −100 元

仍然假设法定准备率为 20%，活期存款减少 100 元，法定准备金至多减少 20

元。所以 A 银行的准备金出现不足——少了 80 元。为弥补这一短缺，它必须收回 80 元贷款并相应地使自己的准备存款增加 80 元。如果实现，A 银行的资产负债状况变动为：

A 银行的资产负债状况②

资产	负债
在中央银行的准备存款　－20 元	客户的存款　－100 元
贷款　－80 元	

如果 A 银行收回的贷款，是通过客户由 B 银行得来的，那么 B 银行的准备金和活期存款将同时分别减少 80 元，其资产负债状况为：

B 银行的资产负债状况①

资产	负债
在中央银行的准备存款　－80 元	客户的存款　－80 元

同样，根据20%的法定准备率，B 银行活期存款减少80 元，其法定准备金最多可以减少16 元（80×20%）。现在减少了80 元，故法定准备金短缺64 元。因而它也要收缩自己的贷款，以补足准备金，从而资产负债状况变为：

B 银行的资产负债状况②

资产	负债
在中央银行的准备存款　－16 元	客户的存款　－80 元
贷款　－64 元	

显然，B 银行收回 64 元贷款的结果，也是以减少其他银行同等数额的活期存款，从而减少其准备金为条件的。因此其他银行也必须相应收缩贷款。这一过程将一直进行下去，直到银行系统的活期存款变化到如下水平：

$$(-100) + (-80) + (-64) + (-51.2) + (-40.96) + \cdots\cdots = -500$$

可见，派生存款的倍数缩减过程与其倍数创造、扩张过程是相对称的，其原埋是一样的。

五、制约存款货币创造和收缩的因素

（一）法定存款准备金率（r）

按规定，各家商业银行均需按一定比率将其存款的一部分转存于中央银行，其目的在于限制商业银行创造存款的能力。存款准备金率越高，商业银行创造存款的倍数越小；存款准备金率越低，商业银行创造存款的倍数越大。假定活期存款的法定存款准备金率为 r，银行初始准备金（来源于原始存款）增加为 R，活期存款增加总额为 D，如果排除其他影响存款创造倍数的因素，设 K 为银行体系创造存款的扩张乘数，则有

$$K = \frac{D}{R} = \frac{1}{r}$$

由于 r 是一个界于 0 和 1 之间的数，$1/r$ 必然是一个大于 1 的数，这说明经过存款创造，原始存款得以以一个乘数（倍数）的速度扩张。但这里的 K 值只是原始存款能够扩大的最大倍数，实际过程的扩张倍数往往达不到这个值。

（二）现金漏损率（c）

现金漏损是指银行在扩张信用及创造派生存款的过程中，难免会有部分现金流出银行体系，保留在人们的手中而不再流回。现金漏损额与活期存款总额之比称为现金漏损率，也称提现率。如果用 C 代表现金漏损额，用 c 代表现金漏损率，则有

$$c = C/D; C = D \cdot c$$

在以上假设只有活期存款，把流出银行体系的现金考虑在内后，银行初始准备金（来源于原始存款）就分成了两个部分：$R = D \cdot r + D \cdot c = D \cdot (r + c)$。

这样，当设定包括现金的情况下，存款货币的创造乘数为

$$K = \frac{D}{R} = \frac{1}{r + c}$$

由于现金外流，银行可用于放款部分的资金减少，因而削弱了银行体系创造存款货币的能力。

（三）超额准备金率（e）

银行在实际经营中所提留的准备金绝不能恰好等于法定准备金，为了应付存款的变现、银行间的清算和机动放款的需要，事实上银行实际具有的准备金总是大于法定准备金，这种差额称为超额准备金，以 E 代表。超额准备金与活期存款总额的比，称为超额准备金率，以 e 代表。设银行体系平均超额准备率为 $e = E/D$，则银行初始准备金（来源于原始存款）还有一部分是以超额准备金的形式存在，即

$$R = D \cdot r + D \cdot c + D \cdot e = D \cdot (r + c + e)$$

这时的存款货币创造乘数则是

$$K = \frac{D}{R} = \frac{1}{r + c + e}$$

在银行体系中，超额准备金率的变化对于信用的影响，同法定准备金率及现金漏损率具有同等作用。如果超额准备金率大，则银行信用扩张的能力缩小；如果超额准备金率低，则银行信用扩展倍数提高。

（四）定期存款准备金

以上分析的条件是设定所有的存款都是活期存款、支票存款。可是存款至少可以大致分为活期存款和定期存款。考虑这一情况，存款货币的创造就要作进一步的分析。

对于活期存款和定期存款通常分别规定不同的准备金率。但也有的国家，两者的准备金率并无区分。这里就准备金率有区分的情况分析。

仍假设 D 为活期存款量的增量，r 为活期存款的法定准备率；再假定 T 为定期存款量的增量，r_t 为定期存款的法定准备率，且定期存款与活期存款之比（T/D）为 t，则银行初始准备金（来源于原始存款）由以下几个部分构成

$$R = D \cdot r + D \cdot c + D \cdot e + D \cdot t \cdot r_t = D(r + c + e + t \cdot r_t)$$

存款货币的创造乘数为

$$K = \frac{D}{R} = \frac{1}{r + c + e + t \cdot r_t}$$

由于按 $t \cdot r_t$ 所提存的准备金是用于支持定期存款所需的，它不能去支持活期存款的进一步创造，故这部分 $t \cdot r_t$ 对存款创造乘数 K 的影响，便可视同为法定准备金率的进一步提高。

到这里可以看出，银行吸收一笔原始存款能够派生出多少存款，派生倍数大小如何，除了取决于法定存款准备金率的高低以外，还要受到定期存款比率、定期存款法定存款准备金率、现金漏损率和超额存款准备金率等多方面的制约。

以上，我们只是就银行创造派生存款过程中的基本可测量因素对存款派生倍数影响所做的分析。如果考虑到客户对贷款的需求要受到经济发展的制约，那么并非任何时候银行总会有机会将可能贷出的款项全部贷出。也就是说，银行能否多贷，不仅取决于银行行为，还要看企业是否需要贷款。在经济停滞和预期利润率下降的情况下，即使银行愿意多贷，企业也可能不要求贷款，从而可能的派生规模并不一定能够实现。

第四节　商业银行的经营与管理

一、商业银行的业务经营原则

商业银行具有一般企业的基本特征，同时也是一个特殊的金融企业。尽管各国商业银行在制度上存在一定的差异，在业务经营上，各国商业银行通常都遵循盈利性、流动性和安全性原则。

（一）盈利性原则

盈利性原则是指商业银行作为一个企业，其经营追求最大限度的盈利。盈利性既是评价商业银行经营水平的核心指标，也是商业银行最终效益的体现。影响商业银行盈利性指标的因素主要有存贷款规模、资产结构、自有资金比例和资金自给率水平，以及资金管理体制和经营效率等。

商业银行的盈利是指业务收入减去业务支出的净额。业务收入是指资产收益和服务性收入的总和。资产收益是商业银行最主要的收入来源。此外，商业银行还提供多样化的金融服务，这些服务的收入通常被列入"表外业务"收入，服务性收入也是当代商业银行重要的收入途径。业务支出包括各项存款的利息支出和费用支出、营业外损失和上缴的税收等。商业银行利润的总体计算公式为

　　　　银行利润 = 利息收入 + 其他收入 − 利息支出 − 其他支出 − 税收

分析商业银行的盈利水平，通常用以下衡量标准：

1. 利差收益率。其计算公式为

$$利差收益率 = \frac{利息收入 − 利息支出}{盈利资产} \times 100\%$$

这一指标是反映银行盈利能力的重要指标。因为银行的收入主要来自于盈利资产，所以利差收益率越大，银行盈利水平越高。

2. 银行利润率。其计算公式为

$$银行利润率 = \frac{净利润}{总收入} \times 100\%$$

这一指标反映银行的全部收入中有多少作为利润留在银行，它是反映银行经营环境和管理能力的指标，用以考察银行的全部支出水平。

3. 资产收益率。其计算公式为

$$资产收益率 = \frac{净利润}{资产总额} \times 100\%$$

这一指标是反映银行资产总体盈利水平或资产结构状态的主要指标，即反映资产的获利能力，它代表一家银行的经营水准。

4. 资本盈利率。其计算公式为

$$资本盈利率 = \frac{净利润}{资本总额} \times 100\%$$

这一指标反映了银行资本经营活动中的效率，说明银行资本对利润增加的贡献能力。由于用它可以测算出股本盈利率，因而也是银行股东们最为关心的指标。

（二）流动性原则

流动性是指商业银行随时应付客户提现和满足客户借贷的能力。流动性在这里有两层含义，即资产的流动性和负债的流动性。资产的流动性是指银行资产在不受损失的前提下随时变现的能力。负债的流动性是指银行能经常以合理的成本吸收各种存款和其他所需资金。一般情况下，我们所说的流动性是指前者，即资产的变现能力。为满足客户提取存款等方面的要求，银行在安排资金运用时，一方面要使资产具有较高的流动性，另一方面必须力求负债业务结构合理，并保持较强的融资能力。

影响商业银行流动性的主要因素有客户的平均存款规模、资金自给率水平、清算资金的变化规律、贷款经营方针、银行资产质量以及资金管理体制等。

作为金融企业，流动性是银行实现安全性和盈利性的重要保证。资金运动的不规则性和资金需求的不确定性决定了商业银行保持适当的流动性是非常必要的，原因如下。

1. 作为资金来源的客户存款和银行的其他借入资金要求银行能够保证随时提取和按期归还，这主要靠流动性资产的变现能力来保证。

2. 企业、家庭和政府在不同时期产生的多种贷款需求，也需要及时组织资金来源加以满足。

3. 银行资金运动的不规则性和不确定性，需要资产的流动性和负债的流动性来保证。

4. 在银行业激烈的竞争中，投资风险难以预料，经营目标并非能完全实现，需要一定的流动性作为预防措施。

在银行的业务经营过程中，并不是流动性愈高愈好。事实上，过高的资产流动性会使银行失去盈利机会甚至出现亏损；过低的流动性则可能使银行出现信用危机、客户流失、丧失资金来源，甚至会因为挤兑导致银行倒闭。因此，商业银行必须保持适度的流动性。这种"度"是商业银行业务经营的生命线，是商业银行经营成败的关键。而这一"度"既没有绝对的数量界限，又需要在动态的管理中保持，这就要求银行经营管理者及时果断地把握时机和作出决策。当流动性不足时，要及时补充和提高；当流动性过高时，要尽快安排资金运用，提高资金的盈利能力。

通常情况下，衡量流动性的主要指标有以下几个。

1. 现金资产率。其计算公式为

$$现金资产率 = \frac{现金资产}{流动资产} \times 100\%$$

现金资产包括现金、存放同业存款和中央银行的存款，这部分资产流动性强，能随时满足流动性的需要，是银行预防流动性风险的一级储备。流动性资产又称储备资产，是指那些流动性较强，可以预防流动性风险的资产，包括现金资产和短期有价证券。短期有价证券是指期限在一年之内的债券，其流动性仅次于现金资产，变现速度快。现金资产率越高，说明银行的流动性越高，对债权人的保障程度越高，因为现金具有最后清偿债务的特征。

2. 贷款对存款的比率。其计算公式为

$$贷款对存款的比率 = \frac{贷款}{存款} \times 100\%$$

这一比率高，说明银行存款资金被贷款占用比率高，急需提取时难以收回，银行存在流动性风险。这一指标的缺点是没有考虑存款和贷款的期限、质量和收付方式，因此，该指标衡量流动性的可靠性需要得到其他指标的印证。

3. 流动性资产对全部负债的比率。其计算公式为

$$流动性资产对全部负债的比率 = \frac{流动性资产}{全部负债} \times 100\%$$

这一比率反映负债的保障程度，比率较高，说明流动性越充分。这一指标存在一定的操作难度，也忽略了负债方面流动性的因素。

我国对商业银行流动性规定了以下几项指标：（1）资产流动性指标。本外币各项流动性资产与各项流动性负债余额的比例不得低于25%，其中外汇各项流动性资产与各项流动性负债余额的比例不得低于60%。（2）存贷款比例指标。本外币合并各项贷款与各项存款的比例不得超过75%，其中外汇各项贷款与各项存款的比例不得超过85%。（3）中长期贷款比例指标。超过1年的中长期贷款与相应的存款之比不得超过120%，1年期以上外汇余额中长期贷款与各项外汇贷款余额的比例不得超过60%。（4）拆借资金比例指标。拆入资金余额与各项存款余额之比不得超过4%，拆出资金余额与各项存款余额之比不得超过8%，此项指标仅对人民币存贷款考核。

（三）安全性原则

安全性是指银行的资产、收益、信誉以及所有经营生存发展的条件免遭损失的可靠程度。安全性的反面就是风险性，商业银行的经营安全性原则就是尽可能地避免和减少风险。

影响商业银行安全性原则的因素主要有客户的平均贷款规模、贷款的平均期限、

贷款方式、贷款对象的行业和地区分布以及贷款管理体制等。

商业银行坚持安全性原则的主要意义在于以下三方面。

第一，风险是商业银行面临的永恒课题。银行业的经营活动可归纳为两个方面：一是对银行的债权人要按期还本付息；二是对银行的债务者要求按期还本付息。这种信用活动的可靠程度是银行经营活动的关键。这种在多大程度上被确认的可靠性，又称为确定性。与此对应的是风险性，即不确定性。但在银行经营活动中，由于确定性和不确定性等种种原因，存在着多种风险，例如信用风险、市场风险、政治风险等，这些风险直接影响银行本息的按时收回，必然会削弱甚至丧失银行的清偿能力，危及银行本身的安全。所以，银行管理者在风险问题上必须严格遵循安全性原则，尽力避免和减少风险。

第二，商业银行的负债结构决定其潜伏危机的程度。与一般工商企业经营不同，银行自有资本所占比重很小。远远不能满足资金的运用，它主要依靠吸收客户存款或对外借款用于贷款或投资，所以负债经营成为商业银行的基本特点。由商业银行的负债结构所决定，若银行经营不善或发生亏损，就要冲销银行自有资本来弥补，倒闭的可能性是随时存在的。

第三，坚持稳定经营方针是商业银行开展业务所必需的。首先，有助于减少资产的损失，增强预期收益的可靠性。不顾一切地一味追求利润最大化，其效果往往适得其反。事实上，只有在安全的前提下营运资产，才能增加收益。其次，只有坚持安全稳健的银行，才可以在公众中树立良好的形象。因为一家银行能否立足于世的关键就是银行的信誉，而信誉主要来自于银行的安全，所以要维持公众的信心，稳定金融秩序，有赖于银行的安全经营。

由此可见，安全性原则不仅是银行盈利的客观前提，也是银行生存和发展的基础。不仅是银行经营管理本身的要求，也是社会发展和安定的需要。

通常情况下，衡量商业银行安全性的指标主要有：

1. 贷款对存款的比率。这一比率越大，风险就越高；比率越小，风险也就越低。

2. 资产对资本的比率。这一比率也叫杠杆乘数，它既反映盈利能力，又表现风险程度。比率越大，风险越高，因为相对来说资本较少，一旦资产出现损失，资本是保障债权人利益的最后一道屏障。

3. 负债对流动资产的比率。这一比率越高，能作为清偿准备的流动资产越显得不足。

4. 有问题贷款占全部贷款的比率。比率越高，银行的风险越大，安全性就越低。

作为商业银行经营管理决策者，必须关注银行资产营运的安全性，通常情况下，要提高经营管理的安全性。必须做到以下几点：（1）合理安排资产规模和结构，注重资产质量；（2）提高自有资本在全部负债中的比重，保障债权人的利益；（3）必须遵纪守法，合法经营。

（四）盈利性、流动性、安全性三原则的协调

商业银行经营三原则，既有相互统一的一面，又有相互矛盾的一面。作为经营

管理者，既要追求利润最大化，又要照顾到银行的流动性和安全性，这是极为重要的。

一般地说，商业银行的安全性与流动性是呈正相关的。流动性较大的资产，风险就小，安全性也就高。而盈利性较高的资产，由于时间一般较长，风险相对较高，因此流动性和安全性就比较差，因此盈利性与安全性和流动性之间的关系，往往呈反方向变动。

盈利性、流动性和安全性三原则之间的关系可以简单地概括为：流动性是商业银行正常经营的前提条件，是商业银行资产安全性的重要保证。安全性是商业银行稳健经营的重要原则，离开安全性，商业银行的盈利性也就是无从谈起。盈利性原则是商业银行最终目标，保持盈利是维持商业银行流动性和保证银行安全性的重要基础。作为商业银行的经营者，要依据商业银行自身条件，从实际出发，统筹兼顾，通过多种金融资产的组合，寻求"三性"的最优化。

二、商业银行的资产负债管理理论及其变迁

商业银行应如何协调盈利性、流动性和安全性三者关系，对此，西方商业银行在历史发展过程中依次经历了资产管理理论、负债管理理论、资产负债管理理论三个阶段。

（一）资产管理理论

商业银行的资产管理主要是指商业银行如何把筹集到的资产恰当地分配到现金资产、证券投资、贷款和固定资产等银行资产上。商业银行的资产管理理论以资产管理为核心，早在17世纪、18世纪，资产管理就成为商业银行管理遵循的原则。随着经济、法律等外部环境的变化，资产管理理论依次经历了以下三种演变。

1. 商业贷款理论

商业贷款理论是早期的资产管理理论，源于亚当·斯密的《国民财富的性质和原因的研究》一书，也称真实票据理论或生产性贷款理论。其基本观点是：存款是银行贷款资金的主要来源，而银行存款的大多数是活期存款，这种存款随时可能被提取。为了保证资金的流动性，商业银行只能发放活期的与商业周转有关的、与生产物资储备相适应的有偿性贷款，而不能发放不动产等长期贷款。这类贷款用于生产和流通过程中的短期资金融通，一般以3个月为限，它以商业行为为基础，以商业票据为凭证，随着商品周转的完结而自动清偿，因此不会引起通货膨胀和信用膨胀。

这一理论在相当长的时期内受到重视，对商业银行的经营管理起着支配和指导性作用。但是，由于这一理论形成于银行经营的初期，随着商品经济和现代银行业的发展，其局限性越来越明显。这主要表现在：不能满足经济发展对银行长期资金的需求，固守这种带有自偿特征的放款理论，在限制经济发展的同时也限制了银行自身的发展；忽视了银行存款的相对稳定性，使长期负债没有得到充分利用；忽视短期贷款的风险性，且该理论使银行的发展受制于经济周期，银行的经营同样存在风险。

2. 资产转移理论

第一次世界大战后，金融市场进一步发展和完善，金融资产多样化，流动性增

强，银行对流动性有了新的认识，资产转移理论应运而生。资产转移理论亦称为可转换理论，最早由美国的莫尔顿于 1918 年在《政治经济学杂志》上发表的一篇论文中提出。其基本观点为：为了保持足够的流动性，商业银行最好将资金用于购买变现能力强的资产。这类资产一般具有以下条件：一是信誉高，如国债或政府担保债券以及大公司发行的债券；二是期限短，流通能力强；三是易于出售。根据该理论，银行持有政府的公债，正是最容易出售转换为现金的盈利资产。正因为如此，这一理论在一段时期内成为商业银行信贷管理的精神支柱，使得第二次世界大战后银行有价证券的持有量超过贷款，同时带动了证券业的发展。但该理论也有致命的弱点，主要表现在：（1）证券价格受市场波动的影响很大，当银根紧缩时，资金短缺，证券市场供大于求，银行难以在不受损失的情况下顺利出售证券；（2）当经济危机发生使证券价格下跌时，银行大量抛售证券，却很少有人购买甚至无人购买，这与银行投资证券以保持资产流动性的初衷相矛盾。

3. 预期收入理论

预期收入理论是一种关于商业银行资产投向选择的理论。该理论最早是由美国的普鲁克诺于 1949 年在《定期放款与银行流动性理论》一书中提出的。第二次世界大战后美国经济高速发展，企业设备和生产资料急需更新改造，中期贷款的需求迅猛增加，贷款投向由商业转向工业，预期收入理论随之产生。其基本思想是：银行的流动性应着眼于贷款的按期偿还或资产的顺利变现，而无论是短期商业贷款还是可转让资产，其偿还或变现能力都以未来收入为基础。如果某项贷款的未来收入有保证，即使期限长，也可以保证其流动性；反之，即使期限短，也可能出现到期无法偿还的情况。

预期收入理论为银行进一步扩大业务经营范围和丰富资产结构提供了理论依据，也是商业银行业务综合化的理论依据。但这一理论也有其局限性，主要表现在：（1）把预期收入作为资产经营的标准，而预期收入状况由银行自己预测，不可能完全精确；（2）在贷款期限较长的情况下，不确定性因素增加，债务人的经营情况可能发生变化，到时并不一定具有偿还能力。

以上三种理论各有侧重，但是都是为了保持资产的流动性。商业贷款理论强调贷款的用途，资产转移理论强调资产的期限和变现性，预期收入理论强调银行资产投向的选择。它们之间存在着互补的关系，每一种理论的产生都为银行资产管理提供一种新思想，促进银行资产管理理论的不断完善和发展。

（二）负债管理理论

负债管理理论产生于 20 世纪 50 年代末期，盛行于 60 年代。当时世界经济处于繁荣时期，生产流通不断扩大，对银行的贷款需求也不断增加。在追求利润最大化的目标下，银行希望通过多种渠道吸收资金、扩大规模。与此同时，欧洲货币市场的兴起，通信手段的现代化，存款保险制度的建立，大大方便了资金的融通，刺激了银行负债经营的发展，也为负债管理理论的产生创造了条件。

负债管理理论是以负债为经营重点，即以借入资金的方式来保证流动性，以积极创造负债的方式来调整负债结构，从而增加资产和收益。这一理论认为银行保持流动性不需要完全靠建立多层次的流动性储备资产，一旦有资金需求就可以向外借款，只要能借款，就可通过增加贷款获利。负债管理理论的发展依次经历了以下三个阶段：

1. 存款理论

存款理论曾经是商业银行负债的主要正统理论。其基本观点是：（1）存款是商业银行最主要的资金来源，是其资产业务的基础；（2）银行在吸收存款过程中是被动的，为保证银行经营的安全性和稳定性，银行的资金运用必须以其吸收存款沉淀的余额为限；（3）存款应当支付利息，作为对存款者放弃流动性的报酬，付出的利息构成银行的成本。

这一理论的主要特征是它的稳健性和保守性，强调应按照存款的流动性来组织贷款，将安全性原则摆在首位，反对盲目存款和贷款，反对冒险谋取利润。存款理论的缺陷在于它没有认识到银行在扩大存款或其他负债方面的能动性，也没有认识到负债结构、资产结构以及资产负债综合关系的改善对于保证银行资产的流动性、提高银行盈利性等方面的作用。

2. 购买理论

购买理论是继存款理论之后出现的另一种负债理论，它对存款理论作了很大的否定。其基本观点是：（1）商业银行对存款不是消极被动，而是可以主动出击，购买外界资金，除一般公众外，同业金融机构、中央银行、国际货币市场及财政机构等，都可以视为购买对象；（2）商业银行购买资金的基本目的是为了增强其流动性；（3）商业银行吸收资金的适宜时机是在通货膨胀的情况下。此时，实际利率较低甚至为负数，或实物投资不景气而金融资产投资较为繁荣，通过刺激信贷规模以弥补利差下降的银行利润。

购买理论产生于西方发达国家经济滞胀年代，它对于促进商业银行更加主动地吸收资金，刺激信用扩张和经济增长，以及增强商业银行的竞争能力具有积极的意义。但是，其缺陷在于助长了商业银行片面扩大负债，加重了债务危机，导致了银行业的恶性竞争，加重经济通货膨胀的负担。

3. 销售理论

销售理论是产生于 20 世纪 80 年代的一种银行负债管理理论。其基本观点是：银行是金融产品的制造企业，银行负债管理的中心任务就是迎合顾客的需要，努力推销金融产品，扩大商业银行的资金来源和收益水平。该理论是金融改革和金融创新的产物，它给银行负债管理注入现代企业的营销观念，即围绕客户的需要来设计资产类或负债类产品及金融服务，并通过不断改善金融产品的销售方式来完善服务。它贯穿着市场观念，反映了 20 世纪 80 年代以来金融业和非金融业相互竞争和渗透的情况，标志着金融机构正朝着多元化和综合化发展。

（三）资产负债管理理论

无论是资产管理理论还是负债管理理论，在保持商业银行安全性、流动性和盈利性的均衡方面都带有一定的片面性。资产管理理论过分偏重于安全性和流动性，在一定条件下以牺牲盈利性为代价，不利于鼓励银行进取经营；而负债管理理论则过分依赖外部条件，往往给银行带来经营风险。

20 世纪 70 年代末 80 年代初，金融管制逐渐放松，银行的业务范围越来越大，同业竞争加剧，使银行在安排资金结构和保证获取盈利方面困难增加，客观上要求商业银行进行资产负债综合管理，由此产生了均衡管理的资产负债管理理论。该理论的主要特点是：（1）综合性。即资产和负债管理并重，这是商业银行向业务综合化、多样化发展的要求。（2）适应性。要求银行根据经济环境的变化不断调整自己的经营行为，加强动态管理。

在该理论下，所有的商业银行都必须遵循一定的基本原则：（1）总量平衡原则。该原则也称为规模对称原则，是指资产规模与负债规模相互对称、统一平衡。这里的对称不是简单的对等，而是建立在合理的经济增长基础上的动态平衡。（2）结构对称原则。该原则也称为资产分配原则，主要是指银行的资产结构和资金运用长短、利息高低要以负债结构和资金来源的流转速度及利率的高低来决定。它包括资产和负债的偿还期的对称及利率结构的对称，亦即商业银行资产的偿还期与负债的偿还期尽可能保持相近的对称关系，同时高成本负债必须与高成本资产对称。（3）分散性原则。该原则是指商业银行在将资金分配运用于放款、证券投资以及实业开发时，应尽量做到数量和种类分散，避免放款或投资过于集中而增加风险。

资产负债综合管理的方法主要有缺口管理法和资产负债比例管理法。

1. 缺口管理法

缺口管理法是根据期限或利率等指标将资产和负债分成不同的类型，然后对同一类型的资产和负债之间的差额，即"缺口"进行分析和管理。常用的有利率敏感性缺口、流动性缺口等。以利率敏感性缺口为例，利率敏感性缺口是指浮动利率资产与浮动利率负债之间的差额。商业银行的资产和负债都可以分为固定利率和浮动利率两种类型，根据这两种类型的资产和负债之间的不同组合，可以有三种不同的缺口管理战略。

（1）零缺口战略。浮动利率资产金额等于浮动利率负债金额，二者之间不存在缺口。在这种战略下，当利率水平上升或下降时，资产收益或负债成本都将等额变化。因此，从理论上讲，利率波动的影响能够完全抵消，银行的收益将保持不变。

（2）正缺口战略。浮动利率资产金额大于浮动利率负债金额，二者之间存在一个正缺口。在这种战略下，利率的上升将使银行的收入增加，利率的下降则使银行的收入下降。

（3）负缺口战略。与正缺口战略正好相反，浮动利率资产的金额小于浮动利率负债的金额。在利率上升的情况下，银行收益下降；反之，若利率下降，银行收益上升。

根据资产负债管理理论，商业银行必须预测利率的变化趋势，积极调整利率敏感性不同的资产负债的搭配，从而增加将来的收益。此外，还可以运用金融期货、期权、利率互换等保值工具，作为缺口管理法的补充。

2. 资产负债比例管理

该方法是指商业银行在资产负债管理过程中，通过建立一系列的指标体系，来约束自己运营的管理方法。其实质是通过建立关于商业银行的安全性、流动性和盈利性等各方面的一系列指标体系，并根据经验值和实践发展的实际需求来确定各个指标相应的最佳值域，并以此作为衡量商业银行的运作是否正常的标准。

资产负债比例管理指标体系一般有三类。

（1）流动性比例指标：包括存贷比例、备付金比例、同业拆借比例、中长期贷款比例等。

（2）安全性比例指标：包括资本充足率、单个贷款比例、抵押担保贷款比例、逾期贷款率、不良资产比率等。

（3）盈利性比例指标：包括资金利润率、贷款收息率等。

以上三类指标是商业银行加强银行企业自身经营的内在要求，是微观约束的支点或是突破口，同时也是货币监管当局对商业银行进行监管的宏观监测点。

20世纪80年代后，金融外部环境趋向于放松管制，银行业竞争空前激烈，同时货币政策相对偏紧，通货膨胀率下降，这些都抑制了银行利率的提高和银行经营规模的扩大，银行存贷收益越来越窘迫。尤其是一些工商企业开始大规模地介入金融业竞争，更是雪上加霜，迫使商业银行寻找新的管理思想来摆脱困境。正是在这种背景下，一些新的银行经营理论就在实践中悄然兴起——资产负债外管理理论、全方位满意管理理论等。对于它的发展，人们正在密切关注。

本章小结

1. 商业银行是由货币兑换或保管商演变而来。商业银行产生的途径主要有两条，一是旧式高利贷银行转化而来，二是以股份公司形式组建起来的。

2. 商业银行是以追求利润为目的，以经营资产和负债业务为主营对象，为客户提供多样化金融服务，多功能、综合性的金融企业。

3. 商业银行最基本的职能是信用中介和支付中介，在此基础上又衍生出信用创造和金融服务。商业银行的组织制度大致有：单一银行制、总分行制、持股公司制和连锁银行制。

4. 商业银行的业务主要有负债业务、资产业务和表外业务三大类。负债业务是指形成商业银行资金来源的业务，是商业银行资产业务的前提和条件，资产业务是商业银行运用资金获得盈利的业务，表外业务是指没有反映在商业银行资产负债表中，但会影响商业银行的营业收入和利润的业务。

5. 商业银行通过贷款和贴现等业务创造存款货币，即派生存款。其实质是以非现金形式增加社会货币供应量。信用创造的前提条件是部分准备金制度和银行转账结算业务。存款货币创造是在银行体系内完成的，在创造存款过程中，要受到原始存款、法定存款准备金率、现金漏损率、超额存款准备金率和定期存款占活期存款总额的比例的制约和影响。

6. 商业银行的基本原则是盈利性、流动性和安全性。这三条原则既对立又统一，商业银行经营管理的核心或着力点就是协调处理这三者之间的关系，使盈利性、流动性和安全性达到最佳组合。商业银行经营管理理论从只单纯注重资产管理和负债管理，发展到对资产负债并重管理理论。

关键词汇

商业银行　负债业务　资产业务　中间业务　表外业务　原始存款　派生存款

派生存款乘数 安全性 流动性 盈利性 资产负债管理理论 巴塞尔协议

复习思考题

1. 商业银行的主要职能有哪些？
2. 简述商业银行的经营原则。
3. 比较单一制与分支行制的优缺点。
4. 试述商业银行的基本业务。
5. 商业银行参与存款创造的影响因素有哪些？

案例分析题

混业经营再进一步 商业银行投资保险公司开闸

中国银监会和中国保监会 2008 年 1 月 22 日宣布，经国务院同意，双方已签署《关于加强银保深层次合作和跨业监管合作谅解备忘录》。根据这份备忘录，商业银行和保险公司在符合有关规定及有效隔离风险的前提下，按照市场化和商业平等互利的原则，可开展相互投资的试点，这意味着商业银行投资保险公司的闸门正式开启。

备忘录中，双方在商业银行和保险公司相互投资所涉及的准入条件、审批程序、机构数量、监管主体、风险处置与市场退出程序及信息交换六方面达成一致意见，明确了两家监管机构的责任，对加强现场检查和非现场监管配合，确定风险处置与市场退出的程序，明确信息交换的内容、方式和渠道等进行了监管约定。

中央财经大学中国银行业研究中心主任郭田勇说："银行可试点投资保险公司，是开展综合经营的一个重要举措，银行多元化综合经营将会进一步开展。"

近年来，中国大型银行和保险公司综合经营的趋势日益明显。保险公司和商业银行在资本与股权层面的合作也不断向前迈进。2006 年 9 月，中国保监会出台《关于保险机构投资商业银行股权的通知》，允许保险机构投资境内国有商业银行、股份制商业银行和城市商业银行等未上市银行的股权。

2006 年 12 月，中国人寿保险股份有限公司投资 56.71 亿元收购广东发展银行20% 股权；2007 年 1 月，中国平安保险（集团）公司投资 49 亿元收购深圳商业银行 89.2% 股权。

就商业银行而言，早在一年多以前，就有银行向中国银监会提出投资入股保险公司的申请。银监会和保监会对此曾多次研究论证与沟通协调，探索推动相关工作。

银保合作在中国已有多年历史。截至 2007 年三季度，全国有银行类保险兼业代理机构近 8 万家，占全部保险兼业代理机构比例超过 50%；在全国总保费收入5 327.92 亿元中，银行类保险兼业代理机构代理保费收入 1 006.45 亿元，占全部兼业代理机构保费收入的 61.49%，占全国总保费收入的 18.89%。

中国银监会与中国保监会强调，加强跨行业监管合作，是中国银行业和保险业发展到当前阶段对加强监管提出的迫切要求。双方进一步合作，将有效规范商业银行和保险公司对现有金融资源的整合优化，化解现有或潜在的金融风险，增强金融业的整体竞争实力和抗风险能力。

目前，已有一些银行在积极行动，争夺试点名额。其中，交通银行已正式向监管部门上报方案，拟收购中保康联人寿保险有限公司51%的股权。

中国银监会和中国保监会有关人士表示，这份备忘录的签署，将对提高中国金融市场整体服务水平发挥重要作用。银监会和保监会将按照备忘录的约定稳步推进相关工作，以保障银保深层合作的健康快速发展。

资料来源：《经济参考报》，2008 - 01 - 23。

思考：我国商业银行为什么要混业经营，混业经营有哪些利弊？

第六章

中央银行

中央银行制度在近几百年的经济与社会发展过程中发挥着重要的作用。随着金融成为现代经济的核心和经济全球化趋势的增强，中央银行制度的作用变得更加突出。目前，中央银行制度已经变成各国最基本的经济制度之一。本章介绍了中央银行制度的产生和发展，中央银行的性质和职能，中央银行的类型和结构以及中央银行特殊的业务活动，为进一步了解中央银行的金融监管以及货币政策的制定和执行奠定了基础。

第一节　中央银行的产生与发展

目前世界各国，除极少数特殊情况外，均设立了中央银行。中央银行享有国家的特殊授权，承担着特殊的社会职责。中央银行制度是商品信用经济发展到一定阶段的产物。中央银行的起源大致可以追溯到 17 世纪中后期的欧洲，随着商品经济的快速发展，商业银行的普遍设立，货币与信用关系广泛存在于社会经济体系之中，同时经济发展中新的矛盾已经显现，经济危机频繁出现，这一切成为中央银行的产生的历史背景。

一、中央银行的产生

（一）中央银行产生的客观要求

1. 满足政府融资的需要

从 19 世纪末之前的中央银行的建立目的来看，几乎都是为了解决政府融资问题的。国家机器的不断强化，战争的频频爆发，再加上自然灾害，使得政府财政入不敷出的现象日益严重。为了弥补财政亏空，政府逐渐成了银行的常客。由于政府对资金需求过大，而当时银行的规模较小，再加上高利贷盛行，大量借款后银行利息负担过重，难以承受，这就在客观上要求政府建立受其直接控制的银行，以便为自己服务。

2. 统一银行券发行的需要

银行券是在商品经济发展规模不断扩大，金属货币的数量远远不能满足生产和交换的需要的背景下产生的。早期的银行券可以随时用来向发行银行兑换金属货币，所以它是作为金属货币的代用品进入流通的。在中央银行制度确立之前，各银行都有权发行自己的银行券，因此市场上就有众多种类的银行券在流通。伴随着货币信用业务的迅速发展，众多银行分散发行银行券显现出很多弊端。

随着银行数量的不断增加，竞争的加剧，银行因经营不善而无法保证自己所发行银行券及时兑现的情况时有发生，再加上不断出现银行破产倒闭，使得银行券的信誉大大受损，造成的连锁反应危害极大，给社会经济发展带来混乱；众多银行各自独立发行的银行券由于其发行银行的实力、资信状况、经营状况和分支机构设立状况的不同，其被接受程度和使用范围是不同的。一些中小银行发行的银行券只能在当地和较近地区流通，这与蓬勃发展的社会化大生产很不适应。大量不同种类的银行券同时在市场上流通，给银行、企业间的交易与支付带来困难，使得债权债务关系复杂化。

这些问题的存在，客观上要求银行券的发行权应该走向集中统一，由信誉卓著、资金雄厚并且有权威的银行发行能够在全社会流通的银行券。于是，国家遂以法令形式限制或取消一般银行的银行券发行权，而发行权集中于几家以至最终集中到一家大银行，其最终成为独占银行券发行权的中央银行。

3. 统一票据交换及清算的需要

商业银行在其发展初期，银行间的票据结算往往是由各家银行单独分散进行的。随着商品经济的发展，银行业务的不断扩展，银行每天收授票据的数量激增，银行之间的债权债务关系更加错综复杂，由各个银行自行轧差进行当日结算已发生困难。这种情况，不仅在异地结算业务中表现突出，在同城结算中也存在。票据的交换及清算问题若不能得到及时、合理的处置，就会阻碍经济的顺畅运行。因此，客观上要求建立一个全国统一的、有权威的、公正的清算中心，而这个中心只能由中央银行来承担。

4. 充当最后贷款人的需要

商业银行在经济发展过程中，必然会遇到某些临时性资金不足的情况，有时则因支付能力不足而破产。银行缺乏稳固性，不利于经济的发展，也不利于社会的稳定。商业银行仅仅依靠自身吸收存款来发放贷款，远远不能满足经济发展的需要；若将吸收的存款过多地放贷，又会削弱其清偿能力。特别是在发生金融恐慌时，一家银行的支付危机会波及其他银行，甚至会危及整个金融业的稳定。因而，客观上需要一个统一的金融机构作为其他众多银行的后盾，适当集中各家银行的一部分现金准备，在银行出现难以克服的支付困难时，为它们提供资金支持，充当银行的"最后贷款人"。

5. 对金融业进行监督管理的需要

金融业是一个较为特殊的行业，它存在着严重的信息不对称和很高的风险，它的稳定运行直接关系到一国经济的健康发展。因此，金融的稳定运行需要一个公平、健全的规则和机制。而政府对金融业进行监督管理，必须依靠专门机构来实现。由于金融业的监督管理技术性很强，这个专门从事金融业管理、监督及协调的职能机构要有一定的技术能力和操作手段，还要在业务上与银行建立密切联系，以便于制定的各项政策和规定能够通过业务活动得到贯彻实施。这一监督使命由中央银行承担最合适。

上述提出的几个方面的客观需要直接推动了中央银行的产生，但这些客观需要并非是同时提出的，中央银行也经历了从产生到发展的过程。

（二）中央银行产生的途径

1. 从商业银行演变中产生

早期的中央银行的产生基本上经历了这样的发展历程：普通的私人商业银

行——较重要的银行——政府的银行——唯一的发行银行——银行的银行——职能健全的中央银行。1668年的瑞典国家银行，是最早收归国有并具有中央银行名称的银行。而1694年的英格兰银行则是最早全面发挥中央银行功能的银行。因此，多数学者把英格兰银行作为中央银行的鼻祖。英格兰银行成立之初只是一家拥有120万英镑股本的私人银行，但由于为政府提供了资金，所以英国政府授权英格兰银行可以在不超过资本总额的条件下以公债为准备发行银行券的权力，1833年规定只有英格兰银行所发行的银行券具有无限法偿的资格，1844年英国议会通过《皮尔条例》，开始限制或减少其他银行的银行券发行量，进一步明确了其中央银行的地位。

2. 目的明确地由政府直接组建的中央银行

20世纪以后建立的中央银行多属于这种形式。通过这种途径建立的中央银行一般都具有明确的目的，比如稳定货币供给，维护经济金融秩序等，以美国的联邦储备体系的产生为代表。美国在1791年和1817年先后尝试建立了两次中央银行——美国第一国民银行和第二国民银行，但都因南方农场主、州银行和企业家的反对在期满后停业了。真正全面具有中央银行职能的美国联邦储备体系建立于1913年。

二、中央银行的发展

中央银行的形成和发展的过程，一般认为，大致经历了三个阶段。

（一）中央银行的初创时期（17世纪中后期至第一次世界大战结束）

中央银行在初创时期呈现出以下特点：

1. 一般由普通的商业银行自然演化而来。例如最早的英格兰银行，是国内经济金融发展的必然结果。商品生产和交换的发展，产生了对银行业的需求，而国家整体经济发展的需求和银行业进一步发展的需要，客观上需要有中央银行这一角色出现，进而产生了中央银行。

2. 这一时期，中央银行职能完善的最重要的标志是货币发行权的逐步集中。早期的中央银行，大多是为政府融资服务的。但是，经济金融发展的需要，对货币发行权的垄断显得日益重要，因为这一功能发挥得好，才能使其他的功能发挥出来。所以，货币发行权逐渐集中，是这一时期中央银行制度形成的重要表现。

3. 初期的中央银行大多是私人合股或是私人和政府合股公司，不是由国家出资建立的，所以不具有国有性质。例如1694年成立的英格兰银行直到1946年才完全收归国有。

4. 初期的中央银行除了行使部分中央银行的职能，还要兼营商业银行的业务。因为很多中央银行是由大的商业银行演化而来。

5. 由于金融市场发展的水平参差，初期的中央银行还不具备控制、调节整个国家的宏观经济的功能。

（二）中央银行的普遍推广时期（第一次世界大战结束至第二次世界大战结束）

中央银行在普遍推广时期呈现出以下特点：

1. 中央银行是由人工设计，运用政府力量创设的。这一时期的中央银行，一般不是由商业银行演化而来，而是为了适应当时的经济金融形势而设立的，初创时期的一些中央银行为新的中央银行的设立起到了表率作用。

2. 稳定货币是这一时期中央银行的重要任务。金本位制度的崩溃使这一时期中央银行的重要任务是稳定币值，为了避免货币过度发行，由中央银行垄断货币发行权防止财政透支。

3. 集中储备成了稳定金融的重要手段。面临 30 年代的大危机而造成的金融业的动荡，人们开始认识到稳定金融机构的必要，而集中储备于中央银行，建立准备金制度，是中央银行管理金融的重要手段。

（三）中央银行的强化时期（第二次世界大战后至今）

中央银行在强化时期呈现以下几个特点：

1. 中央银行的国有化，实际上国家控制是所有中央银行的共同变化。第二次世界大战后，除了新成立的国家的中央银行宣布国有化，对以前以私人资本存在中央银行也都国有化了，包括英格兰银行、原法兰西银行等。不管中央银行的所有权如何，实际上各国都采取不同的形式对中央银行加以控制。无论中央银行是名义上隶属于财政部，或国会，或议会，中央银行的最高首脑都是由国家任命，业务活动也不能脱离一国经济发展的总体目标。

2. 中央银行是国家干预和调节宏观经济的工具。中央银行通过制定和运用货币政策来实现其对宏观经济的把握。可以说，制定和执行货币政策是中央银行的专利。中央银行可以借助于货币政策工具，通过货币政策的传导机制来实现货币政策的目标，达到调节经济的目的。在中央银行可利用的货币政策工具中，存款准备金政策、再贴现政策、公开市场业务可以称为中央银行的三大法宝。而准备金制度、再贴现政策在中央银行的初创和普遍发展时期，都已或多或少地存在，只不过，在中央银行制度的强化时期，得以进一步规范化和制度化。公开市场业务则是以美国为首在强化时期发展壮大起来的，并成为各国中央银行所效仿的灵活的调节经济的工具。

3. 中央银行专门行使中央银行职能，使中央银行在整个金融体系中处于超然的地位。以往的中央银行，都可以从事一般商业银行的业务，但是在中央银行制度的强化时期，中央银行不再行使一般商业银行的职能，也就是说，中央银行职能的强化，奠定了它在整个金融体系中的地位。政府借助于中央银行调控宏观经济，使它成为政府的银行；垄断货币发行权，使它成为发行的银行；为一般商业银行提供资金支持，使它成为银行的银行。

4. 各国中央银行之间的合作加强。第二次世界大战期间，由于金本位的崩溃，国际间贸易大战、汇率大战、关税大战此起彼伏，致使国际货币金融处于混乱状态，严重影响世界经济的发展。第二次世界大战结束后，人们开始重视世界经济的稳定发展，于 1944 年建立了以美元为中心的国际货币体系，并于 1945 年分别成立了国际货币基金组织和世界银行集团，主要寻求各国中央银行间的合作、和平发展。

第二节　中央银行的性质和职能

一、中央银行的性质

虽然各国的社会历史状况不同，经济和政治制度不同，商品经济和货币信用制度的发展水平以及金融环境各有差异，但就中央银行在国民经济活动中的特殊地位和作用分析，各国中央银行的一般性质具有某种共性。

中央银行的性质一般可以表述为：中央银行是国家赋予其制定和执行货币政策，对国民经济进行宏观调控和管理监督的特殊的金融机构。

从这一定义中可以看出，中央银行的性质集中体现在"特殊"上面，中央银行相对于商业银行等金融机构来说，它在地位和业务方面是特殊的金融机构；相对于一般的政府机关，中央银行在管理方面又是特殊的国家机关。

（一）中央银行是特殊的金融机构

1. 地位的特殊性

就所处地位而言，中央银行处于一国金融体系的中心环节。它是统领全国货币金融的最高权力机构，也是全国信用制度的枢纽和金融管理最高当局。通过中央银行，贯彻国家的金融政策意图；通过中央银行，适时合理运用宏观货币供应量调控机制，实现国家对整个货币量的控制，以把握经济发展的冷热度；通过中央银行，行使国家对整个国民经济的监督和管理，以实现金融业的稳健和规范经营，并加强国与国之间的金融联系和合作。可见，中央银行的地位非同一般，它是国家货币政策的体现者，是国家干预经济生活的重要工具，是政府在金融领域的代理，也是在国家控制下的一个职能机构。它的宗旨是维持一国的货币和物价稳定，促进经济增长，保障充分就业和维持国际收支平衡。

2. 业务的特殊性

一方面，中央银行的主要业务活动具有银行固有的办理"存、贷、汇"业务的特征；另一方面，它的业务活动又与普通金融机构有所不同，主要表现在不以营利为目的，其业务对象不是一般的工商客户和居民个人，而是商业银行等金融机构。同时，国家还赋予中央银行一系列特有业务的权力，如垄断货币发行、集中存款准备金、维护支付清算系统的正常运行、代理国库等。

（二）中央银行是特殊的国家机关

国家虽然赋予中央银行各种金融管理权，但它在管理方式上与一般的政府管理部门有所不同：一方面，这些管理职能，无论是对各银行和金融机构的存贷业务、发行业务，还是对政府办理国库券业务、对市场发行和买卖有价证券业务等，中央银行都是以"银行"的身份出现的，而不仅仅是一个行政管理机构。另一方面，中央银行不是仅凭行政权力去行使其职能，而是通过行政的、经济的和法律的手段，如计划、信贷、利率、汇率、存款准备金等去实现。中央银行本身不参与商业银行业务，而是对商业银行和其他金融机构进行引导和管理，以达到对整个国民经济进行宏观调节和控制。此外，中央银行在行使管理职能时，它处于超然地位，不偏向任何一家银行，而是作为货币流通和信用管理者的身份出现，执行其控制货币和调节信用的职能，从而达到稳定金融的目的。

同时，中央银行是特殊的国家机关还体现在它的独立性上。中央银行的独立性是指中央银行履行自身职责时法律赋予或实际拥有的权力，决策与行动的自主程度。它有两层含义：一是中央银行应对政府保持一定的独立性；二是中央银行对政府的独立性是相对的。

为了保证中央银行独立地制定和实施货币政策，不受政府过多的干预，必须保证中央银行具有一定的独立性；但中央银行作为国家的金融管理当局，是政府实施宏观调控的重要部门，中央银行又不可能完全独立于政府，凌驾于政府之上，因此中央银行对政府的独立性是相对的。

二、中央银行的职能

中央银行的职能是其性质的具体体现。对于中央银行的基本职能，归纳与表述的方法各有不同，常见的表述为中央银行具有发行的银行、银行的银行和政府的银行三大职能。

（一）发行的银行

中央银行是发行的银行，指中央银行垄断货币发行，具有货币发行的特权、独占权，是一国唯一的货币发行机构。

这一职能主要体现在以下方面：

1. 中央银行应根据国民经济发展的客观情况，适时适度发行货币，保持货币供给与流通中货币需求的基本一致，为国民经济稳定持续增长提供一个良好的金融环境。

2. 中央银行应从宏观经济角度控制信用规模，调节货币供给量。中央银行应以稳定货币为前提，适时适度增加货币供给，正确处理好货币稳定与经济增长的关系。

3. 中央银行应根据货币流通的需要，适时印制、铸造或销毁票币，调拨库款，调剂地区间货币分布、货币面额比例，满足流通中货币支取的不同要求。

（二）银行的银行

中央银行是银行的银行，指中央银行通过办理存、放、汇等项业务，充作商业银行与其他金融机构的最后贷款人。

这一职能主要体现在以下方面：

1. 集中保管存款准备金

通常法律规定，商业银行及有关金融机构必须向中央银行存入一部分存款准备金。目的在于，一方面保证存款机构的清偿能力；另一方面有利于中央银行调节信用规模和控制货币供应量。存入准备金的多少，通常是对商业银行及有关金融机构所吸收的存款确定一个法定比例，有时还对不同种类的存款确定几个比例。同时，中央银行有权根据宏观调节的需要，变更、调整存款准备金的存入比率。集中统一保管商业银行存款准备金的制度，是现代中央银行制度的一项重要内容。

2. 最后贷款人

所谓最后贷款人，指中央银行为稳定经济金融运行，向那些面临资金周转困难的商业银行及其他金融机构及时提供贷款，帮助它们渡过难关。中央银行作为最后贷款人提供贷款，通常采取两种形式：票据再贴现，即商业银行及其他金融机构把自己持有的票据卖给中央银行并由此获得一定现金的业务；票据再抵押，即商业银行及其他金融机构为应付急迫的资金需求，把自己持有的票据抵押给中央银行并由此获得一定的现金的业务。在特殊情况下，中央银行也可采取直接提供贷款的方式。"最后贷款人"原则的提出确立了中央银行在整个金融体系中的核心和主导地位。

3. 主持全国银行间的清算业务

商业银行按规定向中央银行缴存存款准备金并由此在中央银行开立存款账户，这样，商业银行间因客户的债权债务关系而产生的债权债务关系，即可通过中央银行采用非现金结算办法予以清算，中央银行于是成为一国银行业的清算中心。

（三）政府的银行

中央银行是政府的银行，指中央银行代表国家贯彻执行财政金融政策，代为管理政府财政收支以及为政府提供各种金融服务。

这一职能主要体现在以下方面：

1. 代理国库。财政收支一般不另设机构，而交由中央银行代理。财政部在中央银行开立各种账户，专门办理政府的收入与支出。中央银行充当国库的总出纳，为政府管理资金提供服务。具体包括接受国库存款、为国库办理支付和清算、为国库代收税款等。

2. 代理政府债券的发行。当今世界各国均广泛利用发行国家债券的形式来弥补开支的不足或筹集资金用于经济建设。中央银行通常代理政府债券的发行以及办理债券到期时的还本付息事宜。

3. 向政府提供信用。在政府财政出现收不抵支的情况下，中央银行一般负有向政府提供信贷支持的义务。主要方式有两种：

（1）直接向政府提供贷款。多用于解决政府财政先支后收等暂时性矛盾。除特殊情况，各国中央银行一般不承担向财政提供长期贷款的责任，以避免中央银行成为弥补财政赤字的简单货币供给者，损害货币的正常供给及金融稳定。

（2）购买政府债券。中央银行在一级市场上购进政府债券，资金直接形成财政收入，流入国库；若中央银行在二级市场上购进政府债券，则意味着资金间接流向财政。无论哪种情况，从中央银行某一时点的资产负债来看，只要持有政府债券，就表明是对政府的一种融资。

4. 保管外汇和黄金储备，进行外汇、黄金的买卖和管理。一个独立自主的国家，通常均拥有一定数量的外汇和黄金储备。中央银行通过为国家保管和管理黄金外汇储备，以及根据国内国际情况，适时、适量购进或抛售某种外汇或黄金，可以起到稳定币值和汇率、调节国际收支、保证国际收支平衡的作用。

5. 制定和实施货币政策。货币政策是政府对经济实行宏观调控的基本经济政策之一。世界各国一般都是通过法律赋予中央银行制定实施货币政策，并且它所制定的货币政策要与国家经济社会发展的根本利益和长远利益保持一致，通过货币政策的实施，达到稳定币值和物价、促进经济增长等目的。

6. 对金融业实施金融监督管理。政府对金融监督管理，一般都是由中央银行独自或与其他金融管理机构一道进行的。中央银行对金融业的监督管理包括：制定并监督执行有关金融法规、基本制度、业务活动准则等；监督管理金融机构的业务活动；管理、规范金融市场。通常把这方面的任务称为金融行政管理。有些国家的中央银行不承担金融行政监管的任务。

此外，中央银行还代表政府参加国际金融活动，出席各种国际性金融会议；充当政府经济金融政策顾问，向政府提供经济、金融情报和决策建议。总之，"发行的银行、银行的银行、政府的银行"体现了中央银行的三大基本职能。在具体内容和职能侧重点上，各国的中央银行会略有差别，并且在不同发展时期也会不断地变化。

第三节　中央银行的类型和结构

一、中央银行制度的类型

中央银行制度的类型主要取决于该国的国情和经济发展的实际需要，就目前各国的中央银行制度来看，大致可归纳四种类型：单一式中央银行制度、复合式中央银行制度、跨国式中央银行制度和准中央银行制度。

（一）单一式中央银行制度

单一式中央银行制度是指国家单独建立中央银行机构，使之全面、纯粹行使中央银行职能的制度。单一式中央银行制度中又有如下两种具体情形：

1. 一元式中央银行制度：这种体制是在一个国家内只建立一家统一的中央银行，机构设置一般采取总分行制。目前世界上绝大部分国家的中央银行都实行这种体制，我国也是如此。

2. 二元式中央银行制度：这种体制是在一国国内建立中央和地方两级中央银行机构，中央级机构是最高权力或管理机构，但地方级机构也有一定的独立权力。这是一种带有联邦式特点的中央银行制度。目前属于这种类型的国家是美国。美国的联邦储备体系是将全国划分为 12 个联邦储备区，每个区设立一家联邦储备银行为该地区的中央银行。它们在各自辖区内的一些重要城市设立分行。这些联邦储备银行不受州政府和地方政府的管辖，各有自己的理事会，有权发行联邦储备券和根据本地区实际情况执行中央银行的特殊信用业务。在各联邦储备银行之上设联邦储备委员会进行领导和管理，制定全国的货币政策。同时，在联邦储备体系内还设有联邦公开市场委员会和联邦顾问委员会等平行管理机构。联邦储备委员会是整个体系的最高决策机构，是实际上的美国中央银行总行，直接对国会负责。

（二）复合式中央银行制度

复合式中央银行制度是指在一国之内不设立专门的中央银行，而是由一家大银行来同时完成中央银行和商业银行两种职能。这种中央银行制度往往与国民经济的计划体制相联系。前苏联以及 1990 年前的多数东欧国家都实行这种体制。我国在 1983 年以前也实行这种中央银行制度。

（三）跨国中央银行制度

跨国中央银行制度是由参加某一货币联盟的所有成员国联合组成的中央银行制度。第二次世界大战后，许多地域相邻的一些欠发达国家建立了货币联盟，并在联盟内成立参加国共同拥有的统一的中央银行。这种跨国的中央银行发行共同的货币和为成员国制定金融政策，成立的宗旨则在于推进联盟各国经济的发展及避免通货膨胀。比如，由贝宁、象牙海岸、尼日尔、塞内加尔、多哥和布基纳法索等国组成的西非货币联盟所设的中央银行，由喀麦隆、乍得、刚果、加蓬和中非共和国组成的中非货币联盟所设的中非国家银行，以及东加勒比海货币管理局等，都是完全的或不完全的跨国中央银行体制。

此外，一直令全球密切关注的是，1998年7月，一个典型的跨国中央银行——欧洲中央银行正式成立，它是欧洲一体化进程逐步深入的产物。欧洲中央银行总部设在德国的法兰克福，其基本职责是制定和实施欧洲货币联盟内统一的货币政策，以维持欧元地区内的币值稳定为首要目标。从制度构架上讲，欧洲中央银行由两个层次组成：一是欧洲中央银行本身；二是欧洲中央银行体系，由欧洲中央银行和所有参加欧元区的成员国中央银行组成。前者具备法人身份，后者则没有。欧洲中央银行和各成员银行之间的关系为：前者是决策机构，后者是执行机构，即欧洲中央银行将为欧元区所有国家制定统一的货币政策，然后交由各成员国中央银行去实施。各国中央银行将失去其独立性，从而事实上成为欧洲中央银行的分行。

（四）准中央银行制度

准中央银行制度是指有些国家或地区只设置类似中央银行的机构，或由政府授权某个或几个商业银行，行使部分中央银行职能的体制。新加坡、中国香港属于这种体制。如新加坡设有金融管理局和货币委员会两个机构来行使中央银行的职能。前者负责制定货币政策和金融业的发展政策，执行除货币发行以外的中央银行的一切职能；后者主要负责发行货币、保管发行准备金和维护新加坡货币的完整性。

香港在过去长时期中并无一个统一的金融管理机构，中央银行的职能由香港政府、同业公会和商业银行分别承担。1993年4月1日，香港成立了金融管理局，集中了货币政策、金融监管及支付体系管理等中央银行的基本职能。但它又不同于一般中央银行。比如发行钞票职能就是由渣打银行、汇丰银行和中国银行履行的；票据结算所一直由汇丰银行负责管理；而政府的银行这项职能一直由商业银行执行。

此外，斐济、马尔代夫、利比里亚、莱索托、伯利兹等国也都实行各具特点的准中央银行制度。

二、中央银行的资本类型

（一）国家所有形式

目前，世界上大多数国家中央银行的资本为国家所有。这有两种情况：一是国家通过购买原为私有的股份而使全部股权收归国有；二是中央银行成立时，国家就拨付了全部资本金。前一种情况主要是那些历史悠久的，从原来的商业银行转变而成的中央银行，随着中央银行地位的上升和作用的增强，为了更好地行使中央银行职能，国家逐渐将中央银行收归国有，如原法兰西银行、英格兰银行。后一种情况主要是1920年布鲁塞尔国际经济会议后新建的中央银行，许多都是由政府直接拨款建立的。特别是第二次世界大战后，一些新独立的国家在筹建中央银行时正赶上欧洲的国有化浪潮，由政府拨款直接建立了资本国有的中央银行，这样更有利于中央银行为实现国家整体经济目标来规范自己的活动。中国人民银行的资本组成也属于国家所有的类型，《中国人民银行法》第八条规定："中国人民银行的全部资本由国家出资，属于国家所有。"

（二）私人所有形式

这类中央银行，国家不持有股份，全部资本由私人投资，由法律规定执行中央银行职能，主要有美国、意大利和瑞士等少数国家。美国联邦储备银行的股本全部由参加联邦储备体系的各个会员银行认购，而意大利中央银行的股份则由储蓄银行、全国性银行以及公营信贷机构等持有。瑞士中央银行的股本多数由州政府银行持有，少数由私人持有。

（三）公私混合所有形式

这种资本组成类型，资本金一部分为国家所有，所占比例在50%以上，另一部分由私人持有，股份低于一半。称为公私混合所有的中央银行，或称半国有化中央银行。如日本银行，政府拥有55%的股份，私人持股为45%。法律一般都对私股持有者的权利作了限制，如规定私股持有者对银行无经营决策权，未经银行同意不得任意转让手持股票等，以保证国家对中央银行的控制权。

（四）无资本金形式

无资本金是指中央银行建立之初，根本没有资本。中央银行运用的资金主要是各金融机构的存款和流通中的货币。属于这种类型的中央银行只有韩国中央银行——韩国银行。1950年韩国银行成立时，注册资本为15亿韩元，全部由政府出资。1962年《韩国银行法》的修改使其成为"无资本的特殊法人"。该行每年的净利润按规定留存之后，全部汇入政府的"总收入账户"。会计年度中如发生亏损，首先用提存的准备弥补，不足部分由政府的支出账户划拨。

（五）多国所有形式

多国所有的资本类型主要存在于跨国中央银行制度中。共同组建中央银行的各成员国按照一定比例认缴中央银行资本，各国以认缴比例拥有对中央银行的所有权，如欧洲中央银行的资本是由所有欧元区成员国按其人口和国内生产总值的大小向欧洲中央银行认购的。

三、中央银行的组织结构

中央银行的组织结构包括权力分配结构、内部职能机构和分支机构设置等方面。

（一）中央银行的权力分配结构

权力分配结构是指最高权力的分配状况。最高权力大致可概括为决策权、执行权和监督权三个方面。决策权、执行权和监督权，有些国家的中央银行是合一的。如英国、美国、菲律宾等国中央银行的理事会，既是各项政策和方针的制定者，又负责这些政策方针的贯彻和监督。有些国家则分别设立不同的机构来行使这三种权力，如日本、瑞士等。日本银行的最高决策权力机构是政策委员会，负责货币政策的制定；最高执行权力机构是理事会，负责执行政策委员会的决定和研究处理日常经营中的重大事项；监事会负责监督检查日本银行的业务和政策执行情况。

（二）中央银行的内部机构设置

各国中央银行内部的职能部门都是根据其担负的任务设置的，尽管各国中央银行的内部机构设置数量不等、名称亦有差别，但总体来看，大都包括如下几种部门：

1. 与行使中央银行职能直接相关的部门。这是中央银行内设机构的主体部分，包括办理与金融机构业务往来的部门、货币政策操作部、负责货币发行的部门、组织清算的部门、金融监管部门等。

2. 为行使中央银行职能提供咨询、调研和分析的部门。包括统计分析部门、研究部门等。

3. 为中央银行有效行使职能提供保障和行政管理服务的部门。

（三）中央银行分支机构的设置

1. 按经济区域设置分支机构。这种设置方法是根据各地的经济金融发展状况，视实际需要按经济区域设立分支机构，主要考虑地域关系、经济金融联系的密切程度、历史传统、业务量等因素。分支机构一般都设立在该区域内的经济和金融中心。目前世界上大多数国家中央银行的分支机构都是按照经济区域设置的，如美国联邦储备体系、英格兰银行。

2. 按行政区划设置分支机构。这种设置方式一般与计划经济体制相适应。前苏联以及其他实行计划经济体制的国家基本上都是采取这种方式。中国人民银行在1998年以前也是按行政区划设置分支机构。

3. 以经济区域为主、兼顾行政区划设置分支机构。一般是按经济区域设置分行，而分行之下的机构设置则考虑行政区划并尽量与行政区划相一致。日本、德国、意大利等国中央银行分支机构的设立基本上是按这种模式。中国人民银行于1998年年底改按这样的原则调整分支机构的设置。

第四节　中央银行的主要业务

一、中央银行业务活动的原则与分类

（一）中央银行业务活动的一般原则

中央银行的业务原则与一般商业银行和其他金融机构相比，其业务活动不仅拥有特定的权力、特定的业务范围和限制，而且在业务活动中的经营原则也不相同。目前，各国中央银行的业务活动原则大同小异。首先，从总体上说，最基本的业务活动原则是必须服从于履行职责的需要。因为中央银行的全部业务活动都是为其履行职责服务的，是其行使特定职权的必要手段，中央银行的各种业务活动必须围绕各项法定职责展开，必须以有利于履行职责为最高原则。其次，在具体的业务经营活动中，中央银行一般奉行非营利性、流动性、主动性、公开性四个原则。

1. 非营利性

非营利性指中央银行的一切业务活动不以营利为目的。由于中央银行特殊的地位和作用，决定了中央银行以调控宏观经济、稳定货币、稳定金融、为银行和政府服务为己任，是宏观金融管理机构而非营业性金融机构。由此决定了中央银行的一切业务活动都要以此为目的，不能以追求盈利为目标。只要是宏观金融管理所必需的，即使不盈利甚至亏损的业务也要去做。因此，在中央银行的日常业务活动中，盈利与否不是其追逐和考虑的目的。当然，中央银行的业务活动不以盈利为目的，并不意味着不讲经济效益，在同等或可能的情况下，中央银行的业务活动应该获得应有的收益，尽量避免或减少亏损，以降低宏观金融管理的成本。在实际业务活动中，中央银行以其特殊的地位、政策和权力开展经营，其结果也往往能获得一定的利润，但这只是一种客观的经营结果，并不是中央银行主观追逐的业务活动目的。

2. 流动性

流动性指中央银行的资产业务需要保持流动性。中央银行在充当金融机构的最后贷款人、进行货币政策操作和宏观经济调控时，必须拥有相当数量的可用资金，才能及时满足其调节货币供求、稳定币值和汇率、调节经济运行的需要。为了保证中央银行资金可以灵活调度，及时运用，中央银行必须使自己的资产保持最大的流动性，不能形成不易变现的资产。以保持流动性为原则从事资产业务，就必须注意对金融机构融资的期限性，一般不发放长期贷款。许多国家的中央银行法明确规定贷款期限就是为了确保资产的流动性，如《中国人民银行法》第二十八条规定，"中国人民银行根据执行货币政策的需要，可以决定对商业银行贷款的数额、期限、利率和方式，但贷款的期限不得超过一年。"同时，在公开市场买卖有价证券时，也要尽量避免购买期限长、流动性低的证券。

3. 主动性

主动性指资产负债业务需要保持主动性。由于中央银行的资产负债业务直接与货币供应相联系，如货币发行业务直接形成流通货币，存款准备金业务不仅导致基础货币的变化，还会引起货币乘数的变化，再贴现、公开市场业务是提供基础货币的主要渠道等。因此，中央银行必须使其资产负债业务保持主动性，这样才能根据履行职责的需要，通过资产负债业务实施货币政策和金融监管，有效控制货币供应量和信用总量。

4. 公开性

公开性指中央银行的业务状况公开化，定期向社会公布业务与财务状况，并向社会提供有关的金融统计资料。中央银行的业务活动保持公开性，一是可以使中央银行的业务活动置于社会公众监督之下，有利于中央银行依法规范其业务活动，确保其业务活动的公平合理性，保持中央银行的信誉和权威；二是可以增强中央银行业务活动的透明度，使国内外有关方面及时了解中央银行的政策、意图及其操作力度，有利于增强实施货币政策的告示效应；三是可以准确地向社会提供必要的金融信息，有利于各界分析研究金融和经济形势，也便于他们进行合理预期，调整经济决策和行为。正因为如此，目前各国大多以法律形式规定中央银行必须定期公布其业务财务状况和金融统计资料，中央银行在业务活动中也必须保持公开性，不能隐藏或欺瞒。

总之，中央银行的业务活动是运用法律赋予的特权在法定范围内展开的，各国中央银行的业务活动都是以服从履行职责的需要为基本原则，坚持业务活动的非营利性、流动性、主动性和公开性，确保中央银行职责的顺利履行。

（二）中央银行业务的分类

中央银行的各项职责主要通过各种业务活动来履行。由于中央银行的地位和职能的特殊性，其业务活动的种类与一般金融机构相比有很大不同。按中央银行的业务活动是否与货币资金的运动相关，一般可分为银行性业务和管理性业务。

1. 银行性业务

银行性业务是指直接与货币资金相关并引起货币资金的运动或数量变化的业务。银行性业务又可分为两种，一种是形成中央银行的资金来源和资金运用，反映在中央银行资产负债表内的业务；另一种是不反映在中央银行资产负债表内的业务，如清算业务、代理国库等。

2. 管理性业务

管理性业务是中央银行作为一国最高金融管理当局所从事的业务。此类业务与货币资金的运动没有直接关系，需要运用中央银行的法定特权，具体包括金融调查统计业务，对金融机构的稽核、检查、审计业务等。

以下是对中央银行主要的银行性业务的介绍。

二、中央银行的银行性业务

中央银行在履行职能时，其业务活动可以通过资产负债表上的记载得到概括反映。由于各个国家的金融制度、信用方式等方面存在着差异，各国中央银行的资产负债表，其中的项目多寡以及包括的内容颇不一致。这里仅就中央银行最主要的资产负债项目概括成表 6-1，旨在概略表明其业务基本关系。

表 6-1　　　　　　　　　中央银行资产负债表示要

资产	负债
国外资产	流通中通货
贴现和放款	商业银行等金融机构存款
政府债券和政府借款	国库及公共机构存款
外汇、黄金储备	对外负债
其他资产	其他负债和资本项目
合计	合计

我国中央银行从 1994 年起，根据国际货币基金组织规定的统一格式编制资产负债表并定期向社会公布，表 6-2 是我国货币当局 2012 年 5 月的资产负债表。

表 6-2　　　　　　　　**2012 年 5 月中国人民银行资产负债表**　　　　　单位：亿元人民币

项目	金额	比重
国外资产	239 912.16	84.55%
外汇	235 159.32	82.87%
货币黄金	669.84	0.24%

续表

项目	金额	比重
其他国外资产	4 082.99	1.44%
对政府债权	15 349.06	5.41%
其中：中央政府	15 349.06	5.41%
对其他存款性公司债权	11 048.23	3.89%
对其他金融性公司债权	10 630.07	3.75%
对非金融性部门债权	24.99	0.01%
其他资产	6 790.24	2.39%
总资产	283 754.74	100%
储备货币	221 952.79	78.22%
货币发行	53 507.82	18.86%
其他存款性公司存款	168 444.97	59.36%
不计入储备货币的金融性公司存款	1 153.54	0.41%
发行债券	18 777.97	6.62%
国外负债	1 961.14	0.69%
政府存款	29 539.83	10.41%
自有资金	219.75	0.08%
其他负债	10 149.71	3.58%
总负债	283 754.74	100%

资料来源：中国人民银行网站。

（一）中央银行的负债业务

中央银行负债是指中央银行在某一时点对社会各经济主体的负债。中央银行负债业务形成其资金来源。中央银行的负债业务主要包括货币发行业务、存款业务、借款业务和资本业务。该项业务为中央银行各职能发挥奠定坚实基础。

1. 货币发行业务

货币发行业务是指中央银行向流通领域中投放货币的活动，它是中央银行最大、最重要的负债项目。货币发行有两重含义：一是指货币从中央银行的发行库通过各家商业银行的业务库流到社会；二是指货币从中央银行流出的数量大于从流通中回笼的数量。这二者通常都被称为货币发行。流通中的现金都是通过货币发行业务流出中央银行的，货币发行是基础货币的主要构成部分。一方面中央银行通过货币发行业务来满足社会商品流通扩大和商品经济发展对货币的客观需要；另一方面是筹集资金，满足履行中央银行各项职能的需要。

（1）货币发行的原则。

①垄断发行原则：为了避免分散货币发行造成的多种货币同时流通给社会造成的混乱，保证国家对货币流通的管理，使货币供应量与经济的发展相适应，中央银行必须垄断货币的发行权。

②信用保证原则。即指货币发行要有一定的黄金或有价证券作为保证，也就是

说，通过建立一定的发行准备制度，保证中央银行的独立发行。不兑现的纸币发行要求纸币的发行量不得超过经济发展的客观要求，而要与国民经济客观发展水平、客观的货币需求量之间保持一个相对适应的关系。因此，中央银行不得在政治等压力下随意发行货币，要以可靠的准备金制度为基础，坚持经济发行，防止财政发行。

所谓经济发行，是指中央银行根据国民经济发展的需要适度地增加货币发行量，货币的投放必须适应流通中货币需求量增长的需要，既避免过多发行，又确保经济发展对货币的需要。所谓财政发行，是指为弥补国家财政赤字而引起的货币发行。这种发行不是以经济增长为基础，会形成超经济需要的过多货币量，从而导致市场供求紧张，物价上涨。

③弹性供应原则：货币发行据国民经济发展的需要有一定的伸缩弹性，使中央银行可根据经济情况，灵活地调整货币供应量，既要避免因通货不足而导致通货紧缩与经济衰退，又要避免因通货过量供应而造成的通货膨胀与经济混乱。

（2）货币发行准备制度。货币发行准备制度，是指中央银行在货币发行时要以某种贵金属或几种形式的资产作为其货币发行的准备，从而使货币的发行量与某种贵金属或某些其他资产的数量之间建立起联系和制约关系的制度。在早期的金属货币制度下，以法律所规定的贵金属金或银作为货币发行准备，且各国货币发行一般都采用百分之百的金属准备。随着商品经济和信用制度的发展，各国货币发行采用部分金属准备制度，金属准备的比例逐步减少，直至金属货币制度的崩溃。在现代不兑现信用货币制度下，货币发行准备制度已与贵金属脱钩，有的国家以现金、外汇资产作准备，有的国家以政府有价证券或合格的商业票据作准备，还有的国家以一定物资作准备。

（3）货币发行的渠道。

①货币发行的直接渠道：中央银行通过购买有价证券、收购金银和外汇等业务活动将基础货币直接注入流通，并通过同样渠道反向组织货币回笼。

②货币发行的间接渠道：中央银行以再贷款或再贴现等形式向商业银行授信。这部分基础货币经由商业银行的信贷投放、转账存款如此这般周而复始的派生存款创造过程，最终转化为众多商户或个人的支票存款和现金货币。

人民币的具体发行是由中国人民银行设置的发行基金保管库（简称发行库）来办理的。所谓发行基金是人民银行保管的已印制好而尚未进入流通的人民币票券。发行库在中国人民银行总行设总库，下设分库、支库；在不设中国人民银行机构的县，发行库委托商业银行代理。各商业银行对外营业的基层行处设立业务库。业务库保存的人民币，是作为商业银行办理日常现金收付业务的备用金。为避免业务库过多存放现金，通常上级银行和同级中国人民银行为业务库核定库存限额。具体的操作程序是：当商业银行基层行处现金不足以支付时，可到当地中国人民银行在其存款账户余额内提取现金。于是人民币从发行库转移到商业银行基层行处的业务库。这意味着这部分人民币进入流通领域。当商业银行基层行处收入的现金超过其业务库库存限额时，超过的部分应自动送交中国人民银行，该部分人民币进入发行库，意味着退出流通领域。这一过程如图6-1所示。

图 6 - 1　我国人民币的发行与回笼过程

2. 存款业务

中央银行的存款业务完全不同于商业银行和其他金融机构的存款业务，中央银行的存款主要来自两个方面：一是来自政府部门，二是来自金融机构。中央银行吸收的存款具体是通过代理国库和集中商业银行和其他金融机构的存款准备金来实现的。

（1）政府存款。由于中央银行代理国家金库和财政收支，所以国库的资金以及财政资金在收支过程中形成的存款也属于中央银行的存款。财政金库的财政性存款，是中央银行的重要资金来源，构成中央银行的负债业务。

（2）集中存款准备金。在现代存款准备金制度下，根据法律规定，商业银行和其他金融机构应按规定的比例向中央银行上缴存款准备金，即法定准备金存款，并构成中央银行重要的资金来源。此外，商业银行和其他金融机构通过中央银行办理它们之间的债务清算，所以，为清算需要也必须把一定数量的存款存在中央银行，这部分存款称为超额准备金存款。现金准备集中存放于中央银行，中央银行便可运用这些准备金支持银行的资金需要。除了增强整个银行系统的后备力量，防止商业银行倒闭外，更主要的是中央银行通过存款准备金制度可以调控商业银行的贷款量，进而调节市场货币量。若中央银行降低法定存款准备率，即可扩大商业银行的贷款和投资；提高法定存款准备率，就可减少商业银行的贷款和投资。

3. 其他负债业务

（1）发行中央银行债券。发行中央银行债券是中央银行的一种主动负债业务。中央银行债券发行的对象主要是国内金融机构。通常是在商业银行或其他非银行金融机构的超额储备过多，而中央银行不便采用其他政策工具进行调节的情况下发行的。

（2）对外负债。中央银行的对外负债业务主要包括从国外银行借款、对外国中央银行的负债、国际金融机构的贷款、在国外发行中央银行债券等。各国中央银行对外负债的目的一般有几个：为了平衡国际收支、维持本币汇率的既定水平、应付货币危机或金融危机等。

4. 资本业务

中央银行的资本业务实际上就是筹集、维持和补充自有资本的业务。中央银行自有资本的形成主要有三个途径，即政府出资、地方政府出资或国有机构出资、私人银行或部门出资。由于中央银行拥有特殊的地位和法律特权，其资本金的作用实际上比一般金融机构要小得多，有的国家中央银行甚至没有资本金，因此中央银行资本业务的重要性不能与一般金融机构相提并论。

（二）中央银行的资产业务

中央银行的资产是指中央银行在一定时点上所拥有的各种债权。中央银行的资产业务主要包括再贴现业务、贷款业务、证券买卖业务、黄金外汇储备业务及其他一些资产业务。

1. 再贴现业务

再贴现指商业银行等金融机构将通过贴现业务所持有的尚未到期的商业票据向中央银行转让，中央银行据此以贴现方式向商业银行融通资金的业务。这项业务之所以称为"再贴现"是为了区别于企业向商业银行申请的"贴现"和商业银行与商业银行之间的"转贴现"。一般地，中央银行对商业银行提交的商业票据的种类和数量有严格的规定，同时还要审查票据的真实性，以防止票据欺诈行为的出现。中央银行通过调整再贴现率调节信用规模。

2. 贷款业务

贷款业务是指中央银行向商业银行、其他金融机构和政府等发放贷款进行的资金融通。向商业银行融通资金，保证商业银行的支付能力是中央银行作为银行的银行最重要的职责之一，是中央银行投放基础货币的主要渠道。一般情况下，中央银行贷款都是短期的，主要是为了解决商业银行和其他金融机构在经营信贷业务中因周转性与临时性而产生的资金不足，采取的形式大多以政府债券和商业票据为担保的抵押贷款为主。中国人民银行对金融机构的贷款属于信用贷款，有 20 天、3 个月、6 个月和 1 年四种。

此外，中央银行还向政府发放贷款。政府在其收支活动中发生的临时性资金短缺，中央银行主要采用购买政府债券和限制性的短期贷款等方式向政府提供信贷支持。《中华人民共和国中国人民银行法》第二十九条"中国人民银行不得对政府财政透支，不得直接认购、包销国债和其他政府债券"，第三十条"中国人民银行不得向地方政府、各级政府部门提供贷款，不得向非银行金融机构以及其他单位和个人提供贷款，但国务院决定中国人民银行可以向特定的非银行金融机构提供贷款的除外"。

中央银行提供的其他贷款主要是指中央银行对外国银行和国际金融机构的贷款以及对国内工商企业少量的直接贷款等，中央银行的其他贷款在其整个贷款业务的比重不大。

3. 证券买卖业务

中央银行为了调节货币流通量，通常都会在金融市场上适时地开展公开市场业务，采用直接买卖、回购协议等方式买卖政府中长期债券、国库券等有价证券。中央银行一般只能够在证券的交易市场上，即二级市场上买卖有价证券，这是保持中央银行相对独立性的客观要求。同时，中央银行只能购买流动性高、随时都可以销售的有价证券，通常以国债为主要对象，这一点是由中央银行资产必须保持高度的流动性这一业务原则决定的。中央银行买卖证券可以调控商业银行的超额准备金和货币供给量。同时，中央银行买卖有价证券可以影响利率水平和利率结构。这方面内容将在第九章货币政策的公开市场业务的作用机制中加以详细阐述。

4. 黄金和外汇储备业务

由于黄金、外汇及特别提款权等是国家间进行清算的最后手段，各国都把它们作为储备资产，由中央银行加强经营和管理。中央银行保管和经营外汇储备的主要目的有以下几方面：

（1）稳定物价。物价稳定是保证经济持续健康发展的重要前提。为此，许多国家中央银行都保留一定金银外汇储备。当国内商品供给不足，物价呈上涨趋势时，便可利用手中掌控的金银和外汇储备从国外进口商品或直接向社会出售上述国际通货，用以回笼货币，平抑物价。

（2）稳定汇率。在浮动汇率制度下，汇率会经常发生变动，而汇率变动幅度过大，对一国的国际收支及经济发展将产生重大影响。为此，中央银行通过买进或卖出金银和外汇，使汇率保持在合理水平上。

（3）调节国际收支。当一国出现国际收支逆差时，中央银行就可以动用金银和外汇储备补充所需外汇的不足；当一国国际收支发生顺差时，中央银行便可动用金银和外汇储备用其清偿外债或对外投资，最终实现国际收支平衡。

（三）中央银行的中间业务

1. 中央银行的清算业务

中央银行的清算业务是指中央银行为商业银行和其他金融机构办理资金划拨清算和资金转移的业务。由于中央银行集中了商业银行的存款准备金，因而商业银行彼此之间由于交换各种支付凭证所产生的应收应付款项，就可以通过中央银行的存款账户划拨来清算，从而使中央银行成为全国清算中心。

中央银行的清算业务大体可分为两项：

（1）主办票据交换所，集中同城票据交换，结清交换差额。这项业务是通过票据交换所进行的。票据交换所是同一城市内银行间清算各自应收应付票据款项的场所。票据交换所一般每天交换一次或两次，根据实际需要而定。所有银行间的应收应付款项，都可相互轧抵后而收付其差额。各行交换后的应收应付差额，即可通过其在中央银行开设的往来存款账户进行转账收付，不必收付现金。银行票据交换原理如表6-3所示。

表6-3　　　　　　　　　　　银行票据交换原理

	A 银行	B 银行	C 银行	D 银行	应收总额	应付差额
A 银行	—	20	10	40	70	—
B 银行	30	—	50	20	100	20
C 银行	20	80	—	10	110	—
D 银行	10	20	40	—	70	
应付总额	60	120	100	70	350	×
应收差额	10	—	10	—	×	20

比如A银行要与前来参加清算的B、C、D等几家银行分别交换票据，其他银行也如此。表中A银行对B银行应收20，应付30；对C银行应收10，应付20；对D银行应收40，应付10；应收应付轧差，该行应收10。其余类推，B银行应付20，C银行应收10，D银行应收应付平衡。所以，只要把A和C应收20与B应付20结清后，应收应付各350的金额即可全部结清。

（2）办理异地资金转移。各城市、各地区间的资金往来，通过银行汇票传递，汇进汇出，最后形成异地间的资金划拨问题。这种异地间的资金划拨，必须通过中央银行统一办理。办理异地资金转移，各国的清算办法有很大的不同，一般有两种类型：一是先由各金融机构内部自成联行系统，最后各金融机构的总管理处通过中央银行总行办理转账结算；二是将异地票据统一集中传送到中央银行总行办理轧差转账。

2. 代理国库

代理国库是指中央银行经办政府的财政收支，执行国库的出纳职能。如接受国库的存款、兑付国库签发的支票、代理收解税款、替政府发行债券、还本付息等。此外，国家财政拨给行政经费的行政事业单位的存款，也都是由中央银行办理。中央银行代理国库业务，可以沟通财政与金融之间的联系，使国家的财源与金融机构的资金来源相连接，充分发挥货币资金的作用，并为政府资金的融通提供一个有利的调节机制。

本章小结

1. 中央银行是国家赋予其制定和执行货币政策，对国民经济进行宏观调控和管理监督的特殊的金融机构。

2. 中央银行制度是商品经济发展到一定阶段的产物。中央银行是在商业银行广泛、长期发展的基础上演变而成的。它的产生有其客观经济基础。中央银行产生的途径有两个：一是从现有的商业银行中逐步演变而产生；二是目的明确地由政府直接组建的中央银行。中央银行制度的发展历史有初创、完善、职能强化三个阶段。

3. 由于各国社会制度、政治体制、经济金融发展水平不同，因而中央银行在组织形式上就具有不同的类型，主要有单一型、复合型、跨国型和准中央银行型。

4. 中央银行的性质：中央银行相对于商业银行等金融机构来说，它是特殊的金融机构；相对于一般的政府机关，它是特殊的国家机关。

5. 中央银行是一国最高的金融管理机构，是金融体系的核心。它的性质集中表现在它的职能上。中央银行是"发行的银行"、"银行的银行"和"国家的银行"。

6. 中央银行负债业务是指中央银行在某一时点对社会各经济主体的负债。中央银行负债业务形成其资金来源。中央银行的主要负债业务有货币发行业务、存款业务、资本业务及其他一些负债业务。

7. 中央银行的资产业务是指中央银行在一定时点上所拥有的各种债权。中央银行的资产业务主要包括再贴现业务、再贷款业务、证券买卖业务、黄金外汇储备业务及其他一些资产业务。

8. 中央银行的清算业务是指中央银行为商业银行和其他金融机构办理资金划拨清算和资金转移的业务，是中央银行主要的中间业务。

关键词汇

中央银行　发行的银行　银行的银行　政府的银行　最后贷款人　中央银行独立性　中央银行负债业务　中央银行资产业务　中央银行清算业务

复习思考题

1. 中央银行产生的客观要求是什么？
2. 简述各国中央银行制度的基本类型。
3. 简述中央银行的主要业务类型。

案例分析题

金融海啸与央行货币政策

次贷危机时，在美国大规模金融救援方案通过之后，金融海啸不仅没有停止，全球股市下跌的势头反而一浪高过一浪。全球金融市场进一步恶化，不仅给金融市场本身增加了更大的风险与危机，也给各国经济带来巨大的威胁和不确定性。

面对这些危机，先是澳大利亚率先下调基准利率1%，香港金融当局2008年10月8日宣布，将从10月9日起实际减息1%。尔后，世界各主要国家央行同时协调降息。美联储、欧洲央行及英国、加拿大、瑞典央行都宣布降息0.5%，它们的利率分别降至1.5%、3.5%、4.5%、2.5%、4.25%。中国人民银行同日决定，下调存款类金融机构人民币存款准备金率0.5%，下调各期限档次存贷款基准利率各0.27%。与此同时，国务院决定对储蓄存款利息所得暂免征收个人所得税。

可以说，这次世界几大央行协调一致，统一降息，是史无前例的事件。它包含了以下几个方面的意义：一是在全球金融市场恶化、风险不断增加的情况下，各国央行达成了基本共识。协调降息将对稳定全球金融起到一定的作用，这也是全球金融市场新秩序建立的开始。二是尽管这次降息幅度不大，但由于各国央行在同一时间内行动，这说明了各国央行不仅有稳定全球金融的决心，也有稳定全球金融市场的工具与能力。当前全球金融市场的恶化局面会在短期内有所改善。三是这次中国也参与全球各国央行的统一行动，也是中国金融体系真正面向世界的一个标志性事件。在这场重大的金融危机面前，以西方为代表的世界各主要经济体已经把中国视为其不可或缺的成员之一。中国央行能够在欧美金融市场面临巨大困难之际，与世界各国央行统一行动，将有利于未来我们与各国金融监管当局的进一步交往与协作，也是中国迈向金融大国的真正体现。

思考：在当今世界，面临全球性金融危机时，各国中央银行能发挥多大作用？

提示：央行首先应该担负责任，及时反应，在全球化的今天，一国难以独善其身，必须联手干预，发挥央行作为金融管理职能的对外代表作用，代表政府来谈判来参与全球合作。央行发挥作用的大小取决于其独立性和信誉，以及反应的能力和政策的合理性。

第七章

金融监管

金融是影响现代经济发展的重要因素。它已从简单的资金媒介，发展为能够在一定程度上制约资源配置，并通过自身的扩张与收缩推动经济发展的"现代经济核心"。但金融运行本身也存在着脆弱性，一旦某一环节发生断裂，往往会引发连锁反应，产生金融动荡乃至危机。特别是近年来，随着经济全球化、经济金融化、金融自由化的不断发展，金融动荡乃至危机频频发生，给世界各国的经济发展带来了很大的负面影响。因此，通过金融监管保证金融业的稳健运行就越来越成为各国经济与社会发展的关键。本章主要介绍了金融监管的理论、目标和原则、内容、手段和方法以及金融监管体制。

第一节　金融监管及其理论

一、金融监管的内涵

金融监管是金融监督和金融管理的复合词。金融监管有狭义和广义之分。狭义的金融监管是指金融主管当局依据国家法律法规的授权对金融业（包括金融机构以及它们在金融市场上的业务活动）实施监督、约束、管制，使它们依法稳健运行的行为总称。广义的金融监管除主管当局的监管之外，还包括金融机构的内部控制与稽核、行业自律性组织的监督以及社会中介组织的监督等。本章介绍的金融监管是其狭义的范畴。

从金融监管的对象来看，主要是对商业银行、非银行金融机构和金融市场的监管。本章侧重于对商业银行监管的介绍。

二、金融监管的一般理论

金融监管理论，是在政府管制理论的基础上，结合对金融业特殊性的分析，发展和完善起来的。目前，金融监管的一般理论主要有社会利益论、金融风险论、投资者利益保护论以及管制供求论与公共选择论。它们的论证各有自己的侧重点，但相互之间也有一定的交叉。

（一）社会利益论

社会利益论是在 20 世纪 30 年代大危机后提出来的。这种理论认为，金融监管的基本出发点就是要维护社会公众的利益。社会公众利益分散于千家万户、各行各业，维护这种利益的职权只能由国家法律授权的机构去行使。该理论的基点是市场存在着缺陷，纯粹的自由市场会导致自然垄断和社会福利的损失，还因外部效应和信息不对称带来不公平的问题。按照经济学原理，当某一经济单位所从事的经济活动存在着某种外在效益，尤其是存在着某种外在不经济或外在成本时，其自我运行所达到的利益目标就不可能与社会利益保持一致。这就需要代表社会公众利益的国家对其活动进行必要的干预，以引导或强制其活动尽量与社会公众的利益保持一致。历史的经验表明，金融体系就存在着这样的外在不经济。假设其他条件不变，一家银行可以通过其资产负债的扩大，资产/资本比例的扩大增加利润，这样当然有很大的风险。但由于单家银行并没有能力承担全部的风险成本，而是由公众、整个金融体系乃至整个社会经济体系来承担，如果发生这种情况，社会公众的利益就会受到极大损害。所以，为了维护社会公众的利益，国家有必要对金融业进行监管。

（二）金融风险论

该理论主要从关注金融风险的角度，论述了对金融业实施监管的必要性。

首先，金融业是一个特殊的高风险行业。与一般企业不同，金融业高负债率的特点，表明金融业的资金主要来源于外部。以银行业为例，其资本只占很小的比例，大量的资产业务都要靠负债来支撑，并通过资产负债的匹配来达到盈利的目的。在其经营过程中，利率、汇率、负债（主要是存款）结构和规模、借款人偿债能力等因素的变化，使得银行业时刻面临着利率风险、汇率风险、流动性风险和信用风险，成为风险集聚的中心。而且，金融机构为获取更高收益而盲目扩张资产的冲动，更加剧了金融业的高风险和内在不稳定性。当社会公众对其失去信任而挤提存款时，银行就会发生支付危机甚至破产。

其次，金融业具有发生支付危机的连锁效应。在市场经济条件下，各种金融工具的存在，都是以信用为纽带；社会各阶层以及国民经济的各个部门，都通过债权债务关系紧密联系在一起。因而，作为整个国民经济中枢的金融体系，其中任一环节出问题，都会引起牵一发而动全身的后果。不仅单个金融机构陷入某种危机，极易给整个金融体系造成连锁反应，进而引发普遍的金融危机，更进一步地，由于现代信用制度的发达，一国的金融危机还会影响到其他国家，并可能引发区域性甚至世界性的金融动荡。这就是人们常说的存在于金融体系内的"多米诺骨牌效应"。

最后，金融体系的风险，直接影响着货币制度和宏观经济的稳定。信用货币制度的确立，在货币发展史上具有极其重要的意义，它极大地降低了市场交易的成本，提高了经济运行的效率。但与此同时，实体经济对货币供给的约束作用也越来越弱；货币供给超过实体经济需要而引发通货膨胀的过程一直对许多国家形成威胁。另一方面，存款货币机构的连锁倒闭又会使货币量急剧减少，引发通货紧缩，并将经济拖入萧条的境地。

金融风险的内在特性，决定了必须有一个权威机构对金融业实施适当的监管，以确保整个金融体系的安全与稳定。

（三）投资者利益保护论

在设定的完全竞争的市场中，价格可以反映所有的信息。但是现实中，大量存在着信息不对称的情况。

这种信息不对称的存在，会导致交易的不公平。在信息不对称或信息不完全的情况下，拥有信息优势的一方可能利用这一优势来损害信息劣势方的利益。如证券经营机构的员工和外部投资者相比，具有明显的信息优势，特别是他们会比一般的投资者掌握更充分的市场动态信息。同样，对于银行和保险公司的经营管理者来说，对自己所在金融机构的风险，也会比存款人和投保人更加了解。由于这些金融机构比投资者——存款人、证券持有人和保单持有人等在内的对某一资产拥有权益的人拥有更多的信息，他们就有可能利用这一信息优势为自己谋取利益，而将风险或损失转嫁给投资者。

保护投资者利益，对整个金融体系的健康发展至关重要，是显而易见的。这就提出了这样的监管要求，即有必要对信息优势方（主要是金融机构）的行为加以规范和约束，为投资者创造公平、公正的投资环境。

（四）管制供求论与公共选择论

管制供求论将金融监管本身看成是存在供给和需求的特殊商品。在管制的需求方面，金融监管是那些想从监管获得利益的人所需要的。比如，现有的金融机构可能希望通过金融监管来限制潜在的竞争者；消费者需要通过监管促使金融机构提高服务质量、降低服务收费。在管制的供给方面，政府官员提供管制是为了得到对自身政绩更广泛的认可。由此可见，是否提供管制以及管制的性质、范围和程度最终取决于管制供求双方力量的对比。根据管制供求论，监管者具有通过过度监管来规避监管不力的动机。但这样却可能增加被监管者的成本，降低被管制行业的效率，并从而受到抵制。

公共选择论与管制供求论有很多相似之处：它同样运用供求分析法来研究各利益集团在监管制度提供过程中的相互作用。不同之处在于，该理论强调"管制寻租"的思想，即监管者和被监管者都寻求管制以谋取私利。监管者将管制当做一种"租"，主动地向被监管者提供以获益；被监管者则利用管制来维护自身的既得利益。

第二节　金融监管的目标与原则

要实施金融监管，首先必须明确金融监管的目标和原则。经过长期的实践，各国金融监管当局在有关金融监管的目标和原则方面已形成了一些基本共识。

一、金融监管的目标

金融监管的目标是实现金融有效监管的前提和监管当局采取监管行动的依据。尽管不同时期、不同国家金融监管目标不同，但概括起来主要以下几个方面。

（一）维护金融体系的安全与稳定

这是金融监管的首要目标。20 世纪 90 年代频繁爆发的金融危机已经向我们清楚地揭示出：就经济和金融的长期发展来说，金融体系的安全与稳定和效益与效率相比是更加根本性的问题。金融机构是经营货币和信用的特殊企业，风险很大。同时，金融体系又是现代经济的中枢，任何一家金融机构出现严重问题都会引起连锁反应，由此导致金融、经济秩序的严重混乱，甚至引发金融经济危机。金融自身的这种特性相应地决定了金融监管的目标仍应是以维护金融体系的安全和稳定为首要任务。

（二）保护存款人与投资人的利益

存款人通过银行机制成为事实上的贷款人，保护存款人的利益实际上是维护信用制度，也使银行得以生存。投资人是金融市场的参与主体，作为资金的输出方，在各种交易中处于信息弱势，需要受到保护。因此，金融监管当局要保证存款人和投资人的利益不受损害。

上述两个目标不是相互独立的。维护金融体系的安全和稳定是保护存款人和投资者利益的前提条件，金融机构一旦出现危机，遭受损失的首先是存款人和投资者。而保护存款人和投资者的利益，又可促进金融体系的安全与稳定。

（三）提高金融体系效率和实现金融业良性竞争

竞争可以提高效率，金融业也不例外。但是由于金融业的特殊性，如果竞争过于激烈，甚至是恶性竞争，造成金融机构破产倒闭，将会影响金融体系的稳定，进而影响到金融体系的安全。因此，金融监管就需要实现对金融创新与良性竞争的鼓励，以提高金融体系的服务效率，约束金融违规与恶性竞争，以维持良好的金融市场秩序。

世界上大多数国家的具体监管目标多体现在中央银行法或银行法上，由于各国历史、经济、文化等背景不同，因而各国的具体监管目标各有侧重。美国和英国对商业银行的监管目标侧重于保护消费者的利益，这适合于银行的特性和时代的要求。日本、德国、法国、加拿大、新加坡等国则侧重于维护商业银行体系的正常运转，以促进国民经济的发展。表7－1概括了部分国家的金融监管目标及其相关法律。

表7－1　　　　　　　　部分国家金融监管目标及其相关法律

国家	法律	监管目标
美国	联邦储备法	维护公众对银行系统的信心；为建立有效率、有竞争的银行系统服务；保护消费者；允许银行体系适应经济变化而变化。
日本	新日本银行法	维护信用、确保存款人利益、谋求金融活动顺利进行，经济健全发展。
韩国	金融监管机构设置法	增进银行体系健全运作，促进经济发展，有效利用资源。
英国	金融服务与市场法	维护市场信心；促进公众对金融体系的了解；保护消费者利益；减少金融犯罪。
加拿大	加拿大银行法	规范货币与信用，促进经济与金融发展。
德国	德国银行法	保证银行资产安全和银行业务运营正常。
法国	法兰西银行法	确保银行体系正常运作。
新西兰	新西兰储备银行法	保持金融体系效率及健全。
中国	中华人民共和国中国人民银行法；中华人民共和国银行业监督管理法	防范和化解金融风险，维护金融稳定；防范和化解银行业风险；保护存款人和其他客户的合法权益；促进银行业健康发展。

二、金融监管的基本原则

1997年9月，世界银行和国际货币基金组织在香港年会上通过了由巴塞尔委员会提出的《有效银行监管的核心原则》（以下简称《核心原则》）。《核心原则》是银行监管领域近百年经验和成果的总结，为各国创建有效银行监管体系提供了基本依据。自发布和实施以来，它已成为各国在审慎监管领域共同遵守的准则。

（一）监管主体的独立性原则

《核心原则》提出："在一个有效的银行监管体系下，参与银行监管的每个机构要有明确的责任和目标，并应享有工作上的自主权和充分的资源。"有效的监管还需要一些先决条件，如稳健且可持续的宏观经济政策、完善的公共金融基础设施、高效率解决银行问题的程序，提供适当系统性保护的机制等。

近年来，不断有国家发生金融危机，这些国家总结经验教训，努力进行金融体制改革，其中加强监管主体独立性是重要的改革内容之一。如1998年修改后的《日本银行法》使日本银行与政府（大藏省）之间的关系发生了根本性变化，将长期以来一直为政府（大藏省）所拥有的业务指令权、日本银行高级职员的罢免权等统统废除，日本银行的独立性大大增强。

（二）依法监管原则

虽然各国金融金融监管的具体做法不同，但在依法监管这一点上却是相同的。金融业的特殊地位决定了其必须接受金融监管当局的监管，同时还必须保持金融监管的权威性、严肃性、强制性和一贯性。此外，金融法规的不断完善也是必不可少的。

（三）"内控"与"外控"相结合的原则

尽管美国强调外部监管，英国等西欧国家注重诱导劝说基础上的自我约束、自我管理，但无论是以"外控"为主或"内控"为主的国家，都需要"外控"和"内控"的有机结合。若监管对象不配合，外部监管再严格也难以收到预期效果；若完全寄希望于金融机构的"内控"，则个别金融机构的冒险行为将有可能危及整个金融系统。因此，"外控"和"内控"相结合是非常必要的。

（四）稳健运行与风险预防原则

稳健运行是金融监管工作的基本目标，要达到这一目标，就必须进行风险监测与管理，因为所有的监管技术手段都应着眼于金融业的风险预防管理。《核心原则》指出，"银行监管者必须掌握完善的监管手段，以便在银行未能满足审慎要求（如最低资本充足率）或当存款人的安全受到威胁时采取纠正措施"。在极端情况下，若某一金融机构已不具备继续生存能力，监管者可参与决定该机构被另一家健康机构接管或合并。当所有办法都失败后，监管者必须关闭或参与关闭不健康的金融机构以保护整个金融体系的稳定。

（五）母国与东道国共同监管原则

在当今金融国际化的背景下，仅加强国内金融监管是不够的，还需要加强金融监管的国际合作。《核心原则》指出母国监管者的责任是："银行监管者必须实施全球性并表监管，对银行在世界各地的所有业务，特别是其外国的分行、附属机构和合资机构的各项业务进行充分的监测，并要求其遵守审慎经营的各项原则。"东道国监管者的责任是："银行监管者应确保外国银行按东道国国内机构所同样遵循的高标准从事当地业务，而且从并表监管的目的出发，有权分享其母国监管当局所需的信息。"

母国与东道国必须建立密切的联系，以共同完成对国际金融活动的监管。在东道国的监管当局发照之前要征求其母国监管当局的意见。在一些情况下，有些国家监管当局之间已经达成了双边协议，这些协议可以帮助确定分离信息的范围和一般情况下分享信息的条件。

三、我国金融监管的理念、目标和标准

中国银行业监督管理委员会（简称银监会）自 2003 年 4 月成立以来，为提高银行监管的有效性，化解银行业风险，促进银行业稳健发展，采取了一系列措施，在银行监管建设方面取得了积极进展。其中，最为突出的是提出了新的监管理念，确立了明确的监管目标，并提出了良好监管的标准。

（一）监管理念

在总结国内外监管经验的基础上，银监会提出了银行业监管的新理念，即"管风险、管法人、管内控、提高透明度"。

1. "管风险"，即坚持以风险为核心的监管内容，通过对银行业金融机构的现场检查和非现场监管，对风险进行跟踪监控，对风险早发现、早预警、早控制、早处置。

2. "管法人"，即坚持法人监管，重视对每个银行业金融机构总体金融风险的把握、防范和化解，并通过法人实施对整个系统的风险控制。

3. "管内控"，即坚持促进银行内控机制的形成和内控效率的提高，注重构建风险的内部防线。

4. "提高透明度"，即加强信息披露和透明度建设，通过加强银行业金融机构和监管机构的信息披露，提高银行业金融机构经营和监管工作的透明度。

（二）监管目标

监管目标是监管者追求的最终效果或最终状态。《中华人民共和国银行业监督管理法》第三条规定："银行业监督管理的目标是促进银行业的合法、稳健运行，维护公众对银行业的信心。银行业监督管理应当保护银行业公平竞争，提高银行业竞争能力。"在此基础上，银监会结合国内外银行业监管的经验，提出了四个具体监管目标：

1. 通过审慎有效的监管，保护广大存款人和消费者的利益；

2. 通过审慎有效的监管，增进市场信心；

3. 通过宣传教育工作和相关信息披露，增进公众对现代金融的了解；

4. 努力减少金融犯罪。

四个目标共同构成我国银行监管目标的有机体系。

（三）监管标准

为规范监管行为，检验监管工作成效，在总结国内外银行监管工作经验的基础上，银监会提出了良好监管的六条标准：

1. 促进金融稳定和金融创新共同发展。

2. 努力提升我国银行业在国际金融服务中的竞争力。

3. 对各类监管设限要科学、合理，有所为，有所不为，减少一切不必要的限制。

4. 鼓励公平竞争、反对无序竞争。

5. 对监管者和被监管者都要实施严格、明确的问责制。

6. 高效、节约地使用一切监管资源。

第三节　金融监管的内容

金融监管的内容主要有三个方面，即市场准入监管、市场运作监管和市场退出监管。

一、市场准入监管

市场准入监管是一国金融监管当局对拟设立的金融机构采取的限制性措施。商业银行市场准入监管的内容包括三个方面，即机构的准入、业务的准入和高级管理人员的准入。

机构准入是指批准金融机构法人或分支机构的设立和变更；业务准入是指批准金融机构的业务范围以及开办新的产品和服务；高级管理人员准入是指对金融机构董事及高级管理人员的任职资格进行审查核准。

《核心原则》要求，银行业监管当局对商业银行市场准入的审查应当集中考察其股权结构、拟任董事和高级管理人员的资格、营业计划和内部控制制度、财务计划和开业资本要求等几个方面。《中华人民共和国商业银行法》规定了设立商业银行应该具备的条件，包括：符合《中华人民共和国商业银行法》和《中华人民共和国公司法》规定的相关章程；符合法律规定的注册资本最低限额；具有任职专业知识和业务工作经验的董事以及高级管理人员；有健全的组织机构和管理制度；有符合要求的营业场所、安全防范措施以及与业务相关设施等。一般而言，审批商业银行的准入需要考虑下面几个因素。

（一）股权结构

《核心原则》要求对商业银行的直接和间接控股股东持股数量超过10%的大股东进行评估。评估的具体内容包括：这些股东在非银行业和银行业中的经营情况、是否守信以及在业界中的声誉状况、股东的财务状况等。这些对股东的考察评估是为了确认新设立的商业银行不至于成为股东自身的"专用融资中心"，将非银行业务经营风险传染到银行。同时，对财务状况的考察不仅要衡量其初始投资规模的大小，还要衡量在未来银行需要财务支持时这些大股东是否仍有能力投资。

《中华人民共和国商业银行法》（以下简称《商业银行法》）第十五条要求商业银行的开业申请应当向银行业监管机构提交股东名册及出资额、股份和持有注册资本5%以上的股东的资信证明和有关资料。第二十八条规定，任何单位和个人购买商业银行股份总额5%以上的，应当事先经国务院银行监督管理机构的批准。修订后的《商业银行法》加大了银行业监管机构对商业银行股权结构的审查力度，将商业银行股东资格审查的标准从以前的10%下调为5%。

（二）资本金要求

资本金充足与否是衡量商业银行抵御风险能力的重要指标，较高的资本金是银行实力的象征，同时也可以抑制商业银行的道德风险。因此，对商业银行资本金的审查是市场准入监管的一个重要方面。

我国《商业银行法》第十三条规定，设立全国性商业银行的最低注册资本为十亿元人民币，城市商业银行为一亿元人民币，农村商业银行为五千万元人民币。注册资本应当是实缴，并规定银行监管机构有权根据经济发展情况在不低于上述限额范围内，可以调整注册资本的最低限额。

（三）高级管理人员要求

高级管理人员对银行的重要性不言而喻，如果高级管理人员选择不当，可能造成银行亏损甚至破产倒闭。《核心原则》认为对商业银行董事和高级管理人员任职资格的审查是进行商业银行市场准入审查的重要环节。银行监管当局应当掌握银行推举的每一位董事和高级管理人员的能力、品行和资历等必要信息，以分析其个人和整个管理层的银行业从业经验、其他行业的经验、人品及相关技能。

我国的《商业银行法》、《中华人民共和国银行业监督管理法》、《金融机构管理规定》等法律法规都明确规定，商业银行的高级管理人员必须符合一定的条件，才能够在金融机构任职。2000 年中国人民银行制定的《金融机构高级管理人员任职资格管理办法》对商业银行高级管理人员的任职条件进行了具体的规范，按照这一规定，担任股份制商业银行和城市商业银行的正副董事长、正副行长，都应当具备本科或以上学历，从事金融工作 8 年以上，或从事经济工作 12 年以上（其中金融从业5 年以上）；担任股份制商业银行总行营业部总经理、分行正副行长，异地直属支行行长，应当具备大专或以上学历，从事金融工作 6 年以上，或从事经济工作 9 年以上（其中金融从业 4 年以上）。

（四）完善的公司治理结构和内部控制

商业银行独特的负债结构，决定了其高风险特征，而要有效保护存款人的利益，维护金融市场的稳定，就需要商业银行有完善的公司治理结构和内部控制机制。《核心原则》要求商业银行申请人应当向银行业监管当局提交有关银行的经营计划书，计划书应该对未来大部分业务的市场状况进行分析，有长远的发展规划和业务策略。同时，申请人必须建立合理的组织结构，并提供有关银行组织和内部控制方面的资料。监管机构需要对商业银行内部控制的规章和程序是否充分，商业银行是否拥有足够的资源保证内部控制制度得到实施，商业银行是否具有良好的公司治理结构和有效的监督制衡机制等进行评价。

我国的《股份制商业银行公司治理指引》规定了商业银行公司治理应该遵循的基本原则：

1. 完善的股东大会、董事会、监事会、高级经理人的议事制度与决策程序。

2. 股东、董事、监事、高级经理人的权利义务明确。

3. 建立、健全以监事会为核心的监督机制。

4. 建立完善的信息报告和披露机制。

5. 建立合理的薪酬制度，以强化激励约束机制。

二、市场运作监管

市场运作监管是指金融机构成立后，对其日常的市场经营运作所进行的监管。就目前而言，市场运作监管主要包括以下几个方面。

（一）资本充足率的监管

资本充足率是指资本对加权风险资产的比例，是评价银行自担风险和自我发展能力的一个重要标志。《核心原则》第六条指出："监管者要规定能反映所有银行风险程度的适当的审慎最低资本充足率要求。此类要求应反映出银行所承担的风险，并必须根据它们承受损失的能力确定资本的构成。至少对活跃的国际性银行而言，上述标准不应低于巴塞尔资本协议的规定及其补充规定。"

根据 1988 年巴塞尔银行监管委员会颁布的规定，核心资本充足率和总资本充足率应保持 4% 和 8%。2010 年全球 27 个国家中央银行就银行体系资本要求达成最新改革方案，即《巴塞尔协议Ⅲ》。《巴塞尔协议Ⅲ》规定，截至 2015 年 1 月，全球各商业银行的一级资本充足率下限将从现行的 4% 上调至 6%，总资本充足率维持 8% 不变，由普通股构成的"核心"一级资本占银行风险资产的下限将从现行的 2% 提高至 4.5%。此外，各银行还需增设"资本防护缓冲资金"，总额不得低于银行风险资产的 2.5%，商业银行的核心一级资本充足率将由此被提高至 7%。该规定将在 2016 年 1 月至 2019 年 1 月间分阶段执行。

（二）呆账准备金的监管

呆账准备金的作用在于将银行收入中可能的损失剔除，可以让市场、监管当局、股东等比较准确地从银行所报告的净利润中判断银行的实际盈利能力。呆账准备金计提和冲销一般有三种办法：（1）直接冲销法，平时不计提呆账准备金，当贷款实际损失时直接冲销利润；（2）普通准备法，每年按贷款余额的固定比率提取呆账准备金，当贷款损失实际发生时首先冲销呆账准备金，如果呆账准备金不够冲抵损失时，再直接冲销利润；（3）特别准备法，定期检查贷款并估计可能的损失，并按估计的损失程度来计提特别准备金，贷款实际损失时先冲销呆账准备金，不够再冲销利润。

实际的呆账准备金制度可以将上述三种方法进行组合，而按普通准备法加特别准备法的组合是目前各国比较通行的做法，商业银行一般根据当年贷款余额的固定比率计提普通呆账准备金和根据贷款的实际风险程度并参照中央银行为每类贷款设定的经验百分比计提特别准备金。《巴塞尔协议》规定：特别准备金不能当做银行资本，而普通准备金可以作为附属资本，但作为附属资本的部分不得超过银行加权风险资产的 1.25%。

特别呆账准备金计提一般按贷款"五级分类方法"，将银行的贷款资产分为正常、关注、次级、可疑和损失五类，各类贷款提取特别呆账准备金的比率并无统一标准，监管当局给出一个计提建议，具体由各家银行根据自身实践和经验提取。1998 年以前，我国商业银行一直按贷款余额的 1% 计提普通贷款准备金，不按贷款的风险程度计提专项贷款呆账准备金。1998 年开始，我国对银行业推出贷款五级分类方法，根据《贷款风险分类指导原则（试行）》，商业银行在实行贷款五级分类后，在按照普通贷款余额1%提取普通呆账准备金的基础上，需要根据贷款分类的结果，提取专项呆账准备金（包括特别呆账准备金）。表7-2列出了美国、中国香港和中国的呆账准备金提取比例情况。

表7-2 美国、中国香港和中国的呆账准备金率

贷款类别	美国	中国香港	中国
正常类贷款	0~1.5%	0	0
关注类贷款	5%~10%	2%	2%
次级类贷款	20%~35%	25%	25%
可疑类贷款	50%~75%	75%	50%
损失类贷款	100%	100%	100%

拨备覆盖率是衡量商业银行贷款损失准备金计提是否充足的一个重要指标。这个指标考察的是银行财务是否稳健，风险是否可控。2009年10月14日，银监会召开2009年第三次大型银行风险分析会。要求各行务必在年内将拨备覆盖率进一步提高至150%以上。

$$拨备覆盖率 = 贷款损失准备金计提余额 / 不良贷款余额$$
$$= （一般准备 + 专项准备 + 特种准备）/$$
$$（次级类贷款 + 可疑类贷款 + 损失类贷款）$$

（三）流动性监管

流动性是指银行根据存款和贷款的变化，随时以合理的成本举债或者将资产按其实际价值变现的能力。当流动性不足时，银行无法以合理的成本获得所需的足够资金，因而不能及时满足客户提款或借款的需求，其后果就是银行利润受到侵蚀，声誉遭受影响，甚至导致支付危机，所以监管当局对银行的流动性非常重视。

监管当局对银行流动性的管理政策有两种：一种是向银行发布衡量和管理流动性风险的指导方针；另一种是要求银行流动资产与存款或总资产的比例达到某一标准。总的来说，监管当局一般会综合运用这两种政策。

由于流动性的衡量要考虑时间与地点的差异，所以制定国际统一的流动性标准非常困难。迄今为止，巴塞尔银行监管委员会还没有设定正式的流动性比例，只是在1992年发布了《计量与管理流动性的框架》，作为对银行流动性管理的一个非限制性指导。该框架指出："强有力的流动性管理的关键因素，包括良好的管理信息系统、集中的流动性控制、对不同情况下流动性缺口分析、融资来源的多样化以及完备的应急计划。"

我国对商业银行流动性规定了以下几项指标：

1. 资产流动性指标。本外币各项流动性资产与各项流动性负债余额的比例不得低于25%，其中外汇各项流动性资产与各项流动性负债余额的比例不得低于60%。

2. 存贷款比例指标。本外币合并各项贷款与各项存款的比例不得超过75%，其中外汇各项贷款与各项存款的比例不得超过85%。

3. 中长期贷款比例指标。超过1年的中长期贷款与相应的存款之比不得超过120%，1年期以上外汇余额中长期贷款与各项外汇贷款余额的比例不得超过60%。

4. 拆借资金比例指标。拆入资金余额与各项存款余额之比不得超过 4%，拆出资金余额与各项存款余额之比不得超过 8%，此项指标仅对人民币存贷款考核。

（四）贷款集中度监管

金融发展史上的经验证明，贷款过分集中于某个借款人是世界上大多数银行倒闭的主要原因。贷款集中程度监管是金融监管当局正式或非正式地要求各家商业银行避免风险集中，限制对个别借款者的贷款不能超过贷款银行资本的一定百分比。现实操作中，监管当局尤其需要对银行向其关系借款人的贷款加以限制，因为银行对关系借款人发放贷款时往往容易降低标准，对关系借款人的过度贷款会让银行承受巨大的风险。商业银行的关系人主要包括两类：第一，商业银行的董事、监事、管理人员、信贷业务人员及其近亲属；第二，前项所列人员投资或者担任高级管理职务的公司、企业和其他经济组织。

《核心原则》要求一家银行或银行集团对单一借款人或一组关联借款人的贷款不超过资本金的 25%，并且向监管当局通报超过特定比例（例如资本金的 10%）的贷款情况。

我国《商业银行集团客户授信业务风险管理指引》规定：商业银行对同一借款人及其关联企业（集团客户）的贷款余额与商业银行资本余额的比例不得超过 15%。

《商业银行与内部人和股东关联交易管理办法》则规定：商业银行对股东等关系人的贷款余额不得超过银行资本净额的 10%；对最大的 10 家客户的贷款不得超过银行资本的 50%；商业银行的关联交易应当按照商业原则，不得向关系人发放信用贷款，向关系人发放担保贷款的条件不得优于其他贷款人同类贷款的条件。

（五）资产质量的监管

资产质量好坏关系到金融机构的生存与发展，整个社会金融资产质量的优劣关系到国家金融业的兴衰。因此，风险监管工作必须重视对金融机构资产质量的监管。金融机构资产质量监管的重点是监管金融机构业务经营中的资产流动性、资产安全性和有问题贷款所占比例，以确保金融机构具有足够的清偿能力、承担风险能力和正常的运转能力。2002 年以前，我国对有问题贷款的监控测算、分类方法基本上沿袭财政部 1988 年《金融保险企业财务制度》中的规定，把贷款划分为正常、逾期、呆滞、呆账，后三类合称有问题贷款或不良资产（简称为"一逾两呆"）。这种传统的监管测算和分类方法已经不适应市场经济条件下的金融监管工作和商业银行信贷管理工作的需要。2002 年以后，我国根据《贷款风险分类指导原则》，开始实行符合国际惯例的贷款风险五级分类方法，即把贷款分为正常、关注、次级、可疑、损失五类，其中后三类合称为不良贷款。不良贷款率高，说明金融机构收回贷款的风险大；不良贷款率低，说明金融机构收回贷款的风险小。不良贷款率计算公式如下：

不良贷款率 ＝（次级类贷款 ＋ 可疑类贷款 ＋ 损失类贷款)／各项贷款 × 100%

（六）内部控制监管

银行的内部控制是指对银行内部各职能部门及其员工从事的业务活动进行制度化的管理，以实现控制风险、相互制约的方法、措施和程序。对商业银行内部控制的考核没有专门的客观数据和指标，往往是以银行内部组织机构的控制、表内业务活动控制、表外业务活动控制、会计系统的控制以及计算机系统的控制等。

《核心原则》强调监管者应该确保银行具备与其业务性质和规模相适应的完善的内控制度。这其中就包括如下内容：（1）有效的资产保护措施；（2）对审批和职责分配有明确的安排；（3）将银行承诺、付款、资产与负债账务处理方面的职能分离，并对上面的程序交叉核对；（4）完善独立的内部和外部审计。1994年7月，巴塞尔委员会和国际证券协会组织联合公布了"衍生金融工具风险管理指导方针"，目的就是通过强化内部控制，防范有关金融衍生工具管理和操作的各种风险。"方针"强调金融机构不论是作为衍生工具的自营商还是经纪商，都应该满足风险管理和内部控制的要求。

我国在内部控制监管方面要求商业银行建立如下的三道内控程序：第一道防线要求商业银行建立一线岗位双人、双职、双责，如果单人处理业务的，必须有相应的后续监督机制；第二道防线要求商业银行建立相关岗位、相关部门间互相制约的工作程序，相关的业务文件在部门、岗位之间的传递必须有明确的标准；第三道防线是要求建立相对独立的内部监督部门，以对各项业务、各个岗位进行全面监督，并需要将评价结果及时反馈到高级管理层。

（七）信息披露监管

信息披露制度要求商业银行必须及时向社会公众或利益相关者发布其经营活动和财务状况的有关信息。良好的信息披露制度有利于投资者和存款人对银行运作的了解，有利于促使银行经营者加强经营管理。

《核心原则》认为："为了保证市场的有效运作，从而建立一个稳定而高效的金融体系，市场参与者需要获得准确、及时的信息。因此，信息披露是监管的必要补充。"不过，由于各国在银行必须披露什么信息、向谁披露、如何披露等基本问题上难以达成一致意见，因此目前尚未有统一的国际标准出台。

目前，对我国商业银行信息披露进行规范的法律法规主要有《中华人民共和国商业银行法》、《中华人民共和国会计法》、《企业会计准则》、《金融企业会计准则》、《商业银行信息披露办法》等。对股份制银行，还有《股份有限公司会计制度》。对城市商业银行，要遵循《城市合作银行会计制度》的有关规定。对于上市银行，则还要求遵循中国证监会的有关规定，如证监会颁布的《公开发行证券公司信息披露编报规则（第2号）——商业银行财务报表附注特别规定》和《公开发行证券公司信息披露编报规则（第7号）——商业银行年度报告内容与格式特别规定》等。上述规定对我国商业银行的信息披露给出了具体的要求。特别是关于会计科目和会计报表，规定得很详尽。在我国所有商业银行中，对上市银行的信息披露要求是最高的。证监会对上市银行信息披露的一系列规定，大大提高了其披露质量和水平。目前我国商业银行信息披露的主要内容包括财务会计报告、各类风险管理状况、公司治理、年度重大事项等。

三、市场退出监管

市场退出监管是指金融监管当局对金融机构因分立、合（兼）并、变更、解散、破产倒闭或严重违规等原因退出金融业而实施的监督管理。金融机构市场退出原因有两种：一是因分立、合并或出现公司章程规定的事由需要解散，因此而退出市场，这属于主动性退出；二是由于破产、严重违规或资不抵债等原因，而由金融监管当局将金融机构依法关闭、取消其经营资格，这属于被动性退出。金融机构无论是主动性退出还是被动性退出，都会具有很高的负外部性，因此必须经监管部门审查批准。市场退出监管可具体分为三种情况。

（一）对金融机构分立、合（兼）并、变更、解散的监管

为了对社会和客户负责，维护金融体系的信誉，当金融机构分立、合（兼）并、重新变更、出现章程规定的解散事由需要解散，或因其他原因濒临倒闭时，金融监管部门必须对金融机构进行债务清偿和相关过程实施监督管理，以确保这些金融机构顺利完成市场退出，避免社会经济、金融动荡。

（二）对金融机构破产倒闭的监管

当金融机构因经营管理不善而出现严重亏损或资不抵债时，金融监管当局首先要提供紧急救援，中央银行对金融机构提供紧急救援的方法一般有：直接贷款、组织大银行救助小银行、存款保险机构出面提供资金和政府出面援助。在救援无效后才是对其实施关闭处理的监管。我国对问题银行的处理方法有接管、兼并和破产。例如，我国规定，当金融机构出现连续 3 年亏损额占资本金的 10% 或亏损额已占资本金的 15% 以上等情况时，监管部门应当令其关闭。为了树立公众对金融业的信心，保证向社会和客户提供金融服务的连续性，金融监管当局对于关闭的金融机构实施经营管理权接管，当接管期两年结束后，经营管理水平提高则恢复其继续营运，否则可由法院依法宣告破产，并在监管部门及有关部门的同意、监督下依法进行清算、缴回金融业经营许可证，通知工商局注销，并在指定的报纸上公告。

（三）对违规者的终止经营监管

金融监管当局对于那些严重违反法律法规和金融政策的金融机构有权作出停业整顿的监管决定。停业后，金融监管当局有权对该金融机构的资产负债情况、高级管理人员素质及构成、存在问题及各项业务开展情况等进行审查、核准，并制定处理措施。处理措施主要包括三种：一是纠正错误，恢复正常经营；二是难以挽救，注销该机构，按破产倒闭机构的程序办理；三是对主要责任人按规定予以处罚。

第四节　金融监管的手段与方法

一、金融监管的手段

不同国家、不同时期的监管手段是不同的。如市场体制健全的国家主要采用法律手段，而市场体制不发达的国家更多的是使用行政手段。监管部门在进行金融监管时，往往采用综合性管理的方法，即几种管理工具同时使用，才能使管理效果最佳。总的来看，目前金融监管使用的手段主要有经济手段、法律手段、行政手段和技术手段四类。

（一）经济手段

1. 存款保险制度

美国是建立存款保险制度最早的国家之一。20 世纪 20 年代末至 30 年代初发生的经济大危机，使美国的金融体系遭受重创。1929 年到 1930 年间，平均每年倒闭的银行数达 2 277 家，存款人陷入极度恐慌之中。为恢复公众对银行的信心，稳定其金融系统，美国于 1933 年 6 月通过的《格拉斯—斯蒂格尔法案》建立了联邦存款保险制度，并为此设立了联邦存款保险公司（FDIC）。FDIC 被授权对出现问题而发生支付困难或濒临倒闭的会员银行进行处置，包括进行救助、接管，促使购并乃至实施清算及对被保险存款进行偿付等。FDIC 也因此成为美国商业银行的重要监管者之一。目前，已有 72 个国家和地区建立了存款保险制度，尽管各国存款保险制度的组织形式是多种多样的，但基本目标是相同的，例如保护存款人的利益，尤其是保护居于多数的小额存款人的利益；建立对出现严重问题的银行进行处置的合理程序；提高公众对银行的信心，保证银行体系的稳定。

存款保险制度有以下特征：一是金融风险由银行、存款人和政府共同承担，管理和行使存款保险计划的是政府或政府的代表。二是具有强制性，整个金融体系的成员，规模无论大小，都必须参加存款保险。三是对损失的补偿是有限的，这个限额是根据存款组合、平均收入及保险计划所能支付的能力来决定的。如各国都规定了存款保险额度的最高控制点，美国为 10 万美元，日本为 1 000 万日元。四是受保险的范围只涉及公众存款，那些政府或企业存款、银行同业存款及非居民存款不在保险补偿之列。一般而言，存款保险范围以领土范围为基础，包括外国银行在本国的分支行和附属机构，而排除了本国银行在外国所设机构的存款。

在存款保险体系的实施效果方面，各国基本形成如下共识：在经济稳定和银行体系稳定的状况下，一个设计良好的存款保险体系有助于保护中小存款人的利益，提高公众对银行系统的信心。在处理少数银行倒闭事件中，可以发挥重大作用。但是，存款保险制度不是万能的，也存在着一些副作用。如存款受到保险后，存款人往往忽视对银行安全性的关注。在这种情况下，存款保险使一些高风险银行缺乏公众的有效监督，并能不断地筹集到资金，结果是这些银行的风险越来越大。所以，存款保险制度不能取代监管当局的审慎监管、中央银行的最后贷款人职能和政府出资维护金融体系稳定的职能。

2. 最后贷款人手段（紧急援助）

作为金融监管的最后贷款人手段是指中央银行作为监管者，为保护存款者的利益，对发生清偿困难的银行或其他金融机构进行财务上的援助和实施抢救行动，这种手段被认为是一国金融体系的最后一道安全防线。中央银行紧急援助的方法可以有如下几种：由中央银行直接提供特别的低利贷款；通过金融监管当局和商业银行联合建立特别机构提供资金；由一个或一个以上的大银行在官方支持下提供援助。此外，有时金融监管当局并不直接提供贷款或组织银团贷款，而是对发生困难的银行提供担保，使之能从金融市场上筹措资金以渡过难关。

如果能够通过紧急援助使情况缓解并恢复正常，则比处理破产倒闭要强得多。但是，这里隐藏着一种暗示和潜在的危险，中央银行和监管当局常常处于进退两难的境地。如果中央银行公开承认自己是最后贷款人，那就等于对银行界肩负了一种危险的义务，这会促使银行取消或大大削平平时实行的一系列谨慎性约束，进而从事风险更大的业务以获取更高的利润。这种冒险行动可能带来更多的收益，但更可能带来频繁的灾难，这时中央银行会面临更复杂的局面，承受更大的压力。

（二）法律手段

监管部门管理宏观金融的法律工具，主要通过制定金融法规，减少人为因素的影响。运用法律手段进行金融监管，具有强制力和约束力，各金融机构必须依法行事，否则将受到法律制裁。而且在法律面前"人人平等"，金融机构在共同准则的前提下体现公平竞争。因此，各国监管当局无不大力地使用法律手段，即使是在一些不发达的发展中国家，也是积极完善立法，使金融监管拥有相当的力度。

法律手段具有以上各种优点，但在金融监管中也表现出某些局限性。主要表现在：第一，缺乏灵活性。法律条文不可能包罗万象，完全依据法律条文在实际工作中就显得生硬。第二，部分法律条文修订的滞后性。法律条文颁布后，在相当长一段时间内不会轻易修改，面对现实中不断出现的新事物和新问题，既成法律条文中部分内容已不适应，对新现象、新问题没有明确规定。

随着社会主义市场经济体制的逐步确立，我国加快了金融监管法规体系的建设，已经先后颁布了《中华人民共和国中国人民银行法》、《中华人民共和国商业银行法》、《中华人民共和国票据法》、《中华人民共和国保险法》、《中华人民共和国证券法》、《中华人民共和国公司法》、《中华人民共和国信托法》以及《中国人民银行行政处罚程序》、《金融机构撤销条例》、《网上银行业务管理暂行办法》等。2003年12月27日，中华人民共和国第十届全国人民代表大会常务委员会第六次会议通过《中华人民共和国银行业监督管理法》、《全国人民代表大会常务委员会关于修改〈中华人民共和国中国人民银行法〉的决定》，为加强金融监管、消除金融隐患、防范和化解金融风险提供了法律保障。同时，一些具体的法律法规也在研究制定过程中。

（三）行政手段

行政手段是由金融监管部门通过发布文件、临时性通知等命令形式，要求金融机构必须在文件或通知有效期内无条件执行的管理方式。行政手段具有强制性特征。运用行政手段实施金融监管，具有见效快、针对性强的特点，特别是当金融机构或金融活动出现波动时。诸如政治事件或国际经济环境变化对国内金融活动产生较大冲击，经济手段显得乏力，法律手段缺乏针对性，行政手段甚至是不可替代的。不过，行政手段的震动大，副作用多，和市场规律在一定程度上是抵触的，缺乏持续性和稳定性。所以，从监管的发展方向看，行政手段只能是一种辅助性手段，各国都在逐步减少行政命令的方式来管理金融业，而是更多地采用法律手段、经济手段。

（四）技术手段

金融监管当局实施金融监管必须采用先进的技术手段，如运用电子计算机和先进的通信系统，实行全系统联网。这样，监管当局不仅可以加快和提高收集、处理信息资料及客观评价监管对象的经营状况的速度和能力，而且可以扩大监管的覆盖面，提高监管效率，及时发现问题和隐患，快速反馈监控结果，遏制金融业的不稳

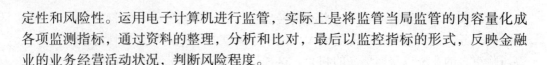

定性和风险性。运用电子计算机进行监管，实际上是将监管当局监管的内容量化成各项监测指标，通过资料的整理，分析和比对，最后以监控指标的形式，反映金融业的业务经营活动状况，判断风险程度。

二、金融监管的方法

（一）非现场监管

非现场监管是按照审慎性原则进行监管的重要方式之一。具体而言，非现场监管是指不需要直接到被监管的金融机构去，而是通过传送报表和资料、建立信息网络等方法搜集数据，运用一定的技术方法（如各类模型和比例分析等），研究分析金融机构经营的总体状况、风险管理状况、合规情况等，发现其风险管理中存在的问题，对其稳健性经营状况进行评价。非现场监管不仅及时、全面、成本低，而且不受时间和空间的制约，能够提供连续的监测。通过分析、评价，可以对面临较大风险的单位发出预警信号，帮助其及时纠正违规行为；也可以为有效地确定现场检查的范围提供帮助，增加现场监管的针对性。

非现场监管主要包括以下环节：一是采集数据；二是对有关数据进行核对整理；三是生成风险监管指标值；四是风险监测分析和质询；五是风险评价和早期预警；六是指导现场检查。

1. 非现场监管的分类

非现场监管的内容主要是被监管单位的资产负债比例结构、资产流动性、资本充足率、资产质量、风险情况、财务状况、损益、负责人变动等。这些内容可分为合规性检查与风险性检查两大类。合规性检查是通过对银行财务报表和其他资料的分析，检查各项指标是否符合监管当局制定的审慎政策即有关规定。风险性检查是通过对资料数据进行比对分析、趋势分析或者计量模型的分析，评估金融机构的风险状况，预测金融风险的发展趋势。

（1）合规性检查。监管当局通过计算金融机构的贷款集中度、呆账准备金比率、资本充足性、流动性等指标，检查金融机构遵循审慎政策及其他规定的情况。如果达不到监管要求，监管当局会提出改善办法，增加现场检查，加强与管理层的联系，提出更换管理层等；对长期达不到标准的金融机构，会考虑吊销其营业许可证。

（2）风险性检查。监管当局选取一组或几组监测指标，如杠杆资本率、资产收益率、预期贷款率、存贷款比率等等，对这些指标进行分析，一般采用对比分析和趋势分析的方法。对比分析就是将被检查的金融机构指标与其他规模和经营环境比较接近的金融机构的指标进行对比，找出被查金融机构的问题。趋势分析是将被查金融机构的指标与过去时期内的指标进行对比，观察发展轨迹。

2. 非现场监管资料的来源

非现场监管的资料来源主要是商业银行的各种报表和报告，一般有月报、季报、半年报和年报等。报表的主要类别有资产负债表、外币敞口头寸表、资产负债期限分析表、大额存款分析表、信用风险分析表、大额贷款分析表、投资债券分析表、收支分析表、损益表、资本和储备情况表等。

要充分发挥非现场监管的优势，其前提条件是必须保证报表资料的真实、完整、及时和有效。因为报送的资料是非现场监管的重要基础和先决条件，只有保证其真实、完整、及时和有效，才能保证稽核的顺利进行。同时，要求非现场的计算机稽核系统能有效运转，这是开展非现场监管的关键。如果电子化进程缓慢或操作系统失灵，则会使非现场监管难以开展或影响结果的输出。

为实现有效的金融监管，不仅要注重事前、事后的监管，如市场准入监管、现场监管等，更要重视事中的每时每刻发生的金融业务和事项的监管，这就需要逐步实现实时金融监管。实时金融监管是指中央银行或其他金融监管部门通过电子监控网络系统实时、动态、全面地收集金融机构在业务处理过程中资产负债变动情况、大额资金流动、资金清算及经营效益等业务运行中的信息，对金融运行过程进行动态、实时、持续全过程的监管。

通过推行实时金融监管，可以克服目前金融监管中存在的监管时间滞后、监管信息失真、针对性不强、层次责任不清、重点不突出等问题。这就需要创造一定的内外部条件，完成实时金融监管的框架建设。

3. 非现场监管的作用

非现场监管的作用主要有：第一，及时发现金融机构出现的问题。对经营状况正常的金融机构进行检查，分析其在短期中可能遇到的问题，防患于未然。现场检查通常间隔时间较长，在两次现场检查的间隔时间里，金融机构的经营状况可能发生变化，需要利用非现场检查来及时发现。第二，对有问题的金融机构进行监控。对经营非正常的金融机构进行跟踪，对危险金融机构进行严格控制，观察其改进情况，若发现问题恶化，可根据掌握的信息相机采取措施。第三，了解整个金融业的发展动态。通过对金融机构各种报表、报告的综合、分析和整理，对整个金融业进行评价，为制定金融政策提供依据，为金融安全提供保证。

（二）现场监管

现场监管是指由金融监管当局指派监管人员亲临金融机构营业场所，对被监管金融机构的会计凭证、账簿、报表、现金、物资财产、文件档案和规章制度等进行检查、分析、鉴别，直接对有关人和事进行查访，核实、检查和评价金融机构报表的真实性和准确性，金融机构的总体经营状况、风险管理能力与内部控制的完善性与有效性，资产质量状况和损失准备的充足性，管理层的经营能力，非现场监管和以往现场监管中发现问题的整改情况，以及金融机构的合法经营情况等。现场监管的优点是能够对具体的监管对象进行比较深入细致的了解，及时发现某些隐蔽性问题，特别是对一些欺诈行为尤为有效。不足之处是，现场监管要花费大量的人力、物力、财力，而且受到时间和空间的限制。一时一地进行监管缺乏全面性，在具体操作上还带有片面性和滞后性，监管弹性比较大。

根据目的、范围和重点的不同，现场检查可分为全面现场检查和专项现场检查。全面现场检查涵盖金融机构的各项主要业务及风险状况，对金融机构的总体经营和风险状况作出判断、评价。专项现场检查是对金融机构的一项或几项业务进行重点检查，具有较强的针对性和目的性。

各国监管当局一般不对现场检查的具体次数作出规定，而是根据金融机构的经营状况和安全性等因素，决定何时进行检查。一般来说，经营规模越大或资信等级越低，接受现场检查的频率越高。

在正式检查开始之前，一般情况下金融监管当局采用事先通知方式。因为事先通知可使金融机构在未开始之前准备一些相关材料，以便节省时间和人力。通知时间一般是正式检查之前的数周，金融监管当局给金融机构去函，通知其检查人员到达的时间和金融机构需提前准备的资料。这些资料一般包括金融机构高级管理人员名单及分工范围、金融机构各种业务操作及分级授权程序、最近一年的资产负债表和损益表、逾期贷款的档案、内外检查报告、近年发生的重大事务和卷入的法律纠纷等内容。在计划阶段，要对检查范围、程度、谈话对象范围等进行确定。随着检查工作的实际开展和不断发现问题，计划可能被不断修正。在进行准备阶段，检查人员要探讨检查中可能出现的各种问题。对上次检查报告、上次检查以来的各种业务变化的报告及相关档案进行研究分析，决定哪些领域应重点检查。在完成最初的准备工作和检查程序计划之后，应研究确定在检查过程中采用何种统计技巧，检查人员之间如何分工，确定检查程序和重点。

如果是一般的全面检查，检查人员进入金融机构之后，首先要与被检查金融机构主要负责人进行会谈。检查人员主要针对经营策略、现场经营管理上的疑点以及风险管理等内容进行提问。通过会谈使检查人员对被检查金融机构的高级管理人员的工作能力作出评价，同时对其制定的经营策略以及应对风险的能力进行鉴定，然后按计划开展工作。

通过对金融机构的非现场检查和现场检查，金融监管当局若发现金融机构经营存在风险，会要求其尽快采取改进措施。在这种情况下，金融机构应制定并向金融监管当局提交"改进计划"，说明存在的问题以及如何改进。若金融机构资本充足性和支付能力出现问题，该计划要包括如何恢复资本充足性的各项措施，如募集新的股权资本、出售盈利资产或业务、限制业务扩张、裁员以及减少费用等。在金融机构实行改进计划过程中，金融监管当局一般要求金融机构随时报告其资产流动性，以便对金融机构的资金状况能够随时了解。

若金融机构存在的问题非常严重，即使采取改进措施亦无济于事，可以宣告倒闭。金融监管当局处理金融机构倒闭事件时掌握的原则有：（1）设法保护存款人的债权；（2）尽量减少因倒闭对金融业引起的损失；（3）尽量减少公众对金融体系的疑虑，增强公众信心。根据这些原则，金融监管当局面对濒临倒闭的金融机构首先会考虑合并、兼并债权债务，也可采用资本重组和管理层重组的办法进行处理。金融机构倒闭，无论处理如何谨慎都会造成一定损失，对市场信心造成不利影响。但是，在充分竞争的市场经济条件下，金融机构陷入困境甚至倒闭是不可能完全避免的。因此，金融监管当局要随时检查金融机构的经营状况，防止其陷入困境，减少可能发生的损失。

若金融机构的问题不是十分严重，管理层采取合作的态度，积极主动寻求解决问题的方法，金融监管当局一般能支持金融机构改善其经营状况，而不需要将出现的问题公之于众，因为公众听到金融机构不利的消息可能会引起更严重的问题。

金融监管当局进行监管的过程如图 7-1 所示。

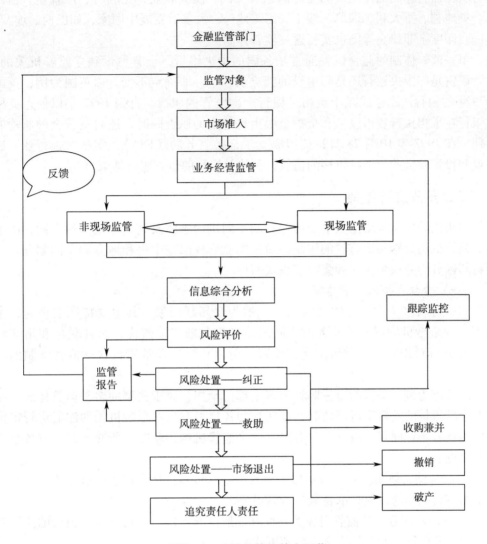

图 7 - 1　金融监管的基本环节

第五节　金融监管体制

金融监管体制指的是金融监管的制度安排，它包括金融监管当局对金融机构和金融市场施加影响的机制以及监管体系的组织结构。由于各国历史文化传统、法律、政治体制、经济发展水平等方面的差异，金融监管机构的设置颇不相同。根据监管主体的多少，各国的金融监管体制大致可以划分为单一监管体制和多头监管体制。

一、单一监管体制

单一监管体制是由一家金融监管机关对金融业实施高度集中监管的体制。目前，实行单一监管体制的发达市场经济国家有英国、澳大利亚、比利时、卢森堡、新西兰、奥地利、意大利、瑞典、瑞士等国。此外，大多数发展中国家，如巴西、埃及、泰国、印度、菲律宾等国也实行这一监管体制。

单一监管体制的监管机关通常是各国的中央银行，也有另设独立监管机关的。监管职责是归中央银行还是归单设的独立机构，并非确定不变。以英国为例，英国1979年的银行法，正式赋予英格兰银行金融监管的职权。直到1997年以前，英格兰银行在承担执行货币政策和维护金融市场稳定的职责同时，还肩负着金融监管的责任。在1997年10月28日，英国成立了金融服务局（FSA），实施对银行业、证券业和投资基金业等金融机构的监管，英格兰银行的监管职责结束。

二、多头监管体制

多头监管体制是根据从事金融业务的不同机构主体及其业务范围的不同，由不同的监管机构分别实施监管的体制。而根据监管权限在中央和地方的不同划分，又可将其区分为分权多头式和集权多头式两种。

（一）分权多头式监管体制

实行分权多头式监管体制的国家一般为联邦制国家。其主要特征表现为：不仅不同的金融机构或金融业务由不同的监管机关来实施监管，而且联邦和州（或省）都有权对相应的金融机构实施监管。美国和加拿大是实行这一监管体制的代表。

以美国为例，美国的金融监管由多个部门承担，属于典型的多头监管体制。而且对金融机构的监管实行双轨制，即联邦和各州都有权对金融机构的注册进行审批并实施监管。在联邦一级，主要有以下七个监管机构，职能有所交叉，又有各自的监管重点。

1. 联邦储备体系。其监管对象为所有的存款机构，负责审核所有作为储备系统成员的银行的账簿，核查准备金是否满足要求。

2. 货币监理署。其监管对象为在联邦注册的商业银行，负责这些银行的注册登记并检查其账簿，对其持有资产的范围作限制规定。

3. 联邦存款保险公司。其监管对象是商业银行、互助储蓄银行和储蓄贷款协会，为投保银行的存款户10万美元以下的存款提供保险，审核投保银行账簿并限制其持有资产的范围。

4. 全国信用社管理局。其监管对象为在联邦注册的信用社，负责它们的注册登记，检查其账簿，并对其持有资产的范围作限制规定。

5. 储贷机构监管局。其管理对象为储蓄贷款协会，主要职责是审核它们的账簿并限制其持有资产的范围。

6. 证券交易委员会。其监管对象为有组织的交易所和金融市场，其职责是要求公开信息和限制"内幕"交易。

7. 商品期货交易委员会。负责对期货市场的交易过程实行监管。

除了中央一级的金融监管机构外，还存在州一级的监管机构。如州银行和保险委员会，负责本州注册的银行和保险公司的登记注册、检查其账簿、对其持有资产的范围和分支机构的设置作出限制规定。美国各州也设有证券监管的分支机构，负责监督本州的证券发行，并对本地的证券商实施监管。图7-2是美国金融监管体制简图。

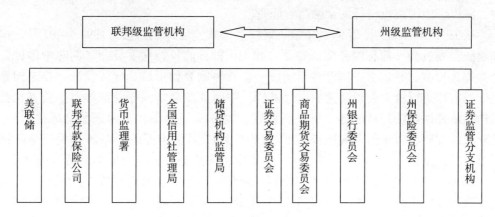

联邦级监管机构 ⟷ 州级监管机构

美联储 | 联邦存款保险公司 | 货币监理署 | 全国信用社管理局 | 储贷机构监管局 | 证券交易委员会 | 商品期货交易委员会 | 州银行委员会 | 州保险委员会 | 证券监管分支机构

图7-2 美国金融监管体制简图

（二）集权多头式监管体制

实行集权多头式监管体制的国家，对不同金融机构或金融业务的监管，由不同的监管机关来实施，但监管权限集中于中央政府。一般来说，该体制以财政部、中央银行或监管当局为监管主体，日本和法国等国采用这一监管体制。

以日本为例，日本是一个高度中央集权的国家，国家对经济的干预有着悠久的历史，曾经对日本经济的快速发展起到了至关重要的作用。在1998年6月22日日本金融监督厅组建之前，大藏省和日本银行共同承担着金融监管的职责。大藏省的银行局和国际金融局是主要的监管机构，由其依据银行法和其他行政法规行使检查权。日本银行是货币政策的制定者，并对在它那里开设往来账户或者需要从日本银行取得贷款的金融机构实施监管。在行政上，日本银行接受大藏省的领导，但作为中央银行，其在金融政策的决定和实施方面，又具有相对的独立性。

日本金融监督厅的组建，标志着以财政、金融分离为核心的日本金融体制改革的开始。这次改革将金融监管的职能从大藏省分离出来，交由金融监督厅负责，但金融制度的计划和立案仍由大藏省所属的金融企划局负责。2000年7月1日，日本政府合并了金融监督厅和原大藏省的金融企划局，成立金融厅，全面负责金融制度的计划、立案和金融监管。作为中央银行的日本银行，其职能并没有实质改变，在金融监管问题上，它将配合金融厅确保金融监管目标的实现。这就是说，日本的金融监管体制仍然属于集权多头式，尽管负责金融监管的具体部门实现了更迭。

三、中国的金融监管体制

改革开放以来，随着中国金融业的迅猛发展，出现了多元化的金融机构、多种类的金融工具和金融业务，引进了外资金融机构，迫切需要加强金融监管。我国金融监管体制的变化可划分为两个阶段。

1992年以前，中国人民银行在制定货币政策的同时行使金融监管职能，对所有金融机构和金融活动进行监管，是典型的单一监管体制。中国人民银行于1982年设立了金融机构管理司，负责研究金融机构改革，确定金融机构管理办法，审批金融机构的设置和撤并等。1986 年国务院颁布的《中华人民共和国银行管理暂行条例》中，突出了中国人民银行的金融监管职责。

从 1992 年开始，监管体制开始向集权多头式监管体制过渡。1992 年 10 月，国务院证券委员会（简称国务院证券委）和中国证券监督管理委员会（简称中国证监会）宣告成立，标志着中国证券市场统一监管体制开始形成。国务院证券委是国家对证券市场进行统一宏观管理的主管机构。中国证监会是国务院证券委的监管执行机构，依照法律法规对证券市场进行监管。国务院证券委和中国证监会成立以后，其职权范围随着市场的发展逐步扩展。1993 年 12 月由国务院公布的《关于金融体制改革的决定》（以下简称《决定》）是集权多头式监管体制形成的政策基础。《决定》提出，要转换中国人民银行的职能，强化金融监管，并对保险业、证券业、信托业和银行业实行分业管理。1995 年 3 月 18 日，第八届全国人民代表大会第三次会议审议通过了《中华人民共和国中国人民银行法》，首次以国家大法的形式赋予中国人民银行金融监管的职权。该法第三十条规定："中国人民银行依法对金融机构及其业务实施监督管理，维护金融业的合法、稳健运行。"

1997 年 11 月，中央召开全国金融工作会议，决定对全国证券管理体制进行改革，理顺证券监管体制，对地方证券监管部门实行垂直领导，并将原由中国人民银行监管的证券经营机构划归中国证监会统一监管。1998 年 4 月，根据国务院机构改革方案，决定将国务院证券委与中国证监会合并组成国务院直属正部级事业单位。经过这些改革，中国证监会职能明显加强，集中统一的全国证券监管体制基本形成。1999 年 7 月 1 日，《中华人民共和国证券法》实施，为证券业的监管提供了法律依据。此外，中国保险监督管理委员会（简称保监会）于 1998 年 11 月 18 日成立，为国务院直属事业单位，是全国商业保险的主管机构，原中国人民银行依法监管保险业的职能移交给保监会。

2003 年 4 月 23 日，十届全国人大二次会议决定中国银行业监督管理委员会（简称银监会）履行原由中国人民银行履行的监督管理职责，依法对银行、金融资产管理公司、信托公司以及其他存款类机构实施监督管理。中国人民银行则负责对同业拆借市场、银行间债券市场、黄金市场和外汇市场的监督和管理。4 月 28 日，银监会正式挂牌。银监会的成立是我国金融体制改革中极其重要的一步，是完善宏观调控体系、健全金融监管体制的重大决策。它的成立，标志着中国人民银行集宏观调控与银行监管于一身的管理模式的结束，必将有利于促进我国经济和金融业的稳定、健康发展。

另外，考虑到财政部负有制定和监督各类工商企业和金融机构的财务会计、税收等工作的职责，因此，在一定程度上财政部也是一个金融监管部门。同时，我国还根据本国金融业的特点设立了很多具有官方性质的行业自律组织，它们在金融监管中也可发挥一定的作用。综合起来看，中国当前实行的金融监管体制是一种在国务院统一管理下的集权多头监管体制。如图 7-3 所示。

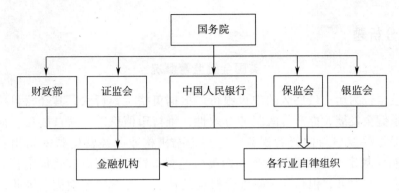

注："→"表示具有直接控制力，"⇨"表示具有间接控制力。

图7-3　中国金融业集权多头监管体制

本章小结

1. 金融监管是金融监督与金融管理的复合称谓。金融监管有狭义和广义之分。狭义的金融监管是指中央银行或其他金融监管当局依据国家法律法规的授权对整个金融业（包括金融机构以及金融机构在金融市场上所有的业务活动）实施的监督管理。广义的金融监管是在上述监管之外，还包括了金融机构的内部控制与稽核、同业自律性组织的监管、社会中介组织的监管等。

2. 金融监管的一般理论有社会利益论、金融风险论、投资者利益保护论、管制供求论和公共选择论。

3. 金融监管的目标：维护金融体系安全与稳定、保护存款人与投资人的利益、提高金融体系效率和实现金融业良性竞争。金融监管的基本原则包括：监管主题独立性原则、依法监管原则、"内控"与"外控"相结合原则、稳健运行与风险预防原则、母国与东道国共同监管原则。

4. 金融监管的内容包括：市场准入的监管、市场运作过程的监管和市场退出的监管。

5. 金融监管的手段主要有经济手段、法律手段、行政手段和技术手段；金融监管的方法主要有现场监管和非现场监管。

6. 金融监管体制可分为单一监管体制和多头监管体制，多头监管体制又分为分权多头式监管体制和集权多头式监管体制。

关键词汇

金融监管　市场准入　现场监管　非现场监管　单一监管体制　多头监管体制

复习思考题

1. 金融监管的主要内容是什么？
2. 简述金融监管的一般理论。
3. 金融监管体制的划分方法有几种？

案例分析题

英国金融监管概况

英格兰银行为历史最悠久的中央银行。根据英格兰银行法，其经营目标为：维护金融体系健全发展，提升金融服务有效性，维持币值稳定。就首要目标而言，最终为强化保障存款户与投资者权益，这与金融机构业务经营良莠密切相关。依据1987年银行法规定，金融监管业务系由英格兰银行辖下之银行监管局掌管。随着金融市场的进步与发展，银行与金融中介机构的传统分界线日趋模糊。因此，英国首相布莱尔于1997年5月20日宣布，英国金融监管体系改制，将资金供需与支付清算系统中居枢纽地位的银行体系，及隶属证券投资委员会的各类金融机构，业务整合成立单一监管机构，即金融服务总署（Financial Services Authority，FSA）。

FSA有下列九个业务监管机构：建筑融资互助社委员会、互助社委员会、贸易与工业部保险业委员会、投资管理监管组织、个人投资局（主管零售投资业务）、互助社设立登记局（主管信用机构监管）、证券期货管理局（主管证券及衍生性信用商品业务）、证券投资委员会（主管投资业务，包括票据清算与交换）及英格兰银行监管局（主管银行监管，包括批发货币市场）等。法律赋予FSA权力如下：第一，对银行、建筑互助社、投资公司、保险公司与互助社的授权与审慎监管；第二，对金融市场与清算支付系统的监管；第三，解决对影响公司企业、市场及清算支付系统的问题，在某些特殊状况下，如英格兰银行未能贯彻其利率政策，且影响危及经济体系稳定性时，FSA将与英格兰银行协商合作。

FSA掌管所有金融组织，目的在于提升监管效率，保障消费者权益，并改善受监管单位的金融服务。受FSA监管的金融产业，对英国经济重要性如下：金融服务占国内生产总额的70%，约占英国富时100指数（FTSE100）总值的30%；近100万人服务于金融产业，相当于5%的英国劳动人口。大部分成年人均为金融产业的消费者：80%家庭及单位拥有银行或建筑互助社的账户，约70%购买人寿保险或养老保险，超过25%成年人投资股票或单位信托。

思考：请查阅相关资料，试比较中国、英国、美国三国金融监管体系的异同。

第八章

货币供求与均衡

货币理论是经济学领域中最富有争论的理论之一，它由货币需求和货币供给两大理论组成。概括而言，自 20 世纪 30 年代以来，现代货币理论的争论主要集中在凯恩斯学派和货币学派之间，这两大学派代表了货币理论的主流，他们之间也存在一些支派，然而还有很多学者的货币理论介于二者之间，很难将其明确的归为哪一学派。

正如同其他经济理论一样，货币理论的基石也是供求规律，即运用供求分析方法来研究货币需求与供给以及其相互作用。研究货币理论的重要意义在于，我们只有在对货币供求理论深入剖析的基础上，并进一步的研究货币对国民收入、就业、物价等实际经济变量的影响，我们才能够深刻认识到货币在整个经济体系中所占的地位，由此建立一个较为完整的货币理论体系。

第一节　货币需求理论

一、货币需求与货币需求量

需求是占有欲望。货币需求是人们对货币的占有欲望，这是从心理学或社会学角度的解释。货币需求（Demand for Money）是对货币的需求的简称，是金融理论探索的重要对象。货币需求的含义可以阐释为：货币需求是指在一定的时间内，在一定的经济条件下（如资源约束、既定的国民生产总值、经济制度约束等），整个社会需要有多少货币来执行交易媒介、支付手段以及价值贮藏等功能。这一含义囊括了货币需求的宏观及微观因素，同时又涵盖了货币需求的时间范畴和需求量的特征。

货币需求量又称货币必要量，是指在特定的时间和空间范围内（如某年某国），在既定的社会发展水平和技术水平条件下，社会主体（企业、事业单位、政府和个人）对货币客观需要持有量的总和。或者说，商品生产和流通对货币的客观需要量。这里所指的货币需求量是指宏观货币需求量。

二、货币需求量的分类

（一）按货币需求的主体划分，分为宏观货币需求量和微观货币需求量

宏观货币需求量则是指一个国家在一定时期内的经济发展与商品流通所必需的货币量，这种货币量既能够满足社会各方面的需要，又不至于引发通货膨胀。

微观货币需求量是从企业、个人或家庭等微观主体的持币动机、持币行为的角度进行考察，分析微观主体在既定的收入水平、利率水平和其他经济条件下，保持

多少货币，才能使机会成本最小、所得收益最大。

（二）按货币需求的计算方式划分，分为名义货币需求量和实际货币需求量

所谓名义货币需求是指个人或家庭、企业等经济单位或整个国家在不考虑价格变动时的货币持有量。而实际货币需求则是指各经济单位或整个国家所持有的货币量在扣除物价因素之后的余额。

（三）主观货币需求和客观货币需求

主观货币需求是一种主观欲望，具有无限性，不是我们研究的对象。

客观货币需求是各经济主体在一定的约束条件下应该占有和可以占有的货币量。

三、决定和影响货币需求量的因素

（一）影响货币需要量的宏观因素

1. 经济发展水平。经济发展水平越高，社会主体需要维持正常的生产和生活需要的货币就越多，商品和劳务的供给量越大，对货币的需要量就越多；反之，则越少。

2. 市场商品供求结构变化。商品供给一方面决定于产出的效率和水平，另一方面又受制于人们对它的需求，只有真正满足人们需要的商品供给，才会产生真实的货币需求。商品供求结构在经常发生变化，因而货币需求也随之发生变化。

3. 价格水平。对商品和劳务的货币支付总是在一定的价格水平下进行的，价格水平越高，需要的货币就越多；反之，则越少。这一般是市场供求状态的反映，即商品供不应求时，价格趋于上升，供过于求时，价格趋于下降。这种市场供求状态对货币需求的影响，主要是通过改变人们的预期而产生的。如商品供应短缺，会使人们产生物价上涨预期，要求以实物代替货币，用于贮藏的货币需求减少。

4. 收入的分配结构。在现实经济生活中，货币需求实际上是各部门因对其所分配到的社会产品或收入进行支配的需要而发生的。收入在各部门分配的结构，必然决定货币总需求中各部分需求的比重或结构。

5. 货币流通速度。货币流通速度越快，单位货币所实现或完成的交易量就越多，完成一定的交易量所需要的货币就越少；反之，货币流通速度越慢，需要的货币量就越多。

6. 信用制度的发达程度。信用制度和信用工具越发达，对货币的需要量将越少。

7. 人口数量、人口密集程度、产业结构、城乡关系及经济结构、社会分工、交通运输状况等客观因素。如：人口密集地区，货币需求量就大，人口的就业水平提高，货币需求就会增加；生产周期长的部门占整个产业部门的比重大，资金周转慢，对货币的需求量就大；社会分工越细，进入市场的中间产品越多，经营单位也越多，货币需求就越大；交通、通讯等技术条件越好、货币支付所需的时间越短，货币周转速度越快，对货币的需要量就越少等。

（二）影响货币需求量的微观因素

1. 收入水平。家庭和个人一定时期内的收入水平，机关、团体的收入水平、企业的收入水平是决定他们为各种交易和财富贮藏，为各种营业活动开销而持有

货币的首要因素。一般来说，收入水平越高，以货币形式保有资产总量也就越多。

2. 收入的分配结构。在收入量既定时，收入的分配结构不同，将影响持币者的消费与储蓄行为，由此对交易和贮藏的货币需求发生一定影响。如：一个家庭或个人，原来以工薪为主要收入来源，后又加进了额外劳动报酬等其他收入，使其收入结构发生变化，这种变化就可能使他原来的货币需求数量和结构发生变化，如减少用于购置商品的货币需求，增加用于预防或投资谋利的货币需求等。又如：一个企业的收入分配中，当改变了原有的上交税金、支付职员报酬、支付股息、提高公积金等各部分比例后，其货币需求也受到相应的影响。

3. 利率和金融资产收益率。银行存款利率、债券利率、股票收益率等金融资产收益率的存在，使持有货币产生了机会成本，利率和各种资产的收益率越高，持有货币就越不划算，因而会减少货币需求；反之，货币需求会增加。

4. 心理和习惯等因素。如人们的消费倾向上升时，对应于交易活动的货币需求就会上升；越来越多的单位和个人习惯于运用支票账户来完成其收付活动时，货币周转速度就会提高，货币需求量就会减少。

四、货币需求理论

(一) 中国古代的货币需求思想

中国在古代就有货币需求思想的萌芽。例如，约在两千年前的《管子》一书中，有"币若干而中用"的提法，意思是铸造多少钱币可以够用。在论述兼并时，有这样的内容"人君铸钱立币，民庶之通施也。人有若干百千之数矣，然而人事不及、用不足者何也？利有所并藏也"。其中讲：君王给老百姓所铸的用于流通的钱币已经达到每人平均"若干百千之数"，不应该不够了。这种按每人平均铸币多少即可满足流通需要的思路，一直是中国控制铸币数量的主要思路。直至新中国成立前夕，在有的革命根据地议论钞票发行时，仍然有人均多少为宜的考虑。

(二) 古典经济学的货币量理论

在马克思之前，许多古典经济学家就注意到了货币流通数量的问题，并作了多方面的理论分析。古典学派认为：货币本身并无内在的价值；其价值纯粹源自于其交换价值，即对商品和劳务的实际购买力。货币只是遮掩"实质力量行动的面罩"，或披盖于"经济生活的躯体"的外衣。这种思想有相当悠久的历史，18世纪英国哲学家和经济学家休谟就是其中的典型代表。其后，这一传统思想在经济学说史上通称为"货币数量论"。

早在17世纪，英国哲学家和古典经济学家约翰·洛克（John Looke，1632—1704）就提出了商品价格决定于货币数量的学说；大卫·休谟（David Hume，1711—1776）则将这一理论明确地阐释出来，并成为18世纪货币数量论（Quantity Theory of Money）的最重要代表人物。休谟认为：商品的价格决定于流通中的货币数量；一国流通中的货币代表着国内现有的所有商品价格；货币的价值决定于货币数量与商品量的对比；从货币量的增加到商品的腾贵存在时滞。尔后，大卫·李嘉图（David Ricardo，1772—1823）在他们的基础上进行了更深入的研究。李嘉图认为：（1）在商品交换价值（按货币金属价值估计）已定的情况下，如果流通中的货币量是由货币本身的金属价值所决定，流通中的货币就处于正常水平；（2）如果商品交换价值总额减少，或者矿山提供的金增多，流通中货币超过这个水平，金就跌到它本身的金属价值之下，商品的价格就会提高；（3）如果商品的交换价值总额增加，或者矿山所提供的金不足以补偿被磨损了的金量，流通中的货币就紧缩到它的正常水平之下，金就升到它本身的金属价值之上，商品的价格就降低；（4）商品的价格上涨或下跌后，流通中的货币量又将与流通中的需要相适应。此外，法国重农学派的创始人和古典政治经济学的奠基人魁奈（Francois Quesnay，1694—1774）在其名著《经济表》中明确指出了商品流通决定货币流通的观点，并考察了货币流通在社会再生产过程中的作用。

（三）马克思的流通中货币量理论

马克思关于流通中货币量的分析在理论上和表述上达到了当时完美的境界。

马克思在提出问题时，有时是问流通中"有"多少货币，有时是问流通中"需要"多少货币，有时是问流通中"可吸收"多少货币。对于马克思的这诸多提问，我们通常是用"货币必要量"（Volume of Money Needed）的概念来表述。为了分析方便，马克思是以完全的金币流通为假设条件。以这个假设条件为背景，他的论证是：（1）商品价格取决于商品的价值和黄金的价值，而价值取决于生产过程，所以商品是带着价格进入流通的；（2）商品价格有多大，就需要有多少金来实现它，比如值5克金的商品就需要5克金来购买；（3）商品与货币交换后，商品退出流通，金却留在流通之中可以使另外的商品得以出售，从而一定数量的金，流通几次，就可使相应倍数价格的商品出售。因此，有

执行流通手段职能的货币量 = 商品价格总额／同名货币的流通次数

公式表明：货币量取决于价格的水平、进入流通的商品数量（二者乘积为上式中的商品价格总额）和货币的流通速度（Velocity of Money）这三个因素。这三个因素按不同的方向和不同的比例变化，流通手段量则可能有多种多样的组合。

1. 在商品价格不变时，由于流通商品量增加或货币流通速度下降，或者这两种情况同时发生，流通货币量就会增加，在相反情况发生时则减少。

2. 在商品价格普遍提高时，如果流通商品量的减少同商品价格的上涨保持相同比例，或流通的商品量不变而货币流通速度的加快同商品价格的上涨一样迅速，流通货币量不变。如果商品量的减少或货币流通速度的加快比价格的上涨更迅速，流通中货币量还会减少。

3. 在商品价格普遍下降时，如果商品量的增加同商品价格的跌落保持相同的比例，或货币流通速度的降低同价格的跌落保持相同比例，流通手段量就会依然不变。如果商品量的增加或货币流通速度的降低比商品价格的跌落更迅速，流通手段量就会增加。

马克思在分析这个问题时还有一个极其重要的假设，即在该经济中存在着一个数量足够大的黄金贮藏：流通中需要较多的黄金，金从储藏中流出；流通中有一些黄金不需要了，多余的金退出流通，转化为贮藏。也正是由于假设存在有这样一个调节器，所以流通需要多少货币，就有多少货币存在于流通之中。但在实际生活中，

并不一定必然存在这样的假设条件。

马克思进而分析了纸币流通条件下货币量与价格之间的关系。他指出，纸币是由金属货币衍生来的。纸币所以能流通，是由于国家的强力支持。同时，纸币本身没有价值，只有流通，才能作为金币的代表。因此，纸币一旦进入流通，就不可能退出流通。如果说，流通中可以吸收的金量是客观决定的，那么流通中无论有多少纸币也只能代表客观所要求的金量。假设流通中需要 100 万克黄金，如投入面额为 1 克的 100 万张纸币，那么 1 张纸币可以代表 1 克黄金。如投入 200 万张，则每张只能代表 0.5 克黄金。从而价格为 1 克金的商品，用纸币表示，就要两张面额为 1 克的纸币，即物价上涨 1 倍。也就是说，纸币流通规律与金币流通规律不同：在金币流通条件下，流通所需要的货币数量是由商品价格总额决定的；而在纸币为唯一流通手段的条件下，商品价格水平会随纸币数量的增减而涨跌。

马克思还曾分析银行券的流通规律。认为，这类信用货币的流通规律也服从于他根据金币流通所分析出来的规律。

（四）传统货币数量论

货币数量论（The Quantity Theory of Money）是以一种以货币数量来解释货币价值、一般物价水平的理论。该理论的实质是研究商品交易中所需要的货币数量，因而逐步演变为一种货币需求理论。该理论蕴含的是，货币政策的变化仅影响物价水平，对经济中其他实际变量没有影响。货币数量论由两部分组成：传统货币数量论和当代货币数量论。传统货币说量论又称旧货币数量论，在 20 世纪 30 年代之前发展至巅峰，而当代货币数量论又称新货币数量论，则是 20 世纪 50 年代中旬之后才开始发扬光大的理论体系。后者我们将在下文中再与剖析。20 世纪初，美国经济学家欧文·费雪（Irving Fisher）以及英国经济学家马歇尔（A. Marshall）等人在前人的基础上，分别建立了费雪的现金交易说和剑桥学派的现金余额说，二者是传统货币数量论的主要形态。

1. 费雪的现金交易说

1911 年，《货币的购买力》出版，作者美国经济学家、耶鲁大学教授欧文·费雪（Irving Fisher，1867—1947）。在数学家纽科姆（美国海军大学和约翰·霍普金斯大学的数学教授）的研究基础上，费雪在其著作中提出了交易方程式（Equation of Exchange），这一方程式又被后人称为费雪方程式，费雪的贡献在于用一个数学方程式把直接影响物价变化的各个因素归纳在一起，将货币数量说更为严谨地表达出来。费雪对交易方程式的各个变量赋予了特定的内容，阐明了它们之间的相互关系和因果关系，于是交易方程式从恒等式上升为一种理论了。费雪集前人货币数量说之大成，为货币数量论构筑了一个清晰的理论框架，费雪方程式的提出为货币需求理论的研究作出了重要贡献。

费雪在研究了经济中总货币需求、商品和劳务的总交易量之间的关系后，得到了以下方程式：

$$M \times V = P \times T$$

式中：M 是一定时期内流通中的平均货币总量；P 是各类商品和劳务的价格加权平均数（即价格总水平）；T 是商品和劳务的交易总量；$P \times T$ 代表了经济中出售商品

和劳务所得到的货币总额；V 是货币流通速度。该方程式表明，出售商品和劳务所需要的货币总额等于货币存量和流通速度的乘积。

显然，在货币经济下，上式左右双方必然相等。从学理上来说，上式本质上是一个交易恒等式，它并不带来任何信息，并无任何意义。凡是有科学价值的理论，必须有通过实验方法证实或推翻的可能性，而定义式的方程式，由于无从证实或推翻，因此便无学理价值可言。费雪和其他古典学派的学者，当然了解这点。因此，他们作了两个重大的假设。

其一，短期内货币流通速度 V 可以被看作是一个常数。费雪认为，货币制度和交易技术影响到公众所采用的交易方式，后者决定了货币流通速度 V，例如，公众更多地采用记账方式和信用卡方式进行交易会导致货币流通速度提高。费雪进一步认为，交易技术和制度性因素对流通速度的影响是相当缓慢的，因此，短期内货币流通速度可以被看作是一个常数。

其二，商品和劳务的交易总量 T 短期内可以视为常数。在短期内货币流通速度是常数的前提下，上述恒等式就变成了古典货币数量方程（又称费雪现金交易方程式）。由于古典经济学家们（包括费雪）相信名义工资和价格是完全弹性的，因此，劳动力市场完全出清（即充分就业），总产出等于充分就业时的产出量，商品和劳务的交易总量短期内可以视为常数，即 T 为常数。由上述等式得

$$P = M \times V / T$$

由上分析可知：V、T 都视为常数，则价格水平由货币存量唯一决定，即 M 决定 P。这一等式与古典货币数量论的主要观点一致，因此费雪也属于古典经济学家，正是费雪把直接影响物价变化的各个因素以数学方程式的方式表达出来，并赋予每个变量特定的内容，分析变量之间的关系，这使货币数量论较之以前的研究更为严谨，因此，$M_x V = P \times T$ 从恒等式上升为一种理论。

费雪方程式虽然表达的是 M 决定 P，即 M 对 P 的影响；但反过来，从这一方程中也能推导出一定价格水平之下的名义货币需求量。因为 $M \times V = P \times T$，则

$$M = PT/V = (1/V)PT$$

从上面的分析我们可以看到，货币需求的费雪现金交易说，仅从货币作为交易媒介的角度（即只考虑了货币的交易动机），在宏观方面来研究全社会一定时期需要的货币需求总量（M_d）与价格水平（P）呈正相关的关系；由于费雪方程式没有考虑微观主体动机对货币需求的影响，因此，许多经济学家认为这是一个缺陷。在该理论中，货币流通速度存在短期刚性，不受利率的影响；价格水平完全由经济中的货币存量决定；名义货币需求和实际余额需求不受利率的影响。

2. 剑桥学派的现金余额说

在费雪发展货币需求现金交易学说的同时，英国的一批古典经济学家，包括马歇尔（A. Marshall）、庇古，早期的凯恩斯和罗伯森（Robertson）等，也在同一领域进行这类似的研究，由于主张采用此学说的学者马歇尔、庇古等多曾在剑桥大学执教，因此该学说又称为剑桥方程式。这些古典剑桥经济学家在研究货币需求问题时，重视微观主体的行为，他们认为个体持有货币的动机出交易动机外，还有投机动机。马歇尔是剑桥学派的创始人，也是现代微观经济学的奠基人。

剑桥学派赞成费雪方程式从货币的交易媒介功能考察货币需求，认为货币是被用来交易的这一观点。剑桥学派还认为，处于经济体系中的个人对货币需求，其实质是选择以何种方式保持自己资产的问题。决定人们持有货币多寡的因素包括：个人的财富水平、利率变动以及持有货币可能拥有的便利等。在其他条件不变的情况下，对每个人来说，名义货币需求与名义收入水平之间总是保持着一个较为稳定的比例关系。这对于整个经济体系来说，也是如此。因此有

$$M_d = kPY$$

式中：Y 为总收入；P 为价格水平；k 为以货币形态保有的财富占名义总收入的比例；M_d 为名义货币需求。这就是有名的剑桥方程式（Equation of Cambridge）。剑桥大学早期的经济学家如庇古等人的隐含假设是货币供给 M_s 与货币需求与 M_d 随时趋向均衡，因此 $M_d = M_s = M$，即 M 的右下标可以省略。则上式可写为

$$M = kPY$$

在形式上，费雪方程式：$M = PT/V = (1/V) PT$ 与剑桥方程式：$M_d = kPY$，非常形似，如果将 V 视为既代表交易货币的流通次数，又代表与收入水平对应的流通速度，即 $1/V = k$；同时将 T 等同于 Y，在充分就业时 Y 也是常数，即商品和劳务的交易总量等同于总收入，那么容易认为"费雪方程式与剑桥方程式的结论相同"。其实不然，而二者蕴涵的经济学意义有显著的区别，下面分别从研究货币需求的不同角度加以归纳（见表 8–1）。

（1）货币功能角度：费雪方程式将研究的重点集中在货币的交易媒介（流通手段）职能上，因此，人们持有货币的动机即货币需求动机是交易动机；而剑桥方程式除认同交易媒介功能，则强调还有一部分货币作为资产，行使储存价值的功能，因此，剑桥学派认为人们持有货币动机是交易和投机两大动机，这也是其与费雪的重要区别，这为后来凯恩斯货币需求理论的形成奠定基础。

（2）流量与存量角度：费雪方程式把货币需求与支出流量联系在一起，重视货币发挥交易媒介功能时的支出数量和速度，因此费雪方程式又称现金交易说（Cash Transaction Approach）；而剑桥方程式则把研究重点放在以货币形式持有资产存量与货币需求的关系上，探究货币存量占总收入的比例，因此剑桥方程式又称为现金余额说（Cash Balance Theory）。

（3）宏观与微观角度：费雪方程式从宏观角度用货币数量的变动来揭示价格，即 $P = MV/T$；反过来，在货币流通速度（V）、商品和劳务交易总量（T）是常数的情况下，也可得出 P 决定 M，即 $M = PT/V$，在该理论中，没有考虑利率的影响因素。相比较剑桥方程式是从微观角度进行分析。他们认为，微观主体持有货币时，会衡量包括货币在内的不同资产的收益和预期回报率，货币的收益率为零，因此人们持有货币的多寡（即货币需求）受利率变动的影响，人们在不同的资产比较中决定货币需求，寻找最优组合，所以，短期内 k 可能随利率波动而变动。利率是剑桥方程式货币需求的重要决定因素，它区别于费雪方程式。虽然，剑桥方程式中的 k 被解释为常数而非函数，但剑桥学派考虑利率在货币需求中的作用，这毕竟是学术思想上的重大突破，它对后人进行此领域研究所作的重要贡献。

表 8 –1 费雪方程式与剑桥方程式的区别

不同角度 / 学派	费雪方程式	剑桥方程式
货币的功能	货币交易媒介职能	货币交易媒介职能，货币是一种资产功能
货币需求动机	交易动机	交易动机，投机动机
货币流量与存量	货币流量	货币存量
宏观与微观	宏观	微观
短期利率对货币需求的影响	不存在	存在

然而，把剑桥方程式的总收入（Y）代替费雪方程式的商品和劳务交易量（T），只不过 Y 的口径较大而已，从宏观角度来讲可以成立；把 V 视为交易货币的流通速度（费雪方程式），和与收入水平对应的流通速度（剑桥方程式）的代表，在宏观角度依然可以成立。这两点或许可以视作两大方程式的联系。

（五）凯恩斯的货币需求理论

经济学大师 J. M. 凯恩斯（John Maynard Keynes）是当代宏观经济学创始人。但在 20 世纪 30 年代之前，凯恩斯是古典货币数量论剑桥学派的重要代表，是马歇尔的弟子。他在 1923 年著作《货币改革刍议》中，就是本质上运用剑桥方程式来探讨汇率波动、通货膨胀与紧缩以及购买力平价论等问题。但在这本著作中，凯恩斯就已经开始质疑古典学派将 V 或 k 视为常数的观点，他认为货币数量的变动，很可能引起 V 或 k 以及银行储备率的变动。由此，价格水平未必与货币量向同一比例的变动。在 1930 年出版的著作《货币论》中，凯恩斯注重投资、储蓄、利率和利润对物价波动和企业循环的影响。在该著作中，他同样批评古典学派的货币数量说，但并未探讨货币需求动机及决定因素。1936 年凯恩斯的《就业、利息和货币通论》（简称通论）出版，在这一划时代巨著中，他提出了独特创新的货币需求理论，即后人所谓流动性偏好论，这标志着凯恩斯学派的形成。

凯恩斯的货币需求理论又称流动性偏好理论。所谓流动性偏好，是指人们宁愿持有流动性高的但不能生利的现金和活期存款，而不愿持有债券等虽能生利但流动性较低、较难变现的资产。凯恩斯认为，产生流动性偏好不同的原因在于人们持有货币的动机不同，而人们的货币需求动机由所得动机、营业动机、预防动机以及投机动机。对货币需求四种动机的研究是凯恩斯货币需求理论的突出贡献。

1. 所得动机：是指微观经济主体个人及家庭在未获得下期收入之前，用于交易支出而持有货币的动机。

2. 营业动机：是指微观经济主体企业在未获得营业收益之前，为支付营业费用须持有货币的动机。后来的学者大都将这两种动机合称为交易动机。可见，凯恩斯也同意古典学派的交易媒介是货币一个十分重要功能的观点。

3. 预防动机：是指为了应付可能遇到的意外支出等而持有货币的动机。凯恩斯同时指出，人们所保有的由收入水平所决定的货币需求，除了出于交易动机的考虑外也包括预防动机的。他认为，交易动机与预防动机都是货币交易媒介职能的体现，因此，他将这两个动机产生的货币需求统称为交易性货币需求。

交易性货币需求是收入的递增函数。交易性货币需求的多寡，主要取决于收入水平的高低和货币流通速度的大小。因此，交易性货币需求取决于人们的收入水平，收入增加会使开支开始增加，从而交易数量增加，必然增加货币的交易需求。而预防动机产生的货币需求只有在一定收入水平上才会产生，并随收入的增加而上升，所以，预防动机产生的货币需求也是收入的递增函数。概括而言，无论是出于交易动机还是出于预防动机的交易性货币需求，都是收入的递增函数。

交易性货币需求对利率不敏感。虽然选择持有货币会带来利息收入的损失，利率变动会影响货币需求，但交易性货币需求主要用于必不可缺的日常交易，即使利率再高、利息损失再大，人们也必须保有一定数额的现金，以保证正常的交易顺利进行，也必须保持基本的预防性货币以防不测。

4. 投机动机：是指人们除去为了交易需要和应付意外支出外，还为储存价值或财富而持有货币的动机。投机动机分析是凯恩斯货币需求理论中最具特色的部分，交易动机和预防动机承袭了剑桥学派庇古的思想，而投机动机才是他的创新，也正是由投机动机而形成的投机性货币需求的提出，凯恩斯的货币需求理论才显著区别于剑桥方程式，才得以自成一家。

凯恩斯把货币和长期政府债券作为储存财富资产的代表。货币是不能产生利息收入的资产，人们在持有货币的期间不能获得收益，即名义收益率为零。而债券则是能产生利息收入的资产，持有债券的收益由两部分构成：利息收益和由债券价格涨跌而带来的预期资本收益（即资本利得）。人们持有债券，如果预期利率上升，那么未来债券价格将要下跌，导致资本收益减少，从而持有债券的收益也随之减少，假若未来债券价格下跌幅度很大，使人们在债券价格方面的损失超出了他们从债券获得的利息收入，则收益为负；反之，预期利率下降，则债券价格上升，持有债券获得收益。如果持有债券收益为负，人们就会增大对货币的需求，反之则相反。因此，由于投机动机产生的货币需求，取决于微观主体对现存利率水平的估价，对未来利率趋势的预测。凯恩斯认为在每个投资者或投机者的心中，都存在一个利率水平的正常值。如果人们确信现行利率高于正常值，也就是预期利率下跌，而未来债券价格将要上升，人们必然会倾向于减少货币需求而转向持有债券，以当期债券价格上升时同时获得利息收入和资本溢价双重收益。反之，若当前利率水平低于正常值，则货币需求增加。所以由上述分析得出，投机性货币需求对利率极为敏感，它与利率是负相关的关系。

综合上文，凯恩斯的货币需求的所得动机和营业动机共同构成交易动机，由交易动机与预防动机决定的货币需求，即交易性货币需求取决于收入水平；而有投机动机决定的货币需求，即投机性货币需求取决于利率水平，且与利率水平负相关。交易性货币需求观点是凯恩斯继承前人研究成果，而投机性货币需求观点是凯恩斯的独创。因此，凯恩斯的货币需求函数可以用方程式表达为

$$M = M_1 + M_2 = L_1(Y) + L_2(i)$$

式中：M_1 为由交易动机和预防动机决定的交易性货币需求，是收入 Y 的函数；M_2 为投机性货币需求，是利率 r 的函数（见图 8−1）。

式中的 L_1、L_2 代表"流动性偏好"函数。凯恩斯以"流动性偏好"（Liquidity Preference）理论为基础，还提出了著名的"流动性陷阱"（Liquidity Trap）假说：

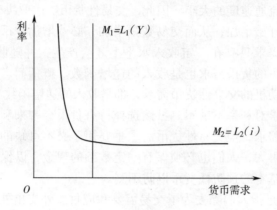

图 8 - 1 货币需求与利率的关系

当利率水平降低到不能再低时，人们就会产生利率上升而债券价格下跌的预期，此时，倘若人们继续持有债券，则必将遭受债券价格下跌带来的损失，因此，货币需求弹性就会变得无限大，即无论增加多少货币，都会被人们储存起来。凯恩斯本人认为这只是一种可能性，在实际经验中发生的可能性非常小，而"流动性陷阱"这一名词也是后人所撰，并非凯恩斯所创。但是，无疑"流动性陷阱"是凯恩斯理论体系的又一重大特色。

凯恩斯货币需求理论假定市场经济并不能保证充分就业；同时货币需求对利率的波动极为敏感，因此，货币流通速度 V 或其倒数 K 都极不稳定。所以，凯恩斯非常反对古典学派将其视为常数的观点。概括而言，凯恩斯货币需求理论与古典剑桥学派理论都是分析微观主体行为动机，而前者对货币需求投机动机的阐释是其理论的精髓。

（六）货币学派的货币需求理论

1936 年凯恩斯划时代巨著"通论"的出版，无论对学术思想还是经济政策都产生了深刻的影响。在货币理论方面，最显著的影响是推翻了自 18 世纪以来占绝对支配地位的古典货币数量论，特别是在 20 世纪 30 年代的经济恐慌时期，凯恩斯抨击古典学派理论的不当和货币政策的失效，颇能引起学术界的共鸣。因此，1936 年至20 世纪 50 年代末期，是凯恩斯学派的全盛时期。但随着第二次世界大战后世界经济的复苏，当时世界经济的主要问题是通货膨胀，直到 20 世纪 70 年代以后，通胀又发展为更为复杂的"滞胀"问题。世界经济环境和背景的变化，促使主流经济理论的更迭——货币数量说的复兴。而这一学说与古典学派的理论区别在于：用新颖的理论分析和实证验定的方法，因此，在经济学文献上称其为"新货币数量说"或"货币主义"（Monetarism），服膺于此新说的学者称为"货币学派"。

货币学派当今已成为与凯恩斯学派颉颃的经济学另一主流。货币学派的代表人物是 M. 弗里德曼。弗里德曼基本上承袭了传统货币数量说的观点，即非常看重货币数量与物价水平的因果关系。同时他也接受了剑桥学派和凯恩斯以微观主体行为作为分析起点和把货币看做是受到利率影响的一种资产的观点。对于货币需求的决定问题，他曾用过不止一个函数式，下面是一个具有代表性的公式：

$$\frac{M_d}{P} = f(y, w; r_m, r_b, r_e, \frac{1}{p} \cdot \frac{dp}{dt}; u)$$

式中：M_d / P 为实际货币需求；y 为实际恒久性收入；w 为非人力财富占个人总财富的比率或得自财产的收入在总收入中所占的比率；r_m 为货币预期收益率；r_b 为固定收益的债券利率；r_e 为非固定收益的证券利率；$\frac{1}{p} \cdot \frac{dp}{dt}$ 为预期物价变动率；u 为反映主观偏好、风险及客观技术与制度等因素的综合变数。

恒久性收入（Permanent Income）是弗里德曼分析货币需求中所提出的概念，可以理解为预期未来收入的折现值，或预期的长期平均收入。货币需求与它正相关。

弗里德曼把财富分为人力财富和非人力财富两类。他认为，对大多数财富持有者来说，他的主要资产是个人的能力。但人力财富很不容易转化为货币，如失业时人力财富就无法取得收入。所以，在总财富中人力财富所占的比例越大，出于谨慎动机的货币需求也就越大；而非人力财富所占的比例越大，则货币需求相对越小。这样，非人力财富占个人总财富的比率与货币需求为负相关关系。

r_m、r_b、r_e 以及 $\frac{1}{p} \cdot \frac{dp}{dt}$ 在其货币需求分析中被统称为机会成本变量（Opportunity Cost Variable），亦即能从这几个变量的相互关系中衡量出持有货币的潜在收益或损失。这里需要解释一点：在介绍凯恩斯的货币需求函数时，货币是作为不生利资产看待的，如钞票，持有它没有回报；而弗里德曼考察的货币扩及 M_2 等大口径的货币诸形态，在大口径的货币诸形态中，有相当部分，如定期存款，却是有收益的。

物价变动率同时也就是保存实物的名义报酬率。物价向上的变动率越高，其他条件不变，货币需求量越小。把物价变动纳入货币需求函数，是通货膨胀的现实反映。在其他条件不变时，货币以外其他资产如债券、证券收益率越高，货币需求量也越小。

u 是一个代表多种因素的综合变数，因此可能从不同的方向上对货币需求产生影响。

弗里德曼认为，货币需求解释变量中的四种资产——货币、债券、股票和非人力财富的总和即是人们持有的财富总额，其数值大致可以用恒久性收入 y 作为代表性指标。因此，强调恒久性收入对货币需求的重要作用是弗里德曼货币需求理论的一个特点。在弗里德曼看来，在货币需求分析中，究竟哪个决定因素更重要些，这要用实证研究方法来解决；恒久性收入对货币需求的重要作用就可以用实证方法得到证明。

对于货币需求，他最具有概括性的论断是：由于恒久性收入的波动幅度比现期收入小得多，且货币流通速度（恒久性收入除以货币存量）也相对稳定，因而，货币需求也是比较稳定的。

第二节　货币供给

货币供给是相对货币需求而言的。货币供给理论是关于货币供给量的构成及其形成机制的理论。过去在研究货币理论中，只注重研究货币需求理论，比较忽视货币供给理论的研究。在 20 世纪 60 年代货币供给理论的研究得到应有的重视。首先在经济发达国家盛行起来。对货币供给理论研究有突出贡献的是弗里德曼等人。他们对影响货币供给量的各种社会经济因素进行了具体分析。提出了他们各自的货币供给函数及其理论模型，虽然这些函数和理论模型各不相同，但其共同的观点，都认为货币供给量的最终决定因素是受基础货币和货币乘数的制约。这一点对市场经济国家考察货币供给量普遍适用。

一、货币供给与货币供给量

货币供给是指经济主体把所创造的货币投入流通的过程，是指一定时期内一国银行系统向经济中投入、创造、扩张（或收缩）货币的行为。货币供给是一个经济过程，即银行系统向经济中注入或抽离货币的过程，货币供给必然会在实体经济中形成一定的货币存量，即通常所说的货币供给量。

货币供给量是指一国在某一时点上为社会经济运转服务的货币存量，它由包括中央银行在内的金融机构供应的存款货币和现金货币两部分构成。通常将货币供给量视为经验统计上的货币定义，它区别于第一章所学习马克思主义观点，即货币是固定地充当一般等价物的特殊商品，二者对货币含义的理解角度不同，而后者是从理论方面阐述的。不同的货币层次将会界定不同货币性资产内容，从而为准确统计货币供给量提供依据。因此，如何划分货币供给层次就成为解决货币供给的一个重要问题。

如何划分货币供给层次，世界各国中央银行都有自己的货币统计口径，虽然存在着一定的差异，但都以货币的流通手段、支付手段以及流动性不同作为划分的依据。下面简单介绍国际货币基金组织（IMF）、美国等西方发达国家以及我国的不同层次的货币供给。

1. 美国现行货币供给各层次的定义

M_1 = 处于国库、联邦储备系统和存款机构之外的通货 + 非银行发行的旅行支票 + 银行的活期存款（不包括存款机构、美国政府、外国银行和官方机构在商业银行的存款） + 其他各种与商业银行活期存款性质相近的存款（如 NOW、ATS 等）。

M_2 = M_1 + 存款机构发行的隔夜回购协议和美国银行在世界上的分支机构向美国居民发行的隔夜欧洲美元 + 货币市场存款账户（MMDA$_S$） + 储蓄和小额定期存款 + 货币市场互助基金金额（MMMFs）。

M_3 = M_2 + 大额定期存款 + 长于隔夜的限期回购协议和欧洲美元等。

L（流动性资产，Liquid Assets）是大于货币的一种口径，它等于 M_3 加非银行公众持有的储蓄券、短期国库券、商业票据和银行承兑票据等。

从对 L 的统计方法即 M_3 加上某些债务工具来看，L 意味着在货币供给口径之上的直接延伸。

Debt 是一个更大的口径，但并不与货币供给的统计直接联系：它不再是 L 再加上一些内容。这个口径是指国内非金融部门在信用市场上未清偿的债务总量，包括：各级政府的债务和私人非金融部门的债务。私人非金融部门的债务是由公司债券、抵押契约、消费信用、商业票据、银行承兑票据等债务工具所构成。

2. 日本现行货币供给口径

M_1 = 现金 + 活期存款。

现金指银行券发行额和辅币之和减去金融机构库存现金后的余额；活期存款包括企业活期存款、活期储蓄存款、通知即付存款、特别存款和纳税准备金存款。

"M_2 + CD" 等于 M_1 加准货币和可转让存单。其中"准货币"指活期存款以外的一切公私存款；CD 是指可转让存单。

"M_3 + CD" 等于 "M_2 加 CD"，加邮政、农协、鱼协、信用组合和劳动金库的存款以及货币信托和贷方信托存款。

此外还有"广义流动性"，等于 "M_3 加 CD" 加回购协议债券、金融债券、国家债券、投资信托和外国债券。

3. 英国英格兰银行的货币供给口径（其中没有 M_1）

M_0 = 英格兰银行发出的钞票和硬辅币 + 诸银行在英格兰银行中储备存款余额。M_0 是英格兰银行 1983 年第四季度开始采取的用以表示基础货币的口径。

M_2 = 私人部门（指非金融业的工商企业和居民）中流通的钞票和硬辅币 + 私人部门在银行的无息即期存款 + 私人部门在银行和建房互助协会中的小额英镑存款。

M_4 = M_2 + 私人部门的有息英镑即期存款、私人部门在银行的定期英镑存款（包括英镑存单） + 私人部门持有的建房互助协会的股份 + 存款（包括英镑存单）。

M_4c = M_4 + 私人部门在银行 + 建房互助协会的外币存款。

M_5 = M_4 + 金融债券 + 国库券 + 地方当局存款 + 纳税存单和国民储蓄。

4. IMF 的货币供给统计口径

通货（Currency）、货币（Money）以及准货币（Quasi Money），是国际货币基金组织采用的口径。"通货"，采用一般定义；"货币"，等于存款货币银行以外的通货加私人部门的活期存款之和，相当于各国通常采用的 M_1；"准货币"相当于定期存款、储蓄存款与外币存款之和，即包括除 M_1 之外可以称之为货币的各种形态。"准货币"加"货币"，相当于各国通常采用的 M_2。且 IMF 要求其各成员国依此口径报告数字。

5. 我国的现行货币供给层次

我国对货币供给层次的划分在 1984 年就开始研究，并于 1994 年第三季度开始正式公布货币供应量的统计监测指标。按照 IMF 的要求，现阶段我国货币供应量层次如下。

M_0 = 流通中现金，即我们习称的现金，指不兑现的银行券和辅币。

M_1 = M_0 + 活期存款（支票存款），即狭义货币供应量。

M_2 = M_1 + 定期存款 + 储蓄存款 + 其他存款 + 证券公司客户保证金，即广义货币供应量。

M_3 = M_2 + 金融债券 + 商业票据 + 大额可转让定期存单。

另外，"$M_2 - M_1$"我们称之为准货币。

从上面所列举可以看出，各国的统计口径存在差异。由于各国经济情况和银行业务名称的不同，同一名称的业务内容往往也不尽相同。比如，M_0 美国、日本没有采用，不是国际通用的口径。而英国于 1983 年第四季度开始，用 M_0 表示基础货币。另外我国自 1984 年以来，有些货币统计口径方案建议用 M_0 代表现金，现阶段我国央行已在统计中正式使用。其他国家采用 M_0 统计口径的至今极为少见。

二、影响货币供给量的因素

货币供给是指货币供给主体向社会投入货币的过程。货币供给主体包括中央银行和商业银行，中央银行发行基础货币，商业银行在基础货币的基础上派生存款创造货币，形成货币供给机制。

中央银行作为发行的银行、银行的银行和政府的银行，是一国银行体系的核心。货币供给量是货币存量，根据现代货币供给理论，货币存量是基础货币与货币乘数之积。在典型的、发达的市场经济条件下，货币供给的控制机制由对两个环节的调控构成：对基础货币和对货币乘数的调控。央行在一定程度上通过直接控制基础货币的规模，来调节货币供给量。

$$Ms = B \cdot K$$

式中：Ms 为货币供给量；B 为基础货币；K 为货币乘数。

1. 基础货币

基础货币（Monetary Base），也称高能货币（High – Powered Money）或强力货币，是由流通中的通货和商业银行的准备金组成。存款准备金包括商业银行的库存现金及其在中央银行的存款。商业银行的存款准备金又可分为法定存款准备金和超额存款准备金。法定存款准备金是商业银行按法定比例向中央银行交存的存款准备金，这种法定比例称为法定存款准备率。法定存款准备金随法定存款准备率与存款规模的变动而变动，一般是不能动用的。超额存款准备金是指商业银行实际存款准备金扣除法定存款准备后的余额。超额存款准备金与存款的比例称为超额存款准备金率。超额存款准备金可由商业银行自由使用。

基础货币的特点：

（1）它是中央银行的负债；

（2）它的流动性很强，持有者可以自主运用，是所有货币中最活跃的部分；

（3）它运动的结果能够产生数倍于其自身的货币量；

（4）中央银行能够控制它，并通过对它的控制来实现对货币供给的控制。

基础货币的内容，不同的国家，有不同的计算口径，学者观点也不尽一致。以下是将基础货币按计算口径的宽窄进行排列：

（1）基础货币＝银行准备金。

（2）基础货币＝社会公众手持现金＋存款货币银行的法定准备金。

（3）基础货币＝社会公众手持现金＋存款货币银行库存现金＋法定准备金。

（4）基础货币＝手持现金＋库存现金＋法定准备金＋超额准备金。

在分析基础货币时，西方学者习惯用一个方程式即"基础货币方程式"来表示。由于基础货币是中央银行的负债，因此，可依据中央银行的资产负债表的基本构成考察影响基础货币大小及变动的因素，见表 8 – 2。

表 8 - 2 中央银行资产负债表

资产（Liabilities）	负债（Assets）
黄金、外汇及特别提款权	流通中通货
政府债券	商业银行存款准备金
对商业银行贷款、贴现	财政部存款
在途资金	外国存款
其他资产	资本及其他负债
合计	合计

根据会计相关原则：资产 = 负债 + 所有者权益，我们可以推导出基础货币方程式。

基础货币 = 流通中通货 + 商业银行准备金

= （黄金、外汇及特别提款权 - 外国存款） + （政府债券 - 政府存款）

+ 对商业银行贷款和贴现 + （其他资产 - 资本及其他负债） + 在途资金

= 国外资产净额 + 对政府债权净额 + 对商业银行的债权 + 其他金融资产净额 + 在途资金

由以上方程式可以看出，在任一时点上，基础货币的数量由上述诸项资产净额之和，即：流通中通货 + 商业银行准备金。在任一时期，基础货币的增减变动等于这诸项资产增减相抵后的净额变动。中央银行可以通过公开市场操作、调整再贴现率及存款准备金比率来控制自身的资产规模，从而直接决定基础货币的多少，进而间接调控货币供给。

2. 货币乘数

货币乘数是指中央银行创造（或减少）一单位基础货币能使货币供应量扩张（或收缩）的倍数。货币乘数与货币供应量成正比例关系。它和存款货币的派生乘数有联系，但却是两个不同的概念。存款货币的派生乘数是指中央银行创造（或减少）一单位基础货币能使银行体系的存款总量扩张（或收缩）的倍数。货币乘数主要是通过商业银行体系的派生存款活动所形成的。存款是货币供应量的重要组成部分。在基础货币的基础上，商业银行在一定条件下，通过派生存款活动，就可以多倍地扩张（或收缩）存款总额，从而也就能够多倍地扩张（或收缩）货币供应量。货币乘数是决定货币供应量的重要因素。

三、经济主体在货币供给形成过程中的作用

货币供给总量是如何形成的，如何进行控制，主要取决于中央银行、商业银行和社会公众主体经济行为的制约关系。

（一）中央银行

在历史上，中央银行的产生就是为了垄断信用货币的发行权并实施对货币流通的调节和控制。在现代信用货币制度中，中央银行不可能垄断全部货币供应量的形成，但是可以通过垄断纸币即现金货币的发行权和增减商业银行在中央银行的存款准备金等活动，达到调节和控制社会货币供应总量的目的。现金是由中央银行供给

的，凡是从中央银行流出的现金，都是中央银行的负债，它构成中央银行的资金来源。持有现金的机构、单位和个人虽不能直接向中央银行兑现价值，但可以在市场上通过购买和支付而实现价值。各国中央银行都有一整套现金发行的程序和制度，以对其进行有效的控制。从存款货币来看，中央银行如果提高法定存款准备率，就迫使商业银行为保留较多的法定存款准备金而降低派生存款的能力，从而达到了紧缩货币供应量的目的。相反，中央银行如果降低法定存款准备率，商业银行就有可能提高派生存款的能力，使存款货币量增加，从而达到扩张货币供应量的目的。

（二）商业银行

商业银行虽然没有纸币发行权，但作为经营货币信用业务的企业，其经营活动主要表现为不断地吸收存款和发放贷款。当商业银行将流通中的现金吸收为存款时，表现为现金货币向存款货币的转化，好像货币供给量没有变化。问题是，当商业银行发放贷款时，并不采取让客户全部提走现金的形式，由于广泛运用支票转账，客户收到的贷款能够以一定的数量形成一笔新的存款。如果这种过程周而复始地不断进行，在众多银行并存的经济体系中，就会创造出比原来吸取现金时的存款更多的存款货币，这一创造过程可以简单地说成是由原始存款形成派生存款，进而形成全部存款货币的过程，它会使存款形成的货币供给成倍地增加。当然，如果商业银行将贷款减少，或客户将存款以现金形式大量提走时，银行系统新创造的存款货币也会成倍地减少。商业银行这种创造派生存款的特殊功能，也是形成货币供应的经济主体。

（三）社会公众

我们这里所指的社会公众是银行体系之外的企业、个人和政府部门。中央银行和商业银行通过信用活动向社会提供货币供给量，其基础在于社会公众的商品生产和流通以及货币收支活动。因为货币流通决定于商品生产和商品流通。只有社会生产和流通的发展，需要实现价值的商品和劳务活动的增加，才需要增加货币供应量，从而才有银行体系创造货币的活动。如果企业不发生生产和流通活动，就不会向银行借款，商业银行体系的派生存款活动就无法进行。所以在现代社会中，虽然货币符号的创造由银行体系完成，但这种货币供应活动仍然要服从商品流通对货币流通的决定和制约关系。同时，社会公众对存款转账结算的使用程度也决定了商业银行的派生存款规模，从而决定了货币供应规模。如前所述，如果社会公众手中的现金不存入银行或者将存款大量地提取为现金，则商业银行的派生存款活动也要受到限制。所以社会公众也是货币供应形成的不可缺少的经济主体。

四、货币供给模型

为了准确形象地阐述货币供给量的决定因素和决定过程，各国学者一般以货币供给方程作为理论模式，进而运用数理方法来演绎和验证货币供给模型，并对各变量进行系统的分析。在众多的货币供给模型里面，具有代表性的货币供给模型有简单乘数模型、弗里德曼—施瓦兹模型、卡甘模型和乔顿模型，其中以乔顿模型最流行。以下我们分别予以介绍。

（一）简单乘数的货币供给模型

简单乘数的货币供给模型以商业银行创造存款货币的过程为范例，其中限制因素是活期存款准备金率（r_d）和基础货币（B），推导出下面模式

$$M = (1/r_d) \times B = mB$$

式中：$m = 1/r_d$ 称为简单乘数，它是由活期存款准备金率单个因素所决定的数值。

此模型是一般的货币经济学教学中经常使用的模型，由模型可得：货币供给量（M）与活期存款准备金率（r_d）成反比，与基础货币量（B）成正比。由于 r_d 和 B 均由中央银行所控制，因此该模型的结论是：货币是一个可以完全由中央银行所控制的外生变量。

该模型的价值在于抓住了现代货币供给决定机制的关键，为进一步研究货币供给开辟了道路。但该理论也存在明显的缺陷：它基于两个假设前提，显然，这使商业银行和公众的行为被过分简单化了，它们对 M 的作用也因其过于简单化的行为而被抹杀了，于是复杂的 M 的决定过程与"理想"的派生存款的创造过程被混为一谈。

（二）弗里德曼—施瓦兹的货币供给模型

弗里德曼和施瓦兹（A. J. Schwartz）将现代社会的货币划分为两种类型：一是货币当局的负债，即通货；二是商业银行的负债，即银行存款。若用 M、C 和 D 分别代表货币存量、非银行公众所持有的通货和商业银行的存款，则有

$$M = C + D$$

然而根据基础货币的定义，又有

$$B = C + R$$

式中：B 和 R 分别代表基础货币和商业银行的存款准备金，由此可得

$$\frac{M}{B} = \frac{C+D}{C+R} = \frac{(D/R)(1 + D/C)}{D/R + D/C}$$

即

$$M = \frac{(D/R)(1 + D/C)}{D/R + D/C} \times B$$

式中：M 为货币供应量，$\dfrac{(D/R)(1 + D/C)}{D/R + D/C}$ 为货币乘数，B 为基础货币。通过上式可以得出货币供应量的大小主要取决于三个因素：中央银行所决定的基础货币（B）的规模；中央银行和商业银行所共同决定的存款与准备金之比（D/R）；非银行公众所决定的存款与通货之比（D/C）。

弗里德曼和施瓦兹认为，基础货币的规模、存款与准备金之比和存款与通货之比这三个决定货币存量的因素既分别取决于中央银行、商业银行和非银行公众的行为，又同时受其他因素的影响。他们认为，在信用货币的制度下，基础货币量取决于政府的行为，即取决于政府（在美国就是财政部及联邦储备体系）关于发行多少信用货币作为公众的手持通货和银行的准备金的决策。银行存款与其准备金之比首先取决于商业银行，商业银行虽然不能决定其存款与准备金的绝对量，但它却能通过改变其超额准备金来决定这两者之比。当然，这一比率还受制于政府对商业银行存款准备金率的规定，并且同经济形势有关。同样，公众也只能决定其存款与通货

之比，而无法决定各自的绝对量，而且这一比率还受到商业银行所提供的与存款有关的服务及所支付的利息的影响。这类服务越多，利率越高，在公众持有的货币中银行存款所占的比重就越大。

弗里德曼和施瓦兹通过实证研究得出，在决定货币供给存量的三个因素中起决定性作用的是基础货币（B）。他们认为，中央银行能绝对控制基础货币的数量。商业银行和公众分别为满足对存款准备金或超额准备金及通货的需要，必须竞取有限的基础货币。因此，一旦基础货币的供给规模改变，商业银行所希望的超额准备金与实际的超额准备金就会发生差异，从而引起 M 的增减。至于商业银行调整超额准备金的行为所引起的 M 的变动，以及存款与通货的比率的变化所引起的 M 的变动，则是次要的。同时，他们还认为，虽然 B、D/R 和 D/C 取决于若干经济主体和受其他因素的影响，但是中央银行可以预测并可以通过采取相应的措施来抵消这些因素对 M 的影响。所以货币供给函数是稳定可测的，从而基础货币的变动对 M 的整个作用过程也有稳定的规则可以遵循。

（三）卡甘的货币供给模型

同弗里德曼和施瓦兹一样，卡甘（P. Cagan）也将货币定义为公众手持通货及商业银行的活期存款和定期存款。因此有

$$M = C + D$$
$$D/M = 1 - C/M$$
$$R/M = R/D \cdot D/M = (R/D)(1 - C/M)$$

又因为基础货币由公众手持通货（C）和商业银行准备金（R）组成，所以又有

$$B = C + R$$
$$B/M = (C + R)/M = C/M + R/M$$
$$= C/M + (R/D)(1 - C/M)$$
$$= C/M + R/D - (R/D) \cdot (C/M)$$
$$M = \frac{1}{C/M + R/D - (R/D) \cdot (C/M)} \times B$$

上式就是卡甘的货币供给模型。显然，这与弗里德曼—施瓦兹的货币供给模型基本相似。两者主要差异在于，上式以通货比率（C/M）、准备金和存款之比（R/D）分别取代了弗里德曼—施瓦兹货币供给模型公式中的存款与通货之比（D/C）和存款与准备金之比（D/R）。

卡甘认为，中央银行控制基础货币，而公众和商业银行则共同决定基础货币为公众持有和为银行所持有的比例。公众通过变手持通货为银行存款或变银行存款为手持通货来改变其基础货币的持有额，而商业银行体系则可通过贷款及投资或收回贷款和投资来改变它所持有的基础货币额。公众的上述行为会改变通货比率，而商业银行体系的行为则改变准备金比率。很明显，当公众减少通货持有额而相对增加银行存款时，银行准备金就增加了。如果此时准备金比率保持不变，则货币存量会增加。同样，当银行贷款增加时，如果存款不变，准备金就减少了，货币存量则增加了。从上式可以看出，通货比率和准备金比率都总是小于1。所以，等式右边分母中的第三项小于前两项中的任何一项。因而，若基础货币以及通货比率和准备金

比率中的任一比率保持不变，另一比率上升将使货币存量减少，反之则相反。可见，货币存量同通货比率和准备金比率呈负相关，同基础货币量呈正相关。就这一点而言，卡甘的货币供给模型比弗里德曼—施瓦兹的货币供给模型更能说明 M 的决定因素。在弗里德曼—施瓦兹货币供给模型公式中，货币乘数取决于 D/R 和 D/C 两项因素，但却忽略了这两项因素对乘数值的影响，使人无法直接判断 D/R 和 D/C 的变动会对乘数产生什么影响，也就更无从确切知道 M 究竟是如何变动。

卡甘运用其货币供给模型深入研究了美国 1875 年至 1960 年货币存量变动的主要决定因素后，得出结论：长期和周期性的货币存量的变动取决于基础货币、通货比率和准备金比率这三个因素，基础货币的增长是货币存量在长期中增长的主要原因。

至此，我们会发现，弗里德曼、施瓦兹和卡甘关于货币存量的决定因素的分析具有以下三个特征：第一，他们都采用了广义的货币定义，即货币不仅包括公众持有的通货和活期存款，还包括定期存款和储蓄存款，即 M_2。第二，他们都把 M 当作一个完全由中央银行所决定的外生变量，都未区分不同类型的银行和金融当局对不同类型存款实行的不同的准备金要求。这也是他们在分析时的共同缺陷。第三，他们都注重实证研究。

（四）乔顿的货币供给模型

20 世纪 60 年代末，美国经济学家乔顿（J. L. Jordan）进一步研究了弗里德曼、施瓦兹和卡甘的模型与分析，推导出了较为复杂的货币乘数模型。在模型中，乔顿采用了狭义的货币定义 M_1，即货币只包括公众手持通货和活期存款，并同时对不同类型银行及受制于不同法定准备金比率的不同类型存款进行了区分，使其更接近于现实。

乔顿认为，基础货币为公众（包括商业银行）所持有的中央银行的净货币负债，它由公众所持有的通货（C）和商业银行的存款准备金（R）组成。中央银行对商业银行的活期存款（D）、定期存款（T）分别规定了不同的法定准备金比率 r_d 和 r_t，设超额准备金（E）与活期存款（D）的比率为 e，定期存款（T）与活期存款（D）的比率为 t，通货（C）与活期存款（D）的比率为 K，即

$$e = E/D, t = T/D, K = C/D$$

则有
$$E = D \cdot e, T = D \cdot t, C = D \cdot K$$

所以有
$$B = R + C$$
$$= r_d \cdot D + r_t \cdot T + E + C$$
$$= r_d \cdot D + r_t \cdot t \cdot D + e \cdot D + K \cdot D$$

因为
$$M = B \cdot m$$

所以
$$m = M/B = (C + D)/B$$

将 e, t, K, B 代入上式得
$$m = (C + D)/B$$
$$= (D \cdot K + D)/(r_d \cdot D + r_t \cdot t \cdot D + e \cdot D + K \cdot D)$$
$$= (1 + K)/(r_d + r_t \cdot t + e + K)$$

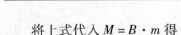

将上式代入 $M = B \cdot m$ 得

$$M = (1 + K) \times B / (r_d + r_t \cdot t + e + K)$$

以上就是著名的乔顿货币供给模型。其中，基础货币（B）、活期存款的法定准备金比率 r_d、定期存款的法定准备金比率 r_t 可以由中央银行直接控制，超额准备金比率（e）由商业银行决定，定期存款（T）与活期存款（D）的比率（t）及通货（C）与活期存款（D）的比率（K）（即通货比率）由社会公众的资产选择行为决定。由该模型可知，影响货币供给量的经济主体有三大类：

1. 中央银行。它负责货币的发行、制定和执行国家的货币信用政策，实行金融监督和管理，因而对 M 的变动发挥着巨大的作用。

2. 商业银行。作为存款货币的创造者，它既是中央银行通货负债的接受者，又是存款负债的发行者。商业银行通过运用吸收到的资金进行贷款或投资活动，对一国货币供给规模的多倍增减有着决定性的影响。

3. 非银行公众。他们对货币和其他资产的需求和选择也会对货币乘数（m）产生影响，并进而对 M 产生重要影响。

需要注意的是，在乔顿货币供给模型中，各行为参数对货币乘数 m 的影响并不是完全独立的，而是相互影响的。例如，（1）法定准备金率（r_d 和 r_t）是中央银行用法律规定的，一旦 r_d 和 r_t 发生变动，就会引起货币乘数作与之反方向变化，最终导致 M 的多倍增减。但是，由于商业银行会根据 r_d 和 r_t 的变动来进行资产负债的重新安排，使得各类存款此消彼长，引起平均法定准备金率（r）的变动，进而强化或削弱法定准备金率政策对 m 的影响。（2）超额准备金率（e）的上升或下降将使 m 发生与之相反方向的变化。但是 e 的大小又要受市场利率水平的高低、贷款和投资机会的多少、借入资金的难易程度及资金成本的大小等因素的影响，由此可知商业银行并不能完全独立地决定 e，它要受多种因素的影响。（3）通货比率（K）和定期存款比率（t）也要受公众的流动性偏好程度、其他金融资产报酬率的变化及收入或财富变动的影响。

第三节 货币供求均衡

一、货币供求均衡

（一）货币供求均衡的含义

货币均衡是指从某一时期来看，货币供给量（M_s）与货币需求量（M_d）在动态上保持一致的现象，经济上表现为市场繁荣，物价稳定，社会再生产过程中的物质替换和价值补偿都能正常、顺利地进行。

我们知道，根据哲学上的观念，绝对的均衡是不存在的。所以，我们不能把货币的均衡机械地理解为 M_s 与 M_d 的绝对相等。货币的均衡也不能简单地理解为 M_s 与 M_d 自身相适应，还必须联系社会总供给与社会总需求（经济均衡）来分析。社会总供给是在一定时期内一国实际提供的可供销售的生产成果的总和；社会总需求则是指在同一时期内该国实际发生的有支付能力的需求总和。

由于货币客观需要量本身是一个可上下摆动的弹性区间，货币供应总量要以货币客观需要量为前提。因而，货币均衡通常包括四层含义。第一，在货币流通体系中变动着的货币供应总量等于变动着的货币需求总量，即所谓货币供求时点上的总量静态均衡。第二，货币供求结构的时点均衡。所谓货币供求的结构均衡，指各生产部门、企业的产品基本能顺利地转化为货币，而且各生产部门、企业持有的货币，也能顺利地、按基本设定的价格转化成商品。第三，在货币流通体系中，变动着的货币供求总量在一定时期允许的弹性区间内的动态均衡。所谓动态均衡，通常是指货币供应量增长率等于或基本等于货币需要量增长率。此时货币供应量在允许的弹性区间内等于货币需要量，此种情况下物价基本稳定，生产和流通正常。否则，货币供应量增长率大于货币需要量增长率，此时，货币供应量大于货币需要量，如果多余部分超过货币需要量所能容纳的弹性区间的最大限量，就会引起物价上涨，严重时会出现通货膨胀，或者货币供应量增长率小于货币需要增长率。此时，货币供应量小于货币需要量，如果不足部分超过了货币需要量所能容纳的最小限量，就会使部分商品积压，市场流通出现迟滞。无论是货币供应量增长率大于货币需要量增长率，还是货币供应量增长率小于货币需要量增长率，都会出现经济运转不正常的现象。所以可以称为货币的非均衡。

（二）货币供求均衡的标志

根据货币均衡的含义，通常衡量货币供求是否均衡的主要标志是物价水平的基本稳定。这是因为物价水平（总指数）能较好地反映货币供求关系的变动情况。在信用货币流通条件下，流通中货币数量与商品流通中货币的需要量不适应时，会引起币值的变化。而币值的变化，又会通过物价水平变动反映出来。货币供应量如果超过商品流通的需要，单位信用货币代表的价值量就会下降，表现为商品价格水平上涨；反之，货币供应量如果低于商品流通的需要，单位信用货币代表的价值量提高，商品价格水平下跌。因此，物价总指数变动较大，则说明货币供求不均衡，如果物价总指数变动较小或基本稳定，则说明货币供求均衡。运用物价总指数衡量货币供求是否均衡，既简便、直观又具有科学性。

（三）货币总供求与社会总供求的关系

社会总供给与总需求可以从实物与价值两方面考察。在实物形态上，社会总供给表现为最终产品的供应。社会总需求表现为社会对各种生产资料与消费资料的需求。在价值形态上，总供给表现为提供给社会全部产品价值总额。总需求表现为在一定的支付能力条件下社会投资需求和消费需求总和。

1. 社会总供求决定货币总供求。社会商品总供给与社会商品总需求保持基本均衡，决定货币供给总量与货币需求总量保持基本均衡。也就是说，社会商品总供给与社会商品总需求保持基本均衡是货币总供求基本均衡的前提。

2. 本源上讲，社会商品总供给决定货币总需求。这是因为在商品经济条件下，任何商品都需要用货币来表衡量其价值量的大小，并通过与货币的交换来实现其价值。在这里商品是第一性的，货币是第二性的，有多少商品就需要有多少货币与之相对应。

3. 货币的需求总量决定货币的供应总量。因为货币需求是一个国家一定时期的客观需要量,货币供应只有以它为前提和基础,才有可能促进物价的基本稳定,因此,货币供应量增长率要以货币需要量增长率为客观界限。

4. 货币供应量形成商品总需求。因为,货币通过信用渠道进入流通领域之后,便要求有相对应的商品,从而形成现实的购买力。手中持有现金和存款货币,必然要产生购买商品的需求。

5. 在以上四种平衡的基础上,实现商品总供给与货币总供给、货币总需求与商品总需求的交叉平衡。

二、货币供求失衡

由于在信用货币流通条件下,银行作为唯一的货币供给者,在技术上可以强制地将货币投入流通,这就为计划失误、政策失误造成的信贷失控、货币供给过多创提供了条件,使货币的供给量并不总能与社会对货币的需求量保持基本一致。不管什么原因,一旦货币供给量与客观经济过程对货币的需求量不一致,就出现了货币失衡现象。货币失衡在表现形式上有两种,一种是货币不足,一种是货币过多。即 $M_s > M_d$ 或 $M_s < M_d$。

货币不足的表现是,再生产过程中出现过多的存货或其他资源的闲置。出现这种失衡,理论上似乎可引起工资、价格和利率的下跌,从而刺激投资,增加货币的支出流量,使货币供求恢复均衡。但是,事实上工资和物价具有刚性,利率下降在经济不景气的情况下对投资的刺激也很有限,所以往往需要运用扩张的财政政策来恢复货币的均衡。

货币供给过多的表现是物价上涨和强迫储蓄。物价上涨会"吃掉"过多的货币,使货币供求在较高的价格水平下恢复均衡。不过这是一种带有破坏性的强制均衡。强迫储蓄也是一种强制均衡,而且由于过多的货币并不因此而消失,压力始终存在。

货币失衡这一概念,在形式上看,好像是用来表示货币供求是否相适应的概念,但在实质上,由于货币供求是否协调,从货币供求本身是难以衡量判断的。因此,货币失衡与货币均衡一样,都是通过货币供求变化,反映和表现为货币总量与商品总量是否相互适应的关系。在现实经济生活中,绝对的货币均衡是不常见的,从这个意义上说,货币失衡反而是一种常见的经济现象。由于货币失衡的程度、范围不同,从而对经济生活的影响也不同。轻微的货币失衡虽然并不一定会对经济生活产生破坏作用,但货币失衡严重了、深化了,则必然会对经济生活产生消极的破坏作用。货币失衡尽管是一种常见的经济现象,但任何一个社会,在其追求的经济目标中,都是立足于实现这样一个境界:在平衡中求发展,在发展中求平衡。而决不会由于轻微的货币失衡不会对经济生活产生太大的影响而不去追求平衡。

三、货币供求平衡调节机制

社会货币需求是由商品流通与货币流通的内在本质联系决定的。在各个历史时期,基本上只有量的不同而无质的差别。由于各个时期货币供给的构成不同,货币供给的主体和供给过程也不尽相同，从而货币供给主体以客观货币需求为目标的协调平衡的机制也不相同。

（一）金属货币流通条件下的自发协调机制

在金属货币流通时期，货币供求有自动调节的平衡机制。主要是货币贮藏职能的作用。由于金属货币自身有价值，所以当货币供给大于需求时，多余的货币会退出流通贮藏起来；当货币供给小于需求时，贮藏的货币又会进入流通，使供求平衡。因此，在金属货币流通时期，一国的国内货币总量总会大于也必须大于货币需求量，这一点在需求理论中已阐述，通过金属货币贮藏形成的自动调节使货币供求协调平衡。

在可兑现的信用货币流通时期，由于银行券可随时与金属货币兑现，而金属货币又有实在价值可以贮藏。因此，在有信用保证与黄金保证的前提下，银行券的供给一般不会超过需求。一旦发生供给大于需求时，多余的银行券会通过支付到期票据或与金属货币兑现的形式流回银行；而当需求大于供给时，银行通过贴现或放款等形式将银行券投放出去，又使货币供求协调平衡。但由于信用保证与黄金保证都需要一定的机构和手段实施监督，所以，该情况的自动协调应是属于半自动的协调机制。

（二）在不兑现的信用货币流通的条件下中央银行的宏观调控

以中央银行为核心的货币均衡的协调包括两个方面，在货币供给不足的情况下，中央银行通过多种政策手段来扩大货币供给，刺激经济的健康发展。一般情况下，国家将采取扩张性财政政策，中央银行采取扩张性货币政策与之配套。第二次世界大战后，各国却采用凯恩斯主义的赤字财政政策，通过财政赤字扩大货币供给，从而刺激整个社会的有效需求，以刺激经济增长。使货币达到新的均衡。中国目前也采取这种相似的办法。

在货币供给过多的情况下，中央银行可以从两方面调节货币需求。一方面，通过紧缩的货币政策，收紧银根，减少货币供给。另一方面，积极挖掘潜力，增加商品生产，扩大流通，增加人们的交易需求。

在我国目前的情况下，要想达到货币均衡，应该大力发展金融市场，向人们提供多种可供选择的金融资产，以增加人们对于货币的需求。这样，一方面可以为国家增加建设资金，另一方面又为人们创造了新的货币需求，从而有利于我国货币供求的均衡。

自我国中国人民银行专门行使中央银行的职能以后，我国货币供求均衡已开始向中央银行调控下的机制转化。但由于我国经济和金融体制目前都处于向市场经济转轨时期，货币均衡也存在一些问题亟待解决，具体表现为：调节货币均衡的机制和手段不完备，有的调节手段、管理方式和方法还明显具有计划管理体制时期的烙印。在对货币供给量调节不利时，利率机制不能对货币供给的调节发挥有效的作用。虽然目前金融市场已具有一定规模和活力，但与建立调节货币均衡的机制相比尚存在着很大的差距，等等。

本章小结

1. 银行是现代经济中货币供应的主体,但非银行经济部门的行为对货币供应也有很大作用,主要是在货币乘数中有所反映。

2. 货币乘数的稳定与否决定了货币当局调节货币量是否有可操作性的依据。

3. 古典货币数量理论强调货币数量对商品价格的决定性影响。其中费雪方程式侧重于货币流量分析,并未考虑投机动机对货币需求的影响。剑桥方程式除了从货币存量角度分析货币需求,注重微观主体的行为对货币需求的影响。

4. 凯恩斯货币需求理论进一步强调微观主体行为对货币需求的影响,引出交易性需求及投机性需求,并将利率引入货币需求函数。

5. 现代货币数量学派一方面坚持了货币数量决定商品价格的观点,同时强调实质货币需求具有相对稳定性。

6. 马克思的货币需求理论是建立在金属货币流通的条件下,货币需要量公式强调商品价格取决于生产过程而非流通过程。

7. 保证货币供求均衡的重要条件是实行正确的货币政策和财政政策。

8. 对货币供求均衡的研究在不断发展。

关键词汇

货币需求　货币需求量　货币供给　货币供给量　货币均衡　派生乘数　基础货币　原始存款

复习思考题

1. 比较现金交易数量说与货币数量说。

2. 简述凯恩斯的货币需求理论。

3. 比较凯恩斯与弗里德曼货币需求理论。

4. 试述影响我国货币需求的因素。

5. 基础货币和货币供应量为什么有时会出现不一致的现象?联系我国实际情况分析。

案例分析题

货币供应量(M_2)=基础货币(B)×货币乘数(K)。其中,基础货币是流通中现金和银行的准备金之和;货币乘数是货币供应量与基础货币间的倍数关系,指单位基础货币所生成的货币供应量,货币乘数主要受流通中现金对存款的比率和准备金对存款的比率(存款准备金率)的影响。流通中现金对存款的比率受公众行为影响,存款准备金率是法定存款准备金率与超额存款准备金率之和,法定存款准备金率由央行确定,超额存款准备金率由金融机构行为决定。

2011年年末,广义货币供应量 M_2 余额为85.2万亿元,同比增长13.6%,增速比上年低6.1个百分点。人民币贷款余额同比增长15.8%,增速比上年低4.1个百分点，比年初增加7.47万亿元。我国基础货币的投放主要有公开市场证券买卖、对金融机构贷款、外汇占款、有价证券及投资等渠道。20世纪90年代中期以前，中国人民银行投放基础货币的主渠道是对金融机构贷款，近年来主要是外汇占款。

思考：为什么货币供应量与基础货币两者的运动有时并不完全一致？

第九章

货币政策

货币政策作为宏观经济间接调控的重要手段，在整个国民经济宏观调控体系中居于十分重要的地位。制定和实施货币政策，对国民经济实施宏观调控是中央银行的基本职责之一。货币政策目标的正确选择，决策程序的科学合理和政策工具的正确使用是货币政策作用有效发挥的重要前提。货币政策目标选定后，中央银行必须利用自己的特殊地位，选择适当的中介指标并运用相应的政策工具，对宏观经济进行调节，以保证政策目标的实现。从货币政策工具到货币政策目标的实现的整个传导过程就是货币政策的传导机制。货币政策能否取得预期效果，需要进行一定的检验和衡量。本章将会对这些问题进行详细讨论。

第一节　货币政策及其目标

一、货币政策的含义及其构成要素

广义的货币政策包括政府、中央银行和其他有关部门所有有关货币方面的规定和所采取的影响货币供给量的一切措施。按照这个定义，货币政策包括了有关建立货币制度的种种规定，所有旨在影响金融系统的发展、利用和效率的措施，甚至还包括政府借款、国债管理以及政府税收和开支等可能影响货币支出的行为。

当代，通常所说的货币政策，较之上述口径要窄得多。我们通常所说的是狭义的货币政策，是指中央银行为实现特定的经济目标，运用各种政策工具调节货币供应量和利率，进而影响宏观经济的方针和措施的总和。货币政策有四大构成要素：货币政策最终目标、货币政策工具、货币政策中介指标及货币政策传导机制。

二、货币政策的最终目标

货币政策的最终目标一般亦称货币政策目标，它是中央银行通过货币政策的操作而达到的宏观经济目标。世界各国所追求的货币政策最终目标有所不同，就大多数国家来说，主要有四个方面：币值稳定、充分就业、经济增长和国际收支平衡。

（一）货币政策最终目标的内容

1. 币值稳定

在现代信用货币流通条件下，币值（单位货币的购买力）与物价之间存在着必然的倒数关系，所以币值稳定的本质可以理解为物价稳定，即一般物价水平在短期内不发生显著的或急剧的波动，保持一种相对稳定的状态。

衡量物价稳定的宏观经济指标是通货膨胀率。通货膨胀是指一般物价水平在一段时间内持续、普遍地上涨。对通货膨胀的衡量可以通过对一般物价水平上涨幅度的衡量来进行。一般说来，常用的指标有三种：（1）居民消费价格指数（CPI）；（2）生产者价格指数（PPI）；（3）国内生产总值平减指数（GDP Deflator）。

居民消费价格指数是指一组与居民生活有关的商品价格的变化幅度。生产者价格指数是指一组出厂产品批发价格的变化幅度。国内生产总值平减指数则是按当年价格计算的国内生产总值与按基年不变价格计算的国内生产总值的比率。由于这三种指标在衡量通货膨胀时各有优缺点，并且所涉及的商品和劳务的范围、计算口径不同，即使在同一国家的同一时期，各种指数反映的通货膨胀程度也不尽相同。在衡量通货膨胀时，居民消费价格指数使用得最多、最普遍。我国目前通货膨胀的控制目标是 CPI 同比上涨 4%。

与通货膨胀一样，通货紧缩也是货币供求失衡、物价不稳定的一种表现，是物价持续、普遍、明显地下降，对整个经济增长也同样有着不利影响。

2. 充分就业

广义的充分就业是指一切生产要素（劳动、土地、资本）都有机会以自己愿意的报酬参加生产的状态。狭义的充分就业是指劳动这一要素的充分就业，即所有有劳动能力且愿意工作的人均有工作。通常所说的充分就业是指狭义的充分就业。

充分就业的宏观经济衡量指标是失业率。失业率是指劳动力人口中失业人数所占的百分比，劳动力人口是指年龄在 16 岁以上具有劳动能力的人的全体。我国统计部门公布的失业率为城镇登记失业率，即城镇登记失业人数占城镇从业人数与城镇登记失业人数之和的百分比。城镇登记失业人数是指拥有非农业户口，在一定的劳动年龄内有劳动能力，无业而要求就业，并在当地就业服务机构进行求职登记的人数。

失业一般分为三类：摩擦失业、自愿失业和非自愿失业。摩擦失业是指在生产过程中由于难以避免的摩擦造成的短期、局部性失业，如劳动力流动性不足、工种转换的困难所引致的失业。自愿失业是指工人不愿意接受现行工资水平而形成的失业。非自愿失业是指愿意接受现行工资但仍找不到工作的失业。

凯恩斯认为，如果非自愿失业已消除，失业仅限于摩擦失业和自愿失业的话，就实现了充分就业。因此充分就业并不是百分之百的就业，充分就业并不排除像摩擦失业和自愿失业的失业状况的存在，大多数西方经济学家认为存在 4% ~6% 的失业率是正常的。

3. 经济增长

所谓经济增长，是指一国在一定时期内所生产的商品和劳务总量的增长。经济增长速度的度量，通常用经济增长率来表示。它是反映一定时期经济发展水平变化程度的动态指标，也是反映一个国家经济是否具有活力的基本指标。

经济增长率 = 报告期 GDP 增量/基期实现的 GDP 总量

国内生产总值（GDP），它是指一国（或地区）所有常住居民在一定时期内生产活动的最终成果，即指在一国的领土范围内，本国居民和外国居民在一定时期内所生产的、以市场价格表示的产品和劳务总值。GDP 是衡量一国（或地区）整体经济状况的主要指标，GDP 增长率是反映一定时期经济发展水平变化程度的动态指标。

需要注意的是，货币政策所追求的经济增长目标是建立在长期持续稳定的基础上的，绝不是追求盲目高速的增长，这如同量的增长并不代表质的提高一样。货币政策追求的经济增长目标应该是发展速度加快、结构优化和效率提高三者之间的协调统一。

不同的国家因体制不同、经济发展基数不同，维持的经济增长率也不同，我国一般经济增长率维持在同比增长 8% 左右，美国一般维持在 3% 左右。图 9 – 1 是我国 2006—2011 年 GDP 及增速，图 9 – 2 是世界主要经济体在 2011 年的 GDP 增速。

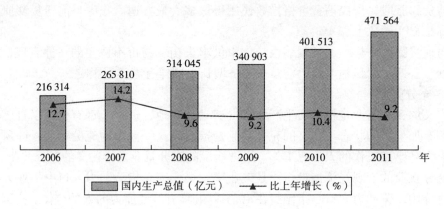

图 9 – 1　2006—2011 年国内生产总值及其增长速度

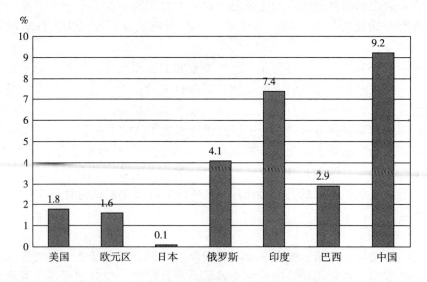

图 9 – 2　世界主要经济体 2011 年 GDP 增速

4. 国际收支平衡

国际收支是指一国在一定时期内的所有对外经济往来的系统记录。国际收支平衡是指一国对其他国家的全部货币收入和货币支出持平、略有顺差或逆差。

国际收支包括经常项目和资本项目。经常项目主要反映一国的贸易和劳务往来状况，包括贸易收支、劳务收支（如运输、旅游等）和单方面转移（如汇款、捐赠等），是最具综合性的对外贸易的指标。资本项目则集中反映一国同国外资金往来的情况，反映了一国利用外资和偿还本金的执行情况，如直接投资、政府和银行的借款及企业信贷等。国际收支的衡量指标有很多，其中贸易收支（也就是通常的进出口差额）是国际收支中最主要的部分。

保持国际收支平衡是保证国民经济持续稳定增长和经济安全甚至政治稳定的重要条件。无论是国际收支顺差还是国际收支逆差，对一国经济都是不利的。首先，国际收支顺差和逆差都会加剧贸易的摩擦；其次国际收支顺差会导致外汇储备闲置，资源的浪费；再次为购买大量的外汇可能增发本国货币，导致或加剧国内通货膨胀；最后国际收支逆差会导致资本的大量外流，外汇储备急剧下降，本币大幅贬值，并导致严重的货币和金融危机。所以，中央银行必须通过采取利率或汇率等方式的调节来实现国际收支的平衡。

（二）货币政策最终目标之间的关系

货币政策目标之间的关系较复杂，有的一定程度上具有一致性，如充分就业与经济增长；有的相对独立，如充分就业与国际收支平衡；更多表现为目标间的冲突性。各目标之间的矛盾表现为以下四方面。

1. 币值稳定与充分就业之间的矛盾

为了稳定币值即物价，必要的措施就是抽紧银根，紧缩信用，降低通货膨胀率，但结果会导致经济衰退和失业率上升。而为了增加就业，有需要采取信用扩张的办法，放松银根，增加货币供应量，增加投资，刺激需求，从而增加就业人数，但结果又会导致物价上涨，加剧通货膨胀。

对两者关系经典描述的是菲利普斯曲线。1958 年，在英国任教的新西兰籍经济学家菲利普斯研究了 1861—1957 年的英国失业率和货币工资增长率的统计资料后，提出了一条用以表示失业率和货币工资增长率之间替换关系的曲线，在以横轴表示失业率，纵轴表示货币工资增长率的坐标系中，画出一条向右下方倾斜的曲线，这就是最初的菲利普斯曲线。萨缪尔森随后把菲利普斯曲线改造为失业与通货膨胀的关系。通货膨胀率 = 货币工资增长率 - 劳动生产增长率，根据这一关系，若劳动生产的增长率为零，则通货膨胀率就与货币工资增长率一致。因此，经改造的菲利普斯曲线就表示了失业率与通货膨胀率之间的替换关系，即失业率高，则通货膨胀率低；失业率低，则通货膨胀率高。

从菲利普斯曲线我们可以看出，若一国中央银行既想要实现充分就业，又要保证物价即币值的稳定，那是相当困难的，各国中央银行只能根据自身的实际情况在失业和通货膨胀率之间寻求一个适合自己的最佳组合点。一个社会先确定一个社会临界点，由此确定一个失业与通货膨胀的组合区域。如果失业率和通货膨胀率组合在组合区域内，则社会的决策者不用采取调节行动，如在区域之外，则可根据菲利普斯曲线所表示的关系进行调节。现用图 9 - 3 来说明。

在图中，横轴代表失业率 u，纵轴代表通货膨胀率 π。假定当失业率和通货膨胀率在 4% 以内时，经济社会被认为是安全的或可容忍的，这时在图中就得到了一个临界点，即 A 点，由此形成一个四边形的区域，称其为安全区域，如图中的阴影部分所示。如果该经济的失业率与通货膨胀率组合落在安全区域内，则决策者无需采取任何措施调节。如果通货膨胀率高于 4%，例如达到了 5%，这是根据菲利普斯

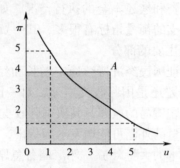

图9-3 菲利普斯曲线与政策运用

曲线，决策者可以采取紧缩性政策，以提高失业率为代价降低通货膨胀率。如果失业率高于4%，例如为5%，决策者可以采取扩张性政策，以提高通货膨胀率为代价降低失业率。

2. 经济增长与币值稳定之间的矛盾

在经济学界，有的观点认为，在经济达到充分就业之前，适度的物价上涨能够刺激投资和产出的增加，从而促进经济增长；并且经济增长源于新生产要素的投入和劳动生产率的提高，劳动生产率的提高会导致单位产品生产成本的降低，物价趋于下降，即经济增长和币值稳定之间并不矛盾。但在当前的信用货币经济中，促进经济的增长往往要使得货币的供给增加，货币供给的增加又会导致产出和总需求的增加，总需求的增加往往会引起物价水平的上涨与币值的下跌，故现实生活中，两者常常是矛盾的。

3. 经济增长与国际收支平衡之间的矛盾

对经常账户而言，一国的经济增长会导致该国国民收入的增加，从而增加对进口商品的需求，此时如果出口的增长不能抵消进口的增加，贸易收支就会失衡。对资本和金融账目而言，一国的经济增长往往需要依靠流入的外资来实现，但是外资的流入明显会导致资本项目出现顺差，资本项目失衡。从以上两方面的共同作用的结果可以看出，经济增长与国际收支平衡之间也常常可能是矛盾的。

4. 币值稳定与国际收支平衡的矛盾

一方面，在开放经济中，就算本国的币值稳定，但其他国家，尤其本国的贸易往来国如果发生通货膨胀，则会导致本国商品相对其他国家的商品价格下降，本国商品出口增加，如果进口的增加不能抵消出口的增加，则会引起国际收支顺差；另一方面，如果国内发生了严重的通货膨胀，货币当局为了抑制物价上涨，中央银行减少货币供应量，但这可能会导致利率上升，从而导致资本流入，资本项目出现顺差。由此可见，币值稳定与国际收支平衡并非总是协调一致的。

（三）货币政策最终目标的选择

如果一国的货币政策能同时实现上述的四大目标，那当然是再好不过的事情了。但由于这四大目标之间存在着一些内在冲突。从而使中央银行不可能兼顾全部目标，只能权衡各目标对当前形势的轻重而选择一个或几个目标作为货币政策的最终目标。然而在到底应选哪个或哪几个作为货币政策目标这一问题上，经济理论界也存在颇多的争议。有人主张单目标，其理由是各目标之间存在内在冲突，同时兼顾一个以上的目标，只会顾此失彼。但在单一目标论中也因到底选择哪个目标而分为两派观点：一种是认为币值稳定最重要，应作为唯一目标；另一种认为经济增长是基础，所以应把经济增长确定为唯一目标。双目标论者则认为货币政策目标不可能是单一的，而应当同时兼顾币值稳定和经济增长两大目标，这两者在一定程度上是相辅相成的，因此两者均不可偏废。多目标论者则认为各个目标对实现宏观经济的稳定发展都十分重要，应在总体上兼顾各个目标，而在不同时期以不同的目标作为相对重点。

《中华人民共和国中国人民银行法》第三条，确定中国人民银行的货币政策目标是"保持货币币值的稳定，并以此促进经济增长"。币值稳定包括货币对内币值稳定（国内物价稳定）和对外币值稳定（汇率稳定）两个方面。这一政策目标既规定了稳定货币的第一属性，又明确了稳定货币的最终目的是促进经济增长；既充分遵循了货币政策目标选择的一般规律，又符合我国现阶段的国情与大力发展社会主义市场经济，促进国民经济持续、快速、健康发展的内在要求。

三、货币政策中介指标

（一）中介指标的含义及选择标准

货币政策中介指标，又称中间目标，是指受货币政策工具作用，并影响货币政策最终目标的传导性金融指标。

从货币政策工具的运用到货币政策目标的实现之间有一个相当长的作用过程。在这个过程中有必要及时了解政策工具是否有力，估计政策目标能不能实现，这就需要借助于中介指标的设置。事实上，货币当局本身并不能直接控制和实现诸如币值稳定、经济增长这些货币政策目标。它只能借助于货币政策工具，并通过对中介指标的调节和影响最终实现政策目标。因此，中介指标就成了货币政策作用过程中一个十分重要的中间环节。对它们的选择是否正确以及选定后能否达到预期调节效果，关系到货币政策最终目标能否实现。通常认为中介指标的选取要符合如下一些标准。

1. 可控性。可控性是指中介指标易于为货币当局所控制。通常要求中介指标与所能适用的货币政策工具之间要有密切的、稳定的和统计数量上的联系。

2. 可测性。可测性的含义包括两个方面：一是中央银行能够迅速获取有关中介指标的准确数据；二是中介指标要有较明确的定义并便于观察、分析和监测。

3. 相关性。相关性是指只要能达到中介指标，中央银行在实现或接近实现货币政策目标方面不会遇到障碍和困难。也就是说，要求中介指标与货币政策的最终目标之间要有密切的、稳定的和统计数量上的联系。

4. 抗干扰性。货币政策在实施过程中常会受到许多外来因素或非政策因素的干扰。只有选取那些受干扰程度较低的中介指标，才能通过货币政策工具的操作达到最终目标。

5. 与经济体制、金融体制有较好的适应性。经济及金融环境不同，中央银行为实现既定的货币政策目标而采用的政策工具不同，选择作为中介指标的金融变量也必然有区别。

（二）主要的中介指标

根据以上几个条件，尤其是根据前三个条件所确定的中介指标一般有利率、货币供应量、超额准备金和基础货币等。根据这些指标对货币政策工具反应的先后和作用于最终目标的过程，又可分为两类：一类是近期指标，是指直接受货币政策工具作用，间接影响货币政策最终目标的金融变量，中央银行对它的控制力较强，但离货币政策的最终目标较远；另一类是远期指标，是指间接受货币政策工具作用，直接影响货币政策最终目标的金融变量，中央银行对它的控制力较弱，但离政策目标较近。

1. 远期指标

（1）利率。作为中介指标，利率的优点是：①可控性强。中央银行可直接控制对金融机构融资的利率。而通过公开市场业务或再贴现政策，也能调节市场利率的走向。②可测性强。中央银行在任何时候都能观察到市场利率的水平和结构。③相关性强。货币当局能够通过利率影响投资和消费支出，从而调节总供求。但是，利率作为中介指标也有并不理想之处。作为内生经济变量，利率的变动是顺循环的：经济繁荣时，利率因信贷需求增加而上升；经济停滞时，利率随信贷需求减少而下降。然而作为政策变量，利率与总需求也应沿同一方向变动：经济过热，应提高利率；经济疲软，应降低利率。这就是说，利率作为内生变量和作为政策变量往往很难区分。比如，确定一个利率提高的目标，为的是抑制需求；但经济过程本身如把利率推到这个高度，作为一个内生变量，它却是难以直接抑制需求的。在这种情况下，中央银行很难判明自己的政策操作是否已经达到了预期目的。

（2）货币供应量。货币供应量是指某一时点上全社会承担流通手段和支付手段的货币存量。一般表现为银行存款、流通中现金等金融机构的负债。以货币供应量作为中介指标，首先遇到的困难是确定哪种口径的货币供给作为中介指标：是现金，还是 M_1，抑或是 M_2。就可测性、可控性来说，三个指标均可满足，它们随时都反映在中央银行和商业银行及其他金融机构的资产负债表上，可以进行测算和分析。现金直接由中央银行发行并注入流通；通过控制基础货币，中央银行也能有效地控制 M_1 和 M_2。问题在于相关性，到底是哪一个指标更能代表一定时期的社会总需求和购买力，并从而通过对它的调控就可直接影响总供求。现金，在现代经济生活中已经起不了这种作用。问题是 M_1 和 M_2 的优劣比较，对此有颇不相同的见解。至于就抗干扰性来说，货币供应量的变动作为内生变量是顺循环的，而作为政策变量则应是逆循环的。因此，政策性影响与分政策性影响，一般说来不会相互混淆。

各国中央银行是选用货币供应量，还是选用利率作为中介指标，不存在哪个绝对好哪个绝对差的定论，如何选择要看条件，并且也只有根据经验的积累才能判断怎样的选择对本国条件来说较为理想。比如 20 世纪 70 年代中期以后，西方各国中央银行纷纷将中介指标由利率改为货币供应量；而进入 90 年代以来，一些发达国家又先后放弃以货币供应量作为中介指标，转而采用利率。原因是 80 年代末以来的金融创新、金融放松管制和全球金融市场一体化，使得各层次货币供应量之间的界限更加不易确定，以致基础货币的扩张系数失去了以往的稳定性，也使得货币总量同最终目标的关系更难把握，结果使中央银行失去了对货币总量强有力的控制。

此外，有一些经济、金融开放程度高的国家及地区，是以汇率作为货币政策的中介指标。这些国家或地区的货币当局确定其本币同另一个较强国家货币的汇率水平，并通过货币政策操作，盯住这一水平，以此实现最终目标。

2. 近期指标

（1）超额存款准备金。存款准备金是指商业银行为保证客户提取存款和资金清算需要而准备的资金，包括商业银行的库存现金和缴存中央银行的准备金存款两部分。缴存中央银行的准备金存款分为法定存款准备金和超额存款准备金。法定存款准备金是商业银行按照其存款的一定比例向中央银行缴存的存款，这个比例通常是由中央银行决定的，被称为法定存款准备金率。超额存款准备金是商业银行存放在中央银行、超出法定存款准备金的部分，主要用于支付清算、头寸调拨或作为资产运用的备付金。

超额存款准备金之所以能够成为中介指标，是因为法定存款准备金率、公开市场业务和再贴现政策等货币政策工具，都是通过影响商业银行的超额存款准备金的水平来发挥作用的。换句话说，无论中央银行运用何种政策工具，必须先改变商业银行的超额存款准备金，然后对货币供应量产生影响，进而实现最终目标。但是，作为中介指标，超额准备金往往因其取决于商业银行的意愿和财务状况而不易为货币当局测度、控制。

（2）基础货币。基础货币又称高能货币，是流通中的现金和银行存款准备金的总和。基础货币能够较好地满足中介指标的要求，是一个比较理想的中介指标。首先，它的可测性较强。基础货币直接表现为中央银行的负债，其数额随时反映在中央银行的资产负债表上，很容易掌握。其次，它的可控性强。流通中的现金可以由中央银行直接控制。银行存款准备金按供给来源分为借入准备金和非借入准备金。借入准备金是指中央银行通过再贴现窗口提供的临时性贷款。非借入准备金是指银行通过再贴现窗口以外的其他渠道所获得的准备金。中央银行可以通过公开市场业务随意控制银行准备金中的非借入准备金。借入准备金虽不能完全控制但可以通过再贴现窗口进行目标设定，并进行预测，也有很强的可控性。最后，它的相关性强。货币供应量等于基础货币与货币乘数之积，只要中央银行能够控制基础货币的投放，就可以控制货币供应量，进而影响到利率、价格和国民收入，从而实现货币政策的最终目标。

第二节　货币政策工具

货币政策工具是中央银行为了实现货币政策的最终目标而采取的措施和手段。它大致包括一般性货币政策工具、选择性货币政策工具和其他货币政策工具三大类。

一、一般性货币政策工具

一般性货币政策工具也称总量调控工具、常规性货币政策工具或传统的货币政策工具，是通过对货币供应总量或信用总量的调节与控制，对整个经济发展产生普遍性的影响的政策工具。它主要包括法定存款准备金政策、再贴现政策和公开市场业务，俗称中央银行的"三大法宝"。一般性货币政策工具的特点具有普遍性和经常性。普遍性是指它适用于金融领域内的所有对象，属于对货币供应量和信贷规模的总量调节。经常性则是指这些工具被中央银行长期地、经常地加以运用，是中央银行调控货币供给量的常规手段。

（一）法定存款准备金政策

法定存款准备金政策是指中央银行在法律所赋予的权力范围内，通过规定或调整商业银行缴存中央银行的法定存款准备金比率，控制商业银行的信用创造能力，间接地控制货币供应量的措施。英国最早将存款准备金集中于中央银行，而美国则是真正以法律形式对此作出规定的最早的国家，它在 1913 年的《联邦储备法》中就曾作出规定。最初中央银行建立存款准备金制度是为了保持商业银行的流动性而不是作为货币政策工具。将变动准备金率作为一种货币政策工具加以运用起始于 1933 年美国国会对美联储的授权。1935 年通过的《联邦储备法》再次以法律的形式加以确认，从而使存款准备金制度真正成为中央银行货币政策的重要工具。法定存款准备金制度是中央银行运用其他货币政策工具的基础。目前，实行中央银行制度的国家一般都实行了这一制度。

1. 法定存款准备金制度的基本内容

（1）规定法定存款准备金率。法定存款准备金率是指依法定形式规定商业银行及其他金融机构，对其所拥有的存款必须保持的准备金比率。

中央银行根据货币政策的紧松变化，对法定存款准备金率进行调控，从而影响商业银行等金融机构业务规模和创造派生存款的能力，进而起到调控货币供应量的作用。

（2）规定存款准备金资产内容。在西方国家，存款准备金又分为第一准备金和第二准备金。第一准备金是银行为应付客户提取现款随时可以兑现的资产，主要包括库存现金及存放在中央银行的准备金。一般称为"现金准备"或"主要准备"；第二准备金是指银行最容易变现而又不致遭受重大损失的资产，如国库券及其他流动性资产，也叫"保证准备"。

不过，充当法定存款准备金的只能是存放在中央银行的存款，商业银行持有的其他资产不能充当法定存款准备金。在我国，银行的库存现金不能充当法定存款准备金，只有上存中国人民银行的存款才能充当法定存款准备金。

（3）规定法定存款准备金计提的基础。一是存款余额如何确定，是按日均存款余额计提还是按月末或旬末存款余额计提。中国人民银行采取的是按旬平均余额计提的办法。二是缴存存款准备金的基期如何确定，结算期的法定存款准备金是以当期存款作为计提基础，还是以前一个或前两个结算期的存款余额作为计提基础。中国人民银行采用的是前期准备金账户制。

2. 法定存款准备金政策的作用机制

首先，调整法定存款准备金率会使货币乘数改变，在基础货币不变的情况下，就会引起货币供应量的改变。比如，中央银行调低法定存款准备金率，就使得一部分存款准备金由法定存款准备金转变为超额存款准备金。超额存款准备金的增加，增大了商业银行发放贷款和投资的能力。通过派生存款机制，这部分超额存款准备金就会产生出多倍的派生存款，使得货币供应量增加。用公示表示：

$$M = m \cdot B \qquad m = \frac{1 + c}{c + r_t + r_e}$$

式中：M 表示货币供应量；B 表示基础货币；m 表示货币乘数；c 表示现金漏损率或流通中现金与存款的比率；r_t 表示法定存款准备金比率；r_e 表示超额存款准备金比率。从公式中可以看出，降低法定存款准备金比率，将使货币乘数扩大，从而引起货币供应量的扩张。反之，提高法定存款准备金比率，就会缩小货币供应量。其次，在中央银行基础货币不变的情况下，中央银行改变法定存款准备金比率，将影响商业银行对准备金的需求。如提高法定存款准备金比率，会使商业银行系统感到准备金不足，造成同业拆借利率的上升。这样，通过改变法定存款准备金比率影响到利率提高，迫使社会投资和支出都缩减，从而达到紧缩的目的。最后，法定存款准备金率的变化具有直接的告示效果。如果调高法定存款准备金比率，说明中央银行将执行紧缩性的货币政策，商业银行和社会公众根据这一预期，便会自动地调整自己对信用的需求，反之亦然。

3. 法定存款准备金政策的优缺点

作为一种重要的货币政策工具，法定存款准备金政策的优点在于其对所有存款货币机构的影响是平等的，对货币供给的影响是强有力的，并且效果明显，收效迅速。

同时法定存款准备金政策的缺点也很突出：其一，作用效果过于猛烈，相对于庞大的存款货币，法定存款准备金比率的微小变动，就会造成法定存款准备金的较大波动，对经济造成强烈影响。其二，法定存款准备金率的提高很容易引起整个金融体系流动性不足，使整个金融体系面临危机。因此各国中央银行一般不轻易地变更法定存款准备金率。

（二）再贴现政策

再贴现政策是指中央银行通过提高或降低再贴现率，认定再贴现票据的资格等方法，影响商业银行等存款货币机构从中央银行获得再贴现贷款的能力，进而达到调节货币供给量和利率水平、实现货币政策目标的一种政策措施。它最初于 1833 年在英国的《银行特评法》中被确立。这一法案规定，期限在三个月以内的票据可申请贴现，贴现行可持这些票据不受任何限制地向英格兰银行申请再贴现。据此英格兰银行就可以自由地调节社会的货币供给量和影响利率水平。英格兰银行的这一做法得到了其他国家的效仿，美国于 1913 年通过的《联邦储备法》也确定再贴现政策为其货币政策工具之一。

1. 再贴现政策的内容。一般说来，再贴现政策有两方面的内容：一是再贴现率的调整；二是规定何种票据具有向中央银行申请再贴现的资格。前者主要是影响商业银行的准备金及社会资金供求；后者则主要是影响商业银行及全社会的资金投向，促进资金的高效流动。

2. 再贴现政策的作用机制。再贴现政策发挥作用的途径有三条：一是对商业银行准备金和货币供应量的影响；二是对利率的影响；三是通过告示作用发挥效果。

首先，当中央银行需要适当收紧银根时，中央银行可提高再贴现率，并使之高于市场利率，这样商业银行向中央银行借款或申请再贴现的融资成本就会上升，从而减少向中央银行的借款或再贴现，商业银行准备金数量的增加就受到了限制。如果准备金不足，商业银行就只能收缩对客户的贷款和投资规模，进而也就缩减了市场的货币供应量。其次，如果中央银行提高再贴现率，筹资成本上升，对中央银行有负债业务的商业银行就会通过出售债券、收回贷款、增加对其他商业银行的借款等方式筹资归还向中央银行的借款，多数商业银行的这些活动就会推动货币市场利率的上升和银行放款利率的上升。同时，再贴现率的提高，迫使商业银行持有更多的准备金，放款行为更为谨慎，整个社会资金供应紧张，也迫使利率上升。利率恰好起到抑制总需求，对过热的经济产生紧缩的作用。最后，再贴现政策也具有告示作用。通过再贴现率的改变表明中央银行货币政策的改变，从而影响社会经济主体对未来经济运行状况的预期。如中央银行提高再贴现率，商业银行就会意识到未来的银根将紧缩。于是，就会对放款采取谨慎态度，放慢信贷扩张的速度。债券、股票等有价证券的持有者预期到未来利率要上升，就会抛售手中的有价证券，导致有价证券价格下跌，提高有价证券的收益率，增加企业利用证券市场融资的成本，起到紧缩经济的作用。这恰好是中央银行提高再贴现率的政策目标之所在。

3. 再贴现政策的优缺点。再贴现政策的优点有以下三方面。

（1）再贴现政策可以通过调整再贴现率影响商业银行的借款成本和超额存款准备金，从而影响商业银行的放款和投资活动。

（2）再贴现政策可以产生告示效果，影响商业银行和公众的预期。

（3）再贴现政策可以通过决定何种票据有再贴现资格来影响商业银行资金的投向。

再贴现政策的缺点有以下三方面。

（1）中央银行固然能调整再贴现率，但商业银行是否借款与借款多少决定权在商业银行，中央银行处于被动地位。

（2）当中央银行把再贴现率定在一个特定水平上时，市场利率与再贴现率中间的利差将随市场利率的变化而发生较大的波动，它可能导致再贴现贷款规模甚至货币供给量发生非政策意图的波动。因为再贴现政策是主要是利用再贴现率与市场利率之间的利差方向或者利差大小来影响商业银行的借款决策。

（3）再贴现率不宜频繁调整，否则市场主体会无所适从。

（三）公开市场业务

公开市场业务是指中央银行通过在金融市场上公开买卖有价证券影响货币供应量和市场利率的行为。这一政策最早被19世纪初英格兰银行采用。当时英格兰银行为了维持国库券的价格而公开买卖国库券。到1913年美国也利用公开市场业务来维持财政收支平衡。后来在30年代的大危机中，美联储意外地发现公开市场操作可以极大地影响信用条件，从而将其确定为控制、调节货币供给量的主要工具。

1. 公开市场业务的操作对象和类型

（1）操作对象。从技术上讲，中央银行公开市场业务的操作对象可以是公司债券、普通股票等有价证券，而不仅仅局限于政府债券等范围之内。对所有有价证券的买卖，都可以影响商业银行准备金的变动，而且对中央银行和商业银行资产负债表的影响基本上是一致的。但实际上，多数中央银行都将公开市场业务操作对象限制在政府债券范围内。之所以如此，一方面是避免中央银行持有普通股股票及公司债券对特殊利益所形成的不公平影响；另一方面是政府债券所具有的广度和深度，有助于中央银行吞吐大量资金而不致引起市场价格波动。如果交易对象市场容量过小，中央银行的入市操作就会带来价格的巨大波动，造成市场的不稳定。

（2）操作类型。公开市场操作可根据中央银行操作的主动与否划分为两类：①保卫性公开市场操作。中央银行担负有货币发行并保持币值稳定的职责，因此中央银行必须保证社会中的流通货币量在一个合适的数量范围内。当某种外在因素如国际收支顺差使外汇储备上升等，引起货币供给增加，中央银行就必须采取相反的措施在公开市场上卖出有价证券以冲销货币供给的增加。这种为保证货币政策目标的实现而被动地采取的操作就称为保卫性公开市场操作。②主动性公开市场操作。当货币当局决定改变货币政策时，就在公开市场上连续、同向操作，买入或卖出有价证券，以达到扩张或紧缩的货币政策效果。

公开市场业务按其业务形式主要有两类：一类是现券交易；另一类是回购交易。

2. 公开市场业务的作用机制

首先，公开市场业务通过影响商业银行的超额存款准备金进而影响货币供应量。当中央银行在金融市场上购入政府债券时，如果售出者是商业银行，则中央银行通过借记有价证券，贷记商业银行准备金账户进行支付。此时，商业银行持有的资产项目中有价证券减少，超额准备金增加，商业银行的资产项目一减一增。如果售出者是社会公众，他会得到中央银行签发的支票，将其存入商业银行。商业银行与中央银行清算后，中央银行通过借记有价证券，贷记商业银行的准备金账户进行支付。此时商业银行吸收的存款增加，在中央银行的超额存款准备金增加，资产与负债同时增加。无论中央银行向商业银行还是向社会公众购进证券，都会使商业银行的超额准备金增加，即基础货币增加，通过存款派生过程，使货币供应量增加。相反，当中央银行在金融市场上出售证券时，就会吸纳相应的银行准备金，使基础货币和货币供应量都减少。其次，公开市场业务通过影响利率水平和利率结构来达到调控经济的目的。如果中央银行在证券市场上购入有价证券，基础货币的投放使货币供应量增加，有利于利率水平下降。这是一种间接的影响。同时，中央银行的购买行为增加了有价证券市场上的需求量，有可能推动有价证券价格上涨，使有价证券收益率下降，市场利率下降，这是一种直接的影响。此外，中央银行可以通过同时买卖期限不同的证券，影响不同期限证券的供求状况和收益率，从而使利率结构受到影响。这是其他货币政策工具所不具备的。

3. 公开市场业务的优缺点

公开市场业务的优点有以下三方面。

（1）公开市场操作的主动权完全在中央银行，其操作规模大小完全受中央银行自己控制。

（2）可以经常性、连续性、微幅调整货币供给量，避免法定存款准备金率调整带来的震动效应。

（3）操作具有可逆性，执行起来较为灵活。当中央银行在公开市场操作中发现错误时，可立即逆向使用该工具，即可纠正其错误，而不致造成过大的损失。

公开市场业务的缺点有以下两方面。

（1）公开市场操作较为细微，技术性较强，政策意图的告示作用较弱。

（2）公开市场操作需要以较为发达的有价证券市场为前提，中央银行有足够的库存证券，否则难以实现上述优点。

二、选择性货币政策工具

传统的三大货币政策工具，都属于对货币总量的调节，以影响整个宏观经济。除此之外，中央银行还拥有选择性的货币政策工具。选择性货币政策工具也称为货币政策的结构性调节工具，是中央银行针对某些特殊的经济领域或特殊用途的信贷而采取的信用调节工具。其中有消费者信用控制、证券市场的信用控制、不动产信用控制、优惠利率和预缴进口保证金等。

（一）消费者信用控制

消费者信用控制是指中央银行对不动产以外的其他各种耐用消费品的销售融资予以限制。其主要内容包括：规定采用分期付款的形式购买耐用消费品首次付款的最低金额；规定用消费信贷购买商品的最长期限；规定可用信贷购买的耐用消费品的种类及对不同消费品规定不同的信贷条件等等。在消费信用膨胀和通货膨胀时期，中央银行采取消费者信用控制，可以起到抑制消费需求和物价上涨的作用。在经济萧条时期，中央银行放宽对消费者信用的限制条件，可以提高消费者对耐用消费品的购买能力，扩大购买需求，促使经济回升。

（二）不动产信用控制

不动产信用控制是指中央银行对商业银行和其他金融机构的房地产贷款所采取的限制措施。由于不动产特别是住房商品需求的两重性：一方面，满足正常的生产和生活消费；另一方面，也是一种重要的投资（投机）手段，不动产需求与宏观经济走势密切相关且波动较大。因此，控制不动产信贷规模、抑制过度投机对减轻经济波动意义重大，中央银行有必要采取信用控制。其主要内容包括：规定金融机构不动产贷款的最高额度，即对一笔不动产贷款的最高额度予以限制；规定金融机构房地产贷款的最长期限；规定首次付款的最低金额及分摊还款的最低金额等。

（三）证券市场信用控制

证券市场信用控制是指中央银行通过规定和调节信用交易、期货交易和期权交易中的最低保证金率，以刺激或抑制证券交易活动，促使金融市场稳健运行的货币政策手段。保证金比率是指证券购买人首次支付占证券交易价款的最低比率。中央银行根据金融市场状况调高或调低保证金比率，控制住最高放款额度，间接控制证券市场的信贷资金流入量。最高放款额度和保证金比率之间的关系：最高放款额度＝交易总额×（1－法定保证金比率）。

（四）优惠利率

优惠利率是指中央银行对国家重点发展的经济部门或产业的贷款使用低于市场利率的优惠性的利率。优惠利率的采用通常是和国家经济政策相适应，与具体的发展项目相匹配，目的是鼓励某些行业或部门的发展。实行优惠利率有两种方式：制定较低的贴现率和规定较低的贷款利率。

（五）预缴进口保证金

预缴进口保证金是指中央银行要求进口商预缴相当于进口商品总值一定比例的存款，以抑制进口的快速增长。预缴进口保证金多为国际收支经常出现逆差的国家所采用。

三、其他货币政策工具

（一）直接信用控制

直接信用控制是指中央银行从质和量两个方面，以行政命令或其他方式，直接对金融机构尤其是商业银行的信用活动所进行的控制。其手段包括信用配额、利率最高限制、流动性比率和直接干预等。

1. 信用配额，或信贷分配，是指中央银行根据金融市场状况及客观经济需要，分别对各个商业银行的信用规模加以分配，限制其最高数量。这是一个颇为古老的做法。当今，在多数发展中国家，由于资金供给相对于需求来说极为不足，这种办法相当广泛地被采用。

2. 利率最高限额，又称利率管制，指中央银行规定商业银行定期及储蓄存款所能支付的最高利率。利率最高限额制度的目的是防止商业银行用抬高利率的办法竞相吸收存款，以及为谋取高利而进行高风险存贷。如在 1980 年以前，美国有"Q 条例"，规定活期存款不准付息，对定期存款及储蓄存款则规定利率最高限额。

3. 规定商业银行的流动性比率，也是限制信用扩张的直接管制措施之一。商业银行的流动性比率是指流动资产对存款的比重。一般说来，流动性比率与收益率成反比。为保持中央银行规定的流动性比率，商业银行必须缩减长期放款、扩大短期放款和增加易于变现的资产。

4. 直接干预，是指中央银行直接对商业银行的信贷业务、放款范围等加以干预。如对业务经营不当的商业银行拒绝再贴现或采取高于一般利率的惩罚性利率；如通过规定法定存款准备金率直接干涉商业银行对存款的吸收等。

（二）间接信用控制

间接信用控制是指中央银行通过道义劝告、窗口指导等办法间接影响商业银行的信用创造。间接信用控制的优点是较为灵活。但要起作用，中央银行必须在金融体系中有较强的地位、较高的威望和拥有控制信用的足够的法律权力和手段。

1. 道义劝告，是指中央银行利用其声望和地位，对商业银行和其他金融机构经常发出通告、指示或与各金融机构的负责人进行面谈，劝告其遵守政府政策并自动采取贯彻政策的相应措施。例如，在国际收支出现逆差时劝告各金融机构减少海外贷款；在房地产与证券市场投机盛行时，中央银行要求商业银行缩减对这两个市场的信贷等。

2. 窗口指导，是指中央银行根据产业行情、物价趋势和金融市场动向等，规定商业银行每季度贷款的增减额，并要求其执行。如果商业银行不按规定的增减额对产业部门贷款，中央银行可削减向该银行贷款的额度，甚至采取停止提供信用等制裁措施。虽然窗口指导没有法律约束力，但其作用有时也很大。第二次世界大战结束后，窗口指导曾一度是日本货币政策的主要工具。

3. 金融检查，是指中央银行作为国家金融管理部门，经常检查各银行的业务活动。它可以使中央银行不使用管制性措施而达到管理金融的目的。中央银行经常检查各银行的业务活动，一方面有利于维护银行体系的安全，另一方面也有利于维护银行的安全。

4. 公开宣传，是指中央银行利用各种机会向金融界及社会各界说明其金融政策的内容和意义，求得各方面的理解和支持，从而使金融活动按照中央银行预期的方向发展。

第三节　货币政策的传导机制

一、货币政策传导机制的含义

货币政策传导机制，是指货币管理当局确定货币政策之后，从选用一定的货币政策工具进行现实操作开始，到实现最终目标之间，所经过的各种中间环节相互之间的有机联系及因果关系的总和（见图9-4）。

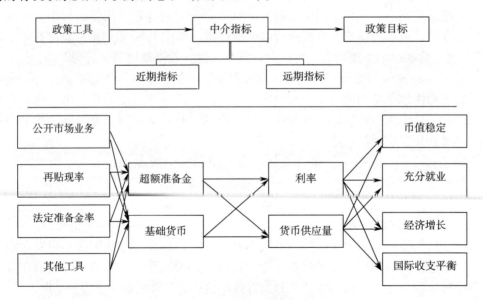

图9-4　货币政策传导机制示意图

货币政策传导过程，也就是货币政策的制定和实施的过程。首先要选定最终目标；其次选择政策工具和中介指标；再次，根据不同的经济金融状况，实施政策工具，从而引起中介指标的变化。中介指标的变动（如货币供应量的变动）必然会影响到企业和个人的收入和购买力大小的变化，最终影响到名义国民收入的增减变化。

需要指出的是，在这一过程中，货币政策的贯彻实施能否产生预期效果并不完全取决于中央银行的主观愿望，而在很大程度上取决于经济金融环境的好坏和社会主体的行为调整是否与中央银行的意志相吻合。一般而言，货币政策的传导需要依赖于如下一些环节的顺畅。

1. 从中央银行到金融市场。金融市场是中央银行货币政策传导所以来的必不可少的基础。一国金融市场的发展状况决定了中央银行宏观调控方式、调控工具及调控效果。

2. 从中央银行到各金融机构。金融机构是金融市场的主体，也是中央银行宏观调控的客体（对象），它是连接中央银行与其他经济主体的桥梁，实际上中央银行对宏观经济的调控，也就是通过运用各种货币政策工具，直接或间接地调节各金融机构的超额存款准备金，以便控制各金融机构的信用创造能力，进而调节货币供应量。因此金融机构的行为是否规范，是否对中央银行发出的信号作出灵敏反应，直接决定着中央银行调控效果。

3. 从各金融机构和金融市场到企业和个人的投资与消费。中央银行宏观调控对企业和个人的影响是间接的，对金融机构和金融市场的影响则是直接的。金融机构行为调整和金融市场融资环境的变化，才对企业和个人的投资与消费产生直接影响。这一过程中，货币政策传导能否有效，关键在于企业和个人的投资与消费行为在多大程度上受金融机构和金融市场的影响。具体地说，货币政策传导能否有效取决于融资体制、企业和个人与金融机构的关系、对市场融资的依赖程度等。

4. 从个人和企业的投资与消费到国民收入的变动。在这一环节中，企业和个人的投资与消费变动，必然会引起整个国民收入随之变动，但是这种变动能否与中央银行意愿相吻合，则取决于整个宏观经济环境是否有利于投资和消费。此外投资体制、企业运行机制、消费倾向、消费习惯等都会对国民收入产生影响。

二、货币政策传导机制理论

货币政策传导机制理论是研究货币供给对实际经济活动的作用以及发生作用的渠道和过程的理论。凯恩斯学派、货币学派、后凯恩斯学派等流派均对此作出了各具特色的回答，分别探讨了利率、资产相对价格、信贷等传导途径。

（一）凯恩斯学派的货币政策传导机制理论

货币政策经利率途径影响实际经济，这是凯恩斯学派货币政策传导机制理论的核心思想，也是现代货币传导机制最重要的途径之一。

根据凯恩斯的分析，中央银行增加或减少货币供应量将引起利率的下降或上升，在资本边际效率一定的条件下，利率的下降将引起投资的增加，利率的上升则引起投资的减少。投资的增加或减少，又将通过乘数作用引起支出和收入的同方向变动。如果用 M 表示货币供应量，r 表示利率，I 表示投资，E 表示支出，Y 表示收入，则凯恩斯的货币政策传导机制理论可表示如下：$M\uparrow \to r\downarrow \to I\uparrow \to E\uparrow \to Y\uparrow$。

在这个传导机制发挥作用的过程中，主要环节是利率；货币供应量的调整首先影响利率的升降，然后才使投资乃至总支出发生变化。

上述分析，在初期阶段，凯恩斯学派称之为局部均衡分析，只显示了货币市场对商品市场的初始影响，而没有能反映它们之间循环往复的作用。考虑到货币市场与商品市场的相互作用，遂有进一步分析，凯恩斯学派称为一般均衡分析。

（1）假定货币供给增加，当产出水平不变，利率会相应下降；下降的利率刺激投资，并引起总支出增加，总需求的增加推动产出上升。这与原来的分析是一致的。

（2）但产出的上升，提出了大于原来的货币需求；如果没有新的货币供给投入经济生活，货币供求的对比就会使下降的利率回升。这是商品市场对货币市场的作用。

（3）利率的回升，又会使总需求减少，产量下降；产量下降，货币需求下降，利率又会回落。这是往复不断的过程。

（4）最后会逼近一个均衡点，这个点同时满足了货币市场供求和商品市场供求两方面的均衡要求。在这个点，可能利息率较原来的均衡水平低，而产出量较原来的均衡水平高。

对于这些传导机制的分析，凯恩斯学派还不断增添一些新的内容，主要集中在货币供给到利率之间和利率到投资之间更具体的传导机制及一些约束。从总的情况来看，虽然凯恩斯提出了货币政策必须通过利率来加以传导，货币政策的中介指标应该是利率。实际上西方国家货币政策在长期实践中也正是以利率作为中央银行的控制对象。但是，凯恩斯认为货币政策的作用是间接的，它必须有两个中介环节，即货币供给到利率之间和利率到投资之间的两个环节，如果这两个中间环节的一个出现问题，则货币政策无效。例如，当一国经济出现"流动性陷阱"，即当利率水平低到所有人都认为它肯定上升时，货币的投机性需求就可能变得无穷大，任何新增货币都会被人们持有，而不增加对债券的需求时，货币供应量的增加就不会使利率下降，于是货币政策将无效。又如，在利率下降后，如果投资者对利率的下降不敏感，即投资的利率缺乏弹性，则货币政策也将无效。所以，凯恩斯学派强调财政政策的有效性，而认为货币政策是不可靠的。

（二）后凯恩斯学派的货币政策传导机制理论

在凯恩斯之后，又有一些著名的凯恩斯学派经济学家另辟蹊径，重新给利率传导机制以新的诠释，从而使利率传导机制成为主要的货币政策传导理论。这些经济学家主要有托宾、莫迪格里安尼（Modigliani）、米什金等。

1. 托宾的 q 理论

托宾通过引入 q，丰富并发展了利率传导机制理论中 i 对 I 的作用。托宾的 q 比率是公司市场价值与资本重置成本之比。反映的是一个企业两种不同价值估计的比值。分子上的价值是金融市场上该公司值多少钱，分母中的价值是公司的"基本价值"，即重置成本。公司的金融市场价值是指公司股票的市值和债务资本的市场价值。重置成本是指今天要用多少钱才能买下现在拥有的上市公司资产，也就是指如果我们不得不从零开始再来一遍，创建该公司需要花费多少钱。

托宾的 q 理论提供了一种有关股票价格和投资支出相互关联的理论。股票价格越高，q 值越大；股票价格越低，q 值越小。当 q > 1 时，企业的市场价值高于资本的重置成本，即意味着新厂房、新设备的成本要低于企业的市场价值。在这种情况下，企业就可以发行股票，并能在股票上得到一个比它们正在购买的设备和设施要高一些的价格。由于企业可以通过发行较少的股票而买到较多的新投资品，投资支出就会增加。反之，当 q < 1 时，企业的市场价值则低于资本的重置成本，企业就不

会购买新的投资品，如果公司想获得资本，它将购买其他较便宜的企业而获得旧的资本品，这样投资支出将会降低。反映在货币政策上的影响就是：当货币供应量上升，利率下降，股票价格（P_E）上升，托宾的 q 上升，企业投资扩张，从而国民收入也扩张。根据托宾 q 理论的货币政策传导机制为

$$M\uparrow \to r\downarrow \to P_E\uparrow \to q\uparrow \to I\uparrow \to Y\uparrow$$

托宾的 q 理论对美国经济大萧条时期投资支出水平极低的现象作出了很好的诠释。在大萧条时期，股票价格暴跌，1933 年的股票市值仅相当于 1929 年年底的十分之一左右。托宾的 q 值也降到了空前的水平，因而投资支出水平也降到了极低点。

2. 莫迪格里安尼的生命周期理论

莫迪格里安尼建立了新的货币传导途径——财富效应。他认为，影响人们消费的不是短期的收入，而是其毕生资财。消费者一生财富的最重要的组成部分是金融资产（尤其是普通股股票）。货币供给量（M）的增加，将通过压低利率（r）或提高股票市价（P_E）来影响消费者的金融资产（FW）和毕生资财（LR），进而影响其消费支出（C）和国民收入（Y）。

$$M\uparrow \to r\uparrow \to P_E\uparrow \to FW\uparrow \to LR\uparrow \to C\uparrow \to Y\uparrow$$

财富效应传导机制与 q 理论异曲同工，都是以股票价格作为传导渠道。这就意味着，利率机制要发挥作用，就必须有各种发达的金融市场的支持。利率能灵活变动并且是金融市场上调节资金供求平衡的主要手段。我国金融市场已取得一定的发展，但总体而言还不完善，规模相对较小，并且我国目前仍实行以计划利率为主的利率管理体制，因此利率传导机制作用的发挥受到一定的限制。随着我国利率市场化改革的进行，利率传导机制将变得越来越重要。

3. 米什金的利率—汇率论

汇率传导机制理论是在出现浮动汇率制和放弃外汇管制的情况下产生的一种新的货币政策传导机制。这一传导机制的核心是利率（r）对汇率（e）的影响，其一般逻辑为：在通货膨胀率不变的条件下，当国内利率下降时，资本外逃而导致本国货币贬值，即汇率（e）下降。货币贬值使得国内产品相对于国外产品更便宜，这就能够刺激出口和抑制进口，从而使净出口（NX）得以增加，最终带来总产出增加。

$$M\uparrow \to r\downarrow \to e\downarrow \to NX\uparrow \to Y\uparrow$$

汇率传导机制作用效果的大小取决于利率变动如何影响汇率，汇率的变化又会引起多大的净出口（NX）的变化。随着我国对外开放程度的提高，人民币将逐步走向自由兑换，将使汇率传导机制在货币政策中的作用不断增强。

（三）货币学派的货币政策传导机制理论

与凯恩斯学派不同，货币学派认为，利率在货币传导机制中不起重要作用。他们更强调货币供应量在整个传导机制上的直接效果。货币学派论证的传导机制可表示如下：

$$M \to E \to I \to Y$$

M 表示货币供应量，E 表示支出，I 代表投资，Y 代表名义收入。

式中 M→E，是表明货币供给量的变化直接影响支出。这是因为：

（1）货币需求有其内在的稳定性，不会发生大幅度的位移。

（2）货币需求函数不包含任何货币供给因素，因而货币供给的变动不会直接引起货币需求的变化；至于货币供给，货币学派把它视为外生变量，它并不由经济因素，如收入、储蓄、投资、消费等因素决定，而由货币当局决定。

（3）当作为外生变量的货币供给改变，比如增大时，由于货币需求并不改变，公众手持货币量会超过他们所愿意持有的货币量，从而必然增加支出。

E→I 是指变化了的支出用于投资的作用，货币学派认为这将使资产结构的调整过程。

（1）超过意愿持有的货币，或用于购买金融资产，或用于购买非金融资产，甚至人力资本的投资。

（2）不同取向的投资会相应引起不同资产相对收益率的变动，如投资与金融资产偏多，金融资产市值上涨，从而会刺激非金融资产的投资，如产业投资，产业投资增加，既可能促使产出增加，也会促使产品价格上涨。

（3）这就引起资产结构的调整，而在这一调整过程中，不同资产收益率的比又会趋于相对稳定状态。

最后是名义收入，是价格和实际产出的乘积。由于 M 作用于支出，导致资产结构调整，并最终引起 Y 的变动，那么，这一变动究竟在多大程度上反映实际产量的变化，又有多大比例反映在价格水平上？货币学派认为，货币供给的变化短期内对两方面均可发生影响，就长期来说，则只会影响物价水平。因为，在短期内，货币供应量增加之所以引起实际产出的增加，是因为人们在短期内还来不及调整其通货膨胀预期，从而预期通货膨胀率低于实际通货膨胀率，正是这一未预期到的通货膨胀，才可能引起实际产出的暂时增加。但是，从长期看，随着人们对通货膨胀预期的调整，短期内未预期到的通货膨胀总要被人们所预期到的，当人们不存在幻觉，货币供应量增加不会引起实际产出增加，而只能导致物价水平上涨。

（四）信贷传导机制理论

不论是凯恩斯学派还是货币学派，都将注意力放在货币政策引起货币供给量变化进而经由不同途径对实际经济发生作用。也就是，货币政策通过货币渠道发挥作用。后来的经济学家认为，货币政策还通过信贷渠道发挥作用。信贷传导机制理论是较晚发展起来的理论。这种理论强调信贷传导有其独立性，不能由类似利率传导、货币数量传导的分析所代替，需专门考察。这方面的分析主要侧重于紧缩效应。

其一，是对银行信贷传导机制的研究。银行信贷传导机制理论，首先明确的是，银行贷款不能全然由其他融资形式，如在资本市场发行有价证券所代替。特定类型的借款人，如小企业和普通消费者，它们的融资需求只能通过银行贷款来满足。如果中央银行能够通过货币政策影响贷款的供给，那么，就能通过影响银行贷款的增减变化影响总支出。

假设中央银行决定实施紧缩性的货币政策，售出债券，商业银行可用的准备金 R 相应减少，存款货币 D 的创造相应减少，其他条件不变，银行贷款 L 的供给也不得不同时削减。结果，致使那些依赖银行贷款融资的特定借款人必须削减投资和消费，于是总支出下降。过程可以描述如下：公开市场的紧缩操作→R→D→L→I→Y。

全过程的特点是不必通过利率机制。而且商业银行的行为绝不仅仅体现利率的支配作用。比如，在经济顺畅发展之际，银行不太顾虑还款违约的风险而过分扩大贷款；经济趋冷时则会过分收缩贷款。如果判断货币当局有紧缩的意向，它们会先行紧缩贷款。要是货币当局采取直接限制商业银行贷款扩张幅度的措施，商业银行有可能不仅不利用允许的扩张幅度，而且会立即自动紧缩。这就是说，商业银行所提供的信用数量并不一定受中央银行行为的制约，有时候会主动地改变其信用规模。对于商业银行自我控制贷款供给的行为有一个专有名词，叫做信贷配给。

银行信贷传导的论述，在西方，是较新的理论。在我国，这样的传导机制却并不陌生。

其二，是对资产负债表渠道的研究。20 世纪 90 年代，有的经济学家从货币供给变动对借款人资产负债状况的影响角度来分析信贷传导机制。他们认为，货币供给量的减少和利率的上升，首先，将影响借款人的资产状况，特别是现金流的状况；其次，下游企业和消费者支出的降低将使上游企业（借款人）净现金流入下降；再次，利率的上升将导致股价下跌，使企业净值下降，可用作抵押的资产价值下降。由于以上种种情况，使贷款的逆向选择和道德风险问题趋于严重，并促使银行减少贷款投放。一部分资产状况恶化和资信状况不佳的借款人不仅不易获得银行贷款，也难以从金融市场直接融资。其结果会导致投资与产出的下降。

$$M \rightarrow r \rightarrow P_E \rightarrow NCF \rightarrow H \rightarrow L \rightarrow I \rightarrow Y$$

式中：NCF 为净现金流；H 为逆向选择和道德风险；其他符号同上。

第四节　货币政策效应

货币政策的效应是指货币政策的实施对社会经济生活产生的影响。货币政策效应如何是货币政策制定者十分关心的问题。

一、影响货币政策效应的主要因素

从上面的介绍中我们可以看到，货币政策从制定到执行，再到影响经济运行，需要经过许多环节和程序，涉及不同的市场主体的行为和市场本身的发育状况，也涉及各种指标和操作工具的选择等等。可以说，影响货币政策效应大小的因素非常多，在这里，我们主要介绍几个重要的因素。

（一）货币政策时滞

任何政策从制定到获得主要的或全部的效果，必须经过一段时间，这段时间叫做"时滞"。如果收效太迟或难以确定何时收效，则政策本身能否成立也就成了问题。货币政策时滞是指从经济形势的变化到货币政策的修正，从货币政策的制定到执行，从执行到收效等各个环节传导所需要的时间间隔或时间落后过程。就总体过程而言，货币政策时滞由内部时滞和外部时滞两个阶段构成。

1. 内部时滞

内部时滞是指从经济形势变化需要实行货币政策到中央银行制定政策并采取行动所需要的时间。内部时滞又可分为认识时滞和决策时滞。

（1）认识时滞：是指经济形势变化确实有实行某种政策的需要，到货币当局认识到存在这种需要所耗费的时间。这种时滞的存在，一方面，是由于信息的收集和情景的判断需要时间，对某个时期的经济状况的精确度量只有在其后一些时候才能得到；另一方面，即使有了明确的资料，中央银行作出判断也需要一段时间。

（2）决策时滞：是指从货币当局认识到需要改变政策，到提出一种新的政策所需耗费的时间。这段时滞之所以存在，主要是因为中央银行根据经济形势研究对策、拟订方案并对所提方案作可行性论证，最后审定批准，整个过程的每一个步骤都需要耗费一定的时间。其时间长短，取决于中央银行对作为决策依据的各种信息资料的占有程度和对经济、金融形势的分析、判断能力，体现了中央银行决策水平的高低和对金融调控能力的强弱以及中央银行的独立性大小。

2. 外部时滞

外部时滞指从中央银行采取行动开始直到对政策目标产生影响为止所需要的时间。这也是作为货币政策调控对象的金融部门及企业部门对中央银行实施货币政策的反应过程。这是因为，金融部门对新政策有一个认识过程，需要对新的货币政策进行判断，然后根据自身的情况作出决策。金融部门对货币政策的反应，通过货币政策中介指标的变化反映出来，企业和消费者再根据中介指标的变化作出自己的判断和决策，是增加投资还是减少投资，是增加消费支出还是减少消费支出，这些决策的调整会引起总需求的变动和总产出的变动，这样货币政策对真实经济变量的作用才最终显现出来。外部时滞又可以分为操作时滞和市场时滞两个阶段。

（1）操作时滞：这是指从中央银行调整政策工具到其对中介指标发生作用所耗费的时间。这段时滞之所以存在，是因为无论使用何种货币政策工具，都要通过影响中介指标才能起作用。新政策能否奏效，主要取决于商业银行及其他金融机构对中央银行政策的态度、对政策工具的反应能力及金融市场对政策的敏感程度。

（2）市场时滞：这是指从中介指标发生反应到其对最终目标产生作用所耗费的时间。货币政策要通过利率的变动，经由投资的利率弹性产生效应，或者通过货币供应量的变动，经由消费的收入弹性产生效应。而不仅企业部门对利率的变动、私人部门对货币收入的变动作出反应有一个滞后的过程，而且投资或消费的实现也有一个滞后的过程。各种政策工具对中介指标的作用力度大小不等，社会经济过程对中央银行的宏观金融调控措施的反应也是具有弹性的。因此，中介指标的变动是否能够对最终目标发生作用，还取决于货币政策调控对象的反应程度。

货币政策各种时滞之间的相互关系如图9-5所示。一般货币政策时滞多指外部时滞。与内部时滞相比，外部时滞比较客观，并非中央银行能主观直接控制。内部时滞可以通过中央银行的效率提高而缩短，对于外部时滞，中央银行则很难控制。所以，研究货币政策的外部时滞更加重要。一般情况下，它取决于政策的操作力度和金融部门，企业部门对政策工具的弹性大小，是由社会的经济、金融条件决定的。西方学者的研究表明，在市场经济国家，货币政策的外部时滞一般在半年到一年半。在我国由于金融机制和传导机制有不同的特点，货币政策的外部时滞较短，大约在2~3个月。

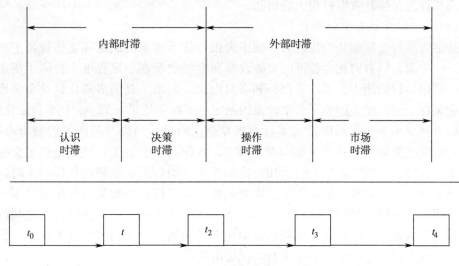

图 9 - 5　货币政策时滞分解图

（二）货币流通速度

对货币政策有效性的另一主要限制因素是货币流通速度。对于货币流通速度一个相当小的变动，如果政策制定者未能预料到或在估算这个变动幅度时出现小的差错，都可能使货币政策效果受到严重影响，甚至有可能使本来正确的政策走向反面。假设在预测的年度，GNP 将增长 20%，根据以前一些年份有关数据的实证分析，只要包括货币流通速度在内的其他条件不变，货币供给等比增加即可满足 GNP 增长对货币的追加需求。如果货币流通速度在预测的期间加快了 10%，不考虑其他条件的变化，货币供给则只需增加 $\dfrac{1+20\%}{1+10\%} - 1 = 9.1\%$ 即可。要是货币当局没有预见到货币流通速度的变化，而是按流通速度没有多大变化考虑增加货币供给 20%，那么新增的货币供给量必将成为助长经济过热的因素。

在实际生活中，对货币流通速度变动的估算，很难做到不发生误差，因为影响它发生变动的因素太多，这当然也就限制了货币政策的有效性。

（三）微观主体的预期

对货币政策有效性或效应高低产生影响的另外一个因素是微观主体的预期。以美国经济学家卢卡斯为代表的理性预期学派认为由于理性预期的存在，货币政策往往是无效的。例如，政府拟采取长期的扩张政策，人们通过各种信息预期社会总需求会增加，物价会上涨，在这种情况下，工人会通过工会与雇主谈判提高工资，企业因预期工资成本的增加而不愿扩大生产，最后的结果只有物价的上涨而没有产出的增长。鉴于微观主体的预期，似乎只有在货币政策的取向和力度没有或没有完全力公众知晓的情况下才能生效或达到预期效果。但是这样的可能性不大，货币当局不可能长期不让社会知道它所要采取的政策。即使采取非常规的货币政策，不久之后也会被人们所预期。假如货币当局长期采取非常规的货币政策，则将导致微观经济主体作出错误判断，并会使经济陷入混乱之中。但实际的情况是，公众的预期即使是非常准确的，要实施对策也要有个过程。这就是说，货币政策仍可奏效，但公众的预期行为会使其效应打很大的折扣。

（四）金融改革与金融创新

金融改革与金融创新的出现对各国中央银行货币政策的制定和实施带来了重大影响。一方面，以自由化为特征的金融改革和金融创新在一定程度上提高了货币当局调控货币运行的能力；另一方面，利率自由化、金融工具的多样化以及金融市场一体化又在一定程度上影响了货币政策的制定、实施和效果。第一，利率自由化后，由于影响利率水平变化的因素太多且相当复杂，而货币当局对利率的控制力有限，利率的波动将更加频繁并且更加剧烈。第二，各种新型金融工具特别是衍生金融工具的推出，使货币政策效果大打折扣。比如在中央银行采取紧缩性货币政策时，由于许多金融工具可以替代货币的交易媒介职能，就会使货币政策的紧缩效果不一定见效。第三，金融市场的国际化和全球经济一体化的不断推进，使得各国之间的经济联系越来越紧密，国际资本的跨国流动越来越频繁，一个国家的货币政策往往受到来自国外经济冲击的影响，这也会弱化货币政策的作用效果。

（五）其他经济政治因素

一般来说，一项既定的货币政策出台后总要持续一段时间。在这段时间内，如果客观经济条件发生变化，而货币政策又难以作出相应的调整时，就可能出现货币政策效果下降甚至失效的情况。比如，实施紧缩性货币政策以期改善市场供求对比状况，但在实施过程中出现了开工率过低，经济效益指标下滑过快等情况。这就是说，紧缩需求的同时，供给也减少了，改善供求对比的目标也不能实现。再如，在实施扩张性货币政策过程中，生产领域出现了生产要素的结构性短缺。这时纵然货币、资金的供给很充裕，由于瓶颈部门的制约，实际的生产也难以增长，扩张的目标即无从实现。

政治因素对货币政策效果的影响也是巨大的。任何一项货币政策方案的贯彻，都可能给不同阶层、集团、部门或地方的利益带来一定的影响。这些主体如果在自己利益受损时作出较强烈的反应，就会形成一定的政治压力。这些压力足够大时，就会迫使货币政策进行调整。

二、货币政策效应的衡量

衡量货币政策效应：一是看效应发挥的快慢，前面关于时滞的分析已经涉及。二是看发挥效力的大小，这一点应该是更重要的。

对货币政策效应大小的判断，一般着眼于实施的货币政策所取得的效果与预期所要达到的目标之间的差距。以评估紧缩政策为例，如果通货膨胀是由社会总需求大于社会总供给造成的，而货币政策正是以纠正供求失衡为目标，那么这项紧缩性货币政策效应的大小甚至是否有效，就可以从这几个方面考察：

1. 如果通过货币政策的实施，紧缩了货币供给，并从而平抑了价格水平的上涨，或者促使价格水平回落，同时又不影响产出或供给的增长率，那么可以说这项紧缩性货币政策的有效性最大。

2. 如果通过货币供应量的紧缩在平抑价格水平上涨或促使价格水平回落的同时，也抑制了产出数量的增长率，那么货币紧缩政策有效性的大小，则要视价格水平变动率与产出变动率的对比而定。若产出数量的减少大于价格水平的降低，货币紧缩政策的有效性较大；若产出量的减少小于价格水平的降低，其有效性就较小。

3. 如果货币紧缩政策无力平抑价格上涨或促使价格回落，却抑制了产出的增长甚至使产出的增长为负，则可以说货币紧缩政策是无效的。

本章小结

1. 货币政策是指中央银行为实现特定的经济目标，运用各种政策工具调节货币供应量和利率，进而影响宏观经济的方针和措施的总和。货币政策的基本内容包括货币政策最终目标、实现货币政策目标所运用的政策工具、监测和控制目标实现的各种操作指标和中介指标以及政策传导机制等。

2. 货币政策最终目标与国家经济目标是协调一致的，包括稳定物价、充分就业、经济增长和国际收支平衡。各目标之间既统一又矛盾，因此，中央银行在一定时期内只能力求实现其中 1 至 2 个最主要的货币政策目标。

3. 货币政策工具是中央银行为实现货币政策最终目标而使用的政策手段，可分为一般性货币政策工具、选择性货币政策工具及其他货币政策工具。

4. 货币政策中介指标是指受货币政策工具作用，并影响货币政策最终目标的传导性金融指标。中央银行借助货币政策工具影响中介目标，并通过中介目标传导作用于实际经济活动，从而达到最终目标的实现。货币政策中介目标的选择具有可控性、可测性、相关性、抗干扰性和适应性。货币政策中介目标一般可分为两类：一类是近期指标，包括超额存款准备金和基础货币；一类是远期指标，主要是货币供应量和利率。

5. 货币政策传导机制是指货币管理当局确定货币政策后，从选用一定的货币政策工具进行操作开始，到实现最终目标之间，所经过的各种中间环节相互之间的有机联系及因果关系总和。

6. 货币政策的效应是指货币政策的实施对社会经济生活产生的影响，是货币政策经过传导于经济过程之后的必然结果。但货币政策在实施过程中，要受多种因素的影响，其效应是一种综合结果。影响货币政策效应的因素有货币政策的时滞长短、货币流通速度、微观主体的预期、其他经济政治因素等。

关键词汇

货币政策　最终目标　货币政策工具　中介目标　货币政策传导机制　货币政策时滞　货币政策效应　存款准备金政策　再贴现政策　公开市场业务　托宾的 q 值

复习思考题

1. 简述货币政策的最终目标及其相互之间的关系。
2. 简述中央银行货币政策中介目标的选择标准及其种类。
3. 评述中央银行的三大法宝。

案例分析题

欧洲央行货币政策着力点恐怕要调整

为拯救危机，欧洲央行几年来着实费尽心机。先是分别在 2011 年 11 月 3 日和 12 月 8 日两次降息共 50 个基点至 1%。市场预计欧洲央行不久会进一步降息，而历史上欧洲央行利率最低仅 1.0%。接着是证券购买计划（SMP）。自 2010 年 5 月启动国债购买计划以来，欧洲央行共斥资购买欧元区重债国国债累计达 1 155 亿欧元，但此后很长一段时间采取观望措施。眼下，随着欧元区经济以及银行业危机的全面爆发，欧洲央行或有必要"故伎重施"。再有 2011 年 9 月联手美联储、瑞士央行、日本央行和英国央行四大央行注入流动性，在年底前协同执行 3 次美元流动性招标操作。这项美元流动性招标操作，是欧洲央行每周美元互换操作的补充。最后是分别在 2011 年 12 月 21 日和 2012 年 2 月 29 日实施了两轮为期三年的长期再融资操作，总规模超过 1 万亿欧元。根据长期再融资计划（LTRO）相关规定，银行可使用抵押品以 1% 的固定再融资利率获得欧洲央行的贷款。通过上述操作，已使欧洲央行的资产负债表扩张至 3.26 万亿欧元。然而，迄今欧洲央行货币政策所显现出来的效果南辕北辙，欧债危机非但没有平息迹象，反而愈演愈烈。并且欧元区已越来越陷入债务与紧缩螺旋之中，即债务规模过大需要财政紧缩，但财政紧缩导致经济衰退收入减少，更无法偿还旧有的庞大债务，只能通过借更多的债来还旧债，这种借新债还旧债将导致经济自由落体式下降，被称为债务与紧缩螺旋式发展。目前，这种螺旋式发展仍在继续。

资料来源：http：//www.sina.com.cn，2012 - 05 - 11。

思考：为什么欧洲中央银行的货币政策效果不佳，欧洲央行货币政策的着力点应该是什么？

第十章
通货膨胀与通货紧缩

第一节　通货膨胀

一、通货膨胀的含义

现代西方经济学界普遍认为，通货膨胀是指在纸币流通条件下，由于货币的供应量超过商品流通对货币的需要量，引起的一般物价水平以不同形式持续上涨的经济现象。有关这一界定必须注意的是：

1. 在纸币流通条件下，能够产生通货膨胀，因为金属货币可以自发的调节货币流通。

2. "一般物价水平"是指所有商品和劳务价格，因此，局部性的物价上涨不被视为通货膨胀。

3. "持续地上涨"说明，在通货膨胀过程中，个别物价虽有升降，但一般物价则呈长期上升的趋势。因此，季节性、暂时性或偶然性的物价上涨，不能被视为通货膨胀。

4. "不同形式的物价上涨"包括公开的和隐蔽形式的物价上涨。在公开的形式下，政府不采取物价管制和物价补贴等措施，因此，物价上涨很明显，无从隐蔽。但在某些国家，由于种种原因，政府对物价和工资实行严格管制，并对某些生活必需品采取津贴和配给措施，以稳定物价。这样，表面上物价指数变化不大，但如果政府撤销管制的话，物价上涨便会公开暴露。因此，政府只能暂时抑制通货膨胀，而不能解决实质问题。

二、通货膨胀的衡量

（一）消费物价指数（Consumer Price Index）

消费物价指数，也称为零售物价指数或生活费用指数。它反映消费者为购买消费品而付出的价格的变动情况。这种指数是由各国政府根据各自国家若干种主要食品、衣服等日用消费品的零售价格以及水、电、住房、交通、医疗等服务费用而编制计算出来的。有些国家还进一步根据不同收入阶层的消费支出结构不同而编制出不同阶层的消费物价指数。在我国，通常是用全国零售物价总指数来测度通货膨胀率。

我国目前的 CPI 构成共分为八大类，所占的比重 2011 年调整为：食品 31%，烟酒及用品 3.49%，居住 17.22%，交通通讯 9.95%，医疗保健个人用品 9.64%，衣着 8.52%，家庭设备及维修服务 5.64%，娱乐教育文化用品及服务 13.75%。CPI

的计算公式是

$$CPI = （一组固定商品按当期价格计算的价值／$$
$$一组固定商品按基期价格计算的价值）× 100\%$$

消费物价指数的优点是能够及时反映消费品供给与需求的对比关系，资料容易搜集，公布次数较为频繁（通常每月两次），能够迅速、直接地反映影响居民日常生活的价格变化趋势；缺点是范围较窄，只包括社会总产品中的居民消费品这一部分，不包括公共部门的消费、生产资料以及进出口商品，从而不足以说明全面的情况。而且，由于消费品技术水平的提高、功能的增强、质量的改善而导致的价格提高，也被消费物价指数包含进去，因而它有夸大物价上涨幅度的可能。

（二）批发物价指数（Wholesale Price Index）

批发物价指数是根据制成品和原材料的批发价格编制的指数。这一指数的优点是对商业周期反应敏感，缺点是不包括劳务产品在内，同时只计算了商品在生产环节和批发环节上的价格变动，没有包括商品最终销售时的价格变动，其波动幅度往往小于零售物价的波动幅度。因而用它来判断总供给与总需求的对比关系时，可能会出现信号失真。我国尚未公开发布批发物价指数资料。但我国计算并公布生产者价格指数。

1. 我国的生产者价格指数（Producer Price Index，PPI）：是指工业企业向商业（物资）部门或商业企业、其他生产单位、个人出售的或调拨产品的价格，也称产品价格指数。是从生产者方面考虑的物价指数，测量在初级市场上出售的货物（即在非零售市场上首次购买某种商品时，如钢铁、木材、电力、石油之类）的价格变动的一种价格指数，反映与生产者所购买、出售的商品价格的变动情况。

2. 我国生产者价格指数（PPI）是衡量通货膨胀的潜在性指标。我国 PPI 主要的计量品种有：原油出厂价格、化工产品价格、煤炭开采和洗选业出厂价格、黑色金属冶炼及压延加工业出厂价格、有色金属冶炼及压延加工业出厂价格、燃料动力类、有色金属材料类和化工原料类购进价格、生活资料出厂价格。生产者价格指数的上涨反映了生产者价格的提高，相应地生产者的生产成本增加，生产成本的增加必然转嫁到消费者身上，导致 CPI 的上涨。

（三）国民生产总值平减指数（GNP Deflator）

国民生产总值平减指数是按当年价格计算的国民生产总值与按不变价格计算的国民生产总值的比率。所谓按不变价格计算，实际上是按照某一基期年份的价格进行计算。

如某国 1990 年的国民生产总值按当年价格计算为 65 000 亿元，按 1980 年的基期价格计算为 44 800 亿元，1980 年基期指数为 100，则 1990 年的国民生产总值平减指数为 65 000/44 800 × 100 = 145；表示和 1980 年相比，1990 年物价上涨了 45%。如果 1989 年的国民生产总值平减指数为 138（也以 1980 年为基期），则 1990 年与 1989 年相比，物价上涨了 5%（145 ÷ 138 − 1 = 5%）。

国民生产总值平减指数的优点是范围广泛，包括了所有国民经济的最终产品和劳务的价值，能够较准确地反映一般物价水平的变动；缺点是资料难于收集，公布次数不如消费物价指数频繁，多数国家通常为一年一次，所以不能迅速、及时地表达通货膨胀的程度和动向，存在信息滞后问题。

在现实的社会经济生活中，上述三种衡量通货膨胀的指标，以消费物价指数和国民生产总值平减指数的使用最为普遍。

三、通货膨胀的类型

（一）按照通货膨胀的程度分类

1. 爬行式通货膨胀。爬行式通货膨胀又称温和式通货膨胀，是指一般物价水平按照不太大的幅度持续上涨，一般年通货膨胀率（即物价上涨率）在 2% ~ 4% 之间，不过对此难以规定一个准确的界限，事实上，这一界限在不断提高。现在许多经济学家认为通货膨胀率在 10% 以下即可认为是爬行式通货膨胀。

2. 快步或小跑式通货膨胀。快步或小跑式通货膨胀是指一般物价水平按照一定的幅度持续上涨。一般物价上涨率在 10% 以上，达到两位数水平。这时，人们纷纷抢购商品，货币流通速度加速，货币购买力下降。当快步或小跑式通货膨胀发生以后，由于物价上涨率较高，公众预期物价水平还将进一步上涨，因而采取各种措施抢购商品，这会使通货膨胀更为加剧。如果不采取有力的反通货膨胀措施，将有可能发展成为失控的恶性通货膨胀。

3. 恶性的通货膨胀。恶性的通货膨胀是指失控的、野马脱缰式的通货膨胀。通货膨胀率往往在 100% 以上，最严重时甚至达到天文数字。发生这种通货膨胀时，价格持续猛涨，人们为了尽快地将货币脱手，大量地抢购商品、黄金和各种金融资产，从而大大加快了货币的流通速度。结果是，人们对本国货币完全失去信任，货币极度贬值，货币购买力猛跌，各种正常的经济联系遭到破坏，货币体系和价格体系以致整个国民经济完全崩溃。

（二）按照通货膨胀的表现形式分类

1. 公开性通货膨胀也称开放型通货膨胀，是指在市场机制充分运行和政府对物价不加控制的情况下所表现出来的通货膨胀。在市场经济条件下，特别是在较为发达的市场经济中，由于市场机制较为完善，且没有政府的直接干预，价格对供求反应灵敏，过度需求通过价格的上涨得到消减。因此，通货膨胀便以物价水平的公开上升的形式表现出来，物价水平的上升幅度可以准确地反映通货膨胀的程度。

2. 隐蔽型通货膨胀也称抑制型通货膨胀，是指政府通过计划控制和行政管制手段（包括票证限额、价格控制等）来抑制物价的上涨，使通货膨胀的压力不通过一般物价水平的上涨表现出来，而是以非价格的方式（如商品与物资的短缺等）表现出来的通货膨胀。

四、按照通货膨胀产生的原因分类

这种最常见的通货膨胀分类方法将其划分为这样几种类型：需求拉上型通货膨胀、成本推进型通货膨胀、混合型通货膨胀、结构型通货膨胀等等。这种通货膨胀类型的划分实际上是按照对通货膨胀成因的解释不同而划分的。对通货膨胀成因的分析是通货膨胀理论的一大重要内容。下面我们将重点介绍以上几种类型通货膨胀成因说。

五、通货膨胀的成因

许多经济学家也认为通货膨胀总是由纸币发行过多引起的，只要货币当局采取断然措施，将流通中的货币量减少，一定货币量所代表的价值水平得以恢复，则通货膨胀自然消除。然而在现实中，对付所有通货膨胀一律采取紧缩通货政策有时收效甚微，甚至会出现"滞胀"的局面，这就要求我们必须对通货膨胀的成因作进一步和全面的分析，这样会有助于理解通货膨胀过程中的各种现象，制定恰当的治理通货膨胀的措施。下面介绍几种在西方经济学界较有影响的关于通货膨胀成因的理论。

（一）需求拉上型

这一理论是从需求的角度来解释通货膨胀的成因，是在西方经济学界出现最早的通货理论。需求拉上型通货膨胀是由于商品和劳务的总需求量超过商品和劳务的总供给量所造成的过剩需求拉动了一般物价水平的普遍上升而造成的。因为这种理论把通货膨胀解释为"过多的货币追逐过少的商品"。因此，要克服和抑制通货膨胀，就必须实行紧缩的财政政策和货币政策，消除过多的总需求。

那么，总需求超过总供给又怎么会引起物价上涨的呢？

为了说明这一理论，现假定总供给与总需求相等，即国民经济达到均衡状态，物价稳定。但由于经济体系中出现了某种变动，如出现一次货币供应量的增加、一次投资活动的冲击或扩大一笔国防开支等都会使总需求上升。但在价格水平不变的情况下，不会有足够的商品来满足增加了的需求，因此，只有提高价格，才能使总供给与总需求达到新的均衡。如图 10 - 1 所示。

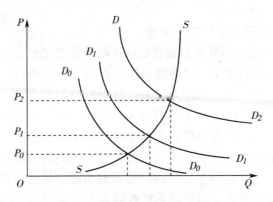

图 10 - 1　需求拉上的通货膨胀

在图 10 - 1 中，横轴代表产量，以 Q 表示；纵轴代表物价水平，以 P 表示；SS 为一条总供给曲线；D_0D_0、D_1D_1 和 D_2D_2 为三条总需求曲线。假设总需求与总供给处于均衡状态时的价格水平是 P_0，那么，由于总需求的增加，而使价格水平上涨至 P_1 和 P_2。

（二）成本推进型

这一理论是从商品和劳务的供给方面来解释通货膨胀的成因的，把通货膨胀的成因归咎于商品生产成本的增加。成本推进的通货膨胀是以不完全竞争的市场为前提的。

该理论产生于 20 世纪 50 年代后期。当时许多西方国家出现了一种新的经济现象，即在总产量下降的同时，价格水平却在上涨。需求拉上说难以解释这一现象，于是有些经济学家便提出了成本推进说，企图从供给方面来说明一般物价水平上涨的原因。这种由供给方面的原因而引起的通货膨胀，当代经济学家称之为"新通货膨胀"。

成本推进的通货膨胀具有以下两种类型：

1. 工资和原料推进的通货膨胀。这是由于提高工资或原料等生产要素的价格上涨而引起的通货膨胀。

2. 利润推进的通货膨胀。这是由于垄断组织肆意提高产品的价格以增加利润而引发的通货膨胀。

推进说可用图 10 – 2 来说明。

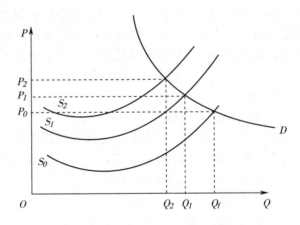

图 10 – 2　成本推进的通货膨胀

图 10 – 2 的横轴为实际产量（Q）；纵轴为价格水平（P）；S_0、S_1、S_2 为总供给曲线；D 为总需求曲线；Q_f 为充分就业时的实际产量。随着生产成本的提高，总供给曲线由 S_0 向左上方移至 S_1，再由 S_1 移至 S_2。当总需求不变时，价格水平 P_0 上升至 P_1，再由 P_1 上升至 P_2，而产出则由 Q_f 减至 Q_1，再由 Q_1 减至 Q_2。由此可见，生产成本提高将会导致企业生产压缩、失业增加和总供给减少，从而成为通货膨胀和失业增加的根源。

（三）供求混合推进型

至此为止，我们已分别介绍了需求拉上说与成本推进说两种分析通货膨胀成因的理论。这两种理论是分别从需求与供给两个方面对通货膨胀成因进行探究的。随着通货膨胀理论的发展，一些西方经济学家认为，单纯用需求拉上说或成本推进说都不足以说明一般物价水平的持续上涨，而应当同时从需求和供给两个方面以及两者的相互影响来说明通货膨胀的成因，即所谓"拉中有推，推中有拉"。这种从供给和需求两个方面及其相互影响来说明通货膨胀成因的理论称为"供求混合推进说"或"需求拉上—成本推进说"。如图 10 – 3 所示。

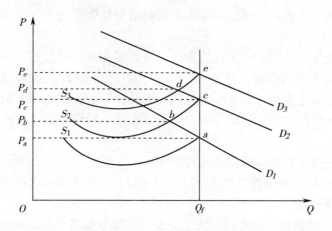

图 10 - 3   混合型通货膨胀

图 10 - 3 的垂直线 Q_f 为经济体系处于充分就业时的实际产量，成本推进的通货膨胀使供给曲线由 S_1 移至 S_2，这时的物价水平由 P_a 涨至 P_b；如果政府采取刺激总需求的措施，使总需求曲线由 D_1 移到 D_2，则物价水平涨至 P_c，这时的物价和产量均处于充分就业状态；成本推进的通货膨胀又使总供给曲线移到 S_3，物价水平涨至 P_d；依此类推，物价循 a、b、c、d、e……作螺旋式上升。

（四）结构型通货膨胀

1. 需求移动说。需求移动说是美国经济学家舒尔茨和明斯于 1959 年分别提出的。这种理论与需求拉上说一样也是从需求方面寻找通货膨胀的根源，两者的区别在于，需求拉上说认为，通货膨胀的原因是总需求过多；而需求移动说则认为，即使总需求并不过多，只要需求在部门之间发生移动，也会引起通货膨胀。他们认为，当需求由一些部门向另一些部门移动，从而使一些部门需求增加，而另一些部门需求减少时，就会引起产业结构的变化：一些部门日渐兴盛，而另一些部门则日趋衰落。那些需求增加的部门或地区，其工资和物价固然因需求增加而上涨，但那些需求减少的部门和地区，其工资和物价则因存在刚性而难以相应下降。这样整个经济的平均物价水平就会上升。

2. 小国开放模型。前面介绍的通货膨胀理论者是以封闭经济为研究对象的。然而，自第二次世界大战结束以来，尤其是 20 世纪 70 年代以来，经济全球化进程不断加快，国际之间的经济关系日趋密切，投资、贸易、旅游等各种经济交往日趋频繁。因此，一国的物价上涨，很容易通过种种渠道传播到他国。在 20 世纪 70 年代爆发的石油危机中，这种通货膨胀的传播现象尤为明显。因此，许多西方经济学者都很注重对通货膨胀的国际传染理论的研究。小国开放模型就是挪威经济学家奥德·奥克鲁斯特对开放经济条件下的小国家，受世界通货膨胀的影响而引发国内结构型通货膨胀的研究成果。

所谓小国不是指国土和人口而言，而是指该国在世界市场上只是价格接受者，而不能决定商品的国际价格。小国开放模型所要研究的是处于开放经济中的小国，如何受世界通货膨胀的影响而引起国内通货膨胀的。该模型将一国经济分成两大部门：一是开放经济部门，即产品与世界市场有直接联系的部门，如制造加工等；二是非开放经济部门，即产品与世界市场没有直接联系的部门，如服务业、建筑业等。由于小国在世界市场上是价格接受者，因此，当世界市场上的价格上涨时，开放经济部门的产品价格会随之上涨，结果也会使开放经济部门的工资相应上涨。一旦开放经济部门的工资上涨后，非开放经济部门的工资也必然向开放经济部门看齐而提高，结果非开放经济部门的生产成本上升，其产品价格也必然随之提高，这样，就导致了小国全面的物价上涨，发生通货膨胀。

六、通货膨胀对经济的影响

国内大部分经济学家认为，通货膨胀对经济的促进作用只是在开始阶段的极短时间内，而且需要具备一定的条件。就长期来看，通货膨胀对经济只有危害，而无任何正效应。下面我们从通货膨胀对生产、流通、分配、消费等领域的影响逐一进行分析。

（一）通货膨胀在生产方面的影响

1. 通货膨胀会使社会生产的正常比例受到破坏。通货膨胀期间，物价上涨是不平衡的，某些商品价格上涨较快，于是生产这些商品的部门的利润率就特别高，大量的资本就会流向这些部门，并使这些部门的生产扩大；反之，某些部门的商品价格上涨较慢，那些部门的生产就会缩减。在正常情况下，某些部门生产扩大的结果，是这些部门的产品因生产增多而跌价，从而使它们的生产缩减，于是社会再生产的比例趋于平衡。可是通货膨胀会阻止这种势态的顺利出现，如果国家有意识地推行通货膨胀政策，国家就会不断增加对某些商品与劳务的购买，即使这些商品或劳务涨价也不会减少需求，这样就会增加社会生产发展的不平衡性。我国在引入市场机制条件下，通货膨胀的发展也会破坏社会再生产的比例。通货膨胀使企业的投资倾向加工工业倾斜。这是因为加工工业产品的价格可以比基础工业所需投资额相对较少，投资回收快，因而比较容易避免通货膨胀的损失。而我国基础工业产品本来就处于短缺状态，企业投资向加工工业倾斜会使这种不合理的产业结构更加不合理。

2. 通货膨胀使生产性投资减少，不利于生产长期稳定发展。西方经济学界有一种理论，认为通货膨胀可以促进经济增长。这种理论认为，通货膨胀对投资是有利的，通过投资促进经济增长。他们认为，通货膨胀能够通过三个效应促进投资增长：

（1）政府可以利用通货膨胀的新增收入（即新增货币额）直接进行投资；

（2）通过发行货币到物价上涨的"时间差"来扩大企业利润，减少工人实际工资，企业利润的扩大能够促使企业投资的增加；

（3）通过发行货币改变各阶层的收入分配结构，通货膨胀对高收入阶层有利，对低收入阶层不利，而高收入阶层的投资率高于低收入阶层，因此收入分配结构改变的结果，使边际投资率增加。

他们认为这三个效应的结果都是促进投资增加从而促进经济增长，这种理论从表面上看似乎有道理。但仔细分析一下就不难发现，这种理论只是在特殊条件下和短时期内才能成立，而在一般条件下和长时期内则是站不住脚的，原因如下。

（1）政府用通货膨胀的办法进行投资，只有在社会上已不存在过剩投资的情况下才能转化为实际资本，如果社会上不存在过剩投资，或者说原来的投资、消费结构是合理的，政府用通货膨胀的办法进行投资，扩大了的投资需求会直接迫使投资品的价格上涨，虽然就货币来说投资是增加了，但实物资本依然如故，实际资本并不能增加。因此，政府虽然把膨胀的货币用在投资方面，但最终影响的却是所有商品的价格。

（2）利用发行货币到物价上涨之间的"时间差"增加投资，其作用也是极其微小和短暂的。在最终打破原来的平衡时，人们对通货膨胀还意识不到，通货膨胀预期还未形成，尽管政府通过通货膨胀政策增发货币，扩大总需求，此时会出现物价总水平的上升，但企业家误以为是本行业产品好销，而扩大生产，居民则把通货膨胀造成的名义收入提高看成是实际收入的提高，倾向于存款而不是购物，此时通货膨胀的后果是提高产量和储蓄。但是不久通货膨胀预期形成了，企业家为了应付成本的上升，不断提高自己产品的价格；居民把自己的货币收入看成是一种虚假的、不断贬值的东西，一方面倾向于购物和存外汇，另一方面要求提高工资，工资不能提高即怠工而减少产量。

（3）用通货膨胀办法改变各阶层收入的分配结构，使高收入增加，从而使投资增加，这更是赤裸裸的掠夺行为，实际上不是边际投资的增加，而是工人情绪低落、生产的下降和社会动乱。

因此，从一个完整的经济周朝看，通货膨胀刺激生产较难，提高物价比较容易。而且当通货膨胀预期形成后，企业由于利润率下降，不愿投资于生产领域而是将资金投向金融市场，因为后者的获利机会和数量要大得多。因此，在通货膨胀条件下，不但不能收到大量资金投资生产领域的效果，而且原已在生产领域的资金也会抽出而流向流通领域和金融市场，其结果是生产投资规模减少，生产萎缩。

（二）通货膨胀在流通方面的影响

1. 通货膨胀使流通领域原有的平衡被打破，使正常的流通受阻由于通货膨胀引起的物价上涨是不均衡的，商品就会冲破原有的渠道，改变原有的流向，向价格上涨更快的地方流动，这就打乱了企业之间原有的购销渠道，破坏了商品的正常流向。与此同时由于生产投资的获利性下降，商品在流通领域反复倒手而不退出流通进入生产，甚至出现多次转手而商品在原地不动，多次买卖而最后买进的仍是自己的产品等这种极不正常的现象。

2. 通货膨胀还会在流通领域制造或加剧供给与需求之间的矛盾。在通货膨胀情况下，人们抢购惜售，投机者大搞囤积居奇，使本来供需平衡的市场状况变得不平衡。如果原来市场上供需之间本已存在不平衡，那么通货膨胀就会加剧这种不平衡。市场供需的失衡和矛盾的加剧，又会反过来推动物价水平的不断上涨。

在通货膨胀时期，由于物价大幅度上涨，币值降低，潜在的货币购买力就会转化为现实的购买力，加入到冲击市场的行列里来，人们因对货币的不信任而不断转手，又使货币流通速度加快。这两股力量使通货膨胀的程度不断加深，从而使流通领域更加混乱。

（三）通货膨胀在分配方面的影响

通货膨胀在分配方面的影响是很大的，并且人们的感受也是明显的。人们反对通货膨胀也大都是从自身的感受得出的。

通货膨胀对社会成员来说，其影响主要是它改变了原有收入和财富占有的比例。

1. 通货膨胀的过程是物价上涨的过程，也是币值即单位货币购买力下降的过程。从全社会来看，这个过程既不会使原来的收入总量增加，也不会使原来的收入总量减少。但从单个的社会成员来看，如果在通货膨胀条件下，各个成员的收入水平增长速度都一样，都等于物价水平的上涨幅度，那么通货膨胀不会改变收入分配结构，不会有人受损失，也不会有人受益。但是实际情况并不会如此，而是收入的增加有快有慢，因而实际收入水平就发生变化，收入分配比例在通货膨胀下改变了。那么，在通货膨胀改变收入分配比例的过程中，谁受损失谁得益呢？一般来说，依靠固定工资收入生活的人员，是通货膨胀的受害者，由于物价的上涨一般都先于工资的增长，依靠固定工资生活的人员自然就减少了实际收入而成为受害者。在通货膨胀中得到好处的主要是从事商业活动的单位和个人，特别是那些在流通领域中，哄抬物价、变相涨价、"搭车"提价的不法单位和个人。

2. 通货膨胀对社会成员的影响还通过改变原有财富的占有比例而表现出来。如果社会成员的财富是以实物资产保存的，那么通货膨胀对他的影响就要看他所持有的实物资产在货币形态的自然升值与物价总水平上涨之间是否相一致。如果他持有的物价上涨率大的资产，那么他是受益者；如果他持有的是物价上涨率小的资产，那么他是受损者。对于以货币形式（如存款）负债的人，通货膨胀则减少了他的实际债务，因而是受益人。如果把社会成员分为居民个人、企业和政府三个部门，由于居民个人在总体上是货币多余者，处于净债权地位，企业和政府是货币不足者，处于净债务地位，因此在通货膨胀下，居民个人是受损者，而企业和政府则是受益者。但是还应看到，在通货膨胀过程中，企业和政府又会以各种补贴方式给居民个人一定的返还，因此居民个人所受的损失相对少些。

3. 通货膨胀对分配的影响还可以从国民收入的初次分配和再分配环节中考察。从初次分配来看，如果币值降低，物价上涨，企业的销售收入就不是真实的，企业据此所支付的工资、所提的折旧、企业留利等就有一部分不能从市场上买到相应的生产资料和生活资料，影响企业再生产的顺利进行。从财政的再分配看，在形式上，通货膨胀使财政收入增加了，但由于物价水平的上涨，财政分配的货币资金却难以全部转化为实际物资，财政分配不能最终实现。同时，由于追加支出不断增长，就会打破财政原来的预算安排，给财政平衡带来困难，也使国家运用财政手段调节经济的能力减弱。从银行信用分配来看，由于物价大幅度的上涨，银行存款的实际利率下降，存款者会争相挤提存款，使信贷资金来源急剧减少，信贷资金供需矛盾加剧，国家通过银行对经济的调节能力减弱，在严重的通货膨胀情况下，还会导致信用危机。

（四）通货膨胀在消费方面的影响

消费是社会再生产运动中的一个重要的环节，对上一个再生产过程来说，消费是终点，而对下一个再生产过程来说，消费又是前提。所以，没有生产，消费就无从谈起，而没有消费，生产也不存在。消费分生产消费和生活消费，生活消费的结果是产品的"消灭"，它是生产的最终目的和产品的最后归宿；生产消费的结果是再生产出新的产品，它本身就是生产。在此我们谈谈通货膨胀对生活消费的影响。

在通货膨胀条件下，物价上涨，币值下降，人们通过分配而获得的货币收入就不能购买到相等的消费资料，实际上是减少了居民的收入，意味着居民消费水平的下降，而消费水平的下降，又限制了下一阶段的发展。另一方面，由于物价上涨的不平衡性，高收入阶层和低收入阶层所受的损失不一样也会加剧社会成员的矛盾。同时，通货膨胀造成混乱、投机分子的囤积居奇等又加剧了市场供需之间的矛盾，使一般消费者的损失更大。

七、治理通货膨胀的对策

（一）抑制总需求的政策

由于通货膨胀的一个直接原因在于总需求大于总供给，因此当经济运行中出现较大的通货膨胀压力时，政府往往采取紧缩性的财政政策和货币政策以抑制过旺的总需求。这种双紧的政策通常很容易奏效，但是其缺点是容易造成失业率的上升。

1. 紧缩性的货币政策：是指中央银行为了实现货币政策目标而采取的减少货币供应量的措施。采取的具体做法主要有以下三种。

（1）提高法定的存款准备金比率，此举会导致商业银行贷款规模及由此创造的存款规模的减小，从而起到减少货币供应量，缩小总需求的作用。

（2）提高再贴现率，再贴现率是中央银行通过对合法票据办理再贴现，向商业银行发行短期贴现贷款采用的利率。提高再贴现率会引起商业银行取得再贴现贷款的成本增加，结果会迫使商业银行提高自己向工商企业提供贷款的利率，从而引起贷款规模下降，缩小总需求的效果。

（3）在公开市场上出售证券。中央银行在公开证券市场上向金融机构出售政府债券或央行票据，此举可以回笼基础货币，从而减少货币供应量。

2. 紧缩性的财政政策：财政政策是指国家财政部门通过有意识地调整财政收支数量及其结构，调控宏观经济，实现某些经济目标的政策。紧缩性的财政政策主要采取的措施有以下几种。

（1）削减政府开支，特别是压缩那些直接构成消费需求的工资、补贴及社会福利等项支出占预算总支出的比重。

（2）增加财政收入，即通过提高税率或增加税种使财政收入得以增加。财政收入增加一方面会使财政赤字减少，因而为弥补赤字增发的货币会减少；另一方面由于生产经营单位和个人税负增加，相应地减少了生产性投资和个人的消费支出，因而起到抑制总需求膨胀的作用。

（3）政府还可以通过大量发行公债的办法来弥补财政赤字，避免由于财政向中央银行借款和透支而引起的中央银行增发货币，从而起到抑制社会总需求的作用。

这种双紧的政策通常很容易奏效，但是其缺点是容易造成失业率的上升。

（二）收入政策

收入政策的理论基础是成本推进说的通货膨胀。既然成本推进说的通货膨胀是由于工资、物价的提高导致的总供给曲线的上移，那么采取工资—价格政策（即收入政策）来干预、阻止工会和垄断企业这两大团体互相抬价所引起的工资、物价轮番上涨的趋势也是理所当然的。这样做的目的在于既要控制通货膨胀而又不致引起失业增加。这种抑制性的收入政策主要有以下几种形式。

1. 工资、价格管制。即由政府颁布法令，强行规定工资、物价的上涨幅度，甚至暂时冻结工资和物价。这种严厉的管制措施一般在战争时期较为常见，但是当通货膨胀变得日益严重且很难对付时，即使是和平时期，政府当局也可能采用这一办法。

2. 自愿的工资—价格指导线。即政府当局根据估计的平均生产率的增长，估算出的工资和物价的最大增长限度，并要求各个部门将其工资—物价的增长幅度控制在这一限度之内。但是由于指导线政策在原则上不能直接干预，而只能说服，因此效果并不理想。

3. 以税收为基础的收入政策。即政府以税收作为奖励或惩罚的手段来限制工资、物价的增长。如果工资和企业商品价格的增长幅度没有超过政府的规定幅度，则政府就会以减少个人所得税和企业所得税作为奖励；如果工资和企业产品价格的增长幅度超过了政府的规定幅度，则政府就会以增加税收为惩罚。

（三）收入指数化政策

收入指数化政策是由弗里德曼提出的一种适应性的反通货膨胀政策，就是把工资、利息、各种证券的收益以及其他收益部分地或全部地与物价指数相联系，使各种收入随物价指数的升降而升降，从而避免或减少通货膨胀所带来的损失，并减弱由通货膨胀所带来的分配不均问题。很明显，收入指数化政策只可以缓解通货膨胀造成的不公平的收入再分配，并不能对通货膨胀起多大的抑制作用。

第二节　通货紧缩

一、通货紧缩的含义及类型

（一）通货紧缩的含义

通货紧缩，亦作通货收缩，是一个与通货膨胀相反的概念。

通货紧缩（Deflation）是指货币供应量少于流通领域对货币的实际需求量而引起的货币升值，从而引起的商品和劳务的货币价格总水平的持续下跌现象。通货紧缩包括物价水平、货币供应量和经济增长率三者同时持续下降。长期的货币紧缩会抑制投资与生产，导致失业率升高与经济衰退。

而依据诺贝尔经济学奖得主保罗·萨缪尔森的定义："价格和成本正在普遍下降即是通货紧缩。"经济学者普遍认为，当消费者物价指数（CPI）连跌两季，即表示已出现为通货紧缩。通货紧缩就是物价、工资、利率、粮食、能源等统统价格不能停顿地持续下跌，而且全部处于供过于求的状况。

（二）通货紧缩的类型

1. 通货紧缩依其程度不同，可分为轻度通货紧缩、中度通货紧缩和严重通货紧缩三类。

通货膨胀率持续下降，并由正值变为负值，此种情况可称为轻度通货紧缩。

通货膨胀率负增长超过一年且未出现转机，此种情况可视作中度通货紧缩。

中度通货紧缩继续发展，持续时间达到二年以上，或物价降幅达到两位数，此时就是严重通货紧缩。

2. 通货紧缩根据其持续时间长短，还可分为短期性通货紧缩与长期性通货紧缩。

3. 按通货紧缩和经济增长的关系，分为伴随经济增长率减缓的通货紧缩和伴随经济增长率上升的通货紧缩。

4. 按通货紧缩和货币政策的关系，分为货币紧缩政策情况下的通货紧缩、货币扩张政策情况下的通货紧缩和中性货币政策情况下的通货紧缩。

二、通货紧缩产生的原因

产生通货紧缩的原因，不同的学者有不同的观点。

1. 生产过剩，产品供给大于需求，促使大量产品销不出去，结果，造成了通货紧缩的发生。这是因为，鉴于一些国家的经济尚未从根本上摆脱生产过剩的制约，以至于一旦形成问题，就会面临通货紧缩的风险。

2. 需求不振，除少数国家和地区外，今年以来，各国因受到股市低迷，投资减少的制约等负面影响，使得其消费物价指数与以往相比有所下降。这也是通货紧缩形成的一个重要因素。

中国学者李纪兵将通货紧缩的原因归结为：税收制度、利率制度、准备金制度和物价管制制度。

这些制度都把社会本来就有的货币抽干到国家手里，从而造成了社会自身货币的紧缺。除此以外，人类生产能力的扩张，也需要货币数量随之增长，产生相对的通货紧缩。

三、通货紧缩对经济的影响

通货紧缩的影响主要研究通货紧缩与经济增长或经济发展的相互关系，其核心是通货紧缩的财富收缩效应、通货紧缩的经济衰退效应和失业效应。

（一）通货紧缩的财富收缩效应

这里所谓的"财富"，是指全社会的财富总量而言，财富"缩水"即全社会财富的减少。美国著名经济学家唐·帕尔伯格在分析通货紧缩与通货膨胀的区别的时候，认为通货膨胀的财富再分配就其总额而言是上升的，而通货紧缩却意味着财富总额打了一个折扣。言下之意很明确，即通货紧缩将使全社会的财富"缩水"。我国部分学者也认为，在通货紧缩的宏观环境下，财富"缩水"将是中国面临的更深层次问题。宏观经济分析中，社会财富可以视为居民财富、企业财富和政府财富的加总。在不考虑财富在国际间转移的条件下，如果能够证明居民、企业及政府的财富都因通货紧缩而减少，那么通货紧缩使社会财富"缩水"的结论无疑是成立的。

1. 企业财富的缩水。企业是社会的生产者，其财富主要以企业资产的形式体现。因此，企业财富的缩水，也就是企业资产价格的下降。在通货紧缩的情况下，企业资产价格一般来说都是下降的，其推理过程如下：通货紧缩使得全社会物价水平普遍下降，其中自然包括企业产品价格的下跌。产品价格下跌使得企业盈利减少，这就意味着企业盈利能力的减退。而市场对企业资产的定价一般是以它的盈利能力为标准制定的，因此盈利能力降低，其资产价格就要相应降低。

通货紧缩使企业资产价格下降的另一个原因是企业的负债率上升。在通货紧缩的情况下，企业大多利润降低且产品销售不畅，在此条件下，企业的债务率一般是上升的；与此同时，在名义利率下降的程度不及物价的下降程度时（名义利率一般保持不变或下降的程度小于物价下降的程度），企业借入的每一笔债务，过了一段时间以后，实际将不得不偿还更多的钱（里面含有"通货紧缩税"），这样就使企业的债务负担加重；加重的债务负担一方面直接削减了企业的净资产，另一方面将使企业陷入债务的泥潭。正如美国经济学家欧文·费雪所说的，在通货紧缩的条件下，负债人越是还债，他们的债就越多。

2. 居民财富的缩水。收入是居民财富的源泉。在通货紧缩的条件下，下岗失业者较多，劳动力市场是明显供过于求的，在完全市场条件下，工资将会降低。考虑到工资本身的刚性或粘性，即便工资没有降低或小有上升，那也由于下岗失业者的收入绝对减少，居民整体的收入难以达到正常的增长。

3. 政府财富的缩水。政府的财富，可以分为存量和流量两个部分。其存量部分，如属生产性的资产，则可视同前面所分析的企业资产，在通货紧缩的情况下是收缩的；如属消费性资产，则可视同居民的消费品，其价值随着消费品价格的降低而缩水。

（二）通货紧缩的经济衰退效应

从严格的意义上说，经济衰退属于通货紧缩的表象之一，经济衰退应包含于通货紧缩之中，因而通货紧缩的经济衰退效应也就无从谈起。但考虑到通货紧缩的最主要的特征是物价持续与普遍的下跌，通货紧缩的经济衰退效应可以理解为物价的持续与普遍下跌对于经济的促退作用。物价的普遍下跌主要通过以下途径对经济产生促退作用。

1. 产品价格下降，利润减少。物价的持续与普遍下跌使得生产者所生产的产品价格降低，从而使其利润减少甚至亏损，严重打击了生产者的积极性，这将使生产者减少生产或停产，进而使全社会的经济增长速度受到抑制。

2. 实际利率高企。物价持续与普遍下跌将使实际利率高企，这是一种有利于债权人而损害债务人的制度安排。因为债务人在向债权人偿还债务的时候，由于物价一直是在下跌的，偿还同样的货币，实际上包含了更多的价值，债务人越是还债，其债务就越重。而必须承认的是，社会上的债务人大多是生产者和投资者，债务负担加重，无疑会使他们的生产与投资活动受到影响，从而对经济增长也带来了负面的影响。

3. 居民收入下降，失业增加、物价下跌使生产者的利润减少，生产积极性降低，这又将影响到居民的收入水平和就业状况。居民收入水平的降低意味着消费需求减少，加重社会总需求不足的状况；非自愿失业增多，标志着社会远未达到充分就业状态，实际经济增长低于自然增长。

（三）通货紧缩的失业效应

如果说人们对于通货膨胀的就业效应还存在着诸多的不确定性的话，那么对于通货紧缩的失业效应应该是没有争议的。从理论上讲，通货紧缩只有加重失业的可能而绝对没有促进就业的可能，其理由在此简述如下。

第一，通货紧缩意味着投资机会的锐减，亦即可能容纳就业的机会的锐减。

第二，通货紧缩抑制了生产者的积极性，企业减产甚至停产的增多，在人浮于事的情况下，企业下岗人员自然增多。

第三，我国人口众多，劳动力资源十分丰富，且近几年已经到了新增劳动力进入社会的高潮，每年新增劳动人口在 1 000 万以上。在通货紧缩使投资与消费需求普遍不振的条件下，劳动力供求失衡的矛盾十分尖锐。

（四）通货紧缩的分配效应

通货紧缩的分配效应可以分为两个方面来考察，即社会财富在债务人与债权人之间的分配以及社会财富在政府与企业、居民之间的分配。从总体而言，经济中的债务人一般为企业，而债权人一般为居民，因此社会财富在债务人与债权人之间的分配也就是在居民与企业之间的分配。

1. 社会财富在企业与居民之间的再分配。在通货紧缩的情况下，物价持续下跌，而名义利率的下跌一般赶不上物价下跌的速度，因此实际利率呈现上升的趋势。这一变化使社会财富产生了巨大的再分配过程。

通货紧缩在企业与居民之间产生的这种财富分配效应，还具有自强化的特征。其简单的过程为：企业在通货紧缩的情况下，由于产品价格的降低，使企业利润减少；而实际利率高企，使作为债务人的企业的收入又进一步向债权人转移，这又加重了企业的困难。为维持生计，企业只有选择借更多的债务来进行周转，这样企业的债务总量势必增加，其债务负担更加沉重，由此企业在财富再分配的过程中将处乎更加恶劣的位置。如此循环往复，这种财富的分配效应不断得到加强。

2. 社会财富在政府与企业、居民之间的分配。与通货膨胀一样，在通货紧缩的情况下，社会财富在政府与企业、居民之间的分配主要是通过货币发行的途径来进行的。

四、治理通货紧缩对策

由于在通货紧缩条件下，一般物价水平低于其合理的水平，因此治理通货紧缩的直接目标是促使一般物价水平回到其正常的水平。在治理通货紧缩这个问题上，各国经济学者主张不一，但是总的来看，他们都在以下两方面达成了共识。

（一）实行积极的财政政策

实行积极的财政政策不仅意味着扩大财政支出，而且还要优化财政支出的结构，以增大财政支出的"乘数效应"。扩大财政支出，可以发挥财政支出在社会总支出中的作用，弥补个人消费需求不足造成的需求减缓，起到"稳定器"的作用。优化财政支出结构，使财政支出能最大化地带动企业或私人部门的投资，以增加社会总需求。

（二）实行积极的货币政策

实行积极的货币政策就要求中央银行及时做好货币政策的微调，适时增加货币供应量，降低实际利率，密切关注金融机构的信贷行为，通过灵活的货币政策促使金融机构增加有效贷款投放量，以增加货币供给。具体措施包括：一是降低金融机构法定存款准备金率，增强商业银行创造派生存款的能力；二是利用再贴现政策，降低再贴现率，以减少商业银行的借款成本，进而降低市场利率，以刺激投资需求和消费需求；三是在公开市场买进政府债券，以相应增加经济体系中的货币量；四是扩大中央银行基础货币投放，扩大信贷发放规模，增加社会货币供给量。

（三）结构性调整

对由于某些行业的产品或某个层次的商品生产绝对过剩引发的通货紧缩，一般采用结构性调整的手段，即减少过剩部门或行业的产量，鼓励新兴部门或行业发展。

（四）完善社会保障体系

建立健全社会保障体系，适当改善国民收入的分配格局，提高中下层居民的收入水平和消费水平，以增加消费需求。

（五）改变消费预期

政府通过各种宣传手段，增加公众对未来经济发展趋势的信心。

本章小结

1. 通货膨胀是在纸币流通条件下的困扰世界各国经济的一大难题，它的产生和发展严重危害着世界经济的健康成长。它表现为因流通中注入货币过多而造成的货币贬值以及总物价水平持续上升的过程。通货膨胀按照不同标准，可分为多种类型，其主要度量指标有：消费物价指数（Consumer Price Index）、批发物价指数（Wholesale Price Index）、国民生产总值平减指数（GNP Deflator）。

2. 通货膨胀按照其程度不同划分为：爬行式通货膨胀、奔腾式通货膨胀、恶性的通货膨胀。按照通货膨胀的表现形式划分为：公开的通货膨胀（开放型通货膨胀）、隐蔽的通货膨胀也称抑制型通货膨胀。最常见的通货膨胀分类是按照成因的不同解释来划分，主要可以分为以下几种类型通货膨胀成因说：需求拉上说、成本推进说、供求混合推进说、结构型通货膨胀（需求移动说、小国开放模型）。

3. 通货膨胀对经济的影响主要表现为收入分配效应、产出效应（促进论、促退论、中性论）。

4. 治理通货膨胀的主要对策是抑制总需求的政策、收入政策、收入指数化政策。

5. 通货紧缩是与通货膨胀相对立的一个重要概念，它是指在现行价格下，一般商品和劳务的供给超过需求，货币数量比商品和劳务少，市场银根趋紧，货币流通速度减慢，物价水平下跌。通货紧缩依其程度不同，可分为轻度通货紧缩、中度通货紧缩和严重通货紧缩三类。

6. 治理通货紧缩一般采取积极的财政政策，例如，扩大财政支出，优化财政支出的结构，增大财政支出的"乘数效应"；积极的货币政策，例如，降低金融机构法定存款准备金率，降低再贴现率，在公开市场买进政府债券，扩大中央银行基础货币投放，增加社会货币供给量等。

关键词汇

通货膨胀　通货紧缩　需求拉上型通货膨胀　成本推进型通货膨胀　结构型通货膨胀　公开的通货膨胀　隐蔽的通货膨胀　滞胀

复习思考题

1. 什么是通货膨胀？简述通货膨胀的类型。
2. 什么是通货紧缩？简述通货紧缩的类型。
3. 简述通货膨胀成因的理论观点。
4. 滞胀产生的原因和主要特征是什么？
5. 分析通货紧缩对经济的影响。
6. 试分析我国通货紧缩形成的原因及治理的对策。

案例分析题

我国受 2010 年宽松的货币政策环境影响，2011 年 CPI 指数在上半年持续上升，随着中国人民银行反复提出稳定物价、控通胀的首要目标，并收紧货币政策，通货膨胀率在 2011 年 7 月份达到 6.5% 高位后，连续半年呈现回落态势。

国家统计局数据显示，2011 年 12 月，我国居民消费价格总水平（CPI）同比上涨 4.1%，涨幅较 11 月回落 1.1 个百分点，创下了 15 个月新低，这是 2010 年 CPI 连续第五个月回落。此外，2010 年 12 月份 CPI 环比增长 0.3%，涨幅仍低于 2010 年 12 个月的历史均值 0.5%，并且连续 5 个月环比低于历史平均，显示通货膨胀压力进一步缓解。

思考：我国治理通货膨胀的对策。

第十一章

国际金融

第一节 外　汇

一、外汇的概念

在经济全球化的今天，国家与国家之间、企业之间以及居民之间实现各种交往不可避免地会涉及外汇这一概念，但是外汇的确切含义却往往不被人们所熟悉。"外汇"有动词和名词两种词性，因此外汇这一概念有动态和静态两层含义。

（一）动态的外汇含义

从动态的外汇含义来看，外汇是一种活动或过程，是把一种货币兑换为另一种货币用于清偿国际间债权债务的一种活动。这种活动又叫做国际汇兑。国际汇兑的特点有：通过银行体系进行转账、非现金结算、借助信用工具进行资金转移，这种活动目的是为了清偿国际上由于贸易、非贸易往来产生的债权债务。

（二）静态的外汇含义

静态外汇的概念可以从广义和狭义两个方面去把握。

1. 广义的外汇概念。广义的外汇泛指一切以外币表示的用于国际清偿的支付手段或资产。国际货币基金组织和各国外汇管制法令所称的外汇都是指广义的外汇。2008 年 8 月 1 日我国新修订的《中华人民共和国外汇管理条例》中规定，外汇是指下列以外币表示的可以用作国际清偿的支付手段和资产，具体包括：

（1）外币现钞，包括纸币、铸币；

（2）外币支付凭证或者支付工具，包括票据、银行存款凭证、银行卡等；

（3）外币有价证券，包括债券、股票等；

（4）特别提款权；

（5）其他外汇资产。

2. 狭义的外汇的概念。狭义外汇即通常人们所说的外汇，是指以外币表示的用于国际结算的支付手段。因为作为用于国际结算的支付手段必须具备普遍接受性而且现在的国际结算大多是非现金结算的方式，因此狭义的外汇仅指在国外的银行存款及对这些存款有索取权的各种票据，即支票、本票和汇票。

另外，理解外汇的概念时必须注意：（1）外汇必须是以外币表示的国外资产，即要具备国际性。（2）外汇必须是能够在国外得到偿付的货币债权，因此在国外不能得到偿付的空头支票不能算作外汇，即具备可偿性。（3）外汇必须是可以兑换成其他支付手段的外币资产，即要具有可兑换性。

二、外汇的分类

（一）按照能否自由兑换，外汇可分为自由外汇和记账外汇

自由外汇即不受任何限制就可兑换为任何一种货币的外汇，或可向第三国进行支付的外汇。其根本特征是可兑换的货币。目前世界上有 50 多种货币可自由兑换，能在国际结算中普遍使用的自由外汇有美元、欧元、英镑、瑞士法郎及日元等主要工业国家的货币。

记账外汇，又称双边外汇、清算外汇和协定外汇，它是根据两国政府贸易清算（或支付）协定进行国际结算时，用作计价单位的货币。记账外汇可使用交易双方任何一方的货币，也可使用第三国货币或某种货币篮子。这种外汇不能兑换成其他货币，也不能支付给第三国。只能用于支付协定当中规定的两国间贸易货款及从属费用。

（二）根据资金偿付的时间，可以分为即期外汇和远期外汇

即期外汇（Spot Foreign Exchange）也称现汇，是指外汇交易达成后，交易在两个营业日之内就可完成资金收付的外汇。各外汇市场对外汇交割事件的具体规定大同小异。

远期外汇（Forward Exchange）也称期汇，是指外汇交易达成后，交易者只能在合同规定的日期才能实际办理资金收付的外汇。远期外汇交割期限可以一周，在多数情况下是 1 至 6 个月，也可长达 1 年以上。

（三）按外币的形态可以分为外币现钞和现汇

外币现钞是指外国钞票、铸币，现钞主要由境外携入。外币现汇是指在货币发行国本土银行的存款账户中的自由外汇，现汇主要由国外汇入，或由境外携入、寄入的外币票据，经银行托收，收妥后存入。各种外汇的标的物，一般只有转化为货币发行国本土银行的存款账户中的存款，即现汇后，才能进行实际上的对外国际结算。

第二节　汇　率

一、汇率的概念

汇率（Foreign Exchange Rate）又称汇价、外汇牌价或外汇行市，是不同的货币之间兑换的比率或比价，也可以说是以一种货币表示的另一种货币的价格。外汇是可以在国际上自由兑换、自由买卖的，是一种特殊商品，而汇率就是这种特殊商品的价格。与一般的商品价格相比，汇率具有双向表示性，既可以以一种货币表示另一种货币的价格，也可以反过来表示。基于汇率的双向表示性，可以把汇率分为两种不同的标价方法。

二、汇率标价方法

（一）直接标价法（Direct Quotation）

这种标价法又称应付标价法，是指固定单位外币，用一定数量的本币来表示单位外币的标价方法。目前世界上绝大多数国家都采用直接标价法，我国人民币对外币也采用这种标价方法。

直接标价法下，外汇汇率越大，意味着用更多的本币来表示单位外币，则本币贬值、外币升值。如果外汇汇率越小，则相当于用更少的本币来表示单位外币，则本币升值、外币贬值。我国人民币从 2005 年 7 月 21 日汇改时美元对人民币的中间价 1USD = 8.11CNY 到 2012 年 8 月 29 日 1USD = 6.3391CNY，虽然外汇汇率减少了，但是作为本币的人民币升值了。因此，我们可以说本币价值与外汇汇率呈反方向变动。

（二）间接标价法（Indirect Quotation）

这种标价法又称应收标价法，是指固定单位本币，用一定数量的外币来表示单位本币的标价方法。目前世界上有少数国家和地区实行间接标价法。比如欧元区、英国、澳大利亚、新西兰。

在间接标价法下，外汇汇率上升，表示用更多的外币来表示本币，因此本币升值，外币贬值；如果外汇汇率下降，则表示用更少的外币来表示单位本币，因此本币价值下降，外币价值上升。因此在间接标价法下，本币价值与外汇汇率呈同方向变动。

我国外汇牌价使用直接标价法进行报价，确定的单位外币数量为 100，如表11-1 所示。

表 11-1 　　　　　　　　　2012 年 8 月 29 日中国银行外汇牌价

货币名称	现汇买入价	现钞买入价	现汇卖出价	现钞卖出价	人民币汇率中间价	中行折算价	发布日期	发布时间
英镑	1 000.69	969.8	1 008.73	1 008.73	1 002.85	1 002.85	2012 - 08 - 29	17：00：16
港元	81.73	81.07	82.04	82.04	81.73	81.73	2012 - 08 - 29	17：00：16
美元	633.88	628.8	636.42	636.42	633.91	633.91	2012 - 08 - 29	17：00：16
瑞士法郎	661.52	641.09	666.83	666.83		664.35	2012 - 08 - 29	17：00：16
新加坡元	504.65	489.07	508.71	508.71		507.23	2012 - 08 - 29	17：00：16
瑞典克朗	95.07	92.13	95.83	95.83		95.8	2012 - 08 - 29	17：00：16
丹麦克朗	106.63	103.34	107.48	107.48		107.12	2012 - 08 - 29	17：00：16
挪威克朗	108.25	104.9	109.12	109.12		108.74	2012 - 08 - 29	17：00：16
日元	8.0607	7.812	8.1173	8.1173	8.0556	8.0556	2012 - 08 - 29	17：00：16
加拿大元	639.55	619.8	644.69	644.69	641.54	641.54	2012 - 08 - 29	17：00：16
澳大利亚元	655.29	635.06	660.55	660.55	657.11	657.11	2012 - 08 - 29	17：00：16
欧元	794.46	769.93	800.84	800.84	796.16	796.16	2012 - 08 - 29	17：00：16
澳门元	79.36	78.7	79.66	79.66		79.53	2012 - 08 - 29	17：00：16

资料来源：中国银行网站。

三、汇率的种类

（一）从银行买卖外汇的角度出发，可将汇率分为买入汇率、卖出汇率、中间汇率和现钞汇率

买入汇率（Buying Rate）又称买入价，是银行购买外汇时所使用的汇率，卖出汇率（Selling Rate）又称卖出价，是银行卖出外汇使用时的汇率。银行从事的外汇买卖活动分别以不同的汇率进行，当其买入外汇时往往以较低的价格买入，卖出外汇时则以较高的价格卖出，两者之间的价差即为银行的经营费用和利润。

在外汇市场上，银行通常采用双向报价法，即同时报出买入价和卖出价，在直接标价法下，较低的价格为买入价，较高的价格为卖出价，也就是说直接标价法下买价在前，卖价在后。间接标价法下，卖价在前，买价在后。

中间汇率（Middle Rate），又称中间价，是银行买入价和卖出价的平均数。中间汇率一般不挂牌公布，套算汇率就是根据中间汇率计算求得的。报刊上关于汇率的报导、分析和预测也常常用中间汇率。现钞汇率（Bank Note Rate）又称现钞价，是银行在买卖外汇现钞时使用的汇率。现钞价又分为现钞买入价和现钞卖出价，银行的现钞卖出价与现汇卖出价相同，但现钞的买入价略低于现汇的买入价。

（二）按汇率制定的方法不同，可将汇率分为基础汇率和套算汇率

基础汇率（Basic Rate）是一国所制定的本国货币与基础货币（往往是关键货币）之间的汇率。与本国货币有关的外国货币往往有许多种，但不可能使本币与每种货币都单独确立一个汇率，所以往往选择某种关键货币作为本国汇率的制定标准，所谓关键货币是指在国际贸易或国际收支中使用最多、在各国的外汇储备中占比最大、自由兑换性最强、汇率行情最稳定、事实上普遍为各国接受的货币。一国在一定时期内采用哪种货币作为关键货币不是一成不变的。目前，各国普遍把美元作为制定汇率的关键货币，因此，本币与美元的汇率一般作为基础汇率。套算汇率（Cross Rate）是在基础汇率的基础上套算出的本币与非关键货币之间的比率。

（三）按外汇交易中支付方式的不同可将汇率划分为电汇汇率、信汇汇率和票汇汇率

电汇汇率（Telegraphic Transfer Rate，T/T Rate）也称电汇价，指买卖外汇是以电汇方式支付外汇所使用的汇率。银行卖出外汇后，立即用电报、电传等通讯方式通知国外分行或代理行支付款项给收款人，外汇付出迅速，银行无法占用客户汇款资金，且国际电报、电传收费较高，因而向客户收取的价格（汇率）也就较高。现代外汇市场上多用电汇方式付出外汇，因而电汇汇率成为一种具有代表性的汇率。

信汇汇率（Mail Transfer Rate，M/T Rate）也称信汇价，是银行用信函方式通知支付外汇的汇率。银行卖出的外汇需要用信函通知国外分行或代理行付出，所用时间较长，因此需将银行占用在途资金的利息扣除，汇率也就较电汇汇率为低。

票汇汇率（Demand Draft Rate，D/D Rate）也称票汇价，是银行买卖即期外汇汇票的汇率。买卖即期汇票所需时间也较长，因而汇率较电汇汇率低。

（四）按外汇买卖成交后交割时间的长短不同，分为即期汇率和远期汇率

即期汇率（Spot Rate）也称现汇率，是交易双方达成外汇交易后，在两个工作

日以内交割所使用的汇率。这一汇率一般就是现时外汇市场上的汇率水平。远期汇率（Forward Rate）也称期汇率，是交易双方达成外汇买卖协议，约定在将来某一时间进行外汇实际交割所使用的汇率。这一汇率是双方以现汇率为基础约定的，但往往与现汇率有一定差价，其差价称为升水或贴水。当远期汇率比即期汇率贵时我们称外汇升水；当远期汇率比即期汇率便宜时我们称外汇贴水，二者一致即平价。另外，远期汇率虽然是未来交割所使用的汇率，但与未来交割时的市场现汇率是不同的，前者是事先约定的远期汇率，后者是将来的即期汇率。

（五）按外汇管制程度的不同划分，可分为官方汇率和市场汇率

官方汇率（Official Rate）也称法定汇率，是外汇管制较严格的国家授权其外汇管理当局制定并公布的本国货币与其他各种货币之间的外汇牌价。市场汇率（Market Rate）是外汇管制较松的国家中，在自由外汇市场上进行外汇交易的汇率。

（六）按汇率的适用范围划分，汇率可以分为单一汇率与复汇率

如果一国货币对某种外国货币仅有一个汇率，各种收支都按这个汇率结算，就叫做单一汇率（Single Rate）；如果一国货币对某种外国货币的汇率同时规定两种以上的汇率，就叫做复汇率（Multiple Rate）。

（七）按国家汇率制度的不同，可分为固定汇率、浮动汇率等

固定汇率（Fixed Rate）规定本国货币与其他货币之间维持一个固定比率，汇率波动只能限制在一定范围内，由官方干预来保证汇率的稳定。浮动汇率（Floating Rate）是本国货币与其他国家货币之间的汇率不由官方制定，而由外汇市场供求关系决定，可自由浮动，官方在汇率出现过度波动时才出面干预市场。浮动汇率制度又可以进一步地分为自由浮动、管理浮动、联合浮动、盯住浮动、弹性汇率制、联系汇率制等。

四、影响汇率变动的因素

影响汇率变动的因素是多方面的。总的来说，一国经济实力的变化与宏观经济政策的选择，是决定汇率长期发展趋势的根本原因。我们经常可以看到在外汇市场中，市场人士都十分关注各国的各种经济数据，如国民经济总产值、消费者物价指数、利率变化等。在外汇市场中，我们应该清楚地认识和了解各种数据、指标与汇率变动的关系和影响，才能进一步找寻汇率变动的规律，主动地在外汇市场寻找投资投机时机和防范外汇风险。

综合来看，影响汇率变动的因素可以分为经济因素和非经济因素。在经济因素中对汇率的影响又分为长期影响因素和短期影响因素。

（一）影响汇率变动的经济因素

1. 国际收支状况。当一国的国际收支出现顺差时，就会增加该国的外汇供给和国外对该国货币的需求，进而导致顺差国货币升值，外汇贬值；反之，当一国国际收支出现逆差时，就会增加该国的外汇需求和本国货币的供给，进而导致外汇汇率的上升或逆差国货币的贬值。

在国际收支这一影响因素中，经常性收支尤其是贸易收支，对外汇汇率起着决定性的作用，并且是长期影响因素。

2. 通货膨胀的国际比较。通货膨胀率相对高的国家，该国的货币在国内购买力下降，使货币对内贬值，在其他条件不变的情况下，货币对内贬值，必然引起对外贬值。通货膨胀是影响汇率变动的一个长期、主要而又有规律性的因素。

3. 利率水平。一国利率水平的高低，是反映借贷资本供求状况的主要标志。一国利率水平相对提高，会吸引外国资本流入该国，从而增加对该国货币的需求，该国货币就升值。反之，一国的利率水平相对降低，会直接引起国内短期资本流出，从而减少对该国货币的需求，该国货币就贬值。

4. 经济增长率差异。在其他条件不变的情况下，一国经济增长率相对较高，其国民收入增加相对也会较快，这样会使该国增加对外国商品劳务的需求，结果会使该国对外汇的需求相对于其可得到的外汇供给来说趋于增加，短期内该国货币趋于贬值。但长期来看经济增长速度快则有力地支撑了一国货币的升值。

（二）非经济因素

1. 政治局势。如果一国出现政府经常更迭，国内叛乱、战争，与他国的外交关系恶化以及遇到严重的自然灾害，而这些事件和灾害又未能得到有效控制的话，就会导致国内经济萎缩或瘫痪，导致投资者信心下降而引发资本外逃，其结果会导致各国汇率下跌。

2. 市场信息。在外汇市场上，一个谣传或一则小道消息也会掀起轩然大波。尤其是某些市场不太成熟的国家，外汇市场就是"消息市"。外汇市场汇率就在这些真假难辨的信息中动荡变化。

3. 心理预期因素。心理预期对货币汇率的影响极大，甚至已成为外汇市场汇率变动的一个关键因素，只要人们对某种货币的心理预期一变化，转瞬之间就可能会诱发大规模的资金运动。因此心理预期具有自我实现性。影响外汇市场交易者心理预期变化的因素很多，主要有一国的经济增长率、国际收支、利率、财政政策及政治局势。

4. 市场投机。投机者以逐利为主的投机行为，必然影响到汇率的稳定。通常外汇市场的投机行为包括两种情况：一是稳定性投机，二是非稳定性投机。它们对汇率的影响程度如图 11-1 所示。

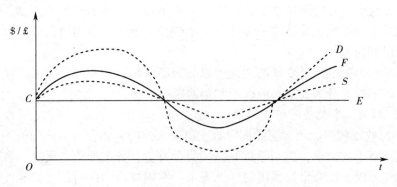

图 11-1 稳定与非稳定性投机对汇率的影响

该图横轴是时间，纵轴是美元与英镑的比价即汇率，其中 E 是均衡汇率，F 是现实的汇率波动，S 是稳定投机对汇率的影响，D 是非稳定投机对汇率的影响。可以看出，外汇市场中稳定的投机可以熨平汇率的波动，使汇率水平更接近均衡水平。也就是说，并不是投机活动本身一定会带来市场的大幅波动，适度的投机是市场不可或缺的要素；而非稳定的投机对汇率的影响往往使汇率更大的偏离均衡的水平，从而产生外汇市场价格的大起大落。

自 1973 年实行浮动汇率制以来，外汇市场的非稳定投机活动愈演愈烈，投机者往往拥有雄厚的资金实力，可以在外汇市场上推波助澜，使汇率的变动远远偏离其均衡水平。投机者通常通过外汇市场顺势甚至造势对某一币种发动攻击，攻势之强，使各国央行联手干预外汇市场也难以阻挡。因此过度的投机活动加剧了外汇市场的动荡，阻碍了正常的外汇交易，歪曲了外汇供求关系。

5. 中央银行干预。在开放的市场经济下，中央银行介入外汇市场直接进行货币买卖，对汇率的影响是最直接的，其效果也是极明显的。通常中央银行干预外汇市场的措施有四种，即直接在市场上买卖外汇；调整国内财政、货币等政策；在国际范围公开发表导向性言论以影响市场心理；与国际金融组织和有关国家配合和联合，进行直接和间接干预。

五、汇率变动对经济的影响

（一）对国内经济的影响

1. 影响物价水平。以本币贬值为例，进口商品的价格上升。从而影响进口的消费品和原材料价格变动，进而以进口原料加工的商品或与进口商品相类似的国内商品价格也上升，从而推动整体物价的上涨。因此对外贬值对内也贬值。与此同时本币贬值后，出口商品的国内价格也会上升。由于外币购买力提高，国外进口商就会增加对本国出口商品的需求。在出口商品供应数量不能相应增长的情况下，出口商品的国内价格必然上涨。在初级产品的出口贸易中，汇率变化对价格的影响特别明显。

2. 对国民收入和就业的影响。当本币汇率下跌，外汇汇率上升时，该国出口会增加，从而刺激国内出口商品生产规模的扩大，进而带动国内其他行业的发展，推动就业水平的提高，增加国民收入。反之，会抑制商品的出口，增加商品的进口，使商品生产规模缩小，不利于本国经济发展，进而失业人数增加，国民收入减少。

（二）对一国对外经济的影响

1. 对一国资本流动的影响。从长期看，当本币汇率下降时，本国资本为防止货币贬值的损失，常常逃往国外，特别是存在本国银行的国际短期资本或其他投资，也会调往他国，以防损失。如本币汇率上涨，则对资本移动的影响则与上述情况相反。

2. 对对外贸易的影响。一般认为，一国汇率下跌将有利于扩大出口，限制进口，改善贸易收支状况。这是因为一国货币汇率下跌后，如果出口商在国际市场上继续以过去的价格出售商品，可以有更大的获利空间，进一步刺激出口；若出口商让利于进口商，则能增强出口商品的竞争力，扩大销售市场，获得更多的外汇收入。对于进口商而言，由于本币汇率的下跌，购买等量价值的进口商品需要支付更多的本国货币，因而有限制进口的趋势。但本国汇率下跌对贸易收支的改善是有一定条件的，也就是一国进出口弹性要符合马歇尔—勒纳条件。一国汇率上升对贸易收支的影响可以反过来认识。

3. 对旅游部门的影响。其他条件不变，以本币表现的外币价格上涨，而国内物价水平未变，对国外旅游者来说，本国商品和服务项目显得便宜，可促进本国旅游及有关贸易收入的增加。

（三）汇率变动对一国黄金外汇储备的影响

1. 储备货币的汇率变动影响一国外汇储备的实际价值，储备货币升值，则一国外汇储备的实际价值提高，反之则降低。

2. 本国货币汇率变动，通过资本转移和进出口贸易额的增减，直接影响本国外汇储备的增加或减少。

3. 汇率变动影响某些储备货币的地位和作用。

（四）汇率变动对国际经济的影响

1. 加剧发达国家与发展中国家的矛盾。如第二次世界大战后美元的两次贬值，使初级产品生产国家的外汇收入遭受损失；而它们的美元债务，由于订有黄金保值条款，丝毫没有减轻，至于其他非美元债务，有的则相对加重。

2. 加剧发达国家之间的矛盾，促进区域经济集团的建立与加强。一国货币汇率的下跌，必然会加剧发达国家之间争夺销售市场的斗争。20 世纪 80 年代以前，美元汇率急剧下跌，日元与联邦德国马克的汇率日益上升，资本主义世界货币十分动荡。美国政府对美元汇率日趋下降的现象放任不管，其目的就在于扩大本国的出口，迫使日本及西欧等工业发达国家采取刺激本国经济发展的措施，以扩大从美国进口。美元汇率的一再下降，加深了西欧共同体国家的困难，使这些国家陷入经济增长缓慢、失业现象严重，以及手中持有的美元价值日益下跌的困难处境。就是在这种情况下，当时欧洲共同体九国决定建立"欧洲货币体系"，确定成员国之间汇率波动界限，建立欧洲货币基金，并创设欧洲货币单位。"欧洲货币体系"的建立，固然是共同体实现财政经济联合、最终走向货币一体化的必然过程，但美元日益贬值，美元汇率急剧下降则是促进"欧洲货币体系"加速建立的一个直接原因。

第三节　外汇交易

一、外汇市场

（一）外汇市场的含义

广义的外汇市场泛指一切进行外汇交易的场所，包括个人外汇买卖交易场所、外币期货交易所等；狭义的外汇市场指以外汇专业银行、外汇经纪商、中央银行等为交易主体，通过电话、电传、交易机等现代化通讯手段实现交易的无形的交易市场。

目前世界主要的外汇市场包括欧洲的伦敦、法兰克福、巴黎、苏黎世外汇市场，北美的纽约外汇市场，亚洲的东京、香港、新加坡外汇市场，澳洲的悉尼、惠灵顿外汇市场，这些市场时间上相互延续，共同构成了全球不间断的外汇市场，其中以伦敦外汇市场的交易量为最大，因此欧洲市场也是流动性较强的一个市场，而纽约外汇市场波动幅度经常较大，主要是由于美国众多的投资基金的运作以及纽约市场上经常会发生一些对于外汇影响较大的事件，例如美联储利率决定、公布美国重要经济数据等。

（二）外汇市场的构成

外汇市场的参与者主要包括外汇银行、中央银行、外汇投机者、外汇经纪公司、大型投资基金、实际外汇供求者等。通过了解外汇市场参与者的资金动向对于预测走势也有很大帮助，例如日本财务年度的资金汇回日本会造成日元的升值压力，英国公司对于德国公司的大型收购案会构成欧元/英镑交叉盘的上升，日本央行通过抛售日元干预汇市会造成日元的贬值、日本投资者在澳洲发行澳元计价的债券会造成澳元/日元交叉盘的上升等等。只要善于分析交易主体的动向和特点，都会从一些蛛丝马迹中寻求汇率的方向。

从外汇交易的区域范围和交易速度来看，外汇市场具有空间统一性和时间连续性两个基本特点。所谓空间统一性是指由于各国外汇市场都用现代化的通讯技术（电话、电报、电传等）进行外汇交易，因而使它们之间的联系非常紧密，整个世界越来越连成一片，形成一个统一的世界外汇市场。所谓时间连续性是指世界上的各个外汇市场在营业时间上相互交替，形成一种前后继起的循环作业格局。

表11-2　　　　　　　　　国际主要外汇市场交易时间表

市场	北京时间
惠灵顿	04:00 - 13:00
悉尼	06:00 - 15:00
东京	08:00 - 15:30
香港	10:00 - 17:00
法兰克福	14:30 - 23:00
伦敦	15:30 - （次日）0:30
纽约	21:00 - （次日）04:00

二、外汇交易方式

（一）即期外汇交易

即期外汇交易（Spot Exchange Rate），又称现汇交易或现货交易，即买卖双方按照外汇市场上的即时价格成交后，在两个交易日内办理交割的交易。理解即期交易方式，首先要知道什么是交割。交割（Deliver）其实就是双方把买卖的货币进行清算的过程，交割结束的标志是买卖双方交易货币存款数额的增减。交割必须在交易双方银行的营业日进行，即假日之外的工作日。

（二）远期外汇交易

远期外汇交易（Forward Foreign Exchange Transaction）是指外汇买卖成交后，于两个工作日以外的预约时间再办理交割的外汇业务。这种外汇交易的实现需要两个步骤：一是买卖双方签订远期外汇合约（Forward Exchange Contract），合约规定交易外币的种类、金额、约定的远期汇率、交割时间及地点等交易内容；二是到约定的时间进行交割。进行远期外汇交易的优点之一就是现在就可以确定将来自己支付或收入的外汇的买卖价格。远期外汇交易与即期交易的区别就在于远期外汇交易从成交日到交割日至少相隔两天，最短的远期外汇交易期限为成交日后的第 3 天交割，最长的远期期限可达到 10 年。远期外汇合约的合同期有 1 个月、2 个月、3 个月、6 个月、9 个月和 12 个月等，最常用的是 3 个月的远期外汇交易，因为国际贸易付款往往是在 3 个月之后。另外，有些客户需要特殊期限的远期交易，比如 52 天、97 天等，这些客户可以同银行签订特殊日期的远期外汇合约，进行零星交易（Odd Date Transaction 或 Broken Date Transaction）。

远期外汇交易报价往往采用掉期率报价法，掉期率是指某一时点远期汇率与即期汇率的差价。这种报价方法使银行可以不用根据即期汇率频繁地调整远期汇率。但是，远期汇率需要客户自己根据即期汇率与掉期率算出。原则是如果掉期率前小后大，加到即期汇率上；如果掉期率前大后小，就从即期汇率减去。如 SPOT GBP/USD 1.6732/42 SPOT/3MONTH 80/70，则远期汇率为 1.6652/1.6672。

（三）掉期交易

掉期（Swap Transaction）交易是指在买进或卖出一定期限的某种货币的同时，卖出或买进期限不同，金额相同的同种货币。如某银行在某年 5 月 6 日买进即期英镑 100 万，同时，卖出一个月远期英镑 100 万。该银行所做的就是一笔掉期交易。掉期交易具有如以下性质：买卖同时进行，即一笔掉期交易必须包括买进一笔外汇以及卖出一笔外汇，并且买卖活动在时间上几乎同时进行；买卖外汇的数额相同、币种相同、交割的期限不同，即买卖外汇交割日期是错开的，如上例买英镑的一笔交易交割是在 5 月 8 日（如果是标准交割日，而且不是双方的营业日），远期卖出一个月英镑交割日应该在 6 月 8 日。凡符合属于上述几个条件的外汇交易组合均属于掉期交易。

（四）套汇

套汇（Arbitrage）是指套汇者利用两个或两个以上外汇市场某一时刻某些外汇汇率存在的差异，通过贱买贵卖，对该种外汇在不同的市场进行买卖，从而获得差价收入的交易活动。这种交易活动具有强烈的投机性。套汇交易方式主要包括两种：一是直接套汇，二是间接套汇。直接套汇（Two Point Arbitrage，Direct Arbitrage）也叫两地套汇或两角套汇，是指利用两地之间的汇率差异，同时在两地进行低买高卖，赚取汇率差额的一种套汇业务。例如：

香港市场　　　　　　USD = HKD7.7804/14

纽约市场　　　　　　USD = HKD7.7824/34

可以很明显地看出，在香港市场美元便宜，在纽约市场美元贵。则香港的金融机构就可以在本地用港元买美元，从而实现贱买的过程，同时在纽约外汇市场抛美元买港元，实现贵卖的过程。在很短的时间内，该机构通过买卖 1 美元就可以赚到 10 个基点的收益。

间接套汇（Three Point Arbitrage，Multiple Point Arbitrage，Indirect Arbitrage）是指

套汇者利用三个或三个以上外汇市场的汇率差异，在三地或多地进行贱买贵卖，从而获得差额收入的外汇交易。间接套汇最大的难度是套汇者很难一眼看出某外汇在哪个市场便宜，在哪个市场贵，在这种情况下，想成功套汇就要遵循以下几点原则。

（1）将三个或更多市场上的汇率都变换为统一的标价方法来表示。

（2）将被表示的货币单位的外国货币数量都统一为1。

（3）将各个汇率值相乘，如果连乘的积是1，则各个市场不存在汇率差异，无法套汇，若连乘积不等于1则存在汇率差异，可以套汇。

（4）套汇的起始点为：在统一标价法后，如果连乘积大于1，则从以你手中的货币作为基础货币的市场套起，如果连乘积小于1，则从以你手中的货币作为标价货币的市场套起。

一般来说，要进行套汇交易必须具备以下三个条件。

（1）存在不同的外汇市场和汇率差价。

（2）套汇者必须拥有一定数量的资金，且在主要外汇市场拥有分支机构或代理行。

（3）套汇者必须具备一定的技术和经验，能够判断各外汇市场汇率变动及其趋势，并根据预测迅速采取行动。否则，要进行较为复杂的套汇将事倍功半。这里的技术条件主要指在间接套汇中由于无法用肉眼简单的看出不同市场的价差，就应该利用间接套汇原则来寻找价差。

（五）套利交易

套利交易（Interest Arbitrage Transaction）是指套利者利用不同国家或地区短期利率的差异，将资金由利率低的国家或地区转移到利率高的国家或地区，以赚取利差收益的一种外汇交易。比如某套利者有资金100万美元，美元存款利率为10%年利，英镑存款利率为15%年利，该套利者可以把手中低利率货币美元转换为高利率货币的英镑，然后存为英镑存款，存期6个月，待到期时再把英镑本利和转换成美元，从而获利。可以看出这种转换虽然可以使套利者享受到高利率的好处，但是如果不进行保值，则高利率货币本利和在换回的时候可能会遭受汇率风险所造成的损失。因此根据是否对高利率货币在换回的时候保值，可以把套利交易分为补偿套利交易和非补偿套利交易。

补偿性套利交易（Covered Interest Arbitrage）是指套利者把资金从低利率国调往高利率国的同时，在外汇市场上卖出高利率货币的远期，以避免汇率风险的外汇交易。非补偿性交易（Uncovered Interest Arbitrage）是指单纯地把资金从利率低的货币转换成利率高的货币存储，在换回本利和的时候并没有事先进行远期保值的套利交易。这种交易风险较大，不能确定盈亏，因此，套利交易一般都采用补偿性交易进行。

（六）外汇期货交易

外汇期货交易（Currency Future Transaction）是指在固定的交易场所，买卖双方通过公开竞价的方式买进或卖出具有标准合同金额和标准交割日期的外汇合约的交易。

外汇期货交易基本上可分为两大类：套期保值交易和投机性期货交易。

1. 外汇期货中的套期保值

套期保值的原意为"两面下注"，引申到商业上是指人们在现货市场和期货交易上采取方向相反的买卖行为。即在买进现货的同时卖出期货合约，或在卖出现货的同时买进期货合约，以达到避免价格风险的目的。外汇期货套期保值的目的就是回避或降低外汇风险，确保外币资产或负债的价值。套期保值的客观基础在于：期货市场价格与现货市场价格存在平行变动性和价格趋同性。正是由于期货价格与现货价格存在上述关系，期货交易能够适应人们套期保值的需要，这也是它得以产生的基本原因。套期保值可分为多头套期保值和空头套期保值两大类。多头套期保值是指当预期某种外汇价格上涨的时候，先买入外汇期货合约，待价格上涨后再卖出外汇期货合约的方式。空头套期保值是指当预期某种外汇价格下降的时候，先卖出外汇期货合约将来再把合约买回的方式。

2. 投机性期货交易

投机性期货交易是指那些没有现货交易基础的期货交易者，根据自己对价格变动趋势的预测，而进行的以牟取期货价格差额为目的，承担风险的期货交易。外汇期货市场的外汇投机业务有两种基本方法。一种方法是当投资者预测价格将会下降时，他们会首先卖出期货，待期货价格下降后再买入期货，从中获取差额利润，反之则相反。

投机者和套期保值者参与期货交易的动机是不同的。投机者通过承担价格风险，力图获取投机收益。套期保值者进行期货交易是为了避免价格风险。因此，存在一定数量的投机者是期货市场发育的必要条件。

（七）外汇期权交易

外汇期权交易（Currency Option Transaction）期权交易买卖的是一种权利，买方买这种权利，卖方卖这种权利，买了这种权利的买方，有权在未来某一特定时间，以双方事先确定的特定价格买进或卖出一定数量的某种商品。买方有权选择执行期权，即按事先规定买进或卖出特定商品，也有权选择不执行期权。期权买方因为有这样的选择权，所以，必须为这样的选择权支付费用，即期权费。而卖方在收取了期权费后，就要在买方选择执行交易时必须与其进行交易，也就是说双方权利义务不对等，在是否执行期权的问题上，买方有权利无义务，而卖方有义务而没有权利。外汇期权交易是指期权的买方购买期权，有权在未来某一时间以某一特定价格买进或卖出某种数量的外汇的交易。从根本上说，外汇期权交易有两个最显著的特点：一是期权向其购买者提供的是按协定价格购买或出售规定数量外汇的权利而不是义务；二是期权交易的收益与风险具有明显的非对称性。对期权购买者而言，他所承受的最大风险是事先就明确的权利金，而他所可能获得的收益却是无限制的；对于期权出售者而言，他能实现的收益是事先确定的、有限的，但他承担的风险却是无限制的。

外汇期权交易根据交割时间的自由度可以分为美式期权与欧式期权。美式期权（American – style Option）是指期权买方可以在期权合约所规定的任何交易日内（包括到期日本身）选择执行合约的外汇期权。美式期权对于投资者而言非常灵活，实际上相当于赋予期权的买方可以随时执行期权的权利。相应的，期权的卖方由于随时要准备头寸与买方交割，所以承担更大的风险，因此这种期权的价格也很昂贵。欧式期权（European – style Option）即期权的买方只能在期权到期日选择执行期权的外汇期权。由于缺乏美式期权的灵活性，所以价格也比较便宜。

根据买卖外汇的方向，外汇期权交易又分为看涨期权和看跌期权。看涨期权（Call Option）也叫做买权，是指期权的买方如果选择执行期权，则其将在未来按照商定的价格从卖方购买某种类型的外汇。进行看涨期权交易有两个方向：一是买入看涨期权，即做看涨期权的多头（买进买权 Buy Call）；二是卖出看涨期权，即做看涨期权的空头（卖出买权 Sell Call）。看跌期权（Put Option）也叫卖权。是指期权的买方如果选择执行期权，则表明其将在未来按照商定的价格把一定数量的某种类型的外汇卖给卖方。进行看跌期权交易也有两个方向：一是买入看跌期权（买进卖权 Buy Put），即做看跌期权的多头；二是卖出看跌期权（卖出卖权 Sell Put）即做看跌期权的空头。其中看涨和看跌主要是针对期权买方对汇率的预测。

第四节　国际收支

一、国际收支的概念

国际收支（Balance of Payments）是指一定时期内居民与非居民之间经济交易的系统记录。通过这一概念可以看出，要理解国际收支的概念必须把握如下几个要点。

（一）经济交易的概念

具体而言，经济交易是指经济价值从一方向另一方的转移，这种转移可以分为五种类型：

1. 商品劳务与商品劳务之间的转移。
2. 商品劳务与金融资产之间的转移。
3. 金融资产与金融资产之间的转移。
4. 商品劳务从一方向另一方的单方面转移。
5. 金融资产从一方向另一方的单方面转移。

从这里可以看出，国际收支所记录的事项是依据所有权变更原则而不是现金支付原则。

（二）居民与非居民

这里居民与非居民的区分不是以国籍来划分的，而是以经济利益中心所在地来划分的。具体而言，一个企业如果在一个地区注册并长期经营就属于该地区的居民。一个自然人如果在一个地区从事一年或一年以上的经济活动就属于该地区的居民。对于政府机构包括政府机构里工作的人员，无论在国外多长时间都属于本国的居民。对于国际机构则不属于任何国家的居民。

（三）一定时期的含义

一定时期是指国际收支是一个流量概念而不是一个存量概念。国际收支记录的内容是某个经济交易的增减额问题而不是总量问题。

二、国际收支平衡表

（一）国际收支平衡表的概念

国际收支平衡表是指经济体将其一定时期内的全部国际经济交易，按照经济分析的需要设置账户或项目编制出来的统计报表。

根据《国际收支手册（第五版）》的要求，国际收支平衡表的基本项目内容包括：

1. 经常账户（Current Account）

（1）货物（Goods）

（2）服务（Service）

（3）收入（Income）

——职工报酬（Compensation of Employees）

——投资收入（Investment Income）

（4）经常转移（Current Transfer）

——各级政府（介绍该项下包括的经济交易）

——其他部门（介绍该项下包括的经济交易）

2. 资本和金融账户（Capital and Financial Account）

（1）资本账户（Capital Account）

——资本转移（Capital Transfers）

——非生产、非金融资产收买或放弃

（2）金融项目（Financial Account）

——直接投资（Direct Investment）

——证券投资（Portfolio Investment）

——其他投资（Other Investment）

——储备资产（Reserve Assets）

（3）平衡账户

——错误与遗漏（Errors and Omissions）

（二）国际收支平衡表的记账原则

国际收支平衡表采取复式记账法，内容是：

1. 凡是引起本国从国外获得货币收入的交易记入"贷方"，凡是引起本国对国外货币支出的交易记入"借方"；而这笔货币收入或支出本身则相应记入借方和贷方。

2. 凡是引起外汇供给的经济交易都记入"贷方"，凡是引起外汇需求的经济交易都记入"借方"。

3. 储备资产项目的记账原则是例外的，即储备资产的增加记入借方而储备资产的减少记入贷方。

表 11 - 3　　　　　　　国际收支平衡表所采用的复式记账核算常规

贷方	借方
货物和服务的出口	货物和服务的进口
从外地来的应收收益	支付外地的应付收益
从外地来的转移	往外地的转移
对外负债的增加	对外负债的减少
对外资产的减少	对外资产的增加

在一个特定期间内，如果一个经济体系在进行货物、服务、收益及资产的对外交易，以及在对外转移及汇款中，所收取的外汇总额比支付的多，该体系便有国际收支盈余，其金额相等于其从世界各地的净流入资金总额。相反地，便有国际收支赤字，其金额相等于它的净流出资金总额。

三、国际收支的平衡与失衡

（一）国际收支平衡的含义

从账面上来看，国际收支平衡表永远都是平衡的，所以国际收支平衡表中的账面平衡并不能代表国际收支平衡。国际收支平衡是指国际收支平衡表中自主性交易的平衡，即人们追求的国际收支平衡是主动平衡和内容平衡。

1. 主动平衡与被动平衡。这种分类方法首先将各种国际经济交易活动就其性质分为自主性交易和调节性交易，自主性交易又称为事前交易，指根据经济主体自主的经济动机而进行的各种经济活动，具有分散性和主动性的特点，如商品和劳务的输出入、馈赠和侨汇等。调节性交易又可称为事后交易，指为弥补自主性交易差额或缺口而进行的各种经济交易活动，具有集中性和被动性的特点，国际收支的主动平衡是指自主性交易的收支自动相等，不须用调节性交易来弥补，而被动平衡则是指自主性交易收支不能相抵，必须用调节性交易来轧平，这样达到的平衡则被称为被动平衡。判断一国国际收支是否平衡的实质性标志是自主性交易是否平衡，即基本差额情况是顺差还是逆差。

2. 数额平衡与内容平衡。这种分类方法认为，国际收支的主动平衡有时也并非真正的平衡，仅仅是数额的平衡，必须同时实现内容的平衡。假定一国的国际收支主要表现为贸易收支，如果出口的货物是国内经济发展中本身所短缺的，而进口的货物有明显会对本国的幼稚产业的产品起打击作用，这样虽然在数额上实现了平衡，却没有在内容上达到平衡，长期来将对该国的经济发展不利。

（二）国际收支失衡对经济的影响

国际收支失衡主要指国际收支顺差和国际收支逆差。

1. 国际收支顺差对经济的影响

（1）国际收支顺差促进经济增长。主要原因是：经常项目顺差能够刺激国内总需求，从而促进经济增长。经常项目顺差主要源于净出口的增加，而净出口的乘数效应扩大了经济增长的规模。

（2）国际收支顺差增加了外汇储备。国际收支顺差导致外汇储备增加从而增强了一国的综合国力，有利于维护国际信誉，提高对外融资能力和引进外资能力。

（3）国际收支顺差使得本币升值的压力加大，国际贸易摩擦增加。国际收支顺差使得国内外汇市场上的外币供给大于外币需求，必然产生外币贬值的预期和人民币升值的预期。因此，国际收支顺差产生本币升值的压力：国际收支顺差越大，本币升值的压力越大。

国际收支顺差加剧了国际贸易摩擦。比如我国贸易顺差增加，就意味着与我国进行贸易的国家有逆差，逆差国就会利用世界贸易组织（WTO）的规则，限制我国产品进口，保护本国产业。在加入世界贸易组织后，由于中国与美国贸易逆差比较大，使用反倾销最多的是美国，我国是被反倾销最多的，居世界贸易组织成员方第一位，并且我国被反倾销案例的数量在逐年增长。

（4）国际收支顺差弱化了货币政策效应，降低了社会资源利用效率。外汇流入随着国际收支顺差的增加而增多，在固定汇率和外汇结售汇制度下，中央银行要以人民币购买外汇，货币的投放随着外汇流入的增多而递增。随着大量的人民币被动地投入到流通领域，中央银行的基础货币账户更加受制于外汇的流入，不但削弱了中央银行货币政策的效应，还导致物价水平上升。

国际收支顺差与国内居民储蓄相结合，导致社会资源利用效率低下。国际收支顺差引起的大量外汇储备，如果国内居民储蓄数量也同样很高，则形成了经济社会中的闲置资金，与这些闲置资金相对应的是生产资料和人力资源的闲置，社会资源利用效率低下。因而，我国出现了经济增长和失业增加并存的现象。

（5）国际收支顺差提高了外汇储备成本，增加了资金流出。在国际金融市场上进行外汇操作总是有风险的，最明显的是汇率风险。我国有较多的美元储备，每当美元贬值和美国国内出现通货膨胀时，我国外汇储备都随之贬值，造成外汇储备的损失。国际收支顺差越大，需要到国际金融市场上运营的外汇越多，国家外汇储备的成本越高。

（6）国际收支顺差异致经济对外依存度过高，民族经济发展空间狭窄，出口结构难以调整。出口和引进外资都是有代价的。一是出口使国内资源被国外利用，而且出口对国际市场依赖性强，出口的数量和结构随国际市场需求而变化。二是外资不论是间接融资还是直接融资，都是有代价的。间接融资，如外国贷款到期要用外汇来还，需要国内有更多的出口产品换取外汇。直接融资，如跨国公司在我国直接投资设立生产和销售企业，那更是直接地利用我国的各种资源，不但其利润要汇回母公司所在地，而且，其产品占领了我国的市场。三是国内经济受制于国际市场，一旦出口受挫，本国经济萧条，外国资本会乘虚而入，控制我国市场和关乎经济命脉的产业，经济发展受制于外国资本，导致经济发展缺乏自主性。

国际收支顺差挤压了民族经济发展的市场空间。首先，在国内市场上，大量的外资企业在中国直接投资设厂进行生产，其产品可以迅即进入中国市场，既可以绕开进口关税和非关税壁垒，又有利用我国廉价劳动力之利。外商直接投资的领域不仅是高新技术产业，而且越来越多地进入传统产业，与我国企业直接争夺国内市场。

其次，外商直接投资增加，挤压了民族企业出口产品的市场。国际收支顺差增大，特别是资本项目顺差太多，实际上是外国资本直接在国内投资增加。资本项目顺差增多，外国资本在我国出口市场上的份额随之增加，外资企业出口中占主导地位。

2. 国际收支逆差对经济的影响

国际收支逆差会导致本国外汇市场上外汇供给减少，需求增加，从而使得外汇的汇率上涨，本币的汇率下跌。如果该国政府采取措施干预，即抛售外币，买进本币，政府手中必须要有足够的外汇储备，而这又会进一步导致本币的贬值，同时导致国际储备的增加。政府的干预将直接引起本国货币供应量的减少，而货币供应量的减少又将引起国内利率水平的上升导致经济下滑，失业增加。

从引起国际收支逆差的原因来看，如果国际收支逆差是由经常项目的逆差所引起的，那么必然导致与出口有关的部门就业机会的减少，导致经济下滑。如果国际收支的逆差是由资本项目逆差所引起的，那么意味着大量资本外流，国内资金供应紧张，推动利率水平的上升，导致失业增加，经济下滑。总之，国际收支逆差对国内经济的影响主要是导致国内经济的萧条。

四、国际储备概述

（一）国际储备的概念

国际储备（International Reserve）是指各国中央政府为了弥补国际收支逆差和保持汇率稳定、应付紧急支付而持有的国际间可以接受的一切资产。从这个概念可知，作为国际储备资产必须具备四个特征。

1. 官方持有性。即作为国际储备资产，必须是掌握在该国货币当局手中的资产，非官方金融机构、企业和私人持有的黄金和外汇尽管也是流动资产，但不能算是国际储备资产。

2. 自由兑换性。即作为国际储备的资产，必须能同其他货币相兑换，并是国际间能普遍被接受的资产。

3. 流动性。即作为国际储备的资产必须是随时可以动用的资产，这样这种资产才能随时用来弥补国际收支逆差，或干预外汇市场。

4. 无条件获得性。即作为国际储备的资产必须由一国货币行政当局能够无条件地获得，为此该国政府对该类资产不仅要具有使用权，而且要具有所有权。

与国际储备相关的一个概念是国际清偿能力（International Liquidity），它是指一国政府平衡国际收支逆差、稳定汇率而又无须采用调节措施的能力。参照国际货币基金组织关于国际储备的划分标准，国际清偿能力除了包括国际储备的内容之外，还包括一国政府向外借款的能力，即向外国政府或中央银行、国际金融机构和商业银行借款能力，因此国际储备仅是一国具有的现实的对外清偿能力，其数量多少反映了一国在涉外货币金融领域中的地位；而国际清偿能力则是该国具有的现实的对外清偿能力与可能具有的对外清偿能力的总和，它反映了一国货币当局干预外汇市场的总体能力。

（二）国际储备的构成

目前根据国际货币基金组织的表述，一国的国际储备包括黄金储备、外汇储备、会员国在国际货币基金组织的储备头寸和基金组织分配给会员国尚未动用的特别提款权四个部分。

1. 黄金储备。黄金储备是指一国货币当局持有的作为金融资产的货币黄金（Monetary Gold）。因此并非一国所拥有的全部黄金都是国际储备资产，据统计，目前世界黄金储量中，饰品占50%，工业占15%，牙科占5%，货币使用占15%，其他用途占15%。目前虽然黄金不再作为世界各国支付结算的手段，但人们仍把黄金作为国际储备构成的重要组成部分，这主要是因为它具有高于其他任何储备资产的安全性，这表现在两个方面，一方面在纸币本位制下，黄金是一种最可靠的保值手段，因为它可以避免通货膨胀带来的贬值风险，每当国际金融市场上某种货币疲软时，有关国家都争相抛售疲软的货币，购进黄金或其他较坚挺的国际货币进行保值。另一方面，黄金本身具有价值，可以完全不受任何超国家权力的支配和干扰，持有黄金储备就成为维护本国主权的一个重要手段，这就是所谓的"弹药库"动机（War – chest Motive）。

2. 外汇储备。外汇储备是目前国际储备中最主要、最活跃的部分，同时也是各国国际储备资产管理的主要对象，它是指一国政府所持有的可以自由兑换的外币及其短期金融资产。外汇储备是一个国家国际清偿力的重要组成部分，同时对于平衡国际收支、稳定汇率有重要的影响。

我国和世界其他国家在对外贸易与国际结算中经常使用的外汇储备主要有美元、欧元、日元、英镑等。

3. 在基金组织的储备头寸（Reserve Position in IMF）。基金组织中的储备头寸也称普通提款权（General Drawing Rights），它指国际货币基金组织的会员国按规定从基金组织提取一定数额款项的权利，它是国际货币基金组织最基本的一项贷款，用于解决会员国国际收支不平衡，但不能用于成员国贸易和非贸易的经常项目支付。

4. 特别提款权（Special Drawing Rights）。特别提款权是国际货币基金组织创设的无偿分配给各会员国用以补充现有储备资产的一种国际储备资产。

基金组织于1969年创设特别提款权，并于1970年按成员国认缴份额开始向参加特别提款权部的成员国分配特别提款权。特别提款权作为各国国际储备资产的补充，较其他储备资产具有以下几个特点。

第一，特别提款权获得更为容易。普通提款权的获得要以成员国的缴足份额为条件，而特别提款权是由基金组织按参加国的份额予以"分配"，不需缴纳任何款项，且这项权利的动用也不必事先约定或事先审查。

第二，普通提款权的融通使用需要按期偿还，而特别提款权无须偿还，是一种额外的资金来源。

第三，特别提款权是一种有名无实的资产，虽然被称为"纸黄金"，但不像黄金那样具有内在价值，也不像美元、英镑那样以一国政治、经济实力作为后盾，而仅仅是一种用数字表示的记账单位。

第四，特别提款权仅仅是一种计价结算工具，不能直接用于民间持有及使用。

第五节　国际货币制度

一、国际货币制度概述

（一）国际货币制度的含义

国际货币制度是指国际上为适应国际贸易和国际支付的需要，各国政府对货币在国际范围内发挥正常作用所采取的一系列安排和惯例以及支配各国货币关系的一套规则和机构。根据国际货币制度的性质，国际货币制度的内容应包括以下几个方面。（1）汇率制度的确定。一国货币与其他货币之间的汇率应如何决定和维持，能否自由兑换成其他可支付货币，是采取固定汇率制还是采取浮动汇率制等。（2）国际储备资产的确定。即国际上使用什么货币作为支付货币，一国政府应持有何种、多少数量的国际储备资产，用以维持国际支付和调节国际收支的需要。（3）国际收支的调节方式。当出现国际收支不平衡时，各国政府应采取什么方法弥补这一缺口，各国间的政策措施又如何相互协调。（4）国际货币合作的形式与机构。主要包括一些区域性货币联盟、国际性金融组织，地区性的多边官方金融机构等。

（二）国际货币制度的产生与发展

国际货币制度如果从金本位制的出现算起，已有了一百多年的发展历史，在历史的各个不同时期，国际货币制度在不断地演变。

1. 金本位制

金本位制是以黄金作为国际本位货币的制度。从 1816 年金本位制在英国形成到 20 世纪 30 年代金本制崩溃，金本位制经历了三个发展阶段，即金币本位制、金块本位制和金汇兑本位制。

金块本位制和金汇兑本位制都是不完全的、削弱了的金本位制，主要表现为：国内没有金币流通，黄金不再自发地调节货币流通，银行券兑换黄金也受到了一定的限制。而且实行金汇兑本位制的国家使本国货币依赖于英镑与美元，一旦英、美两国货币动荡不定，依附国家的货币也就发生动摇。如果实行金汇兑本位制的国家大量提取外汇，兑换黄金，英、美两国的货币必受到威胁。这种脆弱的国际金汇兑本位制，终于在 1929 年爆发的空前严重的世界性经济危机和 1931 年的国际金融危机中全部瓦解。由于经济危机的影响，英国的国际收支已陷于困境，且在 1931 年的金融危机中，各国纷纷向英国兑换黄金，使英国难以应付，终于被迫在同年 9 月 21 日终止实行金本位制。同英镑有联系的一些国家，也相继放弃了金汇兑本位制。接着美国于 1933 年 3 月，在大量银行倒闭和黄金外流的情况下，也不得不停止兑换黄金，禁止黄金输出，从而放弃了金本位制。20 世纪 30 年代金本位制的崩溃，是资本主义世界货币制度的第一次危机。

国际金本位制彻底崩溃后，20 世纪 30 年代的国际货币制度一片混乱，正常的国际货币秩序遭到破坏。世界各国分别以三个主要的国际货币——英镑、美元和法郎，组成相互对立的货币集团——英镑集团、美元集团和法郎集团。各国货币间的汇率再次变为浮动汇率，各货币集团之间普遍存在着严格的外汇管制，货币不能自由兑换。在国际收支调节方面，各国也采取了各种各样的手段。为了解决国内严重的失业，各国竞相实行货币贬值以达到扩大出口、抑制进口的目的。而且各种贸易保护主义措施和外汇管制手段也非常盛行。结果使国际贸易严重受阻，国际资本流动几乎陷于停滞。

总之，国际金本位制崩溃的根本原因在于资本主义制度内部矛盾的发展，当资本主义制度发展到一定阶段后，内部矛盾的激化迫使政府干预经济，这与金本位制度要求的自由竞争前提是背道而驰的。并且随着资本主义经济的不平衡发展，世界黄金存量大部分都集中在少数国家手中，这不但影响了黄金的国际结算职能，而且也动摇了部分国家实行金本位制的基础。此外，黄金的供给量难以与世界商品生产同步增长，这些矛盾最终导致了金本位制退出历史舞台。

2. 布雷顿森林体系

1944 年 7 月，44 个同盟国的 300 多名代表出席了在美国新罕布什尔州的布雷顿森林召开的"联合国货币金融会议"，商讨重建国际货币制度，旨在寻求国际间的经济合作和全球经济问题的解决。在这次会议上通过了以美国怀特方案为基础的《国际货币基金协定》和《国际复兴开发银行协定》，总称布雷顿森林协定。从此建立起了以美元为中心的布雷顿森林体系，并根据协定条款成立了布雷顿森林体系赖以运行的基本机构——国际货币基金组织和国际复兴开发银行（即世界银行）这两个组织。

布雷顿森林体系的主要内容有：（1）以黄金为基础，以美元作为最主要的国际储备货币，实行美元—黄金本位制。各国货币与美元挂钩，美元与黄金挂钩，又称为"双挂钩"。（2）建立了一个永久性的国际金融机构——国际货币基金组织（IMF），以促进国际货币合作。IMF 是第二次世界大战后国际货币制度的核心，它的各项规定构成了国际金融领域的基本秩序，它对国际收支困难的国家提供短期资金融通，在一定程度上维持了国际金融形势的稳定。

布雷顿森林体系实际上是一种以美元为中心的国际金汇兑本位制，实行可调整的固定汇率制，汇率基本稳定，消除了原来汇率急剧波动的现象，给世界贸易、投资和信贷活动的发展提供了有利条件。美元作为国际储备货币等同于黄金，弥补了国际储备的不足，在一定程度上解决了国际清偿力短缺问题。此外，国际货币基金组织在促进货币国际合作和建立多边支付体系做了许多工作，尤其是为国际收支暂时不平衡的会员国提供各种类型的短期和中期贷款，缓解了会员的困境。这些都造就了一个相对稳定的国际金融环境，对世界经济的发展起了一定的促进作用。但是布雷顿森林体系从它诞生之日起，"先天不足"也就伴随着它：清偿力与信心之间不可克服的矛盾、汇率调整的刚性，这些都预示布雷顿森林体系必然崩溃。第二次世界大战后，由于美国的黄金储备充足，国际收支经常顺差，美元保持相对稳定。当时世界各国还存在"美元荒"，需要美元来扩充国际储备，黄金价格尚能维持在官价水平之上，因而黄金得以保持世界货币的地位。随着资本主义体系危机的加深和经济、政治发展不平衡的加剧，各主要资本主义国家的经济实力对比发生了变化。由于美国经济实力相对削弱，国际收支由大量顺差转为年年逆差，国际收支不断恶化，甚至在 20 世纪 50 年代后半期世界出现了"美元灾"，美国黄金储备大量外流，对外短期债务急增。到 1960 年，美国对外短期债务已经超过了它的黄金储备额，于是美元信用发生动摇，导致美元危机爆发。1960 年美元危机爆发后，美国要求其他国家与美国合作来稳定国际金融市场。各主要工业国家虽然同美国有意见分歧和利害冲突，但储备货币的危机直接影响着国际货币体系的运转，关系到它们的切身利益，因此也不能袖手旁观。它们通过各种国际金融协作的形式，例如，建立"黄金总库"，创设"特别提款权"（SDR），签订"互惠信贷协议"和"借款总安排"等，来稳定美元的地位，避免国际货币体系的动荡和危机的发生。然而这些措施都不能防止美元汇率下跌、黄金市价上涨和国际金融市场混乱的局面。到 60 年代中期越南战争爆发后，美国的财政金融和国际收支状况更加恶化，黄金储备大大低于对外短期债务，同时通货膨胀加剧，美元不断贬值，美元的信用更加下降。1968 年美元又爆发了一次严重的危机，抢购黄金的风潮极其猛烈，半个多月中，黄金储备流失 14 亿多美元，"黄金总库"已无力维持市场金价，自由市场的黄金价格与黄金官价完全背离，美元实际已经贬值，美元的兑换性进一步受到限制，美元的国际地位继续下降。

到 1971 年夏天，美国国际收支更进一步恶化，黄金储备继续下降，美元外流达到了顶点。面对巨额的国际收支逆差与各国要求将美元兑换成黄金的压力，平价体系无法维持，尼克松政府被迫于 1971 年 8 月 15 日宣布实行"新经济政策"，停止美元兑换黄金。国际金融市场一片混乱。十国集团为了恢复国际货币秩序的稳定，于 1971 年 12 月 10 日在美国首都华盛顿召开会议，达成"史密森协议"。内容包括：（1）美元对黄金贬值 7.89%，黄金官价从每盎司 35 美元提高到 38.02 美元，但仍然停止美元兑换黄金。（2）调整各国货币与美元的汇率平价。实际上各种货币对美元的汇率都升值了。（3）汇率波动时，各国中央银行有义务在外汇市场上买卖本国货币，以保持汇率在规定的 ±2.25% 的波动幅度内。尽管"史密森协议"恢复了货币平价，但这种平衡却是暂时的。资本的投机性流动给英镑和里拉带来了向下的压力。1972 年 6 月，英镑开始根据市场的供求变化进行浮动。法国和瑞士也开始采取法律手段来阻止资本流入本国。1973 年 2 月 12 日，尼克松政府宣布美元再对黄金贬值 10%，每盎司黄金由 38.02 美元提高到 42.22 美元。美元对其他主要货币贬值，西欧大部分国家的货币对美元升值，而英国、加拿大、意大利、瑞士与日本则让它们的货币实行浮动，1973 年 3 月，各主要国家都实行浮动汇率制，至此，布雷顿森林体系的固定汇率制度彻底瓦解。

二、浮动汇率制度

布雷顿森林体系瓦解之后，国际货币秩序变得更加混乱，国际金融形势变得更加动荡不安，各国都在努力探寻改革国际货币的新方案。1976 年 IMF "国际货币制度临时委员会"在牙买加召开会议，并达成"牙买加协议"。"牙买加协议"的一个主要内容就是浮动汇率合法化，浮动汇率制度得到正式承认。因此，"牙买加协议"后的国际货币制度实际上是以美元为中心的浮动汇率制度。在这个制度下，各国可以自由地安排本国汇率制度，主要发达国家货币的汇率实行单独浮动或联合浮动。多数发展中国家采取钉住汇率制度，把本国货币钉住美元、法国法郎或特别提款权（SDRs）等一篮子货币，还有的国家采取其他多种形式的管理浮动汇率制度。

（一）浮动汇率制度

在浮动汇率制下，一国货币不再规定黄金平价，不再规定对外国货币的中心汇率，不再规定现实汇率的波动幅度，货币当局也不再承担维持汇率波动界限的义务而完全由外汇市场的供求来决定汇率水平。尽管浮动汇率制度是从 1973 年开始实行的，但是那时的汇率并不完全由市场供求决定，中央银行或多或少地不时干预市场以维持期望的汇率水平，纯粹的自由浮动并不多见。

按照政府是否干预来区分，浮动汇率制可分为自由浮动和管理浮动。自由浮动又称"清洁浮动"，意指货币当局对外汇市场不加任何干预，完全听任汇率随市场供求状况的变动而自由涨落。管理浮动又称"肮脏浮动"，指货币当局对外市场进行干预，以使市场汇率朝有利于自己的方向浮动。目前各主要工业国家所实行的都是管理浮动，绝对的自由浮动纯粹只是理论上的假设而已。

按照浮动的方式来区分，浮动汇率制又可以分为以下几种形式：

1. 单独浮动。指本国货币不与外国任何货币发生固定联系，其汇率根据外汇市场的供求状况单独浮动，如英镑、美元、日元等货币均属单独浮动。截至 1991 年 12 月 31 日，IMF 成员国中有 27 个国家实行独立浮动。

2. 联合浮动。又称共同浮动或集体浮动，指国家集团在成员国之间实行固定汇率制，同时又对非成员国货币实行联合升降的浮动汇率。如欧洲货币体系的各成员国就实行联合浮动。

3. 钉住单一货币。有些国家由于历史、地理等诸方面的原因，其对外贸易、金融往来主要集中于某一工业发达国家，或主要使用某一外国货币。为使这种贸易、金融关系得到稳定发展，免受相互之间的货币汇率频繁变动的不利影响，这些国家通常使本国货币钉住该工业发达国家的货币。截至 1991 年 12 月 31 日，IMF 成员国中有 47 个国家钉住单一货币。

4. 钉住一篮子货币。为了摆脱本国货币受某一外国货币的支配，有些国家（截至 1991 年 12 月 31 日，有 37 个国家和地区）将本国货币与一篮子货币挂钩。这一篮子货币既可以是一种综合货币，也可以是特别提款权（SDRs）。

5. 爬行钉住浮动。这是一种介于浮动汇率和钉住汇率之间的浮动汇率，在短期保持相对固定，但在一定期间里可根据市场的供给和需求进行调整。

（二）浮动汇率与固定汇率的比较

在西方国家，浮动汇率与固定汇率的选择问题一直争论不休。一些主张自由波动的外汇汇率的经济学家认为：（1）由于浮动汇率是自行调节国际收支的机制，因而一国愈接近浮动汇率，政府对外的干预愈小，国际贸易的增长愈快；（2）根据市场情况，不断调整汇率，可以使一国的国际收支自动达到均衡，从而免除长期不平衡的严重后果；（3）由于浮动汇率具有自动调节国际收支的功能，各国政府不必持有大量的外汇储备来干预外汇市场以维持汇率的稳定；（4）浮动汇率可以减少对短期资金流动的刺激，防止国际游资的冲击；（5）在自由浮动情况下，内部平衡和外部平衡不会发生矛盾，因而各国有推行本国政策的较大自由；（6）浮动汇率能使经济周期和通货膨胀的国际传递减少到最小限度。现代货币主义的创始人米尔顿·弗里德曼就极力主张浮动汇率制。

一些主张实行固定汇率制的经济学家则认为：（1）浮动汇率可能导致竞争性的货币贬值，各国都以货币贬值为手段，从而引起连锁反应；（2）浮动汇率容易产生投机活动，从而使汇率波动加剧；（3）汇率不稳定不但影响国际贸易，而且影响国际投资活动；（4）浮动汇率有其内在的通货膨胀倾向，可使一国长期推行通货膨胀政策，而不必担心国际收支问题。

实际上，浮动汇率与固定汇率各有其优缺点，不能一概而论。从各国实行浮动汇率的实际经验可以得出以下几点结论。

1. 在浮动汇率制下，汇率波动频繁而急剧。使人们普遍产生不安全感，对企业收益和投资计划造成相当大的影响，因而使国际贸易和国际金融市场受到严重损害。

2. 在浮动汇率制下，基金组织对国际储备的控制削弱了，以致国际储备的增长超过了世界经济发展和国际贸易所需的程度，所以浮动汇率制总的来讲是提高了世界物价水平。

3. 浮动汇率制不能促进各国政策协调。西方一些经济学家认为，工业国家内储蓄占投资的差额变化是中期汇率波动的重要原因。而政府政策则是决定国内储蓄与投资水平变动的主要因素，因此工业国家财政、货币政策的协调是相当重要的。

4. 浮动汇率对发展中国家特别不利。因为它增加了进出口风险，影响政府的税收，赞成资源的重新分配，加剧外债管理的困难。

总之，浮动汇率制与固定汇率制孰优孰劣是个很难回答的问题，任何汇率体系都将会在没有危机的时候发挥作用。所以我们不能单以经济理论进行探讨，还要从经济现实来看待汇率问题。

（三）汇率制度的选择理论

目前世界上有的国家采取钉住汇率制，有的采取浮动汇率制，还有国家采取介于两者之间的汇率制度。显然一国应根据各自的具体情况而定，做到扬长避短。汇率制度的选择已成为世界各国十分现实的重大政策问题。关于汇率制度的选择，目前影响较大的理论主要是两种：一种是"经济论"，另一种是"依附论"。

1. "经济论"。汇率制度选择的"经济论"主要是由罗伯特·赫勒提出来的。他认为，一国汇率制度的选择，主要受经济因素的影响。这些因素是：（1）国家的经济实力，这是最重要的因素。一般来说，经济实力强大的国家倾向于采取比较独立的汇率制度，而不愿意为了与外国货币保持固定汇率而使国内政策受到约束。（2）经济开放程度，这里的经济开放程度主要指一国依赖国际贸易的程度。进出口贸易额占国民生产总值比重越大，其经济就越开放；反之就越不开放。经济开放程度较高的国家，国际贸易商品的价格占整个国家价格水平的权重也就越大，汇率变化对国内物价水平的影响也就越大。为了尽量减少汇率对国内物价水平的影响，开放程度较高的国家一般倾向于选择固定汇率制或选择钉住某种主要货币的汇率制度。（3）对外贸易的集中度。有些国家的对外贸易对象比较单一，大部分的对外贸易集中与一个国家展开，这些国家就可能选择钉住某一个国家的货币的汇率安排。而如果贸易对象比较分散，则可能选择一种钉住几种货币的汇率制度。（4）相对的通货膨胀率。一般来说，有较高通货膨胀率的国家由于它不得不经常地调整汇率来弥补与其他国家的通货膨胀差异，而很难实行固定汇率制；通货膨胀率较低的国家则可能实行较为稳定的汇率制。

2. "依附论"。汇率制度选择的"依附论"，主要是由一些发展中国家的经济学者提出来的。他们认为，一国汇率制度的选择，取决于其对外经济、政治、军事等诸方面联系的特征。他们集中探讨的是发展中国家的汇率制度选择问题，认为发展中国家在实行钉住汇率制时，采用哪一种货币作为被钉住货币，取决于该国对外经济、政治关系的"集中"程度，亦即取决于经济、政治、军事等方面的对外依附关系。因而就有选择钉住美元的、钉住法国法郎的、钉住一篮子货币的国家。同时这一理论还指出，选择哪一种被钉住货币，反过来又会影响一国对外贸易的经济关系和其他各方面关系的发展。

三、欧元及其意义

第二次世界大战以后，特别是自 20 世纪 50 年代以来，世界经济全球化的趋势不断加强。随着经济全球化的发展，还出现了货币一体化，尤其是区域性的货币一体化，十分引人注目。这种一体化一般是以货币联盟开始的，参加联盟的国家彼此之间实行固定汇率制，使用统一货币单位进行债务清算，并设立统一的货币管理机构协调各国的宏观政策。在这方面，欧洲货币体系及欧元的诞生就是成功的尝试。

（一）欧洲货币体系的回顾

1950 年欧洲支付同盟成立，这是欧洲货币一体化的开端。1957 年欧洲经济共同体成立以后，在经济全球化方面取得了相当大的进展。随着欧共体工业品和农产品共同市场的巩固和发展，劳动力和资源的自由流动自然成为必然趋势。这不仅需要各国在经济政策上协调一致，而且还有赖于货币一体化的进程。另外，在 20 世纪 70 年代石油价格猛涨，欧共体各国国际收支普遍出现困境、国际金融形势动荡不安的情况下，各国也需要结成一个区域性的货币集团来互相提供资金支持，渡过国际收支难关，并联合抵御美元汇率和利率波动对各国经济的冲击，从而加强在国际金融领域与美国分庭抗战的地位。在这一背景下，1979 年正式实施欧洲货币体系协议。

欧洲货币体系协议主要有三个方面的内容：在欧共体内部实行可调整的中心汇率制；继续运用"欧洲货币合作基金"并将其发展为"欧洲货币基金"；建立欧洲货币单位。

1971 年年底 10 国集团达成"史密森协议"，规定各国货币汇率的允许波动幅度为平价的 ±2.25%。欧共体的目标更高，于 1972 年 4 月决定各成员国货币间汇率的允许波动幅度为 ±1.125%，比"史密森协议"的规定少一半。于是在 IMF 规定的幅度（总共 4.5%）内，又形成一个小的波动幅度（总共 2.25%），欧共体内部对汇率波动的限制更加严格，西方各国把这称为"隧道中的蛇"，或简称"蛇洞制"，"洞"是指"史密森协议"规定的大幅度，"蛇"指欧共体内部规定的小幅度。1973 年 3 月，"史密森协议"解体后，各国货币纷纷自由浮动，都不再遵守对美元平价 ±2.25% 的波动幅度，于是"蛇洞制"的"洞"不复存在，但是"蛇"还在，只是离洞后自由浮动，即欧共体会员国之间的平价汇率依然维持。

建立欧洲货币基金是欧洲货币体系的一大任务。先是集中各参加国黄金储备以及外汇储备的 20%，再加上与此等值的本国货币，总计约 500 亿欧洲货币单位（ECU，European Currency Unit），作为共同基金。这样基金的信贷能力比以前增大了，在稳定市场汇率、平衡各国国际收支方面起了更大的作用。

ECU 是欧洲货币体系的中心内容，在欧洲货币体系成立之初，各成员国向欧洲货币合作基金提供了 20% 的黄金和外汇储备，然后基金以互换形式向各成员国提供相应数量的 ECU。在欧共体内部，ECU 具有计价单位和支付手段的职能，它被用于计算成员国货币篮子的中心汇率和相互之间的平价汇率，并作为计算汇率波动幅度的基础。ECU 还被用于发放贷款、清偿债务以及编制共同体统一预算等。在欧元制设想之前，ECU 是比重仅次于美元和德国马克的国际储备货币。

由于有了这样的基础,欧盟开始设计统一的货币,以使欧洲逐渐形成一个统一实体。一个区域内实现单一货币的理想,这在波动剧烈的国际货币体系中无疑是很吸引人的。1996年《马斯特里赫特条约》的签署,使单一货币——欧元的设想走入现实。随着1998年5月的欧盟首脑会议为欧元的诞生扫除了最后障碍。1999年1月1日欧元正式启动,欧元成为11个首批成员国的非现金交易货币。2002年1月1日起欧盟各国都开始停止各自的货币流通,统一使用欧元。全世界都在关注这一重大事件将给国际金融带来的广泛而深远的影响。

(二)欧元对经济的影响

欧元启动后,欧元区内各成员国之间消除了货币兑换成本,避免了汇率风险。这将有力推动成员国之间的贸易、金融和投资活动的扩展,使社会资源更有效地在整个欧洲货币联盟内合理配置。欧洲中央银行的建立将有利于为各国创造更良好的宏观经济环境,实现低通货膨胀和低利率,从而刺激贸易和投资。金融工具的极大丰富,给投资者提供了充分的选择余地。有吸引力的市场将导致大量国际资本流入欧洲。这些都将有利于欧洲货币联盟的经济发展,使各成员国经济实力的总和大于各部分的简单加总。

1. 对欧洲货币联盟(EMU)内部的影响

(1)对贸易和投资的影响。欧元的启动取代了几个国家的货币,从而将降低货币兑换和管理成本,消除汇率变动风险,促进贸易和投资的增长,最终形成单一市场并促进竞争,提高效率。欧元区内部贸易占欧盟贸易总量的60%,汇率的不稳定带来了产品价格竞争力的差异,人为地割裂了市场。单一货币的实施使商品、劳务、资本和人员在单一市场中完全自由流动。同一种商品用欧元标价,将提高市场的透明度,加剧厂商之间的竞争,提高市场效率。单一货币的实施,消除了EMU国家间即期和远期外汇买卖的所带来的汇率风险。而且用同一种货币计值和标价的资本自由流动又会促成一体化的资本市场的形成,提高了市场的广度和深度,使利率趋同并有所下降,成员国企业筹资成本的趋同使企业能更加公平地竞争,增加企业投资的机会,使投资更有吸引力。

(2)对通货膨胀的影响。货币一体化对宏观经济政策的要求是以物价稳定为核心,推动经济持续、稳定增长和创造就业。根据《马斯特里赫特条约》第105条,欧洲中央银行体系继续追求价格稳定的基本目标。并且从制度安排上,欧洲中央银行和各成员国中央银行将独立于各国政府和共同体机构。因此,欧洲中央银行为了确立其声望,会采取负责的货币政策。为了配合货币联盟的实施,各成员国国内经济政策特别是财政政策必须协调一致。货币联盟成员国预算政策的目标应是中长期的财政平衡。对此,《马斯特里赫特条约》在成员国加入货币联盟的"趋同标准"上作了明确的规定,而且《稳定与增长公约》也为1999年1月后维持预算纪律制定了框架。物价的稳定有利于价格机制和利率机制的正常运作,推动资源的有效配置,提高经济效率。如果集中的货币政策与分散的财政政策之间能够实现协调统一,再加上其他结构性改革的顺利进行,特别是劳动力市场的结构性调整,可以预见欧元地区在今后将能实现持续的、低通胀的经济增长并促进就业。

(3)对周期性失业的影响。由于汇率工具的丧失,各成员国不得不寻求其他方式来减少失业的周期性波动。然而欧洲的经济特征使得这种努力的效果微乎其微。并且，欧洲货币联盟在对付整个区域的失业周期性波动时，也没有什么有效的工具。所以欧洲的周期性失业会增加。

当一国需求不足时，两个互补的金融市场反应会自发地产生：真实利率将暂时下降（对货币和信用需求下降的反应），货币的真实价值会下跌。但如果一国没有自己的货币，上述任何一种稳定性反应都不会发生。尽管这种机制只在部分情况下有效，但排除了这种机制的可能，也就剥夺了该政府利用货币政策相机抉择的能力。此外，欧盟成员国削弱了自身财政政策工具的运用能力，对抗周期性变动的能力也是有限的。

（4）对金融市场的影响。欧元的出现，使欧洲的金融市场更具深度、更有效率。同时欧元的出现，各成员国间的汇率风险消除将引发金融市场上的巨大结构变动。单一市场扩展到金融服务上，同样影响到国家之间壁垒的消除，使市场更具竞争性而使效率提高。

单一货币的存在简化了欧元区内各市场的可比性。欧元结算系统将推动货币市场的一体化形成。债券市场将进一步深化，因为单一货币增加成员国之间债券的替代性和债券市场总体上的流动性。最后，证券市场也将从汇率风险的消除中受益。因为这使回报前景更易评估。向单一货币的转变同样会影响欧洲货币联盟内证券和衍生市场的竞争。有了同样的货币，消除了外汇风险，交易成本降低，收益比较的简化，使国家之间的证券市场竞争加强。而且由于成员国间的政府债券具有替代性，对利率期货的需求相应减少。

此外，欧洲货币联盟欧元的启动会推动金融业的重组进程。在竞争不断加强的环境中，伴随着低经济增长和低贷款需求，银行近几年的获利能力下降，即使在良好的经济环境下，单一货币也会增加对银行的压力。撇开新的结算系统不算，成员国的外汇交易收入和利率差价将消失。此种业务量的大小和性质，将影响银行的生存方式。

2. 欧元对世界经济金融的影响

（1）改变国际金融格局。

①改变国际货币体系的格局。自第二次世界大战以来，美国一直是世界上经济实力最强、政治环境最稳定、科学技术最发达、军事优势最明显的国家，美元至今仍是国际贸易往来的主要货币，并成为各国外汇储备中的主要货币。有统计资料显示：在国际商品贸易中，60%以上的贸易用美元结算；各国外汇储备中65%是美元；各种证券市场流通总量中80%是用美元计价、发行和流通的。由此可见，美元在当今世界经济贸易、金融和公民日常生活中的霸主地位。截至2001年"9·11"事件前，美国银行系统的美元存款达12万亿美元，其中境外存款达7万亿美元，使美国以很低的成本获得了大量资金。欧元流通后，美元的这种霸主地位受到很大影响。这是由欧盟的财政状况决定的。欧盟在经常项目和资本项目上都有出超，加上欧元由欧洲中央银行管理，没有各国政府干预，币值会很稳定。而美国近20年经常项目一直逆差，外债已超过3万亿美元，且每年还增加15%～20%。根据欧美的财政状况，从长远看，手里握着欧元比握着美元可能保险系数更高。随着欧洲经济和

货币联盟的创立，欧元将成为世界上第二个重要的官方储备货币，未来的欧洲中央银行将作为跨国机构来管理跨国货币。

②改变国际储备格局。由于欧元将成为一种主要的国际货币，因而欧元流通后，将大大改变目前各国国际储备及私人储备的格局，人们手中持有的美元将有很大一部分被欧元所取代。

③改变国际资本流动格局。欧元流通后，随着欧洲金融市场上的透明度提高，包括美国投资者在内的各国投资者将会转向欧洲市场。而且欧元流通后，还将改变国际资本流动格局。据有关方面预测，欧元启动后，各国中央银行和投资者对其投资结构进行调整，特别是在2000年以来，由于欧元对美元的汇率一直在上升，各国政府、企业和个人投资者都在调整他们的外汇资产结构，都增加了欧元资产比重，有数以万亿美元计的金融资产将转为其他货币，其中又以美元转成欧元为主。因此，世界上以欧元为单位的金融资产将会达到30%～40%，而以美元为单位的金融资产将会降至40%～50%。

（2）减少国际汇率风险，促进国际金融秩序的稳定。由于欧元的启动牵涉11个主权国家的货币，用1种货币替代11种货币，从货币种类上减少了10种，这意味着过去11种货币与其他货币之间的兑换关系现在变成了1种货币与其他货币之间的兑换关系，汇率种类减少10倍。另外过去11种货币之间还有121种兑换比率，现在全部消除了。如果每一种货币都存在着国际汇率风险的话，那么由于欧元的出现，可能减少国际汇率的风险源在10倍以上。同时，由于欧元的发行调控机制都不同于以前的主权国货币，它所处的超然地位比任一种主权货币都强，因此币值更易稳定。这种币值稳定的货币作为主要国际货币之一，显然有利于整个国际金融秩序的稳定。

（3）改变国际经济秩序，促进经济全球化进程。欧元可以减少世界贸易中的不平等现象。从国际贸易总额来看，1999年，欧盟15国占到了20.9%，且不含欧盟内部成员国之间的贸易，而美国为19.6%。在国际贸易中，石油等原料价格却一直以美元计算，这使美国占了很大便宜。因为作为世界贸易中的主要结算货币，美元可以长期维持汇率偏低的货币优势。这有利于美国的外贸，且无须担心会因此刺激国内通货膨胀。欧元的建立将极大地促进这一格局的改变，使更多的国家能在世界贸易中获得平行发展的机会。欧元区是一个经济、贸易、投资、金融高度自由化的地区，欧盟凭借自己的整体优势必然与区外地区和国家寻求对等待遇，加上世界贸易组织的推动，世界经济金融自由化、全球化的趋势必然得到加强。

（三）欧元的前景

年轻的欧元已经被世人所认可和接受，跨国的欧洲中央银行运作平稳，欧元区的资本市场发展进一步深化。然而，与人们的预期相比，欧元的市场汇价表现出现了一波三折，起伏较大。从发行日起到2002年年初，人们失望地看到：首先，欧元汇率不断创下新低，甚至跌破了1:1美元的汇率平价水平；其次，欧元区成员国之间的经济差异也并没有因为货币的统一而逐渐消失，经济发展的差异在某些方面反而加大了；最后，欧洲中央银行尽管在欧元区内部货币政策协调方面表现不凡，但是它在国际金融市场中的信誉还没有充分树立起来。尽管欧元在最初三年里的表现与人们的期望有一定的差距，但在 2002 年 6 月以来，欧元的表现又重新让人们看到了欧元未来的前景。欧元的表现看好由于美国经济出现衰退，欧元对美元的比价不断上升。2004 年 2 月 27 日，欧元对美元比价为 1 欧元 = 1.3554 美元，欧元已成为重要的国际储备货币，原因如下。

（1）欧元区人口和经济规模决定欧元必将成为重要的国际货币。首先，欧元区的人口和经济实力是支撑欧元作为国际货币的强有力的基础。而且这一基础还将伴随今后欧元区国家数量的增多而加强。目前，除了德国、法国、意大利、比利时、葡萄牙、荷兰、希腊、爱尔兰、卢森堡、奥地利、西班牙、芬兰 12 国已加入欧元区，英国及丹麦也在考虑加入欧元区。其次，从经济的开放程度看，欧元区与欧洲及其他国家的贸易往来相对较多。因此，欧元作为贸易货币的作用也将逐步增强。

（2）欧元区金融资产规模在国际金融市场中占有重要的地位。欧洲金融市场的发展程度、业务活跃程度以及金融机构的数量均在国际金融市场中占有十分重要的地位，而且业务构成的多元化程度也很高。这些因素都是欧元成为重要国际货币的基础。

（3）欧洲中央银行所采取的稳定型货币政策策略。欧洲中央银行自开始实施货币政策以来，一直追求稳定物价的货币政策目标，并力求提高货币政策决策机制的透明度，保证货币政策的可信度。欧洲中央银行货币政策的稳定将有利于创造一个稳定的宏观经济环境，从而保证欧元更好地发挥国际作用。

因此从长期看，欧元必将像美元一样成为重要的国际货币，在国际贸易和国际金融市场中发挥重要作用。当然，欧元在 21 世纪面临着机遇的同时，也面临着挑战，它的前景如何，它对欧洲货币联盟及整个国际金融体系将会产生何种影响，这一切都有待实践的检验。

本章小结

1. 外汇有动态和静态两层含义。动态外汇是指国际汇兑，是把一种货币兑换成另一种货币用于清偿国际间债权债务的活动。静态的外汇又可以分为广义外汇概念和狭义外汇概念，广义的外汇泛指一切以外币表示的用于国际清偿的支付手段或资产。各国外汇管理法令中所指的外汇均是指广义的外汇概念。狭义的外汇即通常人们所说的外汇，是指以外币表示的用于国际结算的支付手段。因为作为用于国际结算的支付手段必须具备普遍接受性而且现在的国际结算大多是非现金结算的方式，因此狭义的外汇仅指在国外的银行存款及对这些存款有索取权的各种票据，即支票、本票和汇票。

2. 汇率（Foreign Exchange Rate）又称汇价、外汇牌价或外汇行市，是不同的货币之间兑换的比率或比价，也可以说是以一种货币表示的另一种货币的价格。由于汇率具有双向表示性，因此汇率具有两种标价方法，即直接标价法和间接标价法。汇率有多种分类并且也受到如国际收支、利率、物价水平的影响，另一方面汇率的波动又会对经济产生多方面的影响。

3. 外汇交易部分主要介绍了外汇市场的概念以及即期外汇交易、远期外汇交易、掉期交易、套汇交易、套利交易、期货期权交易的概念及交易原理。

4. 国际收支（Balance of Payments）是指一定时期内居民与非居民之间经济交易的系统记录。要理解国际收支的概念必须把握经济交易的概念、居民非居民的概念以及国际收支是流量概念等要点。记录国际收支状况的统计报表是国际收支平衡表，主要包括经常项目、资本和金融项目、净误差和遗漏项目，其中中国的国际收支平衡表的项目构成把储备资产单划出来单独作为一个项目进行记录。无论国际收支顺差还是逆差都会对经济带来不同程度的不良影响，因此各个国际都在追求国际收支平衡，具体而言是指主动平衡和内容平衡。

5. 国际货币制度是指国际间为适应国际贸易和国际支付的需要，各国政府对货币在国际范围内发挥正常作用所采取的一系列安排和惯例以及支配各国货币关系的一套规则和机构。国际货币制度如果从金本位制的出现算起，已有了一百多年的发展历史，并经历了布雷顿森林体系时期的固定汇率制度及至现在的浮动汇率制度。欧元的诞生和欧洲货币体系的成立，是人类社会在货币一体化方面作的成功尝试。

关键词汇

外汇　即期外汇　远期外汇　汇率　直接标价法　间接标价法　买入汇率　卖出汇率　国际收支　国际收支平衡表　国际储备　国际货币制度

复习思考题

1. 简述外汇的分类。
2. 什么是汇率的标价方法，哪些国家只采用间接标价法？
3. 影响汇率变动的因素有哪些，汇率变动又对经济产生哪些影响？
4. 结合实际，试分析人民币升值对中国经济的影响。
5. 简述理解国际收支概念时应把握的要点。
6. 什么是国际收支平衡表，具体项目有哪些？
7. 试分析国际收支不平衡对经济的影响。
8. 简述国际货币制度发展的几个过程。
9. 一国进行汇率制度安排要考虑到哪些因素？
10. 欧元的诞生对世界经济金融有什么影响？

案例分析题

特别提款权是如何定值的

特别提款权是 IMF 创设的储备资产和记账单位，既然是一种记账单位，它就应该被赋予价值。特别提款权采用一篮子货币的定值方法，货币篮子每五年复审一次，以确保篮子中的货币是在国际交易中普遍用于支付、在主要外汇市场上广泛用于交易的货币。每种货币在特别提款权货币篮子中所占的比重取决于发行货币的成员国（或属于货币联盟的成员国）的货物和服务出口额大小以及 IMF 其他成员国所持有以这些货币计值的储备额的大小。国际货币基金组织已确定美元、欧元、日元和英镑符合上述两个标准。

特别提款权用处：

1. 手机的国际漫游费用曾经使用 SDRs 来进行结算。在国际漫游业务开展的初期，对于漫游到国外的用户，选择使用的被访地区或国家运营商，将按被访地运营商使用的计费货币单位计价，并按一定的汇率折算为特别提款权，再由特别提款权换算为人民币后向用户收取。

2.《统一国际航空运输某些规则的公约》也规定，如果出现意外，航空公司须对每名搭客作出限额为 10 万 SDRs 的赔偿。

3.《万国邮政公约》中规定，万国邮政联盟的标准货币是特别提款权。

思考：为什么人们在国际业务中使用特别提款权来进行标价？

参 考 文 献

[1] 银行业从业人员资格认证办公室．公共基础．北京：中国金融出版社，2008.

[2] 中国证券业协会．证券市场基础知识．北京：中国财政经济出版社，2010.

[3] 才凤玲，冷丽莲．货币银行学原理．北京：清华大学出版社，2012.

[4] 戴国强．货币银行学．北京：高等教育出版社，2010.

[5] 韩平．中国人民银行全员岗位任职资格培训教材——农村金融业务与改革．北京：中国金融出版社，2007.

[6] 中国就业培训技术指导中心．理财规划师基础知识．北京：中国财政经济出版社，2007.

[7] 于波涛．国际金融．北京：清华大学出版社，2008.

[8] 赵文君．证券投资理论与实务．北京：化学工业出版社，2008.

[9] 邢天才．证券投资理论与实务．北京：中国人民大学出版社，2009.

[10] 陈雨露．货币银行学．北京：中国财政经济出版社，2010.

[11] 曹龙骐．货币银行学．北京：高等教育出版社，2000.

[12] 黄泽民．货币银行学．上海：立信会计出版社，2004.

[13] 陈学彬．金融学．北京：高等教育出版社，2010.

[14] 秦艳梅．金融学．北京：经济科学出版社，2006.

[15] 吴念鲁．商业银行经营管理．北京：高等教育出版社，2010.

[16] 庄毓敏．商业银行业务与经营．北京：中国人民大学出版社，2008.

[17] 郝书辰．金融概论．北京：中国财政经济出版社，2005.

[18] 陈湛匀．国际金融——理论、实务、案例．上海：立信会计出版社，2004.

[19] 殷醒民．国际金融（第二版）．北京：高等教育出版社，2004.

[20] 邵新力．外汇交易分析与实验．北京：中国金融出版社，2005.

[21] 曹艺，才凤玲．货币银行学．北京：人民大学出版社，2010.

[22] 曹华．中央银行学．北京：科学出版社，2006.

[23] 王广谦．中央银行学．北京：高等教育出版社，2006.

[24] 孔祥毅．中央银行通论．北京：中国金融出版社，2009.

[25] 陈学彬．中央银行概论．北京：高等教育出版社，2010.